Wissenschaftliche Untersuchungen
zum Neuen Testament · 2. Reihe

Begründet von Joachim Jeremias und Otto Michel
Herausgegeben von
Martin Hengel und Otfried Hofius

28

Gesetz und Paränese

Katechismusartige Weisungsreihen in der
frühjüdischen Literatur

von

Karl-Wilhelm Niebuhr

J.C.B. Mohr (Paul Siebeck) Tübingen

CIP-Kurztitelaufnahme der Deutschen Bibliothek

Niebuhr, Karl-Wilhelm:
Gesetz und Paränese : katechismusartige Weisungsreihen in d. frühjüd.
Literatur / von Karl-Wilhelm Niebuhr.
— Tübingen : Mohr, 1987.
　(Wissenschaftliche Untersuchungen zum Neuen Testament : Reihe 2 ; 28)
　ISBN 3-16-145232-1
　ISSN 0340-9570

NE: Wissenschaftliche Untersuchungen zum Neuen Testament / 02

© 1987 J.C.B. Mohr (Paul Siebeck), Tübingen.

Satz von Computersatz Staiger in Tübingen 6; Druck von Gulde-Druck GmbH in Tübingen; Einband von Großbuchbinderei Heinrich Koch KG in Tübingen.

Printed in Germany.

Meinen Eltern

zum 16. 10. 1987

Vorwort

Die vorliegende Untersuchung ist im Wintersemester 1985/86 von der Fakultät für Theologie der Martin-Luther-Universität Halle-Wittenberg als Dissertation angenommen worden. Für den Druck wurde sie leicht überarbeitet (auf den nach Fertigstellung der Arbeit erschienenen Kommentar zu den TestXII, der die von M. de Jonge und seinen Mitarbeitern entwickelte Gesamtsicht dieser Schrift [s. dazu u. S. 73–86] in der Einzelexegese durchführt, kann hier nur noch verwiesen werden: H. W. Hollander / M. de Jonge, The Testaments of the Twelve Patriarchs. A Commentary [SVTP 8], Leiden 1985).

Mein Dank gilt in erster Linie meinem verehrten Lehrer Prof. Dr. T. Holtz, der mich seit meinem Studium in vielfältiger Weise wissenschaftlich gefördert und mit persönlicher Anteilnahme begleitet hat. Er gab die Anregung zu der vorliegenden Untersuchung und unterstützte ihren Fortgang durch stete Hilfsbereitschaft. Herrn Doz. Dr. sc. Chr. Wolff danke ich für die Erstellung eines Gutachtens und die darin enthaltenen weiterführenden Hinweise. Ebenso gilt mein Dank Herrn Prof. Dr. M. Hengel und Herrn Prof. Dr. O. Hofius für die Aufnahme meiner Dissertation in die »Wissenschaftlichen Untersuchungen zum Neuen Testament«.

Ein besonderes Wort dankbaren Gedenkens möchte ich an dieser Stelle dem am 18. Juni 1986 verstorbenen Prof. D. G. Delling widmen. Er hat die Entstehung der vorliegenden Arbeit seit ihren Anfängen mit freundlichem Interesse verfolgt und ihren Fortgang durch überaus großzügige Bereitstellung von schwer erreichbarer Spezialliteratur aus seiner Privatbibliothek unterstützt. Die Erstellung eines Gutachtens für meine Arbeit war eine seiner letzten wissenschaftlichen Aufgaben. Seine auch für die vorliegende Untersuchung in vielem wegweisende Sicht der jüdisch-hellenistischen Literatur wird demnächst in einer umfassenden Darstellung der künftigen Forschung zugänglich sein (G. Delling, Die Bewältigung der Diasporasituation durch das hellenistische Judentum, Berlin voraussichtlich 1987).

Schließlich bin ich Herrn Georg Siebeck für die großzügige Ermöglichung des Druckes sowie seinen Mitarbeitern für die vorzügliche verlegerische Betreuung zu großem Dank verpflichtet.

Beim Korrekturlesen half mir freundlicherweise Herr stud. theol. Chr. Sparsbrod.

Leipzig, Dezember 1986   Karl-Wilhelm Niebuhr

Inhaltsverzeichnis

Einleitung 1

I. Pseudo-Phokylides und die Gesetzeszusammenfassungen
bei Philo, Hypothetika, und Josephus, contra Apionem 5

A. Die katechismusartige Rezeption herausgehobener Pentateuchkomplexe bei PseuPhok 5

1. Alttestamentlich-jüdisches Gut bei PseuPhok 7
   a) Zum Verhältnis von jüdischem und griechischem Gut
      bei PseuPhok 7
   b) Statistik der LXX-Parallelen zu PseuPhok 9
   c) Zum Inhalt der wichtigsten verwendeten Pentateuch-
      komplexe 12

2. Die Benutzung von Schwerpunkttexten des Pentateuch
   durch PseuPhok 15
   a) Der Dekalog in PseuPhok 3–8 15
   b) Lev 19 in PseuPhok 9–41 20
   c) Lev 18/20 in PseuPhok 177–194 26

B. Katechismusartige Gesetzeszusammenfassungen bei Philo
   (Hypothetika) und Josephus (contra Apionem) 31

1. Die »Gesetzesepitome« bei Philo, Hyp, und Josephus, Ap 32
   a) Philo, Hypothetika (Eusebius, Praeparatio
      Evangelica VIII) 7,1–9 32
   b) Josephus, contra Apionem II 190–219 39
   c) Der Philo, Hyp, Josephus, Ap, und PseuPhok gemein-
      same Fonds frühjüdischer ethischer Weisungen 42

2. Zum Verhältnis von griechischem und biblisch-jüdischem
   Gut bei Philo, Hyp 7,1–9, und Josephus, Ap II 190–219 44
   a) Tora-Traditionen 44
   b) Das nicht aus der Tora stammende Gut 47
   c) Traditionell geprägte Toravergegenwärtigung bei
      PseuPhok, Philo, Hyp, und Josephus, Ap 57
   d) Tendenz und Adressaten der katechismusartigen
      Gesetzesvergegenwärtigung bei PseuPhok, Philo, Hyp,
      und Josephus, Ap 66

II. Die katechismusartige Gesetzesparänese der Testamente
der Zwölf Patriarchen   73

1. Einleitungsfragen   73
   a) Text   74
   b) Komposition   75
   c) Intention   82
   d) Ursprungsmilieu   84

2. Paränetische Reihen in den TestXII   86
   a) Testament Ruben   86
   b) Testament Levi   97
   c) Testament Juda 102
   d) Testament Issachar 109
   e) Testament Benjamin 125
   f) Testament Dan 137
   g) Testament Gad 140
   h) Testament Asser 144

3. Ergebnisse 152
   a) Die Paränese der TestXII 153
   b) Die katechismusartige Gesetzesparänese der TestXII 158

III. Katechismusartige Toravergegenwärtigung als Wesenszug
der frühjüdischen Paränese 167

1. Paränetische Unterweisung in »apokalyptischen« Schriften 169
   a) Sibyllinische Orakel 169
   b) Slavischer Henoch 185
   c) Testament Abrahams 194
   d) Apokalypse Abrahams 198

2. Paränetische Unterweisung in Testament-Form 201
   a) Tobit 201
   b) Jubiläenbuch 206

3. Paränetische Unterweisung in lehrhafter Form 211
   a) Weisheit Salomos 211
   b) IV Makkabäer 216

4. Paränetische Unterweisung in Form pseudepigraphischer
   Dichtung 222
   a) Psalmen Salomos 222
   b) Dramatiker-Gnomologion 227

Zusammenfassung 232

   1. Zum materialen Gehalt der frühjüdischen Paränese 232
   2. Die katechismusartige Gesetzesparänese 235
   3. Leben nach dem Willen Gottes 239

Schluß 241

Literaturverzeichnis 243

Sachregister 255

Griechisches Wortregister 258

Stellenregister 263

Autorenregister 273

Einleitung

Die vorliegende Untersuchung erhebt den Anspruch, einen Beitrag zum Verständnis des Neuen Testaments zu leisten. Gleichwohl liegen ihr ausschließlich außerneutestamentliche Quellen zugrunde. Dies bedarf einer einleitenden Begründung.

Die folgende Darstellung wendet sich dem materialen Gehalt der frühjüdischen Paränese zu. Im besonderen geht sie der Frage nach, inwiefern diese frühjüdische Paränese bestimmt ist einerseits durch die ihr zugrundeliegende inhaltliche Norm der Tora im engeren Sinn, also des Pentateuch, und andererseits durch die Situation der jüdischen Adressatengemeinde, die in einer vom Hellenismus geprägten Umwelt lebt. Diese doppelte inhaltliche Bestimmung führt zu einer Gestalt der konkreten Paränese, die aus der Vergegenwärtigung der Gesetzesforderungen erwächst.

Der entscheidende Akzent der Fragestellung unserer Untersuchung liegt in dem Wort »katechismusartig«. Hierin ist die im folgenden zu beweisende Doppelthese enthalten, daß die Vergegenwärtigung der Gesetzesforderungen in der frühjüdischen Paränese traditionell geprägt ist und einer unterweisenden Intention dient.

Durch die Wahl des Stichwortes »katechismusartig« steht die vorliegende Untersuchung in gewisser Beziehung zu den Arbeiten Alfred Seebergs, deren Gegenstand »Der Katechismus des Urchristentums« war (so der Titel der ersten seiner hier in Betracht kommenden Schriften von 1903, 1905, 1906 und 1908). Seeberg wollte nachweisen, daß sich bereits in den ersten Jahrzehnten nach Jesu Tod ein fest umrissener dreiteiliger Katechismus für die Taufunterweisung, bestehend aus einem sittlichen, einem theologischen und einem eschatologischen Hauptstück, herausgebildet habe. Das sittliche Hauptstück, der sogenannte Lehrstoff der »Wege«, sei dabei im wesentlichen unverändert aus dem Judentum übernommen worden, das seinerseits diesen Stoff bereits als Proselytenkatechismus verwendet habe. Seebergs Arbeiten zielten darauf, den Katechismus in seinen Entwicklungsstufen von der vorchristlich-jüdischen Gestalt über die sich in den neutestamentlichen Schriften niederschlagenden Formen bis hin zu den entwickelten altkirchlichen Symbolen zu verfolgen und bis in den Wortlaut hinein zu rekonstruieren.

Die Einzelnachweise Seebergs für seine These sind heute nur noch von forschungsgeschichtlichem Interesse. Seine Annahme der Existenz *eines* fest umrissenen Katechismus des Urchristentums, aus dem sich auf geradem Wege die altkirchlichen Bekenntnisse entwickelt hätten und der rückschließend in seinem ursprünglichen Wortlaut wenigstens annäherungsweise rekonstruierbar sei, hat sich als Fiktion erwiesen. In einem solchen engen Rahmen läßt sich die Vielfalt neutestamentlicher und altkirchlicher Lehraussagen unmöglich unterbringen. Vom Standpunkt gegenwärtiger Forschungsmethodik ist vor allem das Vorgehen Seebergs bei der Rekonstrukion des dem urchristlichen Katechismus zugrundeliegenden jüdischen Lehrstoffes der »Wege« nicht mehr vertretbar. Seeberg gewinnt diesen jüdischen Proselytenkatechismus fast ausschließlich durch Rückschlüsse aus christlichen Quellen sowie vereinzelten Hinweisen der rabbinischen Literatur.

Jedoch bleiben der Ansatz der Seebergschen Fragestellung und einige seiner Voraussetzungen bis heute gültig. Die Erkenntnis, daß jüdische Formen der mündlichen Traditionsvermittlung vom Urchristentum übernommen und weitergeführt worden sind, gehört zu den Grundlagen der Synoptikerforschung. Daß am Beginn der christlichen Lehrentwicklung bekenntnisartiges Formelgut stand, hat die traditionsgeschichtliche Untersuchung der neutestamentlichen Briefliteratur gezeigt.

Auch die inhaltliche Übereinstimmung der Einzelweisungen paulinischer und nachpaulinischer Paränese mit jüdischen Anschauungen kommt wieder deutlich in den Blick. Die sittlichen Weisungen des zeitgenössischen Judentums sind so sehr Voraussetzung der neutestamentlichen Paränese, daß deren inhaltliche Weisung oft keiner eigenen, spezifisch christlichen Begründung bedarf. Die (unausgesprochene) sachliche Identität mit den jüdischen Mahnungen ersetzt die Begründung der Einzelmahnung (s. dazu Holtz 1981, 385—400).

Freilich ist gerade angesichts dieser inhaltlichen Übereinstimmungen frühjüdischer und christlicher Paränese aus methodischen Gründen eine getrennte Untersuchung beider gefordert. Die Paränese des Frühjudentums ist als Voraussetzung für das Neue Testament anzusehen, nicht jedoch die des Neuen Testaments als ihr Teil. Die Voraussetzungen neutestamentlicher Paränese dürfen also nur aus außerneutestamentlichen Quellen erschlossen werden. Die mit dieser methodischen Grundentscheidung verbundenen Probleme der Einleitungsfragen zu den frühjüdischen Quellen müssen daher gebührende Beachtung finden. Der explizite Vergleich der so erhobenen Züge frühjüdischer Paränese mit den neutestamentlichen Aussagen soll durch das hier bereitgestellte Material erleichtert werden.

Darüber hinaus geht aber die vorliegende Untersuchung dem Seebergschen Ansatz in einem noch engeren Sinne nach. Wenn auch die These von einem jüdischen Proselytenkatechismus nicht haltbar ist, so ist es richtig, daß der umfangreiche sittliche Traditionsstoff im Frühjudentum in Form katechismusartiger Zusammenfassungen vermittelt worden ist. Dies legt sich schon aus rein praktischen Gründen nahe. Wenn die Tora die bestimmende Norm für das tägliche Leben in all seinen einzelnen Verrichtungen sein soll, dann muß die unüberschaubare Fülle ihrer Vorschriften, Gebote und Verbote so vermittelt werden, daß ihre Forderung für jeden einzelnen in seiner konkreten Situation erkennbar ist. Dies setzt voraus, daß ein überschaubarer Grundkanon von Weisungen zusammengestellt wird, die einerseits umfassend genug sind, um wirklich alle Entscheidungssituationen betreffen zu können, andererseits konkret genug, um in solchen Entscheidungssituationen als inhaltliche Weisung dienen zu können. Für denjenigen, der nicht sein Leben ganz dem Studium der Tora hingeben konnte, sondern in den täglichen Pflichten eines Berufs- und Familienlebens stand – und dies wird im Frühjudentum als der Normalfall anzusehen sein –, mußte sich die Vermittlung der Toraforderung auf die wesentlichen im Alltag zu praktizierenden Weisungen beschränken. Aus diesen Erwägungen ergibt sich, daß eine auf die Masse der jüdischen Bevölkerung gerichtete Ermahnung und Unterweisung in der Tora den Anforderungen nach Reduktion auf das Wesentliche, Zusammenfassung und Verallgemeinerung der Einzelgebote nachzukommen hatte.

Der Untersuchung der Art und Weise sowie des materialen Gehaltes solcher katechismusartigen Gesetzesunterweisung, die weite Teile der jüdischen Bevölkerung im Blick hatte, dient die folgende Arbeit. Sie geht davon aus, daß die frühjüdische katechismusartige Gesetzesparänese eine doppelte Ausstrahlung auf das Neue Testament ausgeübt hat. Zum einen dürfte der von der Synagoge herkommende Teil der urchristlichen Gemeinden bereits vor der Zuwendung zum Christentum solcher Unterweisung teilhaftig geworden sein. Zum anderen sind die neutestamentlichen Autoren selbst in ihrer Paränese Zeugen für die jüdische Elementarunterweisung, die sie einmal genossen haben. Der Nachweis einer geprägten katechismusartigen Gesetzesparänese im Frühjudentum wird im folgenden in drei Schritten geführt. Im ersten Teil wird anhand von drei traditionsgeschichtlich miteinander verwandten frühjüdischen Texten die Möglichkeit aufgewiesen, die Forderung der Tora katechismusartig in Form von Weisungsreihen aktualisiert zu vermitteln. Der zweite Teil wendet sich der Paränese der TestXII zu, die in besonders umfangreicher und vielfältiger Weise von dieser Möglichkeit Gebrauch macht. Der dritte Teil belegt durch eine Reihe von Texten aus der ganzen Breite der frühjüdischen Literatur die Verbreitung der geprägten Tradition der katechismusartigen Toravergegenwärtigung im Frühjudentum.

I. Pseudo-Phokylides
und die Gesetzeszusammenfassungen bei Philo, Hypothetika, und Josephus, contra Apionem

A. Die katechismusartige Rezeption herausgehobener Pentateuchkomplexe bei PseuPhok

Ein dem milesischen Dichter Phokylides (6. Jh. v. Chr.) zugeschriebenes Gedicht besteht aus 230 in Hexametern verfaßten Versen meist ethischen Inhaltes[1]. Von Bernays um die Mitte des vorigen Jahrhunderts zuerst wissenschaftlich begründet[2], hat sich heute weitgehend die Erkenntnis durchgesetzt, bei dem Gedicht handele es sich um ein pseudepigraphes Werk eines in enger Beziehung zum Judentum stehenden Autors aus der Zeit des ersten Jahrhunderts vor oder nach Christus[3].

Die Eigenart des Poems entsteht aus der Verbindung der altertümlichen Sprachgestalt (Hexameter im ionischen Dialekt) mit hellenistisch-griechi-

---

[1] Für jede Beschäftigung mit PseuPhok grundlegend ist die umfassende Monographie von v. d. HORST 1978. Eine deutsche Übersetzung mit ausführlicher Einleitung, Literaturverzeichnis und zahlreichen Anmerkungen liegt jetzt vor in WALTER 1983. Ausführlich haben sich außer WALTER nach v. d. HORST mit PseuPhok nur noch FISCHER 1978, 125–143, und KÜCHLER 1979, 236–302, beschäftigt. Zu den Einleitungsfragen vgl. noch DENIS 1970, 215–219; CHARLESWORTH 1976, 173 ff. v. d. HORST legt seiner Untersuchung den Text von YOUNG 1971 zugrunde. Dieser bietet im wesentlichen eine eklektische Rekonstruktion aus fünf griechischen Handschriften des 10.–14. Jahrhunderts, unter welchen M und B (beide 10. Jh.) die größte Bedeutung zukommt (vgl. WALTER 1983, 186 f.).

[2] BERNAYS 1885, 192–261.

[3] Zur Forschungsgeschichte vgl. v. d. HORST 1978, 3–54. Das entscheidende, schon von BERNAYS herausgestellte Argument für jüdische Verfasserschaft liegt in der unverkennbaren Abhängigkeit der Schrift von biblisch-alttestamentlichem Gedankengut (vgl. v. d. HORST 1978, 57 f.; WALTER 1983, 183; HENGEL 1972, 297). Sprachliche Gesichtspunkte und inhaltliche Bezüge zu stoischen Anschauungen sprechen zusätzlich gegen vorklassischen und für hellenistischen Ursprung (v. d. HORST 1978, 55 f. 58). Am wahrscheinlichsten ist eine Entstehung des Gedichtes zu Beginn des 1. nachchristlichen Jahrhunderts in Alexandria (so v. d. HORST 1978, 81 ff.; WALTER 1983, 193).

schem, alttestamentlichem und frühjüdischem Gedankengut[4]. Hinsichtlich der Verbindung von gemein-jüdischen und pagan-hellenistischen Inhalten steht es in einer Reihe mit weiteren frühjüdischen Literaturprodukten aus dem »Bereich der weisheitlich-literarischen Lebenslehre« (z. B. Weish, Sir), die als »›internationale‹ Erscheinung der gesamten Antike, auch noch der hellenistisch-römischen Spätantike« anzusehen ist[5].

Die Wahl eines griechisch-heidnischen Pseudonyms für ein Kompendium jüdischer Fundamentalethik zeigt, daß unsere Schrift im Vergleich mit Weish und Sir auf dem Wege in eine vom Hellenismus geprägte Lebensgestaltung einen deutlichen Schritt weiter gegangen ist[6]. Die folgende Untersuchung wird die Frage im Blick haben müssen, ob dieser Schritt bereits die Aufgabe jüdischer Identität implizierte.

Gattungsmäßig steht PseuPhok in der Nähe der griechischen Gnomologien[7], wofür neben der Unterstellung unter die Autorität eines exemplarischen Weisen und dem weisheitlich-popularethischen Gedankengut vor allem auch die Form des Werkes als lose Aneinanderreihung von Einzelsentenzen und kleineren Spruchgruppen ohne logisch durchdachte Gliederung oder sachlich geschlossene Konzeption anzuführen ist[8].

---

[4] Vgl. dazu WALTER 1983, 188−191; V. D. HORST 1978, 64−69, und vor allem seinen Vers-für-Vers-Kommentar a.a.O., 107−262.

[5] WALTER 1983, 188; vgl. V. D. HORST 1978, 77 f.

[6] Daß diese Wahl auf Phokylides fiel, hat seinen Grund in der bereits in der Antike hoch geschätzten Autorität dieses Milesiers der Frühzeit als eines Weisen schlechthin. Vgl. V. D. HORST 1978, 62: »From the first half of the fourth century B. C. till well into the Middle Ages the name Phocylides is regarded as a guarantee for wise and useful counsel for daily life.« (s. die Belege a.a.O., 60 ff.).

[7] Zum gattungskritischen Vergleich von PseuPhok mit solchen »Logoi Sophon« vgl. KÜCHLER 1979, 236−274. Nach V. D. HORST 1978, 77−80, kann PseuPhok mit gewissem Recht sowohl als »Wisdom-poem« als auch als »didactic poem« und ebenso als »gnomology« angesehen werden, entspricht aber keiner dieser drei Gattungen ganz. Als jüdisches Werk, das sich besonders mit dem praktischen alltäglichen Leben und den darin zu realisierenden ethischen Maßstäben und Grundregeln befaßt, gehöre die Schrift in die Nähe der alttestamentlichen Weisheitsliteratur. Die sprachliche Form der Hexameter im ionischen Dialekt weise dagegen auf die Gattung des (pagan-griechischen) Lehrgedichtes. Zahlreiche sachliche Parallelen sowie den unstrukturierten, zusammenhanglosen Aufbau habe PseuPhok mit den Gnomologien gemein. Diese wurden bereits seit dem 5. Jh. v. Chr., speziell aber in hellenistischer Zeit für den Gebrauch im schulischen Elementarunterricht und für die Unterweisung der reiferen Jugend in Moral und praktischer Lebensweisheit zusammengestellt. V. D. HORST resümiert (a.a.O., 80): »The genres of Wisdom poetry and of gnōmai have an important point of agreement in their practical and educational purposes. Ps-Phoc. translated these purposes in the form of a didactic poem with a content which may be called gnomic Wisdom.« Vgl. auch WALTER 1983, 188: »Das Lehrgedicht tritt uns als ποίημα νουθετικόν oder Carmen admonitorium, also als ›Paränetische Dichtung‹ (oder ›Mahngedicht‹) entgegen.«

[8] Vgl. WALTER 1983, 189; KÜCHLER 1979, 272 ff. KÜCHLER betont mit Recht, daß diese ungeordnete Struktur nicht das Ergebnis eines sich über längere Zeiträume erstreckenden Sammelprozesses ist, sondern daß »der Autor selbst . . . der eigentliche Grund für die lose Ein-

Die Frage nach der Bedeutung der Pseudepigraphie ist eng verbunden mit der nach der Absicht des Autors. Charakteristisch für PseuPhok ist die Spannung zwischen der »Präsenz typisch jüdischer Anliegen« einerseits[9] und dem eine jüdische Herkunft verschleiernden Pseudonym andererseits. Auch innerhalb der Schrift scheint jede explizite Identifikation mit als spezifisch jüdisch erkennbaren Erscheinungsformen vermieden zu sein. Wie dies zu bewerten ist und welche Situation und Intention des Verfassers von dorther vorauszusetzen ist, soll erst am Ende unserer Beschäftigung mit PseuPhok dargelegt werden[10].

1. Alttestamentlich-jüdisches Gut bei PseuPhok

a) Zum Verhältnis von jüdischem und griechischem Gut bei PseuPhok

Der Autor von PseuPhok gibt an keiner Stelle seines Gedichtes einen Hinweis auf die Herkunft seiner Weisungen. Das ist bei einem pseudepigraphen Werk auch ganz natürlich und hat dazu geführt, daß er bis ins vorige Jahrhundert hinein noch weithin mit dem echten Phokylides identifiziert wurde[11]. Erst Bernays begründete mit der Erkenntnis, PseuPhok sei abhängig von alttestamentlich-jüdischem Gut, sein Urteil zur Pseudepigraphie des PseuPhok. Gleichzeitig charakterisierte er die Methode der Auswahl von Geboten aus dem Alten Testament: »Aufgenommen hat der Phokylides solcherlei Gesetze des Pentateuchs, welche in Beziehung stehen zu der Moral des Privatlebens oder des öffentlichen nach seinen nicht die jüdische Nationalität berührenden Seiten, also . . . Verstandes-Gesetze . . . Ausgeschlossen dagegen hat er Alles, was mit dem Sonderwesen der jüdischen Nationalität zusammenhängt; ferner alles Rituelle, das sich nicht mit dem Verstande abfindet, also die sogenannten Gehorsams-Gesetze . . . endlich hat er von den vielen den Götzendienst verpönenden Gesetzen des Pentateuchs kein einziges in ausdrücklichen Worten aufzunehmen für gut befunden, sondern sich begnügt, seine Morallehre in einem, nun auch überall durchklingenden, monotheistischen Ton vorzutragen.«[12]

---

heit« ist. »Er schöpfte aus verschiedenen Sammelbecken, vernachlässigte bei der Uebernahme von Logiengruppen und Einzellogien und deren Umformung in Hexameter durchwegs den Kontext und fand . . . auch eine abschliessende redaktionelle Verschweissung für nicht notwendig.« (a.a.O., 273). Immerhin gelingt es bisweilen, wie die folgende Untersuchung zeigen wird, bestimmte Passagen aufgrund der in ihnen vornehmlich verwendeten Traditionen abzugrenzen.

[9] KÜCHLER 1979, 283 f.
[10] S. u. S. 67–72.
[11] Vgl. v. D. HORST 1978, 3–6.
[12] BERNAYS 1885, 227.

Es leuchtet ein, daß die so aus ihrem Kontext entnommenen ausgewählten allgemeinverständlichen Pentateuchgebote in PseuPhok nur noch schwer als solche zu identifizieren sind, zumal sie in völlig anderer sprachlicher Form begegnen. Dazu kommt, daß neben dem Pentateuch offensichtlich auch andere Komplexe des Alten Testaments den Hintergrund zu PseuPhok bilden, vor allem »weisheitliche« Schriften wie Sir und Prov. Und schließlich sind ebenso in weitem Umfang hellenistisch-griechische Traditionen aufgenommen. Oft ist es kaum mehr möglich, einzelne Pseu-Phok-Verse einem dieser drei Traditionskomplexe eindeutig zuzuordnen, zumal damit zu rechnen ist, daß sich Pentateuchtraditionen, jüdische Weisheit und hellenistische Popularphilosophie bereits in einer langen Überlieferungsgeschichte gegenseitig beeinflußt haben, bevor sie auf PseuPhok gekommen sind[13].

So spiegelt sich in der aus so verschiedenen Quellen gespeisten Sentenzensammlung des PseuPhok weniger »literarisches Versteckspiel« wider[14], als vielmehr eine geistesgeschichtliche Situation, bei der zu fragen ist, inwieweit dem Autor das Trennende der drei Traditionsbereiche überhaupt noch bewußt oder bedeutsam gewesen ist[15]. Zumindest spürt er offenbar keine Veranlassung, es expressis verbis herauszustellen. In relativer Ausgewogenheit verbindet er alle drei Ströme, ohne daß er ihr Verhältnis zueinander irgendwo thematisiert.

Aufschlußreich ist in dieser Hinsicht das Vergleichsmaterial, das v. d. Horst in seinem Kommentar zu jedem Vers beibringt. Die meisten Verse haben sowohl jüdische als auch griechische Parallelen, einige haben zwar nur griechische, enthalten aber nichts Unjüdisches, einige andere haben nur jüdische, die manchmal auch ausgesprochen ungriechisch klingen[16]. Das deutet darauf hin, daß der primäre Hintergrund des Autors ein jüdischer ist, aber eben ein jüdisch-hellenistischer, der bereits in weitem Umfang griechisches »Allgemeinwissen« in sich aufgenommen hat.

Unter dieser Voraussetzung erscheint es legitim, besonders nach den alttestamentlich-jüdischen Bezügen genauer zu fragen. Dabei wird zu beachten sein, daß dem Verfasser von PseuPhok das alttestamentliche Mate-

---

[13] Für die frühjüdischen Weisheitstraditionen hat KÜCHLER (1979) diesen traditionsgeschichtlichen Prozeß dargestellt. Für die hier besonders interessierenden Pentateuchtraditionen fehlt eine vergleichbare Untersuchung. Vgl. BERGER 1972, 80–136, allerdings mit Schwerpunkt auf der Auslegungsgeschichte von Lev 19,18.

[14] KÜCHLER 1979, 300.

[15] Vgl. KÜCHLER 1979, 298: »PseuPhok erreicht in seinen Inhalten ein so gutes Gleichgewicht von biblisch-frühjüdischen und griechischen Weisheitstraditionen, dass sich die einzelnen Gewichte nicht mehr gegeneinander ausspielen lassen. Die Konkurrenz der beiden Bereiche ist verschwunden − und mit ihr auch jegliche propagandistische Tendenz.«

[16] Vgl. v. D. HORST 1978, 65.

rial in der bereits hellenistisch beeinflußten Form der LXX begegnet[17]. Sprachliche Übereinstimmungen werden jedoch wegen der auch stilistisch durchgeführten Phokylides-Pseudepigraphie die Ausnahme sein.

b) Statistik[18] der LXX-Parallelen zu PseuPhok

In Tabelle 1 sind alle im Kommentarteil bei v. d. Horst aufgeführten LXX-Parallelen mechanisch durchgezählt und eingearbeitet[19]. Weggelassen wurden Stellen, die rein lexikographisch zur Erklärung der Bedeutung einzelner Wörter angeführt werden, sowie von v. d. Horst erwähnte aber eindeutig verworfene Parallelen. Die Einteilung des Gedichtes in fünf Komplexe ist nicht inhaltlich begründet, sondern dient nur der Verdeutlichung des statistischen Befundes.

Tabelle 2 gibt Auskunft über die Verteilung der Pentateuchparallelen in PseuPhok.

Tabelle 3 enthält die bei v. d. Horst angeführten Parallelen aus Ex, Lev und Dtn und schlüsselt sie nach ihrer Herkunft aus bestimmten Schwerpunktkapiteln auf.

Auswertung:

Zu allen fünf Komplexen des PseuPhok finden sich LXX-Parallelen. Dabei handelt es sich zum weit überwiegenden Teil um Stellen aus dem Pentateuch und der »Weisheitsliteratur« (+ Apokryphen). v. d. Horst führt nur insgesamt 18 Belege aus der prophetischen Literatur an, nur 7 aus den Psalmen und nur 2 aus den übrigen Geschichtsbüchern. Die Belege aus der »Weisheitsliteratur« sind relativ gleichmäßig über das ganze Gedicht verteilt und zeigen keine besondere Signifikanz. Sie stammen zum überwiegenden Teil aus Sir und Prov.

Die Pentateuchparallelen sind in mehrfacher Hinsicht signifikant ver-

---

[17] Vgl. v. d. Horst 1978, 64; Walter 1983, 190.

[18] Der statistische Befund allein kann natürlich nicht als Argument gelten. Deshalb werden die inhaltlichen Bezüge von PseuPhok zum Pentateuch in Kp. 2. im einzelnen besprochen. Die Statistik hat hier vorwiegend die Funktion der Veranschaulichung und der Einführung in die Problemstellung. Dementsprechend genügt es auch, mechanisch auf das von v. d. Horst in seinem Kommentar zusammengestellte Parallelenmaterial als Basis für die statistische Darstellung zurückzugreifen. Der Begriff »Parallele« ist dabei weit zu fassen; er reicht von bis in den Wortlaut gehenden Übereinstimmungen bis zu rein sachlichen Anklängen. Bei der Einzeluntersuchung der Pentateuchbezüge ist natürlich genauer zu differenzieren.

[19] v. d. Horst 1978, 65, nennt 27 Zeilen ohne LXX-Parallelen (21.25.27.49.51 f.55 f.59 f. 65 ff. 95 f.121.123.143.162 f.191.200−204.227). Dazu kommen weitere 43 Zeilen, zu denen er im Kommentar keine LXX-Parallelen angibt (18.30.32 ff.36.44 f.48.50.62.71.75 ff.80.91.105. 115.125−128.137 ff.145.151.158 f.193 f.205 ff.210−214.224 f.228). Es gibt demnach keine längeren Zusammenhänge ohne LXX-Parallelen.

Tabelle 1: Verteilung der LXX-Parallelen in PseuPhok

PseuPhok	Pentateuch					»Weisheitsliteratur« und Apokryphen							Propheten								Ps	übrige Gesch.-B.
	Gen	Ex	Lev	Num	Dtn	Prov	Hi	Koh	Sir	Weish	Tob	Makk 2–4	Jes	Jer	Ez	Dan	Hos	Am	Mi	Sach		
3–8	–	7	4	–	8	9	1	–	6	1	1	–	–	–	–	–	–	–	–	1	–	–
zus.			19						18							1						
9–41	–	11	21	1	22	20	2	–	12	1	1	–	1	–	4	–	1	2	1	–	–	–
zus.			55						36							9						
42–174	2	9	5	1	8	21	3	10	46	5	6	–	2	2	1	1	–	1	1	–	7	2
zus.			25						91							8						
175–190	3	3	16	–	4	–	–	–	2	–	–	–				–					–	–
zus.			26						2													
191–228	1	1	2	–	2	2	1	–	9	–	–	3				–					–	–
zus.			6						15													
gesamt	6	31	48	2	44	52	7	10	75	7	8	3	3	2	5	1	1	3	2	1	7	2
zus.			131						162							18						

Tabelle 2: Verteilung der Pentateuchparallelen in PseuPhok

PseuPhok	Zeilenanzahl	Anzahl der Pentateuchparallelen
3− 8	6	19
9− 41	33	55
42−174	133	25
175−190	16	26
191−228	38	6
3−41.175−190	55	100
übrige VV.	171	31

Tabelle 3: Herkunft der Pentateuchparallelen

PseuPhok	3–8	9–41	42–174	175–190	191–228	gesamt
Ex ges.	7	11	9	3	1	31
20–23	7	11	7	3	1	29
20	6	2	1	–	–	9
21	1	–	1	2	–	4
22	–	4	3	1	1	9
23	–	5	2	–	–	7
Lev ges.	4	21	5	16	2	48
17–23	3	17	1	16	2	39
18/20	2	–	–	15	1	18
19	1	15	–	1	1	18
Dtn ges.	8	22	8	4	2	44
5	6	2	–	–	–	8
27	1	2	–	3	–	6

teilt. Ihre weit überwiegende Mehrzahl stammt aus Ex, Lev und Dtn, nur insgesamt 8 von 131 Pentateuchstellen aus Gen und Num.

Tabelle 2 verdeutlicht die auffällige Häufung der Pentateuchparallelen in drei Komplexen bei PseuPhok. Der Befund ist hier besonders deutlich: In den zusammen 55 Zeilen der drei herausgestellten Komplexe befinden sich 100 von 131 Pentateuchanklängen gegenüber nur 31 in den übrigen 171 Zeilen.

Mit Hilfe von Tabelle 3 läßt sich die Herkunft der Ex-, Lev- und Dtn-Parallelen noch genauer bestimmen. Dabei fällt besonders auf:

– Von 31 Ex-Parallelen stammen 29 aus dem Bundesbuch (Ex 20–23). 6 der 7 Ex-Parallelen zum Komplex PseuPhok 3–8 beziehen sich auf den Dekalog (Ex 20,2–17), der im gesamten übrigen Werk nur noch 3 mal anklingt.

– Von 48 Lev-Parallelen stammen 39 aus dem Heiligkeitsgesetz (Lev 17–26). 15 von 21 Lev-Parallelen zum Komplex PseuPhok 9–41 beziehen sich auf Lev 19, das im gesamten übrigen PseuPhok nur noch 3 mal anklingt. 15 von 16 Lev-Parallelen zu PseuPhok 175–190 betreffen Lev 18/20, die in der gesamten übrigen Schrift nur noch 3 mal auftauchen.

– Innerhalb der Dtn-Parallelen werden am häufigsten Dtn 5 (8 ×) und 27 (6 ×) genannt. 6 von 8 Dtn-Parallelen zu PseuPhok 3–8 kommen aus Dtn 5,6–21 (Dekalog), das sonst in PseuPhok nur noch 2 mal anklingt. 3 von 4 Dtn-Parallelen zu PseuPhok 175–190 betreffen Dtn 27, das sonst nur noch 2 mal von v. d. Horst genannt wird.

Zwar wird man in Betracht ziehen müssen, daß die hier vorgelegte Statistik mechanisch die Pentateuchstellen ausgezählt hat, ohne ihr jeweiliges Gewicht zu berücksichtigen und ohne verschiedene Grade der Nähe zu PseuPhok zu unterscheiden. Jedoch ist der Befund so eindeutig, daß man bereits eine These über die Verwendung von Pentateuchtraditionen in PseuPhok aufstellen kann: Offensichtlich hat der Autor neben der durchgängigen Verwendung von jüdisch-»weisheitlichem« Gedankengut in bestimmten Teilen seines Werkes auf jüdische Traditionen zurückgegriffen, die in enger Beziehung zu einigen wenigen Kapiteln aus der Tora stehen.

c) Zum Inhalt der wichtigsten verwendeten Pentateuchkomplexe

Es fiel bereits auf, daß die durchgängig in PseuPhok anklingenden Bezüge zur jüdischen »Weisheitsliteratur« sich nicht auf bestimmte inhaltlich oder literarisch abgrenzbare Komplexe zurückführen lassen. Das könnte seinen Grund darin haben, daß diese Schriften (vor allem Sir und Prov) sowohl zeitlich als auch gattungsmäßig und traditionsgeschichtlich dem pseudophokylideischen Werk näher stehen als der Pentateuch. Sachliche Übereinstimmungen lassen sich daher statt aus einem literarischen Abhängigkeitsverhältnis eher aus dem gemeinsamen geistes- und traditionsgeschichtlichen Hintergrund erklären[20].

Demgegenüber ist die Verwendung von Pentateuchtraditionen durch PseuPhok ein Beispiel für die *Rezeption* eines Überlieferungskomplexes,

---

[20] Gegen diesen gemeinsamen Hintergrund spricht auch nicht die verschiedene geographische Umwelt etwa eines Sirach und des wohl aus Alexandria (vgl. o. Anm. 3) stammenden Autors von PseuPhok. Vgl. zum engen Kontakt zwischen Palästina und der Diaspora HENGEL 1973, 459 f.

der in frühjüdischer Zeit bereits eine jahrhundertelange Auslegungsgeschichte hinter sich hatte. Daher erhält die Aufnahme von Pentateuchgut
gegenüber der von jüdischer Weisheitstradition eine viel stärkere Relevanz.
Der Pentateuch hatte in frühjüdischer Zeit bereits als Tora eine normie-
rende theologische Funktion erlangt, während die »Weisheitsliteratur«
dem Autor mehr als geistig-religiöse Anregung diente. Fragen wir im Zusammenhang unserer Gesamtuntersuchung nach der paränetischen Vergegenwärtigung der Tora als umfassender Gottesforderung im Frühjudentum, so sind die Bezüge von PseuPhok zum Pentateuch von besonderem Interesse.

Aus der Statistik der LXX-Parallelen zu PseuPhok ergab sich, daß in drei
vom Umfang her begrenzten Abschnitten deutliche Bezüge zu einigen
Überlieferungskomplexen der Tora erkennbar sind, die auch die Masse der
Pentateuchparallelen zu PseuPhok insgesamt ausmachen. Es handelt sich
dabei um das Bundesbuch (Ex 20−23), speziell um den Dekalog (Ex
20,2−17 par Dtn 5,6−21), um das Heiligkeitsgesetz (Lev 17−26), speziell
um die Kpp. 18/20 und 19, sowie um Dtn 27.

Diese Überlieferungskomplexe haben bereits innerhalb des Pentateuchs
eine herausgehobene und selbständige Bedeutung. Der Dekalog bildet sowohl in Ex 20 als auch in Dtn 5 eine in sich geschlossene Einheit, die sich
deutlich vom Kontext abhebt. In Ex 20 ist er als erster Teil der Bundessat-
zung dem Bundesbuch vorangestellt[21], in Dtn 5 ist er der einzige dem paränetischen Rahmen des Dtn eingegliederte längere Gesetzesteil[22]. An
beiden Stellen ergeht der Dekalog als Gottesrede an das ganze Volk im Gegensatz zu den darauf folgenden Weisungen (Bundesbuch: Jahwerede an
Mose, Dtn: Moserede). Besonders in seinem zweiten Teil enthält der Dekalog vorwiegend »sittliche« Gebote, Weisungen, die den alltäglichen
Umgang der Menschen miteinander regeln, ohne daß die »kultischen«, das
Gottesverhältnis betreffenden des ersten Teils als Fremdkörper erscheinen.
Schließlich ist die Prägnanz und Memorierbarkeit fördernde Kürze hervor-
zuheben.

Lev 19 bietet einen umfassenden Grundkodex der Verhaltensweisen und
Pflichten im alltäglichen Umgang mit dem Nächsten sowie damit un-
trennbar verklammert einige der wichtigsten religiösen Grundgebote[23].
Damit steht das Kp. in gewisser Parallele zum Dekalog[24]. Es läßt sich ohne
Schwierigkeit von seinem Kontext abgrenzen. Zusammengestellt sind
zum überwiegenden Teil »sittliche Gebote«, wobei die im engeren Sinne

---

[21] Vgl. BEER 1939, 104. Zur Dekalogforschung s. STAMM 1961; HOSSFELD 1982; PERLITT,
TRE 8, 408−413.
[22] Vgl. STEUERNAGEL 1900, 23 f.
[23] Vgl. ELLIGER 1966, 254 f.
[24] Vgl. ELLIGER 1966, 16.

»religiösen« Mahnungen keineswegs Fremdkörper sind. Die Gebote betreffen verschiedene Bereiche des täglichen Lebens, wie z. B. Besitzverhältnisse, soziale Fürsorge, Gerichtswesen, Sexualität. Wegen ihrer formalen Vielfalt ist die Reihe nicht so einprägsam wie der Dekalog. Doch bietet sie gerade durch ihre Allgemeingültigkeit und die Weite ihres Anwendungsbereiches eine gute Grundlage für eine paränetische Verwendung.

Der Charakter des Heiligkeitsgesetzes als einer Sammlung ursprünglich eigenständiger Gesetzeskorpora ist daran ersichtlich, daß in Lev 18 und 20 zwei sich überschneidende Reihen von Gesetzen aus dem sexualethischen Bereich nebeneinander stehen, ohne daß diese Parallelität redaktionell verwischt worden wäre[25]. Beide Kpp. sind fast ausschließlich der Sexualethik gewidmet, die in detaillierte Einzelgebote aufgeschlüsselt wird. Dagegen spielt in Kp. 19 dieser Bereich nur eine geringe Rolle. Es scheint, daß die Sexualgebote im Laufe der Redaktion des Heiligkeitsgesetzes bewußt auf die beiden thematischen Reihen konzentriert wurden.

Die formal straff gestaltete Fluchreihe Dtn 27,15−26, deren Einzelsätze bis auf den ersten ausschließlich »sittliche« Vergehen betreffen, steht im Schlußteil des paränetischen Rahmens des Dtn. Inhaltliche Schwerpunkte sind die Sexualethik und die soziale Fürsorge. Daneben werden Besitzvergehen und Mißbräuche aus dem Gerichtswesen angesprochen. Die Fluchreihe läßt sich, vor allem aufgrund ihrer formalen Einheitlichkeit, leicht vom Kontext abgrenzen. Wegen ihrer prägnanten Kürze und ihres umfassenden Inhaltes ist sie zu paränetischen und unterweisenden Zwecken besonders geeignet.

Im Hinblick auf die Rezeption der Pentateuchkomplexe durch PseuPhok können einerseits bestimmte Tendenzen herausgestellt werden, die bereits in ihnen selbst angelegt sind (1.), und andererseits bestimmte Auffälligkeiten notiert werden, die sich daraus ergeben, daß auch aus diesen Texten nur bestimmte Partien in PseuPhok begegnen (2.).

1. − Die Texte sind weniger kultisch als vielmehr ethisch geprägt[26].
   − Sie haben eine von ihrem Kontext relativ losgelöste und selbständige Position.
   − Die in ihnen enthaltenen materialen ethischen Aussagen sind frei von nationalen oder kultischen Spezifika[27]. Im Vordergrund stehen sexu-

---

[25] Vgl. EISSFELDT 1976, 311 f.; REVENTLOW 1961, 52−64.78−91; ELLIGER 1966, 17 ff.

[26] Vgl. in Bezug auf das Bundesbuch insgesamt BEER 1939, 121 ff.; im Hinblick auf den Dekalog vgl. a.a.O., 104; STEUERNAGEL 1900, 23 f. Zum Heiligkeitsgesetz vgl. unter diesem Gesichtspunkt ELLIGER 1966, 16.254 f.

[27] Vgl. BEER 1939, 104: »Zunächst ein Volksgesetz, ist er (sc. der Dekalog) doch frei von nationaler Beschränktheit und daher zu einer übervölkischen Beziehung befähigt«. Zum Bundesbuch als »Ausschnitt aus dem antiken Recht« vgl. a.a.O., 123 f.

elle Vergehen, Mord, Körperverletzung, Besitzrecht, Gerichtswesen, Schutz der »Geringen«.

– Sie zeigen die Tendenz, in Form von Gebotssammlungen verschiedenen Inhaltes gewissermaßen als Summe das ganze Gesetz Israels zusammenzufassen[28].

– Ihre Gestaltung in Form von kurzen, überschaubaren Gebotsreihen[29] dient der Prägnanz der Aussage und fördert ihre Verwendbarkeit in der paränetischen Unterweisung.

2. – Die Abschnitte, aus denen Gedankengut bei PseuPhok auftaucht, lassen sich innerhalb der oben aufgeführten Pentateuchkomplexe noch genauer eingrenzen. PseuPhok verwendet offensichtlich ausschließlich die Gebotsreihen selbst, ohne den theologischen Rahmen, den sie in ihrer Pentateuchform haben, zu beachten[30].

– Die so von ihrem Kontext unabhängigen Stücke stellen selbst Reihen von Einzelgeboten dar, die gattungsmäßige Ähnlichkeiten zu weisheitlichen Gnomologien wie PseuPhok aufweisen.

– Sie sind teils unter inhaltlichen Gesichtspunkten zusammengestellt (Lev 18/20 unter dem Thema Sexualethik), teils strukturell einheitlich (Dtn 27,15−26 als Fluchreihe, Ex 20 / Dtn 5 als Dekalog, Lev 18 als לֹא תְגַלֶּה -Reihe, Lev 20 als Kondizionalsatzreihe), teils aber auch formal wie inhaltlich uneinheitlich (Lev 19).

2. Die Benutzung von Schwerpunkttexten des Pentateuch durch PseuPhok

a) Der Dekalog in PseuPhok 3−8

Bernays hat als erster die These aufgestellt, den Anfang des PseuPhok bilde eine freie Wiedergabe des Dekalogs[31]. Diese Vermutung ist erneut von

---

[28] Vgl. zum Dekalog BEER 1939, 104: »Trotz seiner Kürze und Einfachheit umfaßt der Dekalog das gesamte geistige Leben Israels.« ELLIGER 1966, 16, bezeichnet Lev 19 als »Gegenstück zum Dekalog«, vgl. a.a.O., 244: »Summe von Geboten und Verboten sehr verschiedenen Inhalts und sehr verschiedener Form.«

[29] Unter Gebotsreihen verstehe ich hier Reihungen von ethischen Weisungen aus verschiedenen Bereichen des alltäglichen Lebens, seien sie nun als Gebote, Verbote, Fluch oder indikativische Mahnung formuliert. Formale Einheitlichkeit im streng formgeschichtlichen Sinn ist bei keiner der betreffenden Reihen nachzuweisen und spielt auch für die Frage ihrer Rezeption im Frühjudentum keine wesentliche Rolle.

[30] Es bleiben so übrig: Lev 18,6−23; 20,10−21; 19,3−36; Ex 20,1−17; Dtn 5,6−21; 27,15−26.

[31] BERNAYS 1885, 227f.: »Das Gedicht beginnt mit einer Auswahl aus dem Dekalog (V. 3−7); sie enthält das Verbot des Ehebruchs und der Unzucht (V. 3), des Mordes (V. 4), des

v. d. Horst unterstrichen worden[32]. Im folgenden soll den inhaltlichen Anklängen der VV. 3—8 an den Dekalog im einzelnen nachgegangen werden.

Verbot des Ehebruchs und der Homosexualität

3   *μήτε γαμοκλοπέειν μήτ' ἄρσενα Κύπριν ὀρίνειν*

Das Verbot des Ehebruchs ist durchgängig in jüdischer Tradition nachzuweisen[33]. Im Dekalog begegnet es in der Formulierung *οὐ μοιχεύσεις* (Ex
20,13 = Dtn 5,17).

Aus der Perspektive des Dekalogs auffällig ist die Stellung des Ehebruchverbotes vor dem Tötungsverbot (V. 4). Diese Reihenfolge steht derjenigen des masoretischen Textes entgegen, entspricht aber der Anordnung der Gebote in LXX[34]. v. d. Horst sieht darin eine Bestätigung der
Vermutung, daß hier der Dekalog verwendet sei[35]. Jedoch ist dieser Vermutung mit Vorsicht zu begegnen. Selbst in wörtlichen Dekalogzitaten
schwankt die Reihenfolge der betreffenden Gebote[36]. PseuPhok 3 f. könnte

---

Diebstahls (V. 5), des Gelüstens nach fremdem Gut (V. 6), des falschen Zeugnisses (V. 7) . . .
Die zwei dekalogischen Gebote . . . welche den Eid und die Elternverehrung betreffen . . .
sind nicht überhaupt weggelassen, sondern nur für den folgenden Abschnitt (V. 8—41) ver-
spart worden.«

[32] v. D. Horst 1978, 112: »It is probable that vv. 3—8 are a free rendering of the (second
table of the) Decalogue, in which the original order of the commandments is not maintained
. . . The probability of this suggestion is confirmed by the fact that the inverse order of the
first two commandments of the second table . . . is found here in the same way as in the
LXX, Philo and the N. T.« Vgl. a.a.O., 66, und derselbe 1978a, 191, sowie Crouch 1972, 88,
Anm. 20.

[33] Vgl. v. D. Horst 1978, 110. S. auch u. S. 119 mit Anm. II 233.

[34] Vgl. Reicke 1973, 21 f.

[35] S. o. Anm. 32. Genau besehen entspricht die Reihenfolge der Gebote bei PseuPhok nur
der von LXX Dtn 5,17 ff. (Ehebruch — Mord — Diebstahl), während LXX Ex 20,13 ff. die
Folge Ehebruch — Diebstahl — Mord hat (jeweils nach dem Vaticanus; der Alexandrinus hat
die Reihenfolge von MT). Die Reihenfolge der übrigen Dekaloganklänge in PseuPhok steht
mit derjenigen von LXX in keinem Zusammenhang.

[36] Die Voranstellung des Ehebruchverbotes im Dekalog ist auch noch im PapNash, in
LibAnt 11,10 f. und bei Philo, Decal 36.51.121.168; SpecLeg III 8, belegt. Sie findet sich
ebenso im Neuen Testament (Mk 10,19 [AWΘf[13] 𝔐lat sy[h]]; Lk 18,20; Röm 13,9; Jak 2,11)
sowie in frühchristlichen Schriften (Barn 20,1; Justin Dial 93; Theophilus AdAutol II 35; III
9; Clemens Al Strom VI 146,3; 147,2; Quis Div Salv 4; aethGorgoriusApk 90 f.). Auf der anderen Seite folgen der Reihenfolge von Ex 20,13 f.; Dtn 5,17 f. in MT der Codex Alexandrinus der LXX an beiden Stellen, der samaritanische Pentateuch, die samaritanischen Dekalog-Inschriften (vgl. Dexinger 1977, 111—133), Josephus, Ant III 92, im Neuen Testament
Mk 10,19 (ℵ[2] BC ΔΨ 0274.892 pc aur c sy[s] co); Mt 19,18; 5,21—33. Vgl. auch Vokes 1968,
151 f.

aber allenfalls als sachlicher Anklang an den Dekalog gewertet werden. Bei solchen Anklängen ist die Reihenfolge noch viel weniger festgelegt[37].

Die in V. 3b angesprochene Homosexualität wird im Dekalog nicht erwähnt, dient aber hier zusammen mit V. 3a zur Charakterisierung der Unzucht allgemein[38]. Im Hinblick auf die weitere Untersuchung sei vermerkt, daß das Verbot des Ehebruchs keine Parallele in Lev 19 hat. Das dürfte daran liegen, daß die Sexualethik aus diesem Kapitel größtenteils ausgeklammert ist und in Lev 18/20 thematisiert wird[39]. Dort findet sich auch das Verbot der Homosexualität (18,22/20,13) und des Ehebruchs (18,20/20,10).

Verbot des Tötens

4   μήτε δόλους ῥάπτειν μήθ' αἵματι χεῖρα μιαίνειν.

V. 4b (αἵματι χεῖρα μιαίνειν) meint sicher ein Tötungsverbrechen, so daß hier inhaltlich das betreffende Gebot des Dekalogs durchscheinen könnte[40]. Etwas schwierig ist V. 4a (δόλους ῥάπτειν)[41]. Man könnte leicht paraphrasiert übersetzen: »Ränke schmieden«. Nun gebraucht LXX aber δόλος mehrfach im Pentateuch in Verbindung mit einem Tötungsdelikt (Ex 21,14; Dtn 27,24; vgl. auch Lev 19,16). Daraus kann man schließen, daß PseuPhok 4a und b zusammengehören und das Töten verbieten. V. 4 entspricht somit inhaltlich dem 5. Dekaloggebot, läßt aber in der Formulierung eher Dtn 27,24 oder Ex 21,14 anklingen[42].

Ungerechtigkeit in Bezug auf den Besitz

5   μὴ πλουτεῖν ἀδίκως, ἀλλ' ἐξ ὁσίων βιοτεύειν.
6   ἀρκεῖσθαι παρ' ἑοῖσι καὶ ἀλλοτρίων ἀπέχεσθαι.

---

[37] Vgl. Hos 4,2; Jer 7,9; Ps 50,18 f.; Hi 24,14 ff.; auch grBar 4,17 (8,5; 13,4); TestAbr 10 (A); Plinius Ep X 96,7.

[38] REINMUTH 1985, 30 f. und Anm. 153, findet in VV. 3—6 die Vorordnung der Verbote von Unzucht und Habgier vor das Verbot des Mordes, wobei Unzucht und Habgier noch durch die Zahl der für sie verwendeten Halbzeilen besonders herausgehoben werden (Unzucht = 2 Halbzeilen: 3ab, Habgier = 5 Halbzeilen: 4a.5f.).

[39] Vgl. o. S. 13 f.

[40] Vgl. v. D. HORST 1978, 112: »Probably v. 4b renders Ex. XX 15 (= Deut. V 18) οὐ φονεύσεις.«

[41] Für ῥάπτω bietet LIDDELL-SCOTT: 1. sew together (zusammennähen), 2. devise (ersinnen).

[42] REINMUTH 1985, 31 mit Anm. 153, zählt offenbar V. 4a zu den zum Stichwort Habgier gehörenden Halbzeilen. Diese Deutung leuchtet nicht ein. Folglich ist auch in PseuPhok 3—6 nicht das Habgierverbot dem Tötungsverbot vorgeordnet (vgl. o. Anm. 38).

Der inhaltliche Bezug zum Dekalog ist wieder naheliegend, wenngleich die Formulierung bei PseuPhok völlig frei ist[43]. Ebensogut kann man aber auch Lev 19,13 heranziehen. Dorthin könnte die Formulierung (Verbindung des Stammes *ἀδικ-* mit einer Aussage über ein Vergehen gegen fremden Besitz) weisen[44].

Verbot des Lügens

7   *ψεύδεα μὴ βάζειν, τὰ δ' ἐτήτυμα πάντ' ἀγορεύειν.*

Nur von ferne könnte hier das inhaltlich enger gefaßte 8. Dekaloggebot (Zählung hier und im folgenden nach Luther) anklingen. Dagegen ist der Bezug zu Lev 19,11 (*οὐ κλέψετε, οὐ ψεύσεσθε, οὐ συκοφαντήσει τὸν πλησίον*) durchaus enger. Ist Lev 19,11 der Hintergrund von V. 7, so gewinnt auch sein Bezug zu V. 5 f. an Wahrscheinlichkeit[45].

Elterngebot

8   *πρῶτα θεὸν τιμᾶν, μετέπειτα δὲ σεῖο γονῆας.*

Bis in die Formulierung hinein klingt hier Ex 20,12 = Dtn 5,16 an (*τιμᾶν*). Andererseits liegt das Charakteristische des PseuPhok-Verses vor allem in der engen Verknüpfung des Elterngebotes mit dem Gebot, Gott zu ehren. Eher als die zahlreichen griechischen Parallelen[46] bietet sich aufgrund des Zusammenhanges für diese Kombination als Quelle Lev 19,2f. an[47]. Aber auch in der Auslegungsgeschichte des Dekalogs spielte die Verbindung des Elterngebotes mit dem Gebot der monotheistischen Gottesverehrung eine wichtige Rolle[48]. Es ist also möglich, daß PseuPhok das Elterngebot in

---

[43] BERNAYS 1885, 228, verweist für V. 5 auf das 7. und für V. 6 auf das 10. Gebot.

[44] Zur *ἀδικία* als Besitzvergehen vgl. TestRub 3,6 (dazu u. S. 95); vgl. auch slHen 10,5 (dazu u. S. 188 f.). v. D. HORST 1978, 113, verweist auf Hi 20,15 (*πλοῦτος ἀδίκως συναγόμενος ἐ-ξεμεσθήσεται*) als »a better parallel«, fährt dann aber fort: »However, in view of the dependence of vv. 3—4 upon the Decalogue, Bernays may be right.«

[45] Einen traditionsgeschichtlichen Bezug zwischen Lev 19,11 und dem Dekalog sieht BERGER 1972, 336: »Die Tatsache, daß in Lev 19,11; Hos 4,2—3; Jer 7,9 an der Stelle des 8. Gebotes Betrügen, Lügen und Falsch-Schwören steht, ist ein Grund für die spätere Einsetzung dieser Vergehen an die Stelle des 8. Gebotes.«

[46] Vgl. v. D. HORST 1978, 116.

[47] Vgl. auch Dtn 27,15 f., wo auf den Fluch über den Götzendienst das Elterngebot in der Formulierung *ἐπικατάρατος ὁ ἀτιμάζων πατέρα αὐτοῦ ἢ μητέρα αὐτοῦ* folgt. Zahlreiche frühjüdische Belege für die Kombination von Elterngebot und Gottesverehrung bietet v. D. HORST 1978, 116. Vgl. auch u. Anm. III 75.

[48] Vgl. BERGER 1972, 384 ff., und REICKE 1973, 22.

Verbindung mit dem Gebot, Gott zu ehren, aus jüdischer Tradition bezieht, die vom Dekalog beeinflußt ist. Obwohl in der Formulierung ab-
weichend ($\phi o\beta\varepsilon i\sigma\theta\omega$), auch von den frühjüdischen Parallelen (vgl. Sib III
593 f.; Josephus, Ap II 206), bietet sich dennoch inhaltlich wegen der en-
geren Verbindung des Elterngebotes mit dem Gebot, Gott zu ehren, auch
Lev 19,3 als Parallele an[49].

Weitere Dekaloganklänge:

Innerhalb des Abschnittes über das Gerichtswesen (VV. 9−12) könnte
V. 12a ($\mu\alpha\rho\tau\nu\rho i\eta\nu \psi\varepsilon\nu\delta\tilde{\eta} \phi\varepsilon\acute{\nu}\gamma\varepsilon\iota\nu$) vor allem der Formulierung wegen an Ex
20,16 ($o\dot{\nu} \psi\varepsilon\nu\delta o\mu\alpha\rho\tau\nu\rho\acute{\eta}\sigma\varepsilon\iota\varsigma \ldots \mu\alpha\rho\tau\nu\rho i\alpha\nu \psi\varepsilon\nu\delta\tilde{\eta}$) anklingen[50].
   v. d. Horst sieht in V. 16f. einen Anklang an das 2. Gebot, besonders
wegen V. 17 ($\psi\varepsilon\acute{\nu}\delta o\rho\kappa o\nu \sigma\tau\nu\gamma\acute{\varepsilon}\varepsilon\iota \theta\varepsilon\acute{o}\varsigma$)[51]. Gleich nahe liegt aber Lev 19,12, wo
der Mißbrauch des Namens Gottes auch ausdrücklich als Meineid be-
stimmt wird.
   Das Elterngebot klingt noch einmal in PseuPhok 220 ff. an, dort wahr-
scheinlich in der Formulierung von Lev 19,32 (PseuPhok 220: $\pi o\lambda\iota o\kappa\rho o\tau\acute{\alpha}$-
$\phi o\nu\varsigma$ gegenüber Lev 19,32: $\dot{\alpha}\pi\dot{o} \pi\rho o\sigma\acute{\omega}\pi o\nu \pi o\lambda\iota o\tilde{\nu}$) beeinflußt[52].

Zusammenfassung:

In PseuPhok 3−8.12.16 f. finden sich Aussagen, die in freier Formulierung den Inhalt von Geboten des Dekalogs zum Ausdruck bringen. Die inhaltlichen Anklänge beziehen sich auf das 4. (V. 8b), das 5. (V. 4), das 6.
(V. 3a), das 7. (V. 5 f.), das 8. (V. 7a) und das 9./10. (V. 5 f.) Gebot.
   Dem betreffenden Dekaloggebot von der Formulierung her am nächsten
stehen V. 8 und V. 12. Die Reihenfolge der in VV. 3−8 inhaltlich anklin-

---

[49] BERGER 1972, 278, verweist darauf, daß wie im Dekalog so auch in Lev 19,3 das Elterngebot zusammen mit dem Sabbatgebot einer Reihe von Prohibitiven vorangestellt ist, und
daß beide »als eine Art Programm« erscheinen. Man sollte hier keinen ausschließenden Gegensatz zwischen dem Dekalog und Lev 19 als Hintergrund für PseuPhok 8 konstruieren. Es
wäre denkbar, daß beide Überlieferungskomplexe im Laufe ihrer Auslegungsgeschichte
kombiniert worden sind. Auch Philo, SpecLeg II 224−241, kombiniert sie.

[50] Vgl. dazu v. D. HORST 1978, 120: »$\mu\alpha\rho\tau\nu\rho i\eta\nu \phi\varepsilon\nu\delta\tilde{\eta} \phi\varepsilon\acute{\nu}\gamma\varepsilon\iota\nu$ may mean ›do not give false
witness‹, but the context suggests the meaning ›do not allow yourself to be influenced by false
witness‹. This, of course, implies the prohibition of false witnessing, which is often found in
the O. T., e. g. Ex. XX 16 . . . (= Deut. V 20)«. Vgl. aber u. S. 22.

[51] v. D. HORST 1978, 124: »It may be, however, a rendering of the Decalogue's ›the Lord
will not leave unpunished the man who misuses his name‹ (Ex. XX 7), though admittedly a
threatening is also implied in the texts from the Greek authors«.

[52] v. D. HORST 1978, 254, weist auf eine durch Philo, SpecLeg II 237 ff., und Josephus, Ap
II 206, belegte Auslegungstradition hin, die die Forderung der Ehrung des Alters vom Elterngebot des Dekalogs ableitete.

genden Dekaloggebote entspricht nicht der des masoretischen Textes von Ex 20 / Dtn 5. Die Vorordnung des Ehebruchverbotes vor das Tötungsverbot in PseuPhok 3 f. stimmt mit der Anordnung beider Gebote in LXX Dtn 5,17 f. (B) überein. Alle anderen Dekaloganklänge lassen in ihrer Reihenfolge keine Abhängigkeit vom biblischen Dekalog erkennen. Aus der Reihenfolge der Gebote in PseuPhok läßt sich somit nicht beweisen, daß in VV. 3—8 der Dekalog paraphrasiert wird.

Mit Ausnahme des Ehebruchverbotes lassen sich zu allen Versen, in denen inhaltlich Dekaloggebote anklingen, ähnliche inhaltliche Verbindungen zu Lev 19 knüpfen. Das Ehebruchverbot wird zwar in Lev 19 nicht erwähnt, ist aber in Lev 18/20 thematisiert. Beim Tötungsverbot (V. 4), bei den Geboten zum Schutz fremden Besitzes (V. 5 f.), beim Verbot des Lügens (V. 7a) und beim Elterngebot ist der Bezug zu Lev 19 enger als der zum Dekalog.

Wenn also behauptet wird, in PseuPhok 3—8 liege eine Paraphrase (»summary«[53], »Auswahl«[54], »umschreibende Aufzählung der Gebote«[55]) des Dekalogs vor, so dürfte damit der traditionsgeschichtliche Bezug zu einlinig und zu eng beschrieben sein[56].

Vergegenwärtigung der Tora im Frühjudentum bestand offensichtlich nicht darin, die Toragebote in ihrer ursprünglichen Gestalt und Anordnung aufzunehmen, sondern in umgestaltender, interpretierender und aktualisierender Wiedergabe ihrer Sachanliegen. So erklärt es sich, daß die Mahnungen von PseuPhok 3—8 z. T. ihrer Gestalt nach engere Parallelen in der jüdischen Weisheitsliteratur oder auch in pagan-hellenistischen Texten haben, obgleich sie der Sache nach, wie der Kontext zeigt, auf Toragebote zurückgehen.

Bezeichnend für die Rezeption von Toraweisungen ist die Kombination von Geboten verwandten Inhaltes, die im Pentateuch an verschiedenen Stellen überliefert sind. Sie führt dazu, daß selten mit Bestimmtheit eine einzige Quelle in der Tora für eine Mahnung bei PseuPhok angegeben werden kann. Deshalb dürfen der Dekalog und Lev 19 als mögliche Hintergrundkapitel für PseuPhok nicht gegeneinander ausgespielt werden.

b) Lev 19 in PseuPhok 9—41

Auf den engen Bezug des ersten Teiles des pseudophokylideischen Gedichtes zu Lev 19 hat schon Bernays mit besonderem Nachdruck hinge-

---

[53] v. d. Horst 1978, 66.

[54] Bernays 1885, 227.

[55] Seeberg 1906, 25.

[56] Sehr zurückhaltend äußert sich auch Berger 1972, 374: »Der Inhalt entspricht etwa den im Spätjudentum üblichen Auslegungen des 5.—8. Gebotes. Eine Nähe zum Dekalog ist trotzdem nicht anzunehmen.« Vgl. o. Anm. 49 sowie u. S. 25 f.

wiesen[57]. v. d. Horst hat diese These aufgenommen und mit der Vermutung verbunden, »Leviticus 19 was probably considered by the Jews in antiquity as a kind of summary of the Torah«[58]. Ehe die hier anklingende
Frage nach der Bedeutung von Lev 19 in frühjüdischer Zeit behandelt
werden soll (s. u. S. 60 f.), untersuchen wir zunächst die Beziehungen zwischen PseuPhok 9–41 und Lev 19 im einzelnen.

Verhalten bei Gericht

9   πάντα δίκαια νέμειν, μὴ δὲ κρίσιν ἐς χάριν ἕλκειν.
10 μὴ ῥίψῃς πενίην ἀδίκως, μὴ κρῖνε πρόσωπον·
11 ἢν σὺ κακῶς δικάσῃς, σὲ θεὸς μετέπειτα δικάσσει.
12 μαρτυρίην ψευδῆ φεύγειν· τὰ δίκαια βραβεύειν.

Die VV. 9–12 stellen eine jener »thematische(n) Kleinkollektionen« dar,
die nach Küchler die größten in PseuPhok zu findenden literarischen Einheiten sind[59]. Berger nennt sie eine »Reihe nach Art eines Richterspie-
gels«[60]. Einen ähnlichen Richterspiegel bilden die VV. 15 f. in Lev 19[61].

V. 9 bezieht sich wegen des Zusammenhanges mit V. 10 ff. nicht so sehr
auf rein privates Verhalten, sondern eher auf das Verhalten vor Gericht[62].
In V. 10 wird der Bezug zu Lev 19,15 noch deutlicher[63], denn hier wie dort
ist das Verbot der Ungerechtigkeit vor Gericht näher bestimmt durch die
Anwendung auf die »Geringen«. Die Anklänge gehen bis in die Formulierung (Lev 19,15: οὐ λήμψῃ πρόσωπον πτωχοῦ . . . ἐν δικαιοσύνῃ κρινεῖς τὸν
πλησίον σου). Während freilich in Lev 19,15 Gerechtigkeit ausdrücklich gegenüber Armut *und* Reichtum gefordert wird, nennt PseuPhok 10 nur
noch den Armen. Es wird hier eine Tendenz zum Schutz der »Geringen«
deutlich, die sich auch an anderen Stellen des Gedichtes zeigt[64].

---

[57] BERNAYS 1885, 228: »Nach der Ausbeutung des Dekalogs hat sich nämlich der Verfasser
zu jenem Theil des Leviticus gewendet, welcher in neuen wie in alten Zeiten mit Recht für das
Gegenstück des Dekalogs angesehen wird, ich meine das 19. Capitel.« Vgl. auch jetzt wieder
JOHNSON 1982, 391 ff.; WALTER 1983, 190.

[58] v. D. HORST 1978a, 191. Vgl. derselbe 1978, 67: »One might tentatively conclude that in
Judaism at the beginning of our era Lev. XIX was regarded as a central chapter in the Torah.«

[59] KÜCHLER 1979, 272.

[60] BERGER 1972, 343.

[61] Auf sie verweist schon BERNAYS 1885, 228.

[62] Vgl. v. D. HORST 1978, 117 f.; zu ἐς χάριν a.a.O., 117: »Here, this expression is clearly a
warning against partiality, as is so often the case in the O. T.«

[63] So auch JOHNSON 1982, 392.

[64] S. u. PseuPhok 19. 22. 24.39 ff. (S. 23 ff.). Zu frühjüdischen Parallelen vgl. v. D. HORST
1978, 118: »This verse (and see 19, 22 f., 29) indicates ›a typically Jewish concern for the
poor‹« (nach CROUCH 1972, 86). Wir werden im Laufe der weiteren Untersuchung ständig auf
diese Tendenz stoßen.

V. 11 ist einer der wenigen Verse des PseuPhok, in denen die ethische Weisung mit einer theologischen Aussage verbunden ist[65]. Die theologische Grundlage der Mahnungen des PseuPhok wird nur selten zur Sprache gebracht[66] und ist erst aus der Funktion der Schrift als ganzer abzuleiten[67]. Auf die Nähe der Formulierung von V. 12a zu Ex 20,16 wurde bereits hingewiesen. V. 12b spricht aber m. E. dafür, den Vers zusammen mit den ihm vorausgehenden zum Thema Verhalten vor Gericht auf Lev 19,15 f. zu beziehen. Bei der Frage, welcher Traditionskomplex an dieser Stelle von PseuPhok primär verwendet worden ist, weist die Formulierung auf den Dekalog, der Kontext dagegen auf Lev 19. Dies führt zu der Annahme, daß auf den von PseuPhok aufgenommenen Traditionskomplex Lev 19 in irgendeiner Phase seiner Auslegungsgeschichte bereits das Dekaloggebot Ex 20,16 eingewirkt hat. Zur frühjüdischen Auslegungstradition von Lev 19 gehörte demnach die Kombination der in diesem Kp. enthaltenen Weisungen mit thematisch verwandten aus anderen Pentateuchkomplexen[68].

Schutz des Besitzes

13 *παρθεσίην τηρεῖν, πίστιν δ' ἐν πᾶσι φυλάσσειν.*
14 *μέτρα νέμειν τὰ δίκαια, καλὸν δ' ἐπίμετρον ἁπάντων.*
15 *σταθμὸν μὴ κρούειν ἑτερόζυγον, ἀλλ' ἴσον ἕλκειν.*

Die VV. 13–15 behandeln Fragen des Besitzrechtes, ohne daß sie sich thematisch gegenüber den Aussagen über das Verhalten bei Gericht oder die

---

[65] Vgl. noch 17.29.54.106.111.125.

[66] Vgl. dazu u. S. 71 f.

[67] Im Zusammenhang der Frage nach der »Theologie« des Verfassers von PseuPhok betont REINMUTH 1985, 31, die Rolle der Einleitungs- und Schlußverse des Gedichtes: »Die Rahmenaussagen sind für das Gedicht von besonderer theologischer Bedeutung . . . die Mahnungen wollen nichts anderes, als den Rechtswillen Gottes kundtun und einschärfen . . . Durch die theologische Rahmung ist die Absicht des Autors, seine Weisungen als Wiedergabe des Gesetzes in der Autorität Gottes ergehen zu lassen, klar erkennbar.« Vgl. auch DELLING 1974, 169 f.: »Es lohnte sich schon einmal, die ethischen Urteile des hellenistischen Judentums insgesamt oder doch vorerst in größeren Sachkomplexen zu untersuchen. Dabei müßte man nur auch bemüht sein, nach den geistigen Zusammenhängen und Hintergründen zu fragen . . . Die betont religiöse Motivierung der Ethik weist auf solche Zusammenhänge und Hintergründe hin, auch wenn die unmittelbaren Aussagen häufig . . . zunächst in der Form der Gebotsethik erfolgen.« Anders KÜCHLER 1979, 291: »Die vier Stellen, in welchen von Gott gesprochen wird . . . sind jedoch ohne prägende Kraft auf die Gesamtheit der Logien.« – Die Frage nach der theologischen Rahmung der ethischen Aussagen der katechismusartigen Reihen wird uns in der weiteren Untersuchung immer wieder beschäftigen, vgl. u. S. 70 ff., 164 ff., 239 f.

[68] BERNAYS 1885, 231, findet Anklänge an Lev 19,16 auch noch in V. 21. Bei einer so allgemeinen Aussage ist es aber wohl kaum mehr möglich, traditionsgeschichtliche Beziehungen wahrscheinlich zu machen. So auch v. D. HORST 1978, 127.

Haltung zu den »Geringen« genau abgrenzen lassen. Sicher stehen dem V. 13 Stellen wie Lev 5,20—26 oder Ex 22,6—12 näher[69]. Da aber Lev 19 offenbar in dem Gesamtzusammenhang bei PseuPhok eine wichtige Rolle spielt, verdient auch der Hinweis auf Lev 19,11 Beachtung[70]. Die VV. 14f. weisen einen deutlichen Bezug bis in die Formulierung hinein zu Lev 19,35f. auf (*οὐ ποιήσετε ἄδικον ἐν κρίσει, ἐν μέτροις καὶ ἐν σταθμίοις καὶ ἐν ζυγοῖς. ζυγὰ δίκαια καὶ στάθμια δίκαια καὶ χοῦς δίκαιος ἔσται ὑμῖν*). Zu beachten ist besonders die parallele Reihenfolge der Aussagen zu (Längen-)Maßen und Gewichten. In Lev 19 stehen diese Sätze in ausdrücklicher Beziehung zum Gerichtswesen, bei PseuPhok ist dieser Zusammenhang durch den Kontext gegeben.

Verbot des Meineides

16 *μὴ δ' ἐπιορκήσῃς μήτ' ἀγνῶς μήτε ἑκοντί·*
17 *ψεύδορκον στυγέει θεὸς ἄμβροτος ὅστις ὀμόσσῃ.*

Wieder kann man als Parallele sowohl ein Dekaloggebot (Ex 20,7; s. o. S. 19) als auch eine Stelle aus Lev 19 (V. 12) anführen[71]. Die Formulierung bei PseuPhok ist allerdings frei[72]. Wie bei V. 12 so legt sich auch bei diesen Versen die Vermutung nahe, der Dekalog habe im Laufe der Auslegungsgeschichte den Traditionskomplex Lev 19 beeinflußt.

Schutz der »Geringen«

19 *μισθὸν μοχθήσαντι δίδου, μὴ θλῖβε πένητα.*
22 *πτωχῶι δ' εὐθὺ δίδου μὴ δ' αὔριον ἐλθέμεν εἴπῃς·*
24b *... καὶ τυφλὸν ὁδήγει.*

Wie in den hier aufgeführten Versen so spielt auch in Lev 19 der Schutz der »Geringen« eine wichtige Rolle[73]. V. 19 und V. 22 enthalten die Weisung, den »Geringen« zu geben (*δίδου*). V. 19a klingt deutlich an Lev 19,13 an (*οὐ μὴ κοιμηθήσεται ὁ μισθὸς τοῦ μισθωτοῦ*)[74], ebenso V. 22b (*ἕως πρωΐ*). V. 19a und V. 22b zusammengenommen ergeben also exakt den Inhalt von Lev

---

[69] So v. D. Horst 1978, 120. Zur Konjektur des handschriftlich überlieferten *παρθενίην* in *παρθεσίην* vgl. Bernays 1885, 220. 228.
[70] So Bernays 1885, 228. Zur Sache vgl. u. S. 51.
[71] Vgl. v. D. Horst 1978, 123f.
[72] Für Lev 19,12 als Hintergrund von PseuPhok 16 auch Johnson 1982, 393.
[73] Vgl. Lev 19,9f.13f.33f.
[74] Vgl. v. D. Horst 1978, 126: »The O. T. source of v. 19a is possibly Lev. XIX 13«. Zur Sache vgl. Berger 1972, 382ff.

19,13: μισθὸν μοχθήσαντι δίδου − μὴ δ' αὔριον ἐλθέμεν εἴπῃς. Die Formulierung bei PseuPhok ist natürlich wieder völlig frei.

Die beiden übrigen Halbzeilen (V. 19b und V. 22a) betonen den Bezug der Weisungen auf die »Geringen« und treffen somit allgemein den Bezugskreis der angesprochenen Verse aus Lev 19. Offensichtlich sind πτωχός und vor allem πένης, πενίη, πενιεύω für den Autor von PseuPhok Sammelausdrücke für die »Geringen«, wie sie auch in Lev 19 gemeint sind[75]. Er steht mit dieser Verallgemeinerung und Ausweitung der konkreten alttestamentlichen Gebote auf den Typ des »Geringen« in einer frühjüdischen Tradition[76].

Wenn damit deutlich geworden ist, daß PseuPhok 19.22 Traditionsstoff aus Lev 19,13 wiedergeben, so kann man daran auch einiges über die Art ablesen, in der der Autor sein Überlieferungsgut verarbeitet. In der Formulierung verfährt er, schon wegen der sprachlichen Eigenart seiner Dichtung, frei. Im einzelnen kann er sich sehr eng an den Inhalt des Traditionsstoffes anlehnen, kann ihn aber auch stark verallgemeinernd wiedergeben. An den Kontext und die Reihenfolge seiner Vorlagen fühlt er sich nicht gebunden. Zwischen aus diesem Traditionsgut übernommene Sätze kann er fremdes Gut oder allgemein verbreitete Mahnungen schieben (z. B. VV. 18. 20. 21).

Die Weisung, Almosen zu geben (VV. 23.28 ff.), hat keine Parallele in Lev 19. Sie steht höchstens in Bezug zu der allgemeinen Tendenz des Kapitels zum Schutz der »Geringen«. Auf jeden Fall gibt sie einen gängigen Gedanken alttestamentlicher wie frühjüdischer Paränese[77] in der für PseuPhok typischen Verbindung mit einer selbständigen, erweiternden Begründung (V. 29 f.) wieder.

V. 24b steht zwar schon im Kontext der Aussagen zum Schutz der Fremden, gehört aber inhaltlich noch zu den Geboten über die »Geringen« und läßt vielleicht Lev 19,14 anklingen[78].

---

[75] Vgl. *πένης* in V. 83 (Geldschuldner), V. 113 (Armer im Gegensatz zum König), *πενίη* in V. 10 (Armut vor Gericht), V. 40 (Armut des Fremdlings), *πενιεύω* in V. 28 (Almosen bedürfen). Ähnlich stereotyp wird in Lev 19 der Begriff *ὁ πλησίον* benutzt (V. 11.13.15.16.17. 18), allerdings nicht nur zur Bezeichnung der »Geringen«, sondern ganz allgemein für den anderen (vgl. Berger 1972, 103 f.). Zusammen mit *θλίβω* steht *πλησίον* auch in Lev 25,17. Vgl. die weiteren Belege bei Hatch-Redpath II 1148.

[76] Vgl. v. d. Horst 1978, 125 f. Setzt man für PseuPhok ein solches typisiertes Verständnis von *πτωχός* bzw. *πένης* usw. voraus, dann entfällt v. d. Horst's Einwand gegen den Bezug von V. 22 zu Lev 19,13 (a.a.O., 128): »but there it is said that one cannot wait till tomorrow to give the labourer his money, whereas here it is about the poor in general.«

[77] Vgl. v. d. Horst 1978, 133: »This verse reflects a really Jewish sentiment.« und die dort und a.a.O., 129 f., angegebenen Texte. S. auch u. S. 108 und Anm. III 112. 120.

[78] So Bernays 1885, 231. Zu vergleichen wäre auch Dtn 27,18.

Schutz der Fremden

24a   ἄστεγον εἰς οἶκον δέξαι ...
39   ἔστωσαν δ' ὁμότιμοι ἐπήλυδες ἐν πολιήταις·
40   πάντες γὰρ πενίης πειρώμεθα τῆς πολυπλάγκτου,
41   χώρης δ' οὔ τι βέβαιον ἔχει πέδον ἀνθρώποισιν.

Der sprachlich und sachlich engste Anklang an V. 24a findet sich in Jes 58,7 und Hi 31,32[79]. Jedoch kann man auch Lev 19,33 f. heranziehen, wenn man bedenkt, daß dieses Kapitel den gesamten Kontext prägt. Deutlicher wird dieser Bezug noch in V. 39, der unabhängig von seiner aktuellen Bedeutung in PseuPhok[80] traditionsgeschichtlich sicher auf Lev 19,33 f. (bzw. sachlich nahestehende Toragebote wie Ex 22,20; 23,9; Lev 24,22; Dtn 10,19; 24,17) zurückgeht[81].

Besonders charakteristisch für den geistig-religiösen Horizont des Autors von PseuPhok wie für die Art seines Umganges mit dem Traditionsstoff ist V. 41. Während sich die Begründung des Fremdengebotes in Lev 19,34 (ὅτι προσήλυτοι ἐγενήθητε ἐν γῇ Αἰγύπτῳ) auf eine konkrete Erfahrung des Volkes Israel in seiner Geschichte bezieht, ist sie bei PseuPhok ganz verallgemeinert und gipfelt in einer »Allerweltsweisheit«[82].

Zusammenfassung:

Zur überwiegenden Mehrzahl der Verse PseuPhok 3–41 lassen sich Parallelen aus Lev 19 beibringen. Die Wiedergabe des auf Lev 19 zurückgehenden Stoffes ist in Bezug auf die Formulierung völlig frei. Die inhaltliche Verwandtschaft ist in Einzelfällen eng und detailliert, meist aber ist das betreffende Gebot sinngemäß und manchmal aktualisierend oder verallgemeinernd wiedergegeben.

Bei einigen Versen ergab sich die Frage, ob PseuPhok die Gebotssammlung Lev 19 in einer vom Dekalog beeinflußten Form vorgelegen hat. Der Gesamtkomplex PseuPhok 3–41 ist weniger durch den Dekalog als durch Lev 19 geprägt. Die VV. 3–8.12.16 f. weisen aber bis in die Formulierungen gehende Anklänge an Dekaloggebote auf. Jedoch ist bei der Lokalisierung möglicher Quellen für PseuPhok in Rechnung zu stellen, daß die Überlieferungskomplexe der Tora im Frühjudentum in einer lebendigen Auslegungstradition vermittelt werden. Dabei werden Toraweisungen

---

[79]   v. d. HORST 1978, 130. Zum Thema Fremde ebenda: »The sheltering of homeless people was one of the most important g⁼miluth ḥasadim among the Jews.«
[80]   Vgl. v. d. HORST 1978, 139 f.
[81]   Vgl. v. d. HORST 1978, 140.
[82]   Vgl. v. d. HORST 1978, 141, und KÜCHLER 1979, 298–301.

zum gleichen Thema, die im Pentateuch an verschiedenen Stellen stehen, kombiniert. Nur aus dem Zusammenhang kann erschlossen werden, welcher Pentateuchtext einer solchen Auslegung ursprünglich zugrundeliegt. Solche kombinierende Auslegung verschiedener Pentateuchkomplexe ist, wie sich im weiteren Verlauf der Untersuchung zeigen wird, ein charakteristisches Merkmal der frühjüdischen Toravergegenwärtigung.

PseuPhok schöpft aus dieser Auslegungstradition offenbar mindestens ebenso wie aus der (LXX-Form der) Tora selbst. In welcher Form das Weisungsgut der Tora durch die Auslegungstradition vermittelt auf Pseu-Phok gekommen ist, wird noch aus dem Vergleich mit zwei eng verwandten frühjüdischen Texten zu erheben sein[83].

Die Reihenfolge der Weisungen in PseuPhok 3—41 ist nicht von Lev 19 bestimmt. Man kann höchstens einige thematische Einheiten erkennen, denen ähnliche Einheiten in Lev 19 entsprechen. Sie sind aber nicht streng gegeneinander abzugrenzen.

Zwischen die aus der Tora stammenden Weisungen sind immer wieder andere jüdischer oder griechischer Herkunft eingestreut. Z. T. werden Gebote aus Lev 19 durch stark verallgemeinernde und herkunftsmäßig kaum zu bestimmende Sentenzen kommentiert oder begründet. Die in Lev 19 an einigen Stellen durchscheinende Tendenz zum Schutz der »Geringen« schlägt in PseuPhok deutlich und z.T. schematisch verallgemeinert durch.

Die Theologie des PseuPhok kommt nur an wenigen Stellen zum Ausdruck, an denen eine Weisung zu einem entsprechenden Verhalten Gottes in Beziehung gesetzt wird. Bemerkenswert ist, daß die kultischen und die spezifisch jüdischen Gebote aus Lev 19 nicht übernommen werden (Sabbat, Götzendienst, Opfer)[84].

c) Lev 18/20 in PseuPhok 177—194

Im letzten größeren Abschnitt des PseuPhok (VV. 175—227) enthält der Komplex VV. 177—194 besonders häufige und auffällige Parallelen zu Lev 18/20[85]. Thematisch ist er durch die Sexualethik bestimmt[86], die aus dem

---

[83] Vgl. u. S. 57—66. Auch WALTER 1983, 190, rechnet »durchaus auch mit indirekter Benutzung des Pentateuchs (auf dem Wege über vorausliegende ›katechismusartige‹ Zusammenstellungen)«.

[84] Hingewiesen sei noch auf die häufigen Parallelen in Dtn 27. Sie betreffen V. 4 (Dtn 27,24).8(16).10(19).24(18).35(17).

[85] Vgl. o. die Statistik der Pentateuchparallelen, S. 9—12. Auf die Bezüge zu Lev 18/20 hat auch v. D. HORST 1978, 230, hingewiesen (vgl. auch a.a.O., 67, Anm. 9).

[86] Vgl. die Überschrift bei WALTER 1983, 213: »Gegen widernatürliches sexuelles Verhalten«. Zum Verhältnis des gesamten Abschnittes PseuPhok 175—227 zur Haustafeltradition, das uns hier nicht weiter interessieren kann, vgl. CROUCH 1972, 74—101; SCHRAGE 1975, 1—22; v. D. HORST 1978a, 196—200; derselbe 1978, 225.

übrigen Poem weitgehend ausgeklammert und in dem Schlußteil
VV. 175—206 zusammengefaßt ist.

Verbot der Prostitution

177   μὴ προαγωγεύσῃς ἄλοχον σέο τέκνα μιαίνων·
178   οὐ γὰρ τίκτει παῖδας ὁμοίους μοιχικὰ λέκτρα.

Das Verbot, seine Frau zur Prostitution anzuhalten, findet sich nirgends im
Alten Testament, wohl aber die entsprechende Mahnung bezüglich der
Tochter (Lev 19,29). Lev 19,29 ist (neben 19,20) das einzige sexualethische
Gebot des Kapitels. Dieser Bereich ist in den Kpp. 18/20 ausführlich behandelt, die den Kontext von PseuPhok 177f. bestimmen[87]. v. d. Horst betrachtet V. 177 als aktualisierende Interpretation von Lev 19,29, insofern
als ein solches Vergehen nicht im alten Israel, wohl aber in der hellenistischen Umwelt des Frühjudentums vorkam[88].

Verhalten zur Stiefmutter

179   μητρυιῆς μὴ ψαῦε τὰ δεύτερα λέκτρα γονῆος·
180   μητέρα δ' ὡς τίμα τὴν μητέρος ἴχνια βᾶσαν.
181   μηδέ τι παλλακίσιν πατρὸς λεχέεσσι μιγείης.

Diese Verse bieten verschiedene Übersetzungsprobleme[89]. In jedem Fall
handelt es sich um das Verbot sexuellen Verkehrs mit der Stiefmutter bzw.
den Nebenfrauen des Vaters[90]. Wurzel ist (dem Kontext bei PseuPhok entsprechend) Lev 18,8/20,11, wenngleich sich das Verbot in der Tora auch
noch Dtn 23,1; 27,20 findet.

Mit dieser Mahnung beginnt eine Reihe von Weisungen, die auf Lev 18/
20 zurückgehen. Diese Kpp. haben offenbar in der Gesetzesrezeption des
Frühjudentums eine hervorgehobene Bedeutung. Philo geht SpecLeg III

---

[87] Zu den Schwierigkeiten der Übersetzung und des genauen Sinnes von PseuPhok 177f.
vgl. v. d. Horst 1978, 227ff. Zur Deutung des τέκνα μιαίνων wäre zusätzlich auf Josephus, Ant
IV 245 zu verweisen.

[88] v. d. Horst 1978, 228. Vgl. Berger 1972, 519: »Ps-Phokylides 177f. ergänzt die atl. Gebote um dieses Verbot«.

[89] Vgl. v. d. Horst 1978, 229f.

[90] Vgl. v. d. Horst 1978, 230: »Anyhow, this verse forbids sexual relations with one's
stepmother and is probably based upon Lev. XVIII 8«. V. 181 ist nach v. d. Horst eine Ex-
trapolation aus Lev 18,8, obwohl sich kein direktes Gegenstück im Alten Testament findet.
Die Kombination von Stiefmutter und Nebenfrauen des Vaters ist jedoch traditionell (a.a.O.,
231).

11—50 ausführlich auf sie ein, indem er sich bei der Erörterung der dem
Ehebruchverbot des Dekalogs untergeordneten Sexualdelikte von der Reihenfolge der Gebote aus Lev 18 leiten läßt[91]. Josephus bringt innerhalb
seiner systematisierenden Wiedergabe der Ritualgesetze der mosaischen
Tora eine fast vollständige Auswahl aus den Geboten von Lev 18 (Ant III
274 f.): Ehebruch (Lev 18,20/20,10), sexueller Verkehr mit der Mutter
(18,7), Stiefmutter (18,8/20,11), Tante (18,12 f./20,19 f.), Schwester (18,9/
20,17), Schwiegertochter (18,15/20,12), Verkehr während der Zeit der
Regel (18,19/20,18), Verkehr mit Tieren (18,23/20,15), Verkehr mit Ange-
hörigen des gleichen Geschlechtes (18,22/20,13). Auch die katechismusartigen Gesetzeszusammenfassungen bei Philo, Hyp 7,1—9, und Josephus,
Ap II 190—219, schöpfen mehrfach aus Lev 18/20[92].

Verbot der »Blutschande«

182   μηδὲ κασιγνήτης ἐς ἀπότροπον ἐλθέμεν εὐνήν.
183   μηδὲ κασιγνήτων ἀλόχων ἐπὶ δέμνια βαίνειν.

Die VV. verbieten sexuellen Verkehr mit der Schwester bzw. der Schwä-
gerin. Sie reproduzieren in freier Formulierung Lev 18,9/20,17 bzw. 18,16/
20,21[93].

Verbot von Abtreibung und Kindesaussetzung

184   μηδὲ γυνὴ φθείρῃ βρέφος ἔμβρυον ἔνδοθι γαστρός,
185   μηδὲ τεκοῦσα κυσὶν ῥίψῃ καὶ γυψὶν ἕλωρα.

Ein solches Verbot ist nicht in Lev 18/20 enthalten. Jedoch begegnet es in
Verbindung mit anderen Weisungen aus diesen Kpp. auch in den Gesetzeszusammenfassungen bei Philo, Hyp 7,7, und Josephus, Ap II 202[94]. Verschiedene dort genannte Praktiken zur Empfängnisverhütung lassen sich
als aktualisierende Interpretation des Verbotes, einer Frau während der
Zeit ihrer Regel beizuwohnen (Lev 18,19/20,18), erweisen. Die bei Philo,
Hyp 7,7, erwähnte Versklavung der Nachkommenschaft geht auf die

---

[91] Vgl. u. S. 35 ff.

[92] S. dazu u. S. 35 ff. Vgl. auch Sib V 386—393 (dazu u. S. 179) sowie Arist 152 (Homosexualität, Blutschande). Zur gemeinsamen Grundlage von PseuPhok, Philo, Hyp 7,1—9,
und Josephus, Ap II 190—219, s. u. S. 42 ff.

[93] v. D. HORST 1978, 231 f., nennt zwar auch andere jüdische und griechische Parallelen,
meint aber zu V. 182: »No doubt the basis of this verse is Lev. XVIII 9« sowie zu V. 183: »It's
source is Lev. XVIII 16.«

[94] Vgl. dazu u. S. 36 f. 41. Vgl. auch Sib III 764 f. (dazu u. S. 181 f.).

LXX-Form von Lev 18,21 zurück. Aufgrund des ähnlichen Zusammenhanges ist eine sachlich vergleichbare Beziehung zu Lev 18 auch für Pseu-
Phok 184 möglich.

Freilich behandelt Philo im Rahmen seiner systematisierenden Gesetzesdarstellung in SpecLeg Abtreibung und Kindesaussetzung ausdrücklich
erst III 108–119 innerhalb der dem Tötungsverbot des Dekalogs untergeordneten Torabestimmungen, und zwar ausgehend von Ex 21,22f.
(LXX)[95].

Verbot von Gewalt gegen eine Schwangere

186   *μηδ᾽ ἐπὶ σῆι ἀλόχωι ἐγκύμονι χεῖρα βάληαι.*

Ist hier der sexuelle Verkehr mit einer Schwangeren gemeint? Dann ent-
spräche die Mahnung Josephus, Ap II 202[96], und würde gut in den Zusammenhang sexueller Vergehen passen. Die Unsicherheiten sowohl hinsichtlich der Formulierung bei PseuPhok[97] als auch im Verständnis der Jose-
phusstelle sind jedoch erheblich. Weitere Parallelen fehlen[98]. So ist es
ebenso gut möglich, daß PseuPhok 186 jedes gewalttätige Verhalten gegenüber einer Schwangeren verbietet. Dann könnte wieder Ex 21,22f. im
Hintergrund stehen[99].

Verbot der Kastration

187   *μηδ᾽ αὖ παιδογόνον τέμνειν φύσιν ἄρσενα κούρου.*

Ein explizites Kastrationsverbot erscheint nirgends in der Tora. Zu vergleichen ist aber wieder die Gesetzeszusammenfassung bei Philo, Hyp
7,7[100].

---

[95] Vgl. dazu HEINEMANN 1910, 216f., Anm. 4; derselbe, 1932, 390–398. Zur Bewertung
der Vergehen in der heidnischen, jüdischen und christlichen Antike vgl. v. D. HORST 1978,
233ff.

[96] Vgl. u. S. 40.

[97] Vgl. v. D. HORST 1978, 235: »*χεῖρα βάλλειν* . . . do not immediately suggest sexual intercourse«.

[98] Josephus, Bell II 161, kann nicht als eine solche gelten, da hier ausdrücklich von den Son-
derbräuchen der Essener die Rede ist, ohne daß ein Bezug zur Tora hergestellt wird.

[99] So v. D. HORST 1978, 235: »Very probably the verse simply means: treat a pregnant
woman gently, do not beat her (so as to prevent a miscarriage?, v. 184).« Vgl. auch die Übersetzung von WALTER 1983, 213: »Erhebe nicht deine Hand gegen deine Frau, wenn sie
schwanger ist.«

[100] S. u. S. 36. Zum Wert von Josephus, Ap II 271, als Beleg für ein jüdisches Kastrationsverbot (v. D. HORST 1978, 236, verweist darauf) vgl. u. Anm. 125.

Verbot der Tierschande

188   μηδ' ἀλόγοις ζώιοισι βατήριον ἐς λέχος ἐλθεῖν.

Hierfür findet sich wieder ein direkter Beleg in Lev 18,23/20,15 f. Auch Philo, Hyp 7,7, und Josephus, Ap II 213, verurteilen die Tierschande[101]. In der Tora begegnet das entsprechende Verbot auch Ex 22,18; Dtn 27,21[102].

Verbot schändlichen sexuellen Verkehrs

189   μηδ' ὕβριζε γυναῖκα ἐπ' αἰσχυντοῖς λεχέεσσιν.

Die Deutung dieses Verses ist äußerst problematisch[103]. Aufgrund des Zusammenhanges erscheint ein Verständnis am wahrscheinlichsten, das von Lev 18,19/20,18 ausgeht, dem Verbot, einer Frau während der Zeit ihrer Regel beizuwohnen[104].

Verbot der Homosexualität

190   μὴ παραβῇς εὐνὰς φύσεως ἐς Κύπριν ἄθεσμον·

Der Vers bezieht sich auf die Homosexualität, wie sich aus der Formulierung[105] und aus V. 191 ergibt. Der Torahintergrund ist offensichtlich (Lev 18,22/20,13)[106]. Wieder ist auf die Gesetzeszusammenfassungen bei Philo, Hyp 7,1, und Josephus, Ap II 199. 215, zu verweisen[107].

Zusammenfassung:

Der erste Teil des PseuPhok-Komplexes zur Sexualethik (VV. 177−194) ist deutlich beeinflußt von Lev 18/20. Aus der langen Aufzählung der ver-

---

[101] S. u. Anm. 125 sowie S. 37.41 mit Anm. 145. Vgl. außerdem noch Sib V 393 (dazu u. S. 179).

[102] Nach v. D. Horst 1978, 236, handelt es sich um ein Vergehen, zu dem »a severe condemnation in only found in Jewish writings«.

[103] v. D. Horst 1978, 237, zählt sechs verschiedene mögliche Deutungen auf!

[104] Dieses Verständnis wird auch von v. D. Horst 1978, 237, favorisiert und hängt übrigens mit dem von ihm an sechster Stelle genannten des »intercourse that is not for the sake of procreation« aufs engste zusammen. Dies zeigt Philos Auslegung von Lev 18,19 in SpecLeg III 32−36 (s. dazu u. S. 35 ff.). Anders Walter 1983, 213 mit Anm. 189a.

[105] Vgl. die Belege bei v. D. Horst 1978, 238.

[106] Das Verbot der Homosexualität hat ohne Zweifel Bezug zu den Lev-Stellen. Die Formulierung mit παραβαίνειν und ἄθεσμος läßt jedoch das griechische Konzept des νόμος φύσεως anklingen (vgl. v. D. Horst 1978, 238). So gibt der Vers ein schönes Beispiel dafür, wie sich griechischer und jüdischer Traditionshintergrund bei PseuPhok mischen.

[107] Vgl. u. S. 34.40.

schiedenen Verbote von Blutschande in Lev 18/20 werden einige ausgewählte in PseuPhok 177−183 genannt.

In VV. 188−190 werden einige Verbote sexueller Pervertierung übernommen[108]. Daneben, davor und dazwischen finden sich weitere Sexualgebote anderer, häufig schwer zu bestimmender Herkunft. Der Kontext
sowie Parallelen in den katechismusartigen Gesetzeszusammenfassungen
bei Philo, Hyp 7, und Josephus, Ap II 190−219, lassen darauf schließen,
daß es sich hierbei um eine weiterführende, aktualisierende und umgestal-
tende Interpretation von Mahnungen der Tora handelt, die von Lev 18/20
her ihren Ausgangspunkt nimmt.

Die Untersuchung des bei PseuPhok begegnenden alttestamentlich-jüdischen Gutes hat ergeben, daß in freier Form und Anordnung zahlreiche
Toraweisungen in das Mahngedicht aufgenommen worden sind, die im
wesentlichen auf einige wenige Kapitel des Pentateuch zurückgeführt
werden können. Diese Toragebote erscheinen allerdings bei PseuPhok in
einer stark umgestalteten, interpretierten und aktualisierten Form. Solche
Umgestaltung ist z. T. die Folge der Intention und der Gestaltungskraft des
Verfassers von PseuPhok. Sie ist aber darüber hinaus Anzeichen dafür, daß
das Toragut in bereits interpretierter und umgestalteter Form von Pseu-
Phok als geprägte Tradition aufgenommen worden ist. Darauf deuten be-
sonders die auffälligen Parallelen in den Gesetzeszusammenfassungen bei
Philo, Hyp 7,1−9, und Josephus, Ap II 190−219. Diese im Gegensatz zu
PseuPhok bewußt als zusammenfassende Darstellungen des mosaischen
Gesetzes gestalteten Texte können die Art und Weise der frühjüdischen
Vergegenwärtigung der Gesetzesforderungen weiter erhellen.

B. Katechismusartige Gesetzeszusammenfassungen bei Philo (Hypothetika) und Josephus (contra Apionem)

Während es im bisherigen Verlauf der Untersuchung vorwiegend darum
ging, die Art und Weise der Verwendung alttestamentlichen Traditionsstoffes in der frühjüdisch-hellenistischen Literatur am Beispiel PseuPhok
darzustellen, kommen nun zwei Texte in den Blick, bei denen stärker nach
dem Inhalt dessen, was als Gesetz bezeichnet wird, gefragt werden soll.
Dabei wird neben dem alttestamentlichen Gut auch darüber hinausgehendes frühjüdisches und z. T. ursprünglich griechisch-heidnisches Material Beachtung finden.

---

[108] Anklänge an Dtn 27 finden sich in V. 181 (Dtn 27,20).182(22).188(21).

1. Die »Gesetzesepitome« bei Philo, Hyp, und Josephus, Ap

a) Philo, Hypothetika (Eusebius, Praeparatio Evangelica VIII) 7,1−9

Kontext:

In der Praeparatio Evangelica (PE) des Euseb sind Fragmente einer verlorenen Schrift Philos[109] überliefert, deren Titel Euseb mit Ὑποθετικά angibt[110]. Nach 5,11 (6 f.) ἀπὸ τοῦ πρώτου συγγράμματος muß die Schrift mindestens zwei Teile gehabt haben[111]. Aus dem ersten bringt Euseb zwei Fragmente, eine Passage über den Auszug des Volkes Israel aus Ägypten und
die besondere Rolle des Mose als Führer des Volkes und als Gesetzgeber
(6,1−9) und einen Abschnitt, dem er die Überschrift περὶ τῆς κατὰ Μωσέα
θεοσεβοῦς πολιτείας gibt. Dieses zweite Fragment leitet Euseb mit dem Satz
ein: ταῦτ' εἰπὼν ἐπιτέμνεται τὴν ἐκ τῶν Μωσέως νόμων καταβεβλημένην τῷ Ἰουδαίων ἔθνει πολιτείαν.[112] Damit wird der folgende Abschnitt Philos als »Epitome« des jüdischen Gesetzes kenntlich gemacht. Der Philotext des betreffenden Fragments wird offensichtlich unverändert übernommen, nur zwischen 7,9 und 10 läßt Euseb ein kurzes Stück aus[113]. Auf die Gesetzesepitome folgt ein längerer Abschnitt über den Sabbat (7,10−20), in dem besonders hervorgehoben wird, daß der Sabbat dazu dient, das Gesetz zu
hören und zu lernen (11[21 f.].14)[114]. Im Anschluß an die Philofragmente
zitiert Euseb Josephus, Ap II 163−228 (8,1−55).

---

[109] Zur Echtheit der Fragmente vgl. CROUCH 1972, 81, Anm. 29, und KÜCHLER 1979, 222 f.
mit Anm. 2, sowie HEINEMANN 1932, 353.

[110] MRAS 1954, 427, Z. 7. Im folgenden werden die Stellen folgendermaßen nachgewiesen:
Bei Stellen aus Buch VIII, Kp. 7, werden Buch und Kapitel in der Regel nicht extra genannt.
Die Ziffer vor der Klammer gibt den Abschnitt, die Ziffer in Klammern die Zeile nach MRAS
an. Bei Stellen aus anderen Kpp. wird die Kapitelzahl vorangestellt und von der Nummer des
Abschnittes mit Komma getrennt.
Zum Titel »Hypothetika« vgl. BERNAYS 1885, 262−272; SCHÜRER III 1909, 685; COHN
1899, 418.

[111] Mehr als dies ist aus den knappen kommentierenden Angaben Eusebs für eine Rekonstruktion der Schrift kaum zu entnehmen. Man hat jedoch angenommen, daß die beiden
Fragmente aus PE VIII 6 f. zusammen mit dem über die Essener (PE VIII 11) Teile der bei
Euseb, HE II 18,6, innerhalb der Aufzählung von Werken Philos genannten Apologie περὶ
Ἰουδαίων sind, zu der auch noch die bei Euseb, HE II 18,7, einzeln genannte Schrift VitCont
gehört haben soll (COHN 1899, 418−421; GOODENOUGH 1962, 32; kritisch SCHÜRER III 1909,
686). KÜCHLER 1979, 222 mit Anm. 1, betont »den fragmentarischen Charakter des Vorhan-
denen« von Hyp und warnt vor vorschneller Rekonstruktion des Werkes aufgrund etwa der
vollständig erhaltenen Apologie des Josephus, Ap.

[112] 6,10(14 f.).

[113] Vgl. 7,10(14): καὶ μετὰ βραχέα φησίν. Vgl. KÜCHLER 1979, 222 f.

[114] Vgl. CROUCH 1972, 81 f., und u. S. 65 f.

Form:

Die »abgeschlossene kleine Einheit«[115] 7,1−9 weist eine durch Überlei-
tungssätze gegliederte Struktur auf, innerhalb derer fünf Abschnitte mit
reihenartigen Aufzählungen ethischer Weisungen zu erkennen sind. Aus
diesem gegliederten Aufbau fällt die längere Passage über die jüdische Gelübdepraxis, 3(5)−5(16), formal wie inhaltlich heraus.

Es ergibt sich folgendes Aufbauschema:

Einleitung	1(17−19)
11 *ἐάν*-Sätze	1(19)−2(26)
Erläuterung (Todesstrafe)	2(26)−3(2)
3 imperativische Infinitive	3(2−5)
Erläuterung (Gelübde)	3(5)−5(16)
Überleitung (ungeschriebene Gesetze)	6(16 f.)
14 *μή*-Sätze (mit imperat. Inf.)	6(17)−8(4)
Überleitung (Buzygien)	8(4 f.)
2 *μή*-Sätze	8(5−7)
Überleitung	9(7 f.)
2 *μή*-Sätze	9(8 f.)
Ausleitung	9(9−12)

Inhalt:

Innerhalb einer apologetisch ausgerichteten Schrift[116] stellt Philo den laxen
und komplizierten heidnischen Gesetzen (1[17−19]) das strenge (9[9−12]),
einfache und klare (1[19]) jüdische Gesetz gegenüber. Zum Beweis dieser

---

[115] KÜCHLER 1979, 223.
[116] Zum Zusammenhang von Hyp mit der von Euseb, HE II 18,6, genannten Apologie
(vgl. den Titel beim Fragment über die Essener, PE VIII 10,19: ἡ ὑπὲρ Ἰουδαίων ἀπολογία) s. o.
Anm. 111. Daß solche apologetische Ausrichtung nicht zwingend zur Annahme heidnischer
Adressaten führen muß, wird noch zu erwägen sein (s. u. S. 66−70). Eine solche nahm für die
gesamte Gruppe der sogenannten »historisch-apologetischen Schriften« Philos (VitMos,
VitCont, Flacc, LegGai, Hyp) COHN an (1899, 414 f.; vgl. SCHÜRER III 1909, 685). Diese
»haben die Tendenz, das gebildete heidnische Lesepublikum über den Geist der jüdischen Religion aufzuklären und das Judentum gegen die Angriffe seiner Gegner zu verteidigen« (COHN
1899, 414; ganz ähnlich jetzt in Bezug auf Hyp wieder CONZELMANN 1981, 173 f.: »Auch hier
sieht man den Charakter der Apologetik: daß sie nicht bloße Defensive ist, nicht lediglich
Vorwürfe abweisen will, sondern Kenntnis des Judentums, also Gottes und seines Willens
ausbreiten . . . Die Hervorhebung von Straf- und Moralgesetz unter Ausklammerung der
esoterischen Kultbestimmungen erleichtert die Anknüpfung bei den Heiden.«). Zu bedenken
bleibt jedoch die Erwägung DELLINGS (1974, 164): »Schließlich ist . . . auch eine zunächst auf
Werbung oder Verteidigung ausgerichtete, jedenfalls nach draußen gewandte Schrift . . . geeignet, Juden zu erbauen oder ihrer Religion gewiß zu machen.«

besonderen Qualität des mosaischen Gesetzes dienen die aufgeführten Gebotsreihen.

Die erste Reihe, 1(19)−2(26), stellt todeswürdige Verbrechen zusammen[117]. Sie beginnt mit Sexualdelikten (Homosexualität, Ehebruch, Vergewaltigung, Unzucht[118]), es folgen Gewalt- (Mißhandlung von Sklaven und Freien, Versklavung) und Eigentumsvergehen (Diebstahl, Tempelraub[119]), schließlich wird neben dem gottlosen Tun selbst das unehrerbietige Reden gegenüber Eltern und Wohltätern[120] mit der Todesstrafe bedroht.

Auf diese Vergehen, die mit dem Tode bestraft werden, folgen drei »andere« (3[2]), die die Herrschaftsverhältnisse im Hausstand regeln (sklavische Unterordnung der Frauen unter die Männer, heil- und sorgsame Herrschaft der Eltern über die Kinder, Herrschaft über den Besitz). Die Erwähnung der Herrschaft über den Besitz bietet den Aufhänger für einen umfänglichen Exkurs über die Gelübdepraxis[121].

Die folgende Reihe formal gleichgestalteter Mahnungen (μή mit imperativischem Infinitiv) wird durch einen einleitenden Satz (6[16f.]) in Beziehung gesetzt zu den ἄγραφα ἔθη καὶ νόμιμα[122]. Sie beginnt mit der negativ

---

[117] Die Unterschiede in der Strafbemessung zwischen Hyp und SpecLeg können nicht als Indiz für die Unechtheit von Hyp verwendet werden, sondern weisen auf Aufnahme unterschiedlicher Traditionen hin (vgl. HEINEMANN 1932, 352−358). Darüber hinaus gehört die Strenge des mosaischen Gesetzes für Philo zu seinen besonderen Vorzügen (vgl. Hyp 7,9). Aus diesem Gedanken erklärt sich vor allem die ständige Betonung der Todesstrafe und die allgemeine Tendenz zur Strafverschärfung gegenüber den Torabestimmungen (vgl. auch CROUCH 1972, 87f.).

[118] Auf diese dürfte auch die Formulierung ἐὰν καὶ παρ' ἡλικίαν αἰσχρόν τι πάθῃς zu beziehen sein, vgl. HEINEMANN 1932, 353: »ob er sich der Unzucht ergibt und seine Jugend mißbrauchen läßt«. Vgl. auch Josephus, Ap II 215!

[119] Als Tempelraub wird auch die unrechtmäßige Lösung von Gelübden betrachtet, 4(7f.): μή μοι τὰ τῶν θεῶν ἁρπάζειν μηδ' ἀποσυλᾶν ἑτέρων ἀναθέντων.

[120] Auch Decal 165ff. wird neben der Achtung der Eltern (4. Dekaloggebot) die gegenüber Wohltätern (εὐεργέται) gefordert.

[121] Die detaillierten Ausführungen sind in ihrem Kontext am ehesten dann verständlich, wenn man sie als konkrete Ermahnungen zur Einhaltung der Torabestimmungen über die Gelübde innerhalb der jüdischen Synagogengemeinde versteht. Außerhalb dieses Lebensbereiches und in den Ohren einer angenommenen heidnischen Leserschaft sind sie dagegen schwerlich sinnvoll. Einer sich diesbezüglich einschleichenden Laxheit der jüdischen Diasporagemeinde tritt die Mahnung entgegen, die solches Verhalten dem selbst in der heidnischen Umwelt verpönten Tempelraub (vgl. hierzu Josephus, Ant IV 207) gleichstellt. Auch dafür wird die Todesstrafe angedroht (4[10]). Die damit erneut anklingende Tendenz zur Strafverschärfung hat paränetischen Sinn: Der aus der heidnischen Umwelt herrührenden Unsitte, es mit den überkommenen Gesetzen nicht mehr so ernst zu nehmen, wird die Verbindlichkeit der Tora entgegengestellt. In diesem Sinne ist auch die Gegenüberstellung von heidnischen und jüdischen Gesetzen in 1(17ff.) zu verstehen.

[122] S. dazu u. S. 53ff.

formulierten Goldenen Regel[123], es folgt das ausgeführte Verbot, etwas aufzuheben, was man nicht niedergelegt hat[124]. Die nächsten drei Mahnungen beziehen sich auf den Schutz von sozial Schwachen (Feuer und Wasser nicht verweigern, Arme und Gebrechliche mit Nahrung versorgen). Des weiteren wird gefordert, einen Leichnam dem geheiligten Brauch entsprechend zu bestatten und Gräber nicht zu verrücken. Das Verbot der Schuldhaft steht in sachlicher Nähe zu den bereits genannten Schutzgeboten. Die folgenden Verbote richten sich gegen verschiedene sexuelle Praktiken hinsichtlich des Umgangs mit der leiblichen Nachkommenschaft (Kastration, Abtreibung, Onanie etc., Versklavung von Kindern).

Die knappen Formulierungen sind aus sich heraus z. T. nur schwer deutbar, der Bezug der Weisungen aufeinander bleibt bisweilen unklar[125]. Der Schlüssel zu ihrem Verständnis findet sich, wenn man die ausführlichen Erörterungen Philos über das (seiner Zählung nach) 6. Dekaloggebot (Ehebruch) in SpecLeg III 11–50 heranzieht. Es zeigt sich nämlich, daß Philo seine ergänzenden und interpretierenden Ausführungen zum Verbot des Ehebruchs im wesentlichen von den zu einer Reihe zusammenge-

---

[123] Vgl. dazu DIHLE 1962; KÜCHLER1979, 207f. mit Anm. 1. 229; NISSEN 1974, 390–399; BERGER 1972, 133f.; BARTSCH 1984, 128–132.

[124] Vgl. dazu KÜCHLER 1979, 229; CROUCH 1972, 87.

[125] Nach v. D. HORST 1978, 125, bezieht sich *σπέρμα ἀφανίζειν* auf die Vermeidung einer Empfängnis (Onanie, coitus interruptus o. Ä.). KÜCHLER 1979, 225, Anm. 6, erwägt daneben aufgrund einer möglichen Beziehung auf den in 7(1f.) erwähnten Umgang mit Tieren und unter Hinweis auf Josephus, Ap II 271, auch die Bedeutung »Kastration von Tieren«. Damit würde zwar auch die Aussage über den Umgang mit Tieren sich auf die Sicherung von Nachkommenschaft beziehen und somit besser in den Zusammenhang passen. Jedoch ist ein solches sonst m. W. weder im jüdischen noch im griechischen Bereich belegtes Verständnis (Lev 22,24 verbietet nicht die Kastration von Tieren, sondern nur die Verwendung kastrierter Tiere als *Opfer*-Tiere!) kaum wahrscheinlich. Auch dürfte Josephus, Ap II 270f., weniger ein Kastrationsverbot von Tieren meinen als vielmehr gewaltsame Mißhandlung von Tieren allgemein, wie sie auch Ap II 213 erwähnt. Da der spezielle Schutz für zugelaufene Tiere und für die Vogelbrut in den Gesetzeszusammenfassungen sowohl bei Philo als auch bei Josephus noch eigens genannt werden, könnte man eher erwägen, ob mit der Formulierung bei Philo, Hyp 7,7(1f.): *μὴ ζῴοις ἔμπαλιν ἢ κατέδειξεν εἶτ' οὖν ὁ θεὸς εἴτε τις καὶ νομοθέτης, προσφέρεσθαι,* ebenso wie mit der durchaus verwandten bei Josephus, Ap II 213: *μηδὲ τῶν ἀλόγων ζῴων ὀλιγωρεῖν, ἀλλὰ μόνην ἐφῆκε τούτων χρῆσιν τὴν νόμιμον, πᾶσαν δ' ἑτέραν ἐκώλυσεν,* nicht der *sexuelle* Mißbrauch von Tieren (vgl. Ex 22,18; Lev 18,23; 20,15f.; Dtn 27,21) gemeint sei. Bei diesem Verständnis (das dann auch hinter Ap II 271 zu vermuten wäre) bezögen sich die Erwähnungen von *νομοθέτης* bzw. *νόμιμος* bei Philo und Josephus tatsächlich auf Toragebote. Philo hätte dann die Mahnung unter dem Gesichtspunkt der verbotenen sexuellen Praktiken, Josephus dagegen unter dem des Umgangs mit Tieren eingeordnet.
Die damit ausgesprochene Vermutung wird gleich von anderer Seite her bewiesen werden können.

stellten Sexualgeboten aus Lev 18,7—23 ableitet. Dabei behält er sogar die
Reihenfolge der Toragebote bei[126].

Im Zusammenhang mit dem Gebot, mit einer Frau während ihrer mo-
natlichen Regel nicht sexuellen Verkehr zu haben (Lev 18,19), betont Philo
vor allem den Gedanken, daß ein solcher Verkehr deshalb verboten sei,
weil er keinen Nutzen bringen kann, nämlich die Erzeugung von Nachkommenschaft, und folglich nur zur Befriedigung der unmäßigen und tierischen Sinnenlust dienen kann[127]. Ihn dennoch auszuüben, bedeutet,
seinen Samen zu vergeuden, ja, zu vernichten[128]! Dasselbe gilt für diejen-
nigen, die eine Frau heiraten, von der sie wissen, daß sie unfruchtbar ist[129].

Von diesen Aussagen her fällt nun Licht auf die knappe Formulierung in
Hyp 7,7(2 f.): μὴ σπέρμα ἀφανίζειν. Gemeint ist in Aufnahme und aktualisierender Interpretation des Toragebotes Lev 18,19 sexueller Verkehr, der
nicht zur Erzeugung von Nachkommenschaft, sondern nur zur Lustbefrie-
digung dient, wobei über die in SpecLeg III 32—36 erwähnten Praktiken
hinaus durchaus noch weitere (Onanie, coitus interruptus etc.) getroffen
sein können.

Auch die übrigen Aussagen von Hyp 7,7 (430,24—431,3) lassen sich,
über SpecLeg III 11—50 vermittelt, von Lev 18 her in ihrer Bedeutung erhellen. Zwar ist die Entmannung in Lev 18 nicht explizit verboten (wie übrigens nirgends in der Tora! Die meist dafür angeführte Stelle Dtn 23,2 bezieht sich auf den Eintritt eines Eunuchen in die Volksgemeinde.), jedoch
kommt Philo auch SpecLeg III 41 f. im Zusammenhang mit der Knabenschändung, für deren Besprechung an dieser Stelle ihm Lev 18,22 Anlaß
bot, auf sie zu sprechen[130].

---

[126] So schon HEINEMANN 1910, 186 f., Anm. 4. Philo beginnt mit der Besprechung ver-
schiedener Verwandtschaftsgrade, die sexuellen Verkehr ausschließen, wobei die Reihenfolge
Mutter (13—19 ≙ V. 7), Stiefmutter (20 f. ≙ V. 8), Schwester (22—25 ≙ V. 9), entferntere
Verwandte (26 ≙ VV. 10—17), Verkehr mit zwei Schwestern (27 f. ≙ V. 18) genau der von
Lev 18,7—18 parallel ist.

[127] Vgl. Abr 137; VitMos I 28; Jos 43; Det 102; Josephus, Ap II 199; Ant III 274; IV 261.
Zur Herkunft dieser Anschauung vgl. einerseits HEINEMANN 1932, 261—273, der besonders
den griechischen Ursprung betont, andererseits VERMES 1982, 296, der auf den jüdischen Hintergrund verweist.

[128] Vgl. SpecLeg III 32: μὴ ἀτελεῖς γονὰς ἀκαίρου καὶ ἀμούσου χάριν ἡδονῆς προΐεσθαι . . . 33:
λήσεται γὰρ τῇ φορᾷ κατασυρεὶς ὑπὸ τῆς ὑγρότητος τοὺς σπερματικοὺς τόνους οὐ χαλασθεὶς μόνον ἀλλὰ
καὶ εἰς ἄπαν ἐκλυθείς . . . εἰ δ᾽ ἐπίσχοι τὰ μηνιαῖα, θαρρῶν ἤδη γόνιμα κατασπείροι μηκέτι φθορὰς τῶν
καταβληθησομένων δεδίως.

[129] SpecLeg III 34: θήρᾳ γὰρ αὐτὸ μόνον ἡδονῆς ἀκράτορος ὡς οἱ λαγνίστατοι τὰς γονὰς ἑκουσίῳ
γνώμῃ διαφθείρουσιν . . . 36: οἱ δ᾽ ἅμα τῇ καταβολῇ σβέσιν τοῖς σπέρμασι τεχνάζοντες ἐχθροὶ τῆς φύσεως
ὁμολογουμένως εἰσίν. In SpecLeg III 39 bezieht sich διαφθείρων τὰς γονάς auf die Knabenschänder
(vgl. auch VitCont 62).

[130] Daß die Homosexualität in Hyp 7,7 nicht eigens genannt wird, dürfte damit zu be-

Das Verbot der Empfängnisverhütung und der Abtreibung entspricht intentional genau den Aussagen von SpecLeg III 32—36, in denen jeder sexuelle Verkehr, der nicht auf die Zeugung von Nachkommenschaft ausgerichtet ist, als schändlich dargestellt wird[131].

Der vom Gesetzgeber verbotene mißbräuchliche Umgang mit Tieren kann aufgrund der Ausführungen Philos in SpecLeg III 43—50 als sexueller Umgang mit Tieren bestimmt werden. Dieser ist in Lev 18,23 (vgl. auch 20,15 f.; Ex 22,18; Dtn 27,21) explizit verboten. Der Zusammenhang mit den übrigen Aussagen (und vor allem ihre Reihenfolge) beweist, daß sich Philo bei der Gliederung des Gedankenganges in SpecLeg III 32—50 weiter von Lev 18 leiten läßt.

Schließlich erfährt auch die in ihrer Knappheit nur schwer verständliche Formulierung μὴ γέννημα δουλοῦν (Hyp 7,7[3])[132] von Lev 18 her eine einleuchtende Deutung, die gleichzeitig die Richtigkeit der hier vorgeführten Sicht bestätigt. Hinter dieser Mahnung steht nämlich eine LXX-Fehlübersetzung des hebräischen Textes von Lev 18,21. Das Verbot, dem Moloch ein Kinderopfer darzubringen (וּמִזַּרְעֲךָ לֹא־תִתֵּן לְהַעֲבִיר לַמֹּלֶךְ) gibt die LXX wieder: καὶ ἀπὸ τοῦ σπέρματός σου οὐ δώσεις λατρεύειν ἄρχοντι[133]. Auf dieses Toragebot, das sich so aber eben nur in LXX findet, geht das Verbot, die Nachkommenschaft in die Sklaverei hinzugeben, zurück.

Der hier geführte Nachweis, daß die zunächst schwer deutbaren Einzelmahnungen von Hyp 7,7 (430,24—431,3) inhaltlich auf die Reihe von Toraboten in Lev 18,7—23 zurückgehen, wird bei der Frage nach der Herkunft des in den Gesetzeszusammenfassungen verwendeten ethischen Materials eine wesentliche Rolle spielen.

Die Reihe der mit den »ungeschriebenen Gesetzen« in Beziehung stehenden Gebote wird abgeschlossen durch das Verbot, falsche Maße und

---

gründen sein, daß sie bereits 7,1(19 f.) behandelt ist. Vgl. SpecLeg III 37—42; II 50; VitCont 59—62.

[131] Die Abtreibung behandelt Philo im Zusammenhang der dem 7. Dekaloggebot (seiner Zählung) zugeordneten Tötungsvergehen ausgehend von Ex 21,22 f. (SpecLeg III 108 f.); von demselben Toragebot leitet er seine Ausführungen über die Kindesaussetzung ab (SpecLeg III 110—119).

[132] Vgl. die Unsicherheit bei Küchler 1979, 225, Anm. 7: Das Logion »heisst entweder ›den tierischen Nachwuchs nicht vorzeitig entziehen‹ . . . oder meint irgendeine Art der Hinterziehung einer menschlichen Leibesfrucht, oder die Versklavung eines Kindes«. Es liegt zudem eine Unsicherheit in der Textüberlieferung vor: Zwei Handschriften (NO) bieten für δουλοῦν δολοῦν.

[133] Die gleiche Fehlübersetzung findet sich in Lev 20,2—5, wobei allerdings das λατρεύειν (aufgrund der hier kürzeren hebräischen Vorlage) fehlt. Damit ist erwiesen, daß speziell der Text von Lev 18,21 LXX hinter der Formulierung von Philo, Hyp 7,7(3), steht.

Das umgekehrte Mißverständnis מֶלֶךְ = מֹלֶךְ findet sich übrigens Am 5,26 LXX (vgl. danach Apg 7,43).

Gewichte sowie gefälschte Münzen zu verwenden, und die Mahnung, ein Freundesgeheimnis auch im Streit zu bewahren[134].

Gewissermaßen als Anhang[135] folgen zwei Mahnungen zum Schutz von Kriegsgefangenen bzw. Sklaven vor hartherziger Behandlung: Man soll auch bei ihnen nicht die Kinder von den Eltern oder die Frau vom Manne trennen.

Gegenüber diesen bisher von Philo aufgezählten »ehrwürdigen und bedeutsamen« (σεμνότερα καὶ μείζω) Geboten erscheinen zwar die abschließend genannten Mahnungen als geringfügig, sind aber als Teil des Gesetzes, das »groß und aller Aufmerksamkeit wert« ist (μέγας καὶ πάσης ἐπιμελείας αἴτιος), ebenso zu befolgen[136]: nicht die Vogelbrut im Nest zu zerstören sowie zugelaufenen Tieren Schutz zu gewähren[137].

Die Ausleitung (9[9–12]) gibt den Aussagen zum Gesetz ein deutlich theologisches Gewicht, indem Gott selbst als Wächter und Rächer des Gesetzes genannt wird: νόμος ἐστὶ μέγας καὶ πάσης ἐπιμελείας αἴτιος . . . καὶ ὁ θεὸς αὐτὸς ἐπόπτης τῶν τοιούτων καὶ τιμωρὸς ἁπανταχοῦ.

---

[134] Vgl. dazu Küchler 1979, 232. Zum Verrat von Geheimnissen vgl. Philo, SpecLeg II 49 f.; Det 101 f.

[135] Vgl. die einleitende Formulierung: ἄλλα δὲ πρὸς τούτοις ὅρα (8[5]).

[136] Vgl. zu diesem Topos Josephus, Ant IV 230.

[137] Gewissermaßen als authentischer Kommentar zu der gerafften Darstellung des Torainhaltes in Hyp 7,1–9 ist die systematische Gesetzesdarstellung und Auslegung Philos in Decal, SpecLeg und Virt insgesamt zu vergleichen. In der Reihenfolge von Hyp 7,1–9 vgl. zur Knabenschändung SpecLeg III 37–42, zum Ehebruch Decal 121–131; SpecLeg III 8–11, zur Vergewaltigung SpecLeg III 65–78, zur Unzucht SpecLeg III 51, zur Behandlung von Freien und Sklaven SpecLeg III 181–204; Virt 121–124, zur Versklavung SpecLeg IV 13–19, zum Diebstahl Decal 135–137; SpecLeg IV 1–29, zur Elternehrung Decal 106–120.165 ff.; SpecLeg II 223–248, zur Unterordnung der Kinder unter die Eltern Decal 165 ff., zu den Gelübden SpecLeg II 9–38, zum Depositum SpecLeg IV 30–38; Decal 171, zur Schuldhaft SpecLeg II 122, zur Kastration SpecLeg III 41 f., zur Abtreibung SpecLeg III 108 f.; Virt 131 ff., zur Tierschande SpecLeg III 43–50, zur Empfängnisverhütung SpecLeg III 32–36, zu falschen Maßen etc. SpecLeg IV 193 f., zum Verhalten gegenüber Kriegsgefangenen SpecLeg IV 223; Virt 110–115, zum Tierschutz Virt 96.116–120.125–147. Lediglich zur Unterordnung der Frau unter den Mann, zur Goldenen Regel, zu den speziellen Barmherzigkeitsforderungen (7,6[20 f.]), zu den Begräbnisbestimmungen und zur Bewahrung eines Freundesgeheimnisses sind mir in diesen Schriften keine Parallelen aufgefallen.

Allerdings wäre es zu kurz geschlossen, wollte man Hyp 7,1–9 als Entwurf für oder Exzerpt aus Decal, SpecLeg und Virt ansehen. Dazu sind die Differenzen und z. T. Widersprüche (z. B. in der Strafbemessung!) zu groß, vor allem aber bleiben dann die noch engeren und bis ins einzelne gehenden Berührungen mit PseuPhok und Josephus, Ap II 190–219, unerklärt.

b) Josephus, contra Apionem II 190—219

Kontext:

Die josephische Schrift Ap[138] gibt sich als Verteidigungsschrift gegen antijüdische Aktivitäten griechischer Schriftsteller. Nach der förmlichen Widerlegung der Angriffe der Gegner (bis II 144) folgt die jüdische Selbstdarstellung unter ausdrücklicher und betonter Berufung auf die jüdischen Gesetze: ταύτην ἀπολογίαν δικαιοτάτην εἶναι νομίζω τὴν ἀπὸ τῶν νόμων, καθ' οὓς ζῶντες διατελοῦμεν (147).

Daran schließen sich Ausführungen über Mose als den ältesten Gesetzgeber und Volksführer beim Auszug aus Ägypten (151—161), über die theologische Grundlegung der Gesetze (161—171) und über das Gesetz als »schönstes und notwendigstes Bildungsmittel«[139] (171—178). Nachdem nochmals die theologische Grundlegung betont worden ist (179—189), folgt die Darlegung der Gesetze im einzelnen (190—219). Der Gedankengang der Schrift wird danach mit der Polemik gegen die Griechen und ihre Gesetzgeber fortgesetzt, denen die Treue der Juden zu ihrem Gesetz gegenübergestellt wird.

Form:

Der Abschnitt, der die Darlegung der Gesetze enthält, ist inhaltlich in vier Teile gegliedert, die z. T. durch Überschriften oder Schlußsätze voneinander abgesetzt sind:

1. Über Gott (190—198)
2. Über Familie und Gesellschaft (199—208)
3. Über Fremde (209—214)
4. Strafbestimmungen (215—219)[140]

Der Stil ist flüssig und völlig frei. Er ist nicht erkennbar von alttestamentlichen Gebotstexten beeinflußt[141]. Nur im letzten Teil (215—219), der Strafbestimmungen enthält, finden sich reihenartige Aufzählungen, die denen bei Philo ähneln (215: 4 ἄν-Sätze, 216 f.: 5 kurze formal unterschiedliche Gebote). Bei Josephus sind aber ansonsten die Gebotsreihen nicht mehr von seinen rhetorischen Überleitungen stilistisch zu unterscheiden. In einem »durchkomponierten« Textgebilde sucht er, den Inhalt und die Funktion des Gesetzes zum Ausdruck zu bringen.

---

[138] NIESE 1889.

[139] Ap II 175; Übersetzung nach CLEMENTZ o. J., 175.

[140] Vgl. die etwas abweichenden Gliederungen bei KÜCHLER 1979, 216 f., und VERMES 1982, 293.

[141] Vgl. KAMLAH 1974, 222: »An keiner Stelle der Darstellung der Forderungen und Verbote des Gesetzes bezieht sich Josephus wörtlich auf den Dekalog . . . Es finden sich immer nur Anklänge, die drei Tendenzen erkennen lassen: eine zu möglichst breiter Entfaltung, eine andere, Verbote in Gebote zu kehren, und eine dritte zu Begründungen.«

Inhalt:

Wie Philo geht es Josephus darum, in einer apologetisch-polemischen
Schrift den griechischen Gesetzgebungen gegenüber die besondere Qualität des jüdisch-mosaischen Gesetzes herauszustellen[142]. Dabei ordnet er
das Gebotsmaterial thematisch an. Den Ausgangspunkt bildet eine ausführliche Passage über Gott, Gottesdienst, Priester und Opfer (190—198).
Der Sabbat wird hier nicht erwähnt, erscheint aber im Kontext (175), wo
er wie bei Philo, Hyp 7,10—20, die Funktion hat, die Gemeinde zusam-
menzuführen, um sie im Gesetz zu unterweisen[143]. Es folgt ein zweiter Teil
mit Geboten, die das jüdische Gemeinschaftsleben (κοινωνία) regeln
(199—208), unterteilt in einen Abschnitt über die Familie (Ehe, Kinder,
Verstorbene, Eltern-Alte) und einen über »öffentliches« Verhalten
(Freunde, Richter, Hilfesuchende, fremder Besitz). Unter die Ehebestim-
mungen fallen die Zulassung des Geschlechtsverkehrs nur zwecks Kinderzeugung, das Verbot der Homosexualität (199), das Verbot der Heirat im
Blick auf die Aussteuer, aufgrund gewalttätigen Raubes bzw. durch Täu-
schung oder im Widerspruch zu den im Gesetz verbotenen Verwandt-
schaftsgraden (200), die Unterordnung der Frau unter den Mann, der Ehebruch, die Vergewaltigung (201), der Verkehr mit einer Schwangeren
bzw. Wöchnerin (202)[144], die erforderlichen Reinigungen nach sexuellem
Verkehr (203).

---

[142] Vgl. besonders Ap II 190 (ἁπλαῖ τε καὶ γνώριμοι) mit Philo, Hyp 7,1(19). Josephus' Schrift
Ap wird gemeinhin als das typische (und einzig erhaltene!) systematisch apologetische Werk
der frühjüdischen Literatur angesehen, wobei damit meist wie selbstverständlich impliziert
ist, daß es an eine nichtjüdische Leserschaft gerichtet ist (vgl. SCHÜRER III 1909, 545 f.;
CROUCH 1972, 84; DELLING 1974, 163; CONZELMANN 1981, 204—210; VERMES 1982, 301 f.).
Aber selbst bei einer so offensichtlich und im engsten Sinne apologetischen Schrift wie Ap ist
dieser Schluß m. E. nicht zwingend (s. das DELLING-Zitat in Anm. 116). Es gibt nichts in ihr,
was nicht ebenso gut in jüdischen Ohren verständlich und sinnvoll wäre (gegen CROUCH
1972, 84 f.). Könnte nicht eine idealisierende Darstellung der mosaischen Gesetzgebung und
ihre Gegenüberstellung zu allerhand heidnischen Gesetzeswerken gerade auch auf Juden in der
Diaspora besonders eindrücklich wirken, noch dazu, wenn sie in den Ausruf ihres Autors (in
den seine Leser einzustimmen ermuntert zu werden scheinen) mündet: »Warum sollte es uns
auch nach den Gesetzen fremder Völker gelüsten« (Ap II 273)? Andererseits lassen Entstehungszeit und -ort dieser Schrift sowie Situation und Tendenz ihres Autors vielleicht doch
eher an eine nichtjüdische Adresse denken. Vgl. zum Problem u. S. 66—72.
[143] Vgl. Philo, Hyp 7,11(21 f.).14. Josephus hebt im betonten Gegensatz zu den griechischen Gesetzgebungen die theologische Grundlegung des jüdischen Gesetzes besonders
hervor, vgl. Ap II 184: ἡμῖν δὲ τοῖς πεισθεῖσιν ἐξ ἀρχῆς τεθῆναι τὸν νόμον κατὰ θεοῦ βούλησιν οὐδ'
εὐσεβὲς ἦν τοῦτον μὴ φυλάττειν. Vgl. 165 (θεοκρατία)—167.170 f.185.188.
[144] Die Wendung ἐπὶ λέχους φθορὰν παρέλθοι (202) ist schwer zu übersetzen, die genaue Bedeutung unsicher. Vgl. KÜCHLER 1979, 213: »der eine Wöchnerin entehrt«, CLEMENTZ o. J.,
180: »Wenn jemand einen außerehelichen Beischlaf vollzogen oder eine Schändung begangen
hat«, THACKERAY (bei V. D. HORST 1978, 235): »who has intercourse with a woman who is
with child«.

Hinsichtlich der Nachkommenschaft wird gefordert, alle Kinder aufzuziehen; Abtreibungen und Kindesmord sind verboten (202). Bei der Kindererziehung soll zur Mäßigung angehalten werden, so daß etwa Schmausereien und Zechereien zu Kindergeburtstagen fehl am Platze sind. Vor allem sollen die Kinder lesen lernen, damit sie im Gesetz unterwiesen werden können, so daß sie seinen Forderungen gegenüber verantwortlich sind (204). Es folgen Vorschriften für Begräbnisfeiern und Reinigungen im Zusammenhang mit ihnen (205). Den Eltern ist, wie überhaupt älteren Leuten gegenüber, Ehrfurcht zu erweisen (206). Ein Freundesgeheimnis ist auch im Streit zu bewahren, ein Richter darf nicht bestechlich sein, einem um Hilfe Flehenden ist zu helfen (207). Ein anvertrautes Gut darf nicht veruntreut werden, überhaupt darf man fremdes Eigentum nicht anrühren, ebenso wie das Zinsnehmen verboten ist (208).

Der dritte Teil zählt Gebote der allgemeinen Nächstenliebe auf (209–214) und behandelt das Verhalten gegenüber Fremden, Feinden und auch Tieren: Fremde, die sich unter Beachtung der jüdischen Gesetze diesem Volk anzuschließen wünschen, sind freundlich aufzunehmen; solchen, die nur zufällig und vorübergehend mit ihm in Kontakt treten, ist distanziert zu begegnen (209 f.). Hilfsbedürftigen muß man mit Feuer, Wasser, Nahrung Hilfe leisten, ihnen den Weg weisen und Unbeerdigte bestatten (211). Auch im Kriege soll man sich Feinden gegenüber anständig verhalten, ihr Land nicht verbrennen, ihre Baumkulturen nicht fällen, Gefallene nicht plündern und Kriegsgefangene, zumal Frauen, vor Mißhandlungen bewahren (212). Selbst Tiere genießen durch das Gesetz verordneten Schutz, widergesetzlicher Mißbrauch ist verboten[145], schutzbedürftige zugelaufene Tiere dürfen nicht getötet werden, Jungvögel mitsamt den Eltern dürfen nicht aus dem Nest genommen werden, Arbeitstiere sind selbst im Feindesland zu schonen (213).

Im vierten Teil werden noch einmal todeswürdige (Ehebruch, Vergewaltigung, Homosexualität, Frevel gegen die Eltern oder Gott) und andere streng zu bestrafende Verbrechen (falsche Maße, Übervorteilung, Veruntreuung) zusammengestellt (215–217).

Die inhaltliche Gliederung der ersten drei Teile entspricht dem Aufriß, den Josephus bei der Ankündigung seiner positiven Gesetzesdarlegung (146) gibt: οἶμαι γὰρ ἔσεσθαι φανερόν, ὅτι καὶ πρὸς εὐσέβειαν καὶ πρὸς κοινωνίαν τὴν μετ' ἀλλήλων καὶ πρὸς τὴν καθόλου φιλανθρωπίαν[146].

---

[145] Daß es sich bei solchem widergesetzlichen Umgang mit Tieren um solchen sexueller Art handelt, ergibt sich aus der Parallele Philo, Hyp 7,7(1 f.), die aufgrund des Zusammenhanges auf Lev 18,23 zu beziehen ist (s. o. Anm. 125 sowie S. 37).

[146] Ähnlich wie für Philo, Hyp 7,1–9 bietet sich auch für Josephus, Ap II 190–219, eine ausführlichere Passage aus einem anderen Werk desselben Autors zum Vergleich an. Im Zusammenhang seiner historisch-systematischen Darstellung der »Jüdischen Altertümer«

*c) Der Philo, Hyp, Josephus, Ap, und PseuPhok gemeinsame Fonds
frühjüdischer ethischer Weisungen*

Die beiden Gesetzeszusammenfassungen bei Philo und Josephus weisen
untereinander eine Reihe von so auffälligen Übereinstimmungen auf, daß
sie in irgendeiner Art von Abhängigkeit zueinander stehen müssen. Darüber hinaus berühren sie sich gerade bei beiden gemeinsamem Gut häufig
mit Mahnungen von PseuPhok, und zwar in so spezifischer Weise, daß alle
drei Texte auf eine gemeinsame Vorlage zurückgehen müssen. Dies ist
längst erkannt, und die Parallelen sind schon mehrfach übersichtlich zusammengestellt worden[147]. Von besonderer Aussagekraft sind dabei diejenigen Übereinstimmungen, die sich nicht allein mit der Benutzung der
LXX erklären lassen, da die betreffenden Gebote in der Tora so nicht vorkommen:

	Hyp 7	Ap II	PseuPhok
Frau geringer als Mann	3(2 f.)	201	
nicht aufheben, was man			
nicht niedergelegt hat	6(18 f.)	208.216	13
Feuer, Wasser, Nahrung	6(20 f.)	211	
Begräbnis	7(21 ff.)	211	99
Kastration	7(24)		187
Abtreibung	7(1)	202	184 f.
Verkehr nur zur Kinderzeugung	7(2 f.)	199	
Kindesaussetzung	7(3)	202	185
Freundesgeheimnis	8(4)	207	20
Tierschutz	9(8 f.)	213	
Heirat zwecks Aussteuer		200	199 f.

schiebt Josephus in Ant IV 196–301 einen längeren Abschnitt über den Inhalt der jüdischen
»Staatsverfassung« (194: πολιτεία, vgl. die Überschrift Eusebs über Philo, Hyp 7!) ein. Ähnlich wie Philo in seiner Gesetzesdarstellung über Decal, SpecLeg und Virt will er den Torain-
halt unverändert, aber in besserer Anordnung (196 f.) wiedergeben. Der genaue Einzelver-
gleich dieser Passage mit Philos Gesetzeswiedergabe wäre sicher von Interesse, kann hier aber
nicht durchgeführt werden. Ich verweise nur auf die Abschnitte, die auch in der Epitome Ap
II 190–219 anklingen: Gott, Gottesdienst, Tempel: Ant IV 199–213, Ehe: 244–259, Vergewaltigung: 251 f., Unterweisung der Kinder im Gesetz: 210 f., Ehrfurcht vor den Eltern:
260 ff., Bestechlichkeit des Richters: 216, Hilfeleistung: 276, Depositum: 285 ff., Diebstahl:
271 f., Zinsverbot: 266, Wegweisung: 276, Bestattung Unbegrabener: 265, Schutz der feind-
lichen Baumkulturen: 299, Schutz der Kriegsgefangenen: 257 ff., Tierschutz: 275.
    Auch Ant III 102–286 enthält eine ausführliche Wiedergabe weiterer Torapassagen, und zwar
hier unter dem Gesichtspunkt kultisch-ritueller Gesetze. Von den in Ap II 190–219 genannten
begegnen dort allerdings nur die Reinigung nach einem Leichenbegräbnis (Ant III 262) sowie
die aus Lev 18 stammenden Sexualgebote, die dort wesentlich ausführlicher aufgezählt
werden (vgl. o. S. 28). Zu allen drei Gesetzesdarstellungen des Josephus (Ap II 190–219; Ant
III 102–286; IV 196–301) vgl. VERMES 1982, 289–303.
    [147] Vgl. WENDLAND 1896, 709–712; CROUCH 1972, 84–88; KÜCHLER 1979, 211–215.

Auch das Auftauchen einer so geringfügigen Anordnung wie des Vogel-schutzgebotes in allen drei Texten (PseuPhok 84 f.; Philo, Hyp 7,9[8]; Jo-sephus, Ap II 213) läßt sich kaum allein mit der gemeinsamen Benutzung der LXX (vgl. Dtn 22,6) erklären[148].

· Eine literarische Abhängigkeit kann jedoch nicht nachgewiesen werden; sie ist auch angesichts der stilistischen Unterschiede, der je verschiedenen Auslassungen und der völlig voneinander unabhängigen Reihenfolge der gemeinsamen Gebote unwahrscheinlich. So bleibt nur die Schlußfolge-rung, daß alle drei Texte auf einen »gemeinsamen Fonds frühjüdischer apologetischer Materialien«[149] zurückgehen, aus dem sie frei schöpfen. Dabei ist die Freiheit der jeweiligen Autoren in der Verwendung und der Gestaltung des aus diesem Fonds bezogenen paränetischen Materials sehr hoch anzusetzen. Bei der Interpretation ist also neben den traditions-geschichtlichen Bezügen jeweils auch der Gestaltungswille des einzelnen Autors zu berücksichtigen.

Es ist nun allerdings nötig, die allgemein anerkannte Sicht von der ge-meinsamen Vorlage der drei hier besprochenen Texte zu präzisieren. Aus dem bisher in den Blick gekommenen Quellenmaterial lassen sich weder die äußere Gestalt noch der Inhalt des angenommenen Fonds rekonstru-ieren und genau bestimmen[150]. Daß es sich um eine Quelle im engeren Sinne, also um eine Schrift handelt, ist angesichts der oben erwähnten er-heblichen Differenzen des Materials in den drei Texten unwahrschein-lich[151]. Bei der Argumentation mit dem aus Philo, Josephus und PseuPhok erschlossenen Fonds frühjüdischen ethischen Materials müssen also einige Einschränkungen beachtet werden:

– Nur das oben genannte bei allen drei Texten auftauchende und vom Pentateuch nicht direkt abzuleitende Material kann mit einiger Sicher-heit dem Fonds zugeordnet werden. Andererseits wird natürlich der Fonds auch und vor allem Toragebote vermittelt haben, sollte er doch gerade das jüdische Gesetz zusammenfassend zum Ausdruck bringen.

---

[148] So schon CROUCH 1972, 86; v. d. HORST 1978a, 194; derselbe 1978, 172f.; KÜCHLER 1979, 220; KAMLAH 1974, 220ff.

[149] KÜCHLER 1979, 209. Vgl. zur Forschungsgeschichte dieser These a.a.O., 220f.

[150] KÜCHLER 1979, 221, geht m. E. zu weit, wenn er mit dem Fonds »eine weitere frühjü-dische Schrift« postuliert, »welche in apologetisch-propagandistischer Weise die israelitisch-jüdischen Mosegesetze so präsentierte, dass sie in die Nähe einer Weisheitsschrift allgemeiner Art gerieten«. Vgl. a.a.O., 220: »Da ein gegenseitiges Abschreibeverhältnis kaum nachzu-weisen ist, müssen sie eine gemeinsame weitere Quelle benutzt haben.« (s. auch a.a.O., 221: »Postulat der Quellschrift«).

[151] Vgl. die vorsichtigen Formulierungen von WENDLAND 1896, 707: »Man gewinnt den Eindruck, daß Philo die festen Formen einer vor ihm ausgebildeten apologetischen und po-lemischen Litteratur der Juden wiedergibt«, 712: »Aus dieser Zusammenstellung lernen wir, daß Philos Ὑποθετικά mit jüdisch-apologetischen Schriften in naher Verwandtschaft stehen.«

– Es ist wahrscheinlich, daß der Fonds mehr Material enthalten hat, als in die drei hier behandelten Texte übernommen worden ist. Ebenso ist es möglich, daß Gebote sowohl im Fonds als auch bei den drei Autoren auftauchen, ohne daß diese sie aus dem Fonds bezogen haben müssen.

– Vorsicht muß bei Schlußfolgerungen aus der Tendenz oder dem Charakter des Fonds walten, da sie aus den sicher zu ermittelnden Kenntnissen über ihn nicht eindeutig bestimmt werden können.

Dennoch ist der Tatbestand, daß es einen solchen Fonds gegeben hat, wegen des Befundes bei Philo, Hyp 7,1—9, Josephus, Ap II 190—219 und PseuPhok unbestreitbar.

2. Zum Verhältnis von griechischem und biblisch-jüdischem Gut bei Philo, Hyp 7,1—9, und Josephus, Ap II 190—219

Sowohl Philo als auch Josephus machen ihre Gesetzesepitome ausdrücklich als Zusammenfassung des *jüdischen* Gesetzes kenntlich[152]. Dennoch begegnet bei ihnen auch ethisches Gut, das nicht zur Tora gehört und, wie sich zeigen wird, z. T. ursprünglich griechischer Herkunft ist. Die folgende Untersuchung der Verwendung alttestamentlichen und hellenistischen Gutes soll die Frage beantworten, ob damit der jüdische Charakter der Gesetzeszusammenfassungen bei Philo und Josephus in Frage gestellt ist.

a) Tora-Traditionen

Die bei Philo und Josephus aufgezählten Gebote sollen offensichtlich keine vollständige Darstellung des Inhaltes der Tora in allen ihren Einzelheiten sein, sie wollen aber eine für den Charakter und die Eigenart des jüdischen Gesetzes bezeichnende und umfassende Auswahl bieten[153]. Die Gebotsreihen sind in Aufbau und Inhalt nicht Wiedergaben ganzer Gesetzesreihen des Pentateuchs (etwa des Dekalogs[154]), sondern sie bilden selbstän-

---

[152] Vgl. den Kontext bei Josephus, Ap II 145—189, aus dem sich klar ergibt, daß »Gesetz« und »Gesetzgeber« in 190—219 die mosaische Gesetzgebung meinen, sowie Philo, Hyp 7,9(10): νόμος, was absolut gebraucht ebenfalls das Mosegesetz meint und als Subjekt hinter allen Pronomen in den Überleitungssätzen der Epitome steht.

[153] Vgl. den Kontext und Hyp 7,1(19) ἁπλᾶ καὶ δῆλα sowie Josephus, Ap II 190, ἁπλαῖ τε καὶ γνώριμοι.

[154] Vgl. KAMLAH 1974, 221: »Josephus weiß zwar von dessen Rang . . . Aber in seinem Aufbau folgt er nicht dem Dekalog.« (s. auch a.a.O., 228); KÜCHLER 1979, 217: »Diese Gesetzesepitome ist also in ihrem Aufbau weniger von einer biblischen Vorlage wie dem Dekalog, dem Bundesbuch u. ä. bestimmt als vielmehr von einem allgemeinen Schema.«

dige Zusammenstellungen. Nicht ein einziges Toragebot wird dabei wörtlich zitiert. Viele Einzelgebote dieser Zusammenstellung weisen aber deutlich auf Gebote des Pentateuchs zurück[155]. Das gilt besonders für die verschiedenen Weisungen aus dem Bereich der Sexualethik:

	Hyp 7	Ap II	Tora
Homosexualität	1(19 f.)	199.215	Lev 18,22; 20,13
Ehebruch	1(20)	201.215	Dekalog; Lev 18,20; 20,10
Vergewaltigung	1(20)	201.215	Ex 22,15; Dtn 22,23−29
Tierschande	7(1 f.)	213	Ex 22,18; Lev 18,23; 20,15 f.; Dtn 27,21
Verwandtenehe		200	Lev 18,7−18; 20,11−21; Dtn 27,20−23
Reinigung nach sexuellem Verkehr		203	Lev 15,18

Ebenso haben Vergehen in Bezug auf fremden Besitz ihre Wurzel in Pentateuchgeboten:

Diebstahl	2(23 f.) 6(19 f.)	208.216	Dekalog; Lev 19,11.13
Maße und Gewichte[156]	8(3 f.)	216	Lev 19,35 f.; Dtn 25,13−16
Zinsverbot		208	Ex 22,24; Lev 25,35 ff.; Dtn 23,20 f.
Übervorteilung		216	Lev 19,13

---

[155] Die Zusammenstellung der auf die Tora zurückgehenden Mahnungen bei KÜCHLER
1979, 217 f.226 f., ist eindeutig zu knapp, wie die folgende Aufstellung zeigt. Noch dürftiger
sind in dieser Hinsicht die Angaben bei CROUCH 1972, 84−88.
[156] KÜCHLER's (1979, 232) Vermutung, hier bestehe »ein ursprünglicher Bezug zur solo-
nischen Mass- und Gewichtsreform«, ist nicht gerade naheliegend!

Auch bei folgenden Vergehen ist der Tora-Hintergrund deutlich:

Elternehrung[157]	2(26).3(4)	206.217	Dekalog; Ex 21,15 ff.; Lev 19,3; 20,9; Dtn 21,18−21; 27,16
Vogelschutz	9(8)	213	Dtn 22,6
Tierschutz	9(8 f.)	213	Dtn 22,1 ff.; Ex 23,4 f.
Gelübdepraxis	3(5)−5(16)		Num 30,2−17; Dtn 23,22 ff.
Reinigung nach Leichenberührung[158]		205	Num 19,11−20
Ehrung des Alters		206	Lev 19,32
Bestechlichkeit des Richters		207	Ex 23,8; Lev 19,15; Dtn 16,19; 27,25
Aufnahme von Fremden		209 f.	Ex 22,20; 23,9; Lev 19,33 f.

Dieses aus Philo und Josephus zusammengetragene Material läßt für die Art und Weise der Benutzung von Toragut erkennen:

− Es werden sowohl zentrale (Sexualethik, Elterngebot) als auch periphere (Vogelschutz) Gebote übernommen.
− Die Pentateuchparallelen finden sich vorwiegend im Heiligkeitsgesetz, im Bundesbuch und im Gesetzeskorpus des Dtn (12−27). Schwerpunktkapitel sind Ex 21 ff.; Lev 19; 18/20; Dtn 27 und der Dekalog.
− Die Wiedergabe der Toragebote ist inhaltlich und in Bezug auf die Formulierung sehr frei.

Für den Inhalt des verwendeten Pentateuchmaterials ergibt sich:

− Es werden vorwiegend Weisungen aufgenommen, die das alltägliche Leben des Einzelnen betreffen. Wenn kultische Gebote auftauchen, sind es solche, die im Alltag Bedeutung haben (z. B. die Reinigungsvorschriften nach sexuellem Verkehr oder nach Leichenberührung).

---

[157] Bei aller zugegebenen Nähe dieses Gebotes zu dem »in den griechischen Sammlungen allgegenwärtige(n) Doppelgebot der Ehrfurcht vor Gott und den Eltern« (KÜCHLER 1979, 217) kann doch seine hervorgehobene Rolle in jüdischen Kreisen, in denen Lev 19 und der Dekalog lebendig waren, nicht übersehen werden!

[158] Vgl. auch Josephus, Ant III 262, innerhalb der ausführlichen Darstellung der mosaischen Ritualgesetzgebung.

- Die Sexualethik hat hervorgehobene Bedeutung und steht in Beziehung zu Lev 18/20.
- Eine wichtige Rolle spielen die Schutzgebote (Schutz der Frauen – Ap II 200f., Kinder – Ap II 202; Hyp 7,7[2f.], Alten – Ap II 206, Armen – Ap II 207; Hyp 7,6[20f.], Fremden – Ap II 209f., Gefangenen – Ap II 212, Tiere – Ap II 213; Hyp 7,9[8f.]).
- Es fehlen wichtige Toragebote (z. B. Beschneidung, Verbot des Götzendienstes, Sabbatgebot, von den Dekaloggeboten das Tötungsverbot und das Verbot falschen Zeugnisses)[159].

Alle diese formalen und inhaltlichen Beobachtungen zur Verwendung alttestamentlichen Gutes konnten in ganz ähnlicher Weise bei PseuPhok gemacht werden[160]. Unter den oben genannten Vorbehalten kann man deshalb eine ähnlich geartete Beziehung des Fonds, aus dem alle drei Autoren schöpfen, zur Tora vermuten.

b) Das nicht aus der Tora stammende Gut

Waren bereits die auf die Tora zurückgehenden Weisungen der Gesetzeszusammenfassungen in Hyp und Ap oft sehr stark umgestaltet, so läßt sich ein Teil der »jüdischen« Gebote, die Philo und Josephus aufzählen, gar nicht in der Tora nachweisen. Diese stark hellenistisch geprägten Weisungen können demzufolge entweder aus frühjüdischer Tradition oder direkt aus griechischen Quellen übernommen worden sein. Um diese Frage entscheiden zu können, sollen die »torafremden« Elemente der Gesetzeszusammenfassungen nun im einzelnen untersucht werden.

Von den Geboten der Gesetzesepitome des Josephus werden nicht in der Tora erwähnt Einzelheiten der Sexualethik (z. B. das Verbot der Abtreibung – Ap II 202, die Zulassung des Geschlechtsverkehrs nur zwecks Kinderzeugung – 199, die Anordnung, nicht im Blick auf die Aussteuer zu heiraten – 200). Auch Einzelheiten der Trauervorschriften (205) und der Gebote zum Verhalten gegenüber Fremden (211) finden sich nicht im Pentateuch. Dazu kommen die Weisungen zum Verhalten gegenüber Freunden (207). Zu den Gesetzen, bei denen ein griechischer Ursprung nachweisbar ist, gehören nach Küchler[161] auch die »Grundgebote der Menschlichkeit« in 211 (allen Bittenden Feuer, Wasser und Nahrung darreichen, den Weg weisen, einen unbegrabenen Leichnam nicht liegenlassen, auch gegen Feinde sich anständig verhalten) und 208 (Was man nicht niedergelegt hat, das darf man nicht aufheben.).

---

[159] Vgl. KAMLAH 1974, 222ff.
[160] S. o. S. 14f.30f.
[161] KÜCHLER 1979, 220. Vgl. a.a.O., 227f.

Bei Philo findet sich noch mehr »nicht-mosaisches« Gut als bei Josephus. So besteht nach Küchler der gesamte Mittelteil (6[16]−8[5]) der »philonischen Epitome zum grössten Teil aus altgriechischen ethischen Weisungen«[162], zu denen er in diesem Zusammenhang folgende rechnet: Die negativ formulierte Goldene Regel (6[17 f.]), das Gebot, nicht aufzuheben, was man nicht niedergelegt hat (6[18 f.]; Ap II 208. 216), die Gewährung von Feuer, Wasser und Nahrung (6[20 f.]; Ap II 211), das Gebot, Leichen zu bestatten (7[21 f.]; Ap II 211), die Gräberschändung (7[24]), die Schuldhaft (7[24]), die Bestimmungen zum Schutz der Nachkommenschaft (7[430,24−431,3]; Ap II 202), falsche Maße und Gewichte (8[3 f.]; Ap II 216) und die Wahrung des Freundesgeheimnisses (8[4]; Ap II 207).

Die Strafbestimmungen bei Josephus (215−217) gehen auffällig über das Strafmaß der Tora hinaus. Die Tendenz zur Strafverschärfung zeigt sich darin, daß außer für die in der Tora mit dem Tode zu bestrafenden Vergehen (Ehebruch, Homosexualität, Vergewaltigung, Schmähung der Eltern und Gottes) auch für die unausgeführte Absicht der Schmähung Gottes oder der Eltern sowie für die Bestechlichkeit des Richters die Todesstrafe gefordert wird. An der Spitze der Strafbestimmungen wird ganz pauschal gesagt: »Für die meisten Vergehen nämlich bestimmte er (sc. der Gesetzgeber) die Todesstrafe«.

Bei Philo stehen die Strafbestimmungen am Anfang der Gesetzesepitome (1[19]−2[2]). Zu den bei Josephus aufgeführten todeswürdigen Verbrechen kommen bei ihm noch die Prostitution, die schändliche Begierde, der Frevel am Leib des Sklaven oder Freien, die Versklavung und der Diebstahl sowie neben der Schmähung Gottes oder der Eltern noch die des Wohltäters. Auch durch die nähere Bestimmung der Todesstrafe als Steinigung kommt die verschärfende Tendenz zum Ausdruck[163]. Die Strafbestimmungen bei Philo und Josephus widersprechen zwar wohl nicht der Tora[164], sie gehen aber doch deutlich über sie hinaus.

Wie ist nun dieser Befund hinsichtlich des nicht aus der Tora übernommenen Gutes bei Philo und Josephus zu bewerten? Man kann versuchen, für jedes einzelne der betreffenden Gebote Parallelen aus dem pagan-hellenistischen Bereich nachzuweisen[165]. Dabei zeigt sich, daß einige Mah-

---

[162] KÜCHLER 1979, 232. Vgl. seine Aufstellung a.a.O., 229−232.

[163] Man muß allerdings darauf hinweisen, daß auch nach Dtn 24,7 und Ex 21,16 Menschendiebstahl und Versklavung mit dem Tode bestraft werden. Vgl. dazu die zurückhaltende Behandlung des Problems bei HEINEMANN 1932, 353 f. H. verweist darauf, daß Philo in der Wiedergabe alttestamentlicher Gesetze häufig Ungenauigkeiten nachzuweisen sind, und daß er auch an anderen Stellen in Verschärfung von Torageboten die Todesstrafe in Bezug auf Diebstahl erwähnt.

[164] So jedoch CROUCH 1972, 88.

[165] Dies tut (mit unterschiedlicher Überzeugungskraft) KÜCHLER 1979, 218−220. 227−232.

nungen (etwa die, Bedürftigen Feuer, Wasser und Nahrung darzureichen, die, nicht aufzuheben, was man nicht niedergelegt hat, sowie die Goldene Regel oder die Wahrung des Freundesgeheimnisses) ihrer Formulierung nach tatsächlich ihren Ursprung in hellenistischem Weisheitsgut der nicht-jüdischen Umwelt haben. Man kann weiterhin mit Recht betonen, daß die Gesetzesepitome bei Josephus (und auch bei Philo) »in ihrem Aufbau weniger von einer biblischen Vorlage wie dem Dekalog, dem Bundesbuch u. ä. bestimmt« ist, »als vielmehr von einem allgemeinen Schema, welches nach ›soziologischen‹ Gesichtspunkten jene wichtigsten Lebensbereiche gruppiert, welche weisheitliches Denken in der ganzen Antike schon seit langem erkannt und behandelt hat«[166]. Man kann schließlich so weit gehen zu behaupten, daß die aufgrund spezifischer Auswahl der gesetzlichen Stoffe entstandene Epitome »in keiner ihrer Vorschriften so gestaltet ist, dass sie nicht auch in einer griechischen Sammlung verständlich wäre«[167].

Jedoch ist die aus diesem Befund gezogene Schlußfolgerung: »Was wir in Hyp 7,6–9 vor uns haben, ist somit keine Epitome des mosaischen Gesetzes, sondern authentische griechische Fundamentalethik, welche nur leicht überarbeitet, mit Begleitsätzen versehen und mit einigen Ueberbietungen aus der Bibel ausgestattet wurde.«[168] weder logisch zwingend noch sachlich angemessen.

Der logische Fehler einer solchen Schlußfolgerung besteht darin, daß unter der Hand von der Erkenntnis der *Übereinstimmung* zwischen jüdischer Gesetzesepitome des Philo und des Josephus mit griechisch-hellenistischer Fundamentalethik auf den *Gegensatz* solcher Zusammenfassungen zu der »eigentlich« mosaischen Tora geschlossen wird, ohne daß dieser Gegensatz im einzelnen nachgewiesen wird. Der Aufweis von Parallelen allein hat aber keine Beweiskraft für die traditionsgeschichtliche Herleitung! Daß zwischen der »eigentlichen« Mosetora und dem jüdischen Gesetz, wie es Philo und Josephus in ihren Zusammenfassungen zum Ausdruck bringen, ein Widerspruch besteht[169], ist also ein Vorurteil.

Sicher bestand Philos und Josephus' Interesse darin, Übereinstimmung zwischen den sittlichen Maßstäben ihrer jüdischen Religion und den ethischen Idealen ihrer Umwelt aufzuzeigen, jedoch tun sie dies gerade, indem sie solche Übereinstimmungen bereits im Blick auf die Mosetora selbst behaupten. Deshalb betonen beide ständig den Bezug auf den Gesetzgeber

---

[166] KÜCHLER 1979, 217; vgl. a.a.O., 226 f., sowie CROUCH 1972, 81 ff.

[167] KÜCHLER 1979, 219, zu Josephus; vgl. in Bezug auf Philo a.a.O., 233: »eine kleine Sammlung von ›Gnomen des Mose‹, welche inhaltlich fast völlig in die hellenistische Gnomensammlung passt«.

[168] KÜCHLER 1979, 233. Vgl. a.a.O., 226: »Es ist erstaunlich, wie wenig die mosaische Gesetzgebung in dieser ihrer Kurzfassung präsent ist.«

[169] KÜCHLER (s. o.) sagt: »keine Epitome des mosaischen Gesetzes, sondern . . .«!

Mose (bzw. Gott selbst), ja bisweilen stellen sie diesen (bzw. sein Gesetz) den heidnischen Gesetzgebern als Vorbild *gegenüber*. In erster Linie wollen sie also *Übereinstimmung mit Mose* nachweisen, während diejenige mit nichtjüdischen Autoritäten durchaus gesucht und herausgestellt wird, wenn sie sich anbietet, nicht aber ihr primäres Ziel ist, so daß Unterschiede, wenn nötig, nicht verschwiegen werden. An keiner einzigen Stelle aber wird die Autorität des Mose auch nur im geringsten angetastet.

Solchen Rückbezug auf Mose bzw. das mosaische Gesetz bloß als nachträglich vorgehängtes »jüdisches Feigenblatt« zu deklarieren[170], unter dem sich allerhand »nicht-mosaische Quellen« und »nichtjüdische Gesetzestraditionen«[171] verbergen, bedeutet, die Texte gegen ihren ausdrücklichen Aussagewillen zu interpretieren. Ein solches Interpretationsverfahren ist zwar im Prinzip möglich, bedarf aber einer methodisch exakten und sachlich umfassenden Argumentation.

Nun kommt aber die Darstellung der sachlichen Nähe der Gesetzeszusammenfassungen von Philo und Josephus zur Tora und deren jüdischer Auslegungtradition bei Küchler und Crouch deutlich zu kurz[172]. Dabei muß man im Blick haben, daß das mosaische Gesetz für Philo und Josephus wie überhaupt für das Frühjudentum nicht eine historisch-exegetisch in ihrem ursprünglichen Wortlaut zu ermittelnde Größe war, sondern der verbindliche Ausdruck des früher wie heute, unter den Bedingungen des Volkes der Wüstenzeit wie unter denen einer hellenistisch geprägten Umwelt, gültigen und das Leben im Alltag bestimmenden Gotteswillens. Zwischen einer »ursprünglichen« Tora des Mose und der aktualisierenden und interpretierenden Aufnahme ihrer inhaltlichen Forderungen kann keine grundsätzliche Trennungslinie gezogen werden. In dieser Perspektive sind z.B. die Gesetzesauslegungen Philos, sei es in seinem allegorischen Kommentar zur Genesis, sei es in seiner systematischen Auslegung des Pentateuchs, Ausdruck des Bestrebens, die Toraforderungen in einer veränderten Zeit und Umwelt verständlich und ihre Erfüllung möglich zu machen. Aus diesem Bestreben heraus erklären sich auch gewisse Züge seiner Epitome, so etwa die Auswahl von solchen Geboten, die im alltäglichen Leben seiner hellenistisch geprägten Umwelt ihren Lebensbezug haben, die Kombination von Toraforderungen mit sachlich aus ihnen ableitbaren Konkretionen oder die Zusammenstellung verschiedener Toragebote aus einem thematischen Bereich[173]. Aus diesem Bestreben erklärt sich

---

[170] Dies ist die Tendenz bei Küchler 1979, 219. 233.

[171] Küchler 1979, 227.

[172] Vgl. bereits die oben aufgeführten Pentateuchparallelen.

[173] Dieses Prinzip wenden Philo und Josephus auch bei ihren ausführlicheren Gesetzesdarstellungen an. Philo gliedert die seine (SpecLeg I–IV 135), indem er jedem Dekaloggebot thematisch verwandte unterordnet. Josephus betont zu Beginn seines Einschubes über den In-

ebenso die Form der Gesetzesepitome selbst[174]. Die Fülle und Übersichtlichkeit der Gebote kann auf diese Weise für die im Alltag zu praktizierende
Forderung der Tora durchschaubar gemacht werden. Die Form der Gebotsreihe bietet in einprägsamer Art zentrale Konkretionen dieser Grundforderung, die für jeweils mit ihnen im Zusammenhang stehende Erweiterungen offen sind. Man kann also dieses Bestreben am besten als paränetische, unterweisende Intention bezeichnen[175].

Blicken wir nun zunächst auf die Gesetzesepitome des Josephus, so fällt
auf, daß häufig in kleinen thematischen Einheiten neben einem Toragebot
weitere Gebote zum gleichen Thema stehen, die nicht in der Tora nachzuweisen sind. Die Pentateuchverbote des Ehebruchs (Dekalog; Lev 18,20;
20,10), der Homosexualität (Lev 18,22; 20,13) und des sexuellen Verkehrs
mit weiblichen Verwandten (Lev 18,7—18; 20,11 f.14.17.19 ff.) in Ap II
199—201 werden ergänzt durch das Verbot der Abtreibung, die Zulassung
des Geschlechtsverkehrs nur zur Kinderzeugung sowie die ausdrückliche
Unterordnung der Frau unter den Mann. Die beiden »torafremden« Trauervorschriften (205) stehen neben dem Gebot, das Haus und seine Bewohner zu reinigen, wenn sich darin eine Leiche befunden hat (Num
19,11—20). Die Weisungen über die allgemeine Humanität in 211 werden
eingerahmt durch Toragebote über die Fremden (Lev 19,34) und über das
Verhalten gegenüber Feinden im Krieg (Dtn 20,19 f.).

Durch solche Ergänzungen sollen offensichtlich die Toragebote aktualisiert und konkretisiert werden. Es handelt sich bei den aufgenommenen
Weisungen häufig um Gut, das zwar nicht direkt in der Tora vorkommt,
aber doch ihren Intentionen deutlich entspricht und aus ihr abgeleitet
worden sein kann. Dies gilt besonders für die Forderung zu umfassender
Barmherzigkeit gegenüber Bedürftigen (vgl. Lev 19,9 f.14;[176] Dtn 24,
19—22; 27,18).

Die Tendenz, Toragebote durch weiteres ethisches Material zum gleichen Thema zu ergänzen, läßt sich so bei Philo nicht nachweisen. Bei ihm

---

halt der jüdischen *πολιτεία* (Ant IV 196—301), seine Darstellung weise eine »bessere Anordnung der einzelnen Bestimmungen« auf. Auch die Kombination von Torageboten mit aus
ihnen inhaltlich ableitbaren, aber so nicht im Pentateuch vorkommenden Mahnungen findet
sich bei Philo, Decal, SpecLeg und Virt, sowie bei Josephus, Ant IV 196—301, häufig.

[174] Es geht hier nicht um deren Ursprung (vgl. dazu ausführlich Küchler 1979, passim),
sondern um deren Anwendung durch Philo und Josephus! Daß beide sich für ihre Zwecke
pagan-hellenistischer Mittel bedienen, soll keineswegs bestritten werden.

[175] Vgl. dazu u. S. 64 ff.69 ff.

[176] Daß hinter Ap II 211 *ὁδοὺς φράζειν* die Mahnung aus Lev 19,14 durchklingt: *ἀπέναντι
τυφλοῦ οὐ προσθήσεις σκάνδαλον*, lehrt der Vergleich mit Ant IV 276 (*μηνύειν δὲ καὶ τὰς ὁδοὺς τοῖς
ἀγνοοῦσι*), wo sich Josephus, wie der Zusammenhang zeigt (*ὁμοίως μηδὲ βλασφημείτω τις τὸν
ἀπόντα καὶ τὸν ἐνεόν*), eindeutig auf Lev 19,14 bezieht. Vgl. auch Dtn 27,18: *ἐπικατάρατος ὁ
πλανῶν τυφλὸν ἐν ὁδῷ*.

steht das »torafremde« Gut durchaus selbständig. Jedoch gelingt es auch hier, mit Hilfe des Vergleiches seiner Gesetzesdarstellung in SpecLeg Bezüge zu Torageboten herzustellen[177]. So wurde bereits die Bedeutung von Hyp 7,7(3) (μὴ γέννημα δουλοῦν) aufgrund von Lev 18,21 LXX geklärt. Die Weisung zum gesetzesgemäßen Umgang mit Tieren (7[1 f.]; Josephus, Ap II 213) konnte als Verbot der Tierschande bestimmt werden (Lev 18,23; 20,15 f.). Die Verbote von Abtreibung, Kastration und Vernichtung des Samens stehen in Beziehung zu weiteren Sexualgeboten aus Lev 18 und werden als solche auch von Philo in SpecLeg III 32−36.41 f. besprochen. Ebenso findet sich dort der Gedanke, daß der Geschlechtsverkehr nur zum Zwecke der Kinderzeugung vollzogen werden soll (vgl. Josephus, Ap II 199), und zwar als Auslegung des Toragebotes, einer Frau nicht während der Zeit ihrer Unreinheit beizuwohnen (Lev 18,19)[178].

Hinter der sentenzartigen Formulierung ἃ μὴ κατέθηκεν, μηδ' ἀναιρεῖσθαι (6[18]; Ap II 208.216) steht vermutlich der Tatbestand der Hinterziehung anvertrauten Gutes (Ex 22,6−14; Lev 5,21−26), der in den ausführlichen Darstellungen bei Philo und Josephus mehrfach besprochen wird[179].

Weitere Mahnungen sind zwar nicht im Pentateuch, aber in älteren frühjüdischen Traditionen nachzuweisen. So begegnet die Wahrung des Freundesgeheimnisses (8[4]; Ap II 207) mehrfach in der Weisheitsliteratur[180], die Mahnung, Tote zu begraben (7[21 f.]; Ap II 211), im Tobitbuch[181]. Auch die Goldene Regel hat eine jüdische Traditionsgeschichte[182].

Während das »torafremde« Gut bei Josephus stillschweigend unter die jüdischen Gesetze gerechnet wird, scheint nun aber Philo ausdrücklich griechische Quellen für seine Gesetzeszusammenfassung anzugeben. In 6(16 f.) spricht er von ἀγράφων ἐθῶν καὶ νομίμων und in 8(5) erwähnt er τὰ Βουζύγια. Nach Küchler sind damit »zwei Bereiche im nicht kodifizierten Recht der Griechen genannt«, die er für »mögliche Quellbereiche« des

---

[177] Vgl. o. S. 35 ff.

[178] Hinsichtlich der Gebote zur Sicherung der Nachkommenschaft bei Philo, Hyp 7,7, und Josephus, Ap II 202, räumt auch KÜCHLER 1979, 232, ein, »dass aber das Judentum die einzige religiöse und nationale Grösse war, welche kontinuierlich gegen ähnliche Praktiken ankämpfte«.

[179] Vgl. Philo. SpecLeg IV 30−38; Decal 171; Josephus, Ant IV 285 ff. Dies geschieht dort jeweils unter dem aus LXX bezogenen Stichwort παρα(κατα)θήκη. Die Mahnung, anvertrautes Gut nicht zu veruntreuen, begegnet auch PseuPhok 13; vgl. Weish 14,25 ἀπιστία (dazu u. Anm. III 222).

[180] Prov 11,13; 25,8 ff.; Sir 22,22; 27,16−21; vgl. auch Test Gad 6,5.

[181] Vgl. Tob 1,17 f.; 2,3−7; 4,3 f.; 14,10.12 f. Nach KÜCHLER 1979, 231, gehört das Gebot »auch im semitischen Raum zu einer der obersten Verpflichtungen«.

[182] KÜCHLER selbst nennt (1979, 207, Anm. 1) u. a. Tob 4,15; Arist 207; hebr TestNaph 1,6; PseuMen 40; slHen 61,1.

Mittelteiles der philonischen Epitome hält[183]. Die Frage, ob Philo wirklich bewußt aus griechischen Quellen zitiert, soll im folgenden Exkurs diskutiert werden.

Exkurs: Pagan-griechische Quellen der frühjüdischen Gesetzeszusammenfassungen?

Zu den »Ungeschriebenen Gesetzen«:

Heinemann hat in seiner Untersuchung zur »Lehre vom ungeschriebenen Gesetz im jüdischen Schrifttum«[184] nachgewiesen, daß Philo mit ἄγραφος νόμος nicht die »mündliche Tora« in Form von Mischna und Talmud meint, sondern im Sinne der griechisch-heidnischen Bedeutung des Begriffes entweder das »Naturgesetz« oder die »Volkssitte«[185]. In diesem zweiten Sinn verwendet er den Begriff nach Heinemann auch in Hyp[186].

Dies heißt jedoch nicht, daß Philo hier auch an ein fest abgegrenztes Korpus konkreter Rechtssätze denkt, wie sie unter dem terminus technicus ἄγραφος νόμος in der pagan-griechischen Literatur auftauchen[187].

Aufschlußreich ist in diesem Zusammenhang SpecLeg IV 149 f. Philo nennt hier das Toragebot, die Grenzsteine des Nachbarn nicht zu verrücken (Dtn 19,14; vgl. 27,17), und fährt dann fort: »Dieses Gebot ist aber wohl nicht ausschliesslich für Grundbesitz und Landgrenzen zur Verhinderung von Uebergriffen erteilt, sondern auch in Bezug auf die Beobachtung der väterlichen Sitten; denn die Sitten sind ungeschriebene Gesetze (ἔθη γὰρ ἄγραφοι νόμοι), Lehren von Männern der Vorzeit, nicht auf Säulen eingegraben und auf Papier, das von Motten verzehrt wird, sondern in den Herzen der Teilnehmer an der gleichen Staatsordnung. Denn Kinder sollen von den Eltern (nicht nur) Geld und Gut, sondern auch die Vätersitten erben, in denen sie auferzogen wurden und von der Wiege an gelebt

---

[183] KÜCHLER 1979, 228. Das ganze Zitat lautet: »Die ungeschriebenen Gesetze, die buzygischen Verwünschungen und die alte griechische Gesetzgebung können wegen dieser textinternen Indizien immerhin als mögliche Quellbereiche für diesen Mittelteil III angenommen werden. Dass gerade in ihm die meisten Logien einem dieser drei Bereiche zugesprochen werden können, verstärkt m. E. die blosse Möglichkeit von der inhaltlichen Seite her zu einer beachtenswerten Hypothese« (a.a.O., 228 f.).

[184] HEINEMANN 1927, 149–171 (zu Philo 152–159).

[185] HEINEMANN 1927, 156: »Philons Auffassung und Begründung der ungeschriebenen Gesetze hält sich auf das genaueste an griechische Denk- und Redeweise«. Vgl. derselbe 1910, 289 f., Anm. 1.

[186] HEINEMANN 1927, 154 f.

[187] Vgl. etwa Plutarch, LibEduc 10 (II 7 e) (Text bei GUTBROD, ThWNT 4, 1021). Zu den ἄγραφοι νόμοι der griechischen Ethik vgl. ausführlich CROUCH 1972, 37–46. S. auch KÜCHLER 1979, 229, Anm. 17.

haben.«[188] Die ungeschriebenen Gesetze sind demnach Inhalt der Unterweisung, die die Eltern den Kindern zu erteilen haben.

Wenn man den Zusammenhang der eben zitierten Passage betrachtet, so ergibt sich, daß Philo in SpecLeg IV 136–150 im Anschluß an die Erörterung der Fülle der konkreten Einzelgesetze (SpecLeg I 1 – IV 135) einige »Grundsatzbestimmungen« der Tora (hier speziell des Dtn) zusammenhängend darstellt. 137–142 bespricht er die paränetischen Weisungen des Dtn, die Worte der Tora im Herzen zu behalten, sie auf den Arm und an die Stirn zu binden, sie der Nachkommenschaft weiterzugeben und an die Türpfosten zu schreiben (vgl. Dtn 6,6–9; 11,18–21). 143–148 behandelt er die umfassende Mahnung, nichts zum Gesetz hinzuzufügen und nichts davon wegzunehmen (Dtn 4,2; 13,1).

So ergibt sich aus dem Zusammenhang, daß auch das Toragebot, nicht die Grenzsteine zu verrücken, von Philo als eine solche umfassende Mahnung zum Gesetzesgehorsam interpretiert wird. Diese Interpretation ist offenbar bereits traditionell, wie sich aus Josephus, Ant IV 225, entnehmen läßt, wo ebenfalls das Gebot der Grenzverrückung in grundsätzlicher Weise ausgeführt wird: μὴ γὰρ μακρὰν εἶναι τοῦ καὶ τοὺς νόμους ὑπερβαίνειν τοὺς τὸν ὅρον μετακινοῦντας.

Die von Philo in SpecLeg IV 149f. an das Verbot der Grenzverrückung angeknüpfte Mahnung, den Kindern die väterlichen Sitten weiterzuvererben, sie also die »ungeschriebenen Gesetze« zu lehren, entspricht sachlich somit der »Grundsatzbestimmung« der Tora, die Kinder im Gesetz zu unterweisen und ihnen die Taten Gottes weiterzuerzählen (Dtn 6,7; vgl. 6,20–25; 4,9). So sind hier für Philo die »ungeschriebenen Gesetze« von den Geboten der Tora gerade nicht unterschieden, sondern mit ihnen sachlich und intentional identisch[189]. Nichts in SpecLeg 149f. läßt vermuten, daß er dabei irgendwelche pagan-hellenistischen Gesetzessammlungen anzielt.

Aber selbst wenn man in Hyp 7,6(16f.) den technischen Gebrauch von ἄγραφα ἔθη καὶ νόμιμα voraussetzt, so ist damit noch nicht gesagt, daß Philo hier für seine Gesetzesepitome eine griechische Quelle angibt, die der jüdischen Herkunft der anderen Gesetze gegenübersteht. M. E. will Philo gerade das Gegenteil zum Ausdruck bringen: »Viele andere (jüdische) Gesetze gibt es, denen sogar die (weltberühmten) ungeschriebenen Gesetze entsprechen.« Es geht ihm nicht darum zu zeigen, daß die Gebote, die er erwähnt, eigentlich griechischen Ursprungs sind, sondern er ist voll davon überzeugt, das Gesetz des Mose darzustellen, und er beweist seine umfas-

---

[188] Übersetzung nach HEINEMANN 1910, 289f.
[189] Vgl. auch Abr 5.275f.; syBar 57,2.

sende Bildung, indem er erkennt, daß es auch in seiner hellenistischen Umwelt solche Gesetze gibt[190].

Damit soll gesagt werden: Griechische und jüdische Herkunft der Gebote der Gesetzesepitome sind nicht gegeneinander auszuspielen. Auch wenn die Verfasser die Nähe ihrer angeführten Gebote zu hellenistischen Weisungen ihrer Umwelt erkennen, was für Philo möglich, für Josephus nach Ap II 190–219 eher unwahrscheinlich ist, so bleibt nach ihrem Selbstverständnis dennoch ihre Darstellung eine Epitome des *jüdischen* Gesetzes, um dessen hervorgehobene Bedeutung es ja im Kontext sowohl bei Josephus als auch bei Philo geht[191].

Zu den buzygischen Verwünschungen:

Die buzygischen Verwünschungen sind insofern ein sehr attraktives griechisches Vergleichsmaterial, als sie eine überschaubare und leicht erkennbare Zusammenstellung nur weniger auffälliger ethischer Weisungen darstellen[192]. Von daher ist es durchaus möglich, daß die betreffenden Passagen in den Gesetzeszusammenfassungen des Philo und des Josephus[193] letztlich tatsächlich auf diese griechischen »Vorschriften über die elementarsten Pflichten der Menschlichkeit«[194] zurückgehen. Darauf deutet sowohl die Formulierung als auch die Nennung von Feuer und Wasser als konkreten Gaben für die Bedürftigen, die so weder in der Bibel noch in anderen frühjüdischen Texten nachzuweisen ist. Damit ist aber noch keineswegs erwiesen, daß die Buzygien Philo bei der Abfassung seiner Epitome als Quelle gedient haben.

Betrachtet man seine Formulierung genauer, so zeigt sich, daß er die Buzygien wohl als »Vergleichspunkt«[195], nicht aber als Quelle heranzieht: *ποῦ δὴ πρὸς τοῦ θεοῦ ὑμῖν τὰ Βουζύγια ἐκεῖνα.*[196] Im Gegenteil, er schließt sie als Quelle der jüdischen Gesetze geradezu aus: »Wozu, um Gottes willen,

---

[190] Nicht deutlich genug CROUCH 1972, 97: »In all good conscience Philo and Josephus give a summary of ›Jewish‹ laws containing Greek material which had become a part of the Hellenistic Jewish tradition. Philo himself unwittingly reveals the source of this material . . . He recognizes the existence of ›unwritten laws‹ but believes them to be of Jewish origin.«

[191] Gegen KÜCHLER 1979, 227, der annimmt, »dass nämlich nicht-mosaische Quellen bei der Gestaltung der Gesetzesepitome vorlagen und darüber hinaus, dass auch nichtjüdische Gesetzestraditionen beigezogen wurden.« Vgl. auch das Zitat o. S. 49, 2. Absatz.

[192] Vgl. BERNAYS 1885, 277–282; CROUCH 1972, 87 mit Anm. 12; KÜCHLER 1979, 228 ff. mit Anm. 13. 17 (dort weitere Lit.).

[193] Josephus enthält das Gut der buzygischen Verwünschungen (Ap II 211) sogar vollständiger als Philo, ohne den Begriff *τὰ Βουζύγια* zu nennen.

[194] KÜCHLER 1979, 227.

[195] KÜCHLER 1979, 227.

[196] Text nach MRAS. Andere Lesarten setzen BERNAYS 1885, 282; CROUCH 1972, 87; KÜCHLER 1979, 225, voraus.

braucht ihr überhaupt jene Buzygien?«[197] Es ist durchaus möglich, daß einige der bei Philo aufgeführten Gesetze griechischer Herkunft sind und mit den buzygischen Verwünschungen im Zusammenhang stehen. Für Philo stellt sich der Sachverhalt aber umgekehrt dar: Da bereits das jüdische Gesetz so vortreffliche Bestimmungen über das Verhalten zu den Mitmenschen enthält, sind die Philo aus seiner hellenistischen Umwelt bekannten buzygischen Verwünschungen an sich gar nicht mehr nötig. Er erwähnt sie nur, um die besondere Qualität des jüdischen Gesetzes zu unterstreichen.

Somit konnte gezeigt werden, daß für die behandelten Texte keine direkten pagan-griechischen Quellen vorauszusetzen sind.

Zusammenfassend läßt sich sagen, daß der inhaltliche Bezug der Gesetzeszusammenfassungen bei Philo und Josephus zur Tora wesentlich enger ist, als es auf den ersten Blick scheint. Ein großer Teil der Mahnungen läßt sich direkt auf Toragebote zurückführen. Zahlreiche speziellere Weisungen, die sich im Pentateuch nicht finden, stehen in Beziehung zu allgemeineren Mahnungen der Tora aus demselben thematischen Bereich. Weitere »torafremde« Gebote können als Produkte aktualisierender Interpretation von Torageboten angesehen werden, wobei z. T. Vorstufen und Parallelen dieser Interpretation im Frühjudentum nachweisbar sind[198]. Keine einzige der nicht aus der Tora stammenden Formulierungen widerspricht dieser. Im Gegenteil: Zu jeder Forderung der Gesetzeszusammenfassungen läßt sich zumindest intentional eine Parallele aus dem Pentateuch beibringen.

Freilich bedienen sich Philo und Josephus, um die Bestimmungen des mosaischen Gesetzes zusammenzufassen, einerseits der sprachlichen und geistigen Mittel ihrer Zeit, und andererseits sind sie darauf bedacht, die Toraforderungen mit der aktuellen Situation der von ihnen angesprochenen frühjüdischen Leserschaft in Beziehung zu setzen[199]. So weisen ihre jüdischen Gesetzeszusammenfassungen zahlreiche Merkmale auf, die sie als Produkt der hellenistischen Literatur erscheinen lassen. Zudem ist bei ethischem Material, welches ja vor allem das alltägliche Leben und die allgemeine Menschlichkeit betrifft, die Trennungslinie zwischen jüdischem und griechischem Gut oft nicht streng zu ziehen.

---

[197] Vgl. die Übersetzung bei Bernays 1885, 281 f.: »Wo bleiben, um des Himmels willen, im Vergleich mit diesen jüdischen Moralgeboten jene buzygischen?« Dies ist nach Bernays ein Ausruf Philos gegenüber Gegnern, »die wohl um die Moral der Griechen auf Kosten der jüdischen zu preisen, mit den buzygischen Verwünschungen geprunkt hatten«.

[198] Vgl. etwa die LXX-Form von Lev 18,21 und die oben genannten frühjüdischen Parallelen zum Bestattungsgebot, zur Wahrung des Freundesgeheimnisses oder zur Goldenen Regel.

[199] Zum Adressatenkreis der hier besprochenen Texte vgl. u. S. 66–70.

Aus der Untersuchung des in die Gesetzeszusammenfassungen bei Philo und Josephus aufgenommenen ethischen Materials ergibt sich die Schlußfolgerung: Als jüdisches Gesetz bezeichnen Philo und Josephus sowohl Toragebote als auch frühjüdische ethische Weisungen als auch Gebote ursprünglich nichtjüdischer Herkunft.

c) Traditionell geprägte Toravergegenwärtigung bei PseuPhok, Philo, Hyp, und Josephus, Ap

Nun zeigt aber der Vergleich mit PseuPhok, daß die in den Gesetzeszusammenfassungen von Philo und Josephus praktizierte Art und Weise der Toravergegenwärtigung bereits traditionell geprägt ist, also nicht allein als individuelle Leistung der genannten Autoren angesehen werden kann. Solche traditionelle Prägung wird zum einen sichtbar in der bei allen drei Texten aufweisbaren Tendenz, Toragebote völlig unabhängig von ihrem Wortlaut in der LXX in die Sprache ihrer Zeit zu übertragen. Das gilt auch für PseuPhok, denn dessen archaisierender Stil in ionischen Hexametern ist ein sprachliches Mittel der hellenistischen Literatur zu didaktisch-paränetischen Zwecken.

Sie zeigt sich weiterhin in der Tendenz, Toragebote mit allgemeingültigen und weit verbreiteten Mahnungen der pagan-hellenistischen Popularphilosophie und Ethik zu kombinieren. Diese Tendenz wurde eben mit Blick auf Philo und Josephus ausführlich besprochen. Für PseuPhok sei hier auf die Ergebnisse v. d. Horsts[200] und Küchlers[201] verwiesen.

Ein weiteres gemeinsames Merkmal, das auf eine geprägte Tradition schließen läßt, ist das Bestreben, die Toragebote aus ihrem ursprünglichen Kontext zu lösen, sie als Einzelmahnungen aufzufassen und unter eigenen,

---

[200] v. d. Horst 1978, 64 f., führt zum Verhältnis von griechischem und jüdischem Gut bei PseuPhok aus: »Ps-Phoc. preaches a kind of universally valid ethics that could be assented to by any right-minded man in antiquity. His primary sources are the LXX . . . and Greek gnomological traditions; also the popular diatribe might be mentioned. It may be that these Greek elements reached him only in Jewish dress, so that he had no first-hand knowledge of his Greek sources. But, on the other hand, the diatribe and gnomologies were so well-known among the people that first-hand knowledge definitely will not have been impossible for our author.« Vgl. auch Walter 1983, 190 f.

[201] Küchler 1979, 282, der das Philo, Josephus und PseuPhok gemeinsame nicht-mosaische Gut untersucht hat, kommt zu folgendem Ergebnis: »Die allen drei gemeinsamen und im Vergleich mit dem biblischen Text neuen Vorschriften betreffen vor allem jene fundamentalen Bereiche der Menschlichkeit, welche als ἄγραφα νόμιμα καὶ ἔθη in der Antike bekannt waren, jedoch im Bereich des Jahweglaubens der hellenistisch-römischen Zeit mit eigenen, von der Bibel und der frühjüdischen Praxis inspirierten Inhalten formuliert wurden . . . In PseuPhok ist somit neben dem griechischen Text der Bibel auch frühjüdisches apologetisches Gut verarbeitet, das jedoch – wie Philo und Josephus zeigen – starke Anleihen aus der hellenistischen Welt aufweist.«

bisweilen systematisierenden Absichten in völlig veränderter Anordnung und Reihenfolge neu zu kleinen Einheiten, zu Gebotsreihen zusammenzustellen. Dabei beeinflussen sich häufig inhaltlich verwandte, aber im Pentateuch an verschiedenen Stellen und in im Detail unterschiedlicher Gestaltung vorkommende Gebote soweit, daß eine eindeutige traditionsgeschichtliche Herleitung von einer einzigen Bibelstelle nicht mehr möglich ist.

Von diesem Befund ausgehend, stellt sich noch einmal die Frage, in welcher Weise die Aufnahme umfangreicher inhaltlicher Komplexe der Tora durch PseuPhok, Philo und Josephus vorzustellen ist.

Aufgrund spezifischer Übereinstimmungen in der Auswahl der in die jeweiligen Zusammenstellungen aufgenommenen Toragebote konnte eine traditionsgeschichtliche Verwandtschaft zwischen den drei Texten erwiesen werden. Es zeigte sich, daß die drei Autoren bei der Rezeption von Toragut nicht völlig frei und individuell vorgehen, sondern abhängig sind von einem Fonds ethischer Materialien, aus dem sie frei schöpfen. Dieser Fonds enthielt neben Mahnungen, die nicht in der Tora nachzuweisen sind, zahlreiches Weisungsgut aus dem Pentateuch, das bereits in Form von sentenzartigen Einzelgeboten gestaltet war und somit selbst schon als Ergebnis einer Toravergegenwärtigung anzusehen ist.

Aus dem Vergleich des bei PseuPhok, Philo und Josephus gemeinsam überlieferten Materials ergibt sich für diesen Fonds frühjüdischer ethischer Weisungen:

— Er enthielt sentenzartige Gebotsreihen, die eine formal wie inhaltlich völlig freie Auswahl und Verarbeitung gestatteten[202].
— Er enthielt ethisches Material aus der Tora, nicht-mosaisches frühjüdisches Gut und dem Ursprung nach griechische Weisungen.
— Die Gesamtheit seines »internationalen« ethischen Materials konnte als inhaltliche Wiedergabe des jüdischen Gesetzes verstanden werden.
— Das aus der Tora übernommene Material stammt zum überwiegenden Teil aus relativ geschlossenen Komplexen, die schon innerhalb ihres Kontextes im Pentateuch Gebotsreihen enthalten (Heiligkeitsgesetz, Bundesbuch, Gesetzeskorpus des Dtn). Der Aufbau der aus dem Fonds stammenden Reihen ist aber nirgends erkennbar von dem Aufbau solcher alttestamentlicher Reihen abhängig.
— Inhaltlich ist der Fonds geprägt durch Weisungen, die das alltägliche Leben des Einzelnen betreffen. Dabei spielt die Sexualethik eine hervorgehobene Rolle.

---

[202] Stilistisch steht PseuPhok den Gebotsreihen innerhalb der philonischen Epitome am nächsten, indem er Einzelgebote sentenzenartig aneinanderreiht. Vgl. die imperativischen Infinitive Hyp 7,3(2)−4(11).6(17)−8(4). Zum Stil bei PseuPhok vgl. KÜCHLER 1979, 264−271.

– Exklusiv jüdische Gebote wie das Verbot des Götzendienstes, die Beschneidung, das Bilderverbot und der Sabbat hatten offenbar keine entscheidende Bedeutung innerhalb des Fonds (was nicht heißt, daß sie in der Gemeinschaft, in der der Fonds beheimatet ist, keine Rolle gespielt haben!).

PseuPhok, Philo und Josephus haben das Toragut ihrer Gesetzesdarstellungen bereits in einer traditionell geprägten, interpretierten und umgeformten Gestalt vermittelt bekommen. Daneben ist freilich für Philo und Josephus mit Sicherheit, für den Verfasser von PseuPhok als einen geistig regsamen Juden der alexandrinischen Diaspora mit hoher Wahrscheinlichkeit direkte Kenntnis der LXX vorauszusetzen. Man muß also davon ausgehen, daß sich beides, Bibelkenntnis und traditionelle Prägung von Pentateuchgut, bei der freien Wiedergabe des wesentlichen Inhaltes der Tora gegenseitig beeinflußt hat.

Ein deutlicher Unterschied zwischen PseuPhok und Philo / Josephus besteht darin, daß letztere ihre Gesetzeszusammenfassungen ausdrücklich als Epitome des jüdischen Gesetzes kennzeichnen, während eine solche Selbstbezeichnung bei PseuPhok fehlt. Jedoch ist der sachliche Bezug auf die Forderungen der Tora bei ihm nicht weniger deutlich[203]. Es fällt ins Gewicht, wenn die Art und Weise der Torarezeption bei den ausdrücklichen Zusammenfassungen des mosaischen Gesetzes und bei dem als Poem des heidnischen Dichters Phokylides getarnten jüdisch-hellenistischen Mahngedicht dieselbe ist[204]!

Charakteristisch für diese Vergegenwärtigung der Gesetzesforderungen ist neben den bereits genannten Merkmalen schließlich vor allem der enge Bezug zu relativ wenigen abgrenzbaren Kapiteln der Tora. Die inhaltliche Untersuchung der Bezüge von PseuPhok zum Pentateuch hatte ergeben, daß der Verfasser des Gedichtes sein Pentateuch-Material im wesentlichen aus Lev 19; 18/20; Dtn 27 und dem Dekalog bezieht. Für die Gesetzeszusammenfassungen von Philo und Josephus ergaben sich die gleichen Schwerpunkte. Gleichzeitig konnte auch ein Großteil des allen drei Texten

---

[203] Nach KÜCHLER 1979, 286, ist sogar bei PseuPhok mehr biblisches Material verarbeitet als bei Philo.

[204] Die Erkenntnis, daß die gleiche Weise der Vergegenwärtigung der Tora in ganz unterschiedlichen literarischen Zusammenhängen begegnen kann, ist für den Fortgang unserer Untersuchung wichtig. Es werden im zweiten und dritten Hauptteil paränetische Reihen in den Blick kommen, die die ganze Breite der Möglichkeiten illustrieren, mit Hilfe geprägter paränetischer Tradition, die ihr konkretes Weisungsgut aus dem erschlossenen Fonds bezieht, den fordernden Gotteswillen zu aktualisieren. Dabei muß nicht immer ein so enges Verwandtschaftsverhältnis dieser Reihen untereinander bestehen wie zwischen Josephus, Ap, Philo, Hyp, und PseuPhok. Diese drei Texte wurden jedoch als Einstieg gewählt, da bei ihnen die traditionelle Prägung besonders deutlich hervortritt.

gemeinsamen Gutes mit diesen Kapiteln, speziell mit Lev 18/20 in Beziehung gebracht werden. Daraus ist zu schließen, daß auch der Fonds frühjüdischer ethischer Weisungen sich in besonderem Maße aus den genannten Gebotsreihen des Pentateuch speiste. Bei der Frage nach inhaltlichen Schwerpunkten der Toravergegenwärtigung in frühjüdischer Zeit wird man also von der hervorgehobenen Rolle dieser Pentateuchkomplexe in der aktualisierenden Torainterpretation auszugehen haben.

Nun ist diese Erkenntnis, daß bestimmte Pentateuchkomplexe wie Lev 19[205] oder der Dekalog im Frühjudentum in ganz bestimmter Funktion von besonderer Bedeutung waren, nicht neu. Schon Bernays, der mit besonderem Nachdruck auf die Parallelen zwischen PseuPhok 3—41 und Lev 19 hingewiesen hat, bezeichnete Kp. 19 als den Teil des Levitikus, »welcher in neuen wie in alten Zeiten mit Recht für das Gegenstück des Dekalogs angesehen wird«[206]. Auch v. d. Horst nimmt an, »that for Ps-Phoc. Lev. XIX was a kind of summary of the Torah or a counterpart of the Decalogue«[207]. Aus allerdings meist sehr viel späteren rabbinischen Belegen folgert er: »One might tentatively conclude that in Judaism at the beginning of our era Lev. XIX was regarded as a central chapter in the Torah.«[208]

Für Seebergs groß angelegten Versuch, den »Katechismus der Urchristenheit« zu rekonstruieren[209], spielt Lev 19 eine entscheidende Rolle. Im Zusammenhang mit seiner These, die christliche Taufunterweisung mit Hilfe des Lehrstoffes der »Wege« sei aus dem Judentum übernommen worden, bezeichnet er Lev 19 als »Quelle der Wege«[210], in die seiner Meinung nach »fast der gesamte Inhalt von Lev. 18 und 19 . . . übergegangen ist«[211]. Der Versuch Seebergs, einen genau inhaltlich bestimmten und eng abgegrenzten Katechismus zu (re-)konstruieren, ist allerdings problematisch. Für eine derartige Verwendung von Lev 19 lassen sich jedenfalls keine frühjüdischen Belege nachweisen[212].

---

[205] Die Frage nach der wirkungsgeschichtlichen Bedeutung von Lev 19 in frühjüdischer Zeit ist hier abzugrenzen von der Geschichte der Überlieferung des Nächstenliebegebotes Lev 19,18, da dieses Gebot offenbar weder in PseuPhok noch in den Gesetzeszusammenfassungen bei Philo und Josephus eine Rolle spielt. Vgl. zu Lev 19,18 die ausführliche Darstellung bei BERGER 1972, 80—176, sowie NISSEN 1974, 278—308.

[206] BERNAYS 1885, 228.

[207] v. D. HORST 1978, 66.

[208] v. D. HORST 1978, 67. Vgl. die Belege a.a.O., 66. S. auch derselbe 1978a, 191.

[209] Diese These zieht sich durch alle im folgenden genannten Untersuchungen von ALFRED SEEBERG: Der Katechismus der Urchristenheit, 1903; Das Evangelium Christi, 1905; Die beiden Wege und das Aposteldekret, 1906; Die Didache des Judentums und der Urchristenheit, 1908. Vgl. die Einleitung o. S. 1 ff.

[210] SEEBERG 1906, 25.

[211] SEEBERG 1905, 111. Vgl. derselbe 1906, 1.

[212] Das gesteht SEEBERG 1905, 117 ff., selbst ein.

Ebenfalls im Zusammenhang mit dem Problem der urchristlichen Taufunterweisung stehen die Untersuchungen von Carrington[213] und
Selwyn[214]. Selwyn vermutet, »that the primitive Church used catechetical
material based on the Law of Holiness in Lev. xvii.–xxvi.; and that this
was marked by teaching summarized under the heading Abstinentes, and
by special emphasis on avoiding uncleanness and on the law of love to
neighbour (Lev. xix. 18) as the highest expression of holiness«[215]. Ohne
daß die Thesen Selwyns hier im einzelnen diskutiert werden können, muß
ihnen gegenüber der gleiche Vorbehalt hinsichtlich einer zu sehr ins einzelne gehenden Rekonstruktion des katechetischen Stoffes, die nicht genügend durch frühjüdische Belege getragen ist, angemeldet werden wie bei
Seeberg[216].

Läßt sich die These von einem wesentlich durch Lev 19 inhaltlich bestimmten frühjüdischen Proselytenkatechismus auch nicht aufrecht erhalten, so kann man doch aufgrund der deutlich hervorstechenden Rolle
dieses Kapitels in den in unserer Arbeit besprochenen Gesetzesdarstellungen und in Anbetracht des durch die eben kurz charakterisierten Untersuchungen beigebrachten Materials davon ausgehen, daß Lev 19 sich für
eine Vergegenwärtigung wesentlicher Forderungen der Tora zu Zwecken
der Unterweisung anbot und auch in dieser Funktion Verwendung fand.

Ähnliches gilt für den Dekalog. Allerdings ist zunächst festzustellen, daß
er in den nachexilischen Teilen des Alten Testaments und den intertestamentarischen Schriften kaum Spuren hinterlassen hat[217]. Daß der Dekalog
dennoch im Frühjudentum eine hervorgehobene Rolle gespielt hat, geht
aus seiner Verwendung bei Philo und Josephus hervor. Philo widmet ihm
eine eigene Schrift. Er bezeichnet die Zehn Gebote als κεφάλαια νόμων und
benutzt sie im letzten Teil dieser Schrift als Ordnungsprinzip für sämtliche
Einzelgebote der Tora (Decal 154–174). Ebenso gliedert er SpecLeg anhand des Dekalogs. Josephus gibt in Ant III 89–92 den Inhalt des Dekalogs

---

[213] CARRINGTON 1940.

[214] SELWYN 1958, Essay II, 363–466.

[215] SELWYN 1958, 404.

[216] Vgl. zur Kritik SEEBERGS und SELWYNS auch VÖGTLE 1936, 113–120; WIBBING 1959,
4–8; BECKER 1970, 366 f.; CROUCH 1972, 13–18.

[217] In TestXII, äthHen, slHen, syrBar, IVEsr, Jub, Tob finden sich keinerlei Anklänge. Die
Zusammenstellung konkreter Vergehen wie Mord, Diebstahl, Ehebruch u. ä. in Sib IV
31–33; Weish 14,25f.; TestAbr 10(A); ApkAbr 24,5–8; PseuMenander (Philemon) 9–14
(vgl. zu diesen Stellen u. Teil III) sowie in den Lasterkatalogen grBar 4,17; 8,5; 13,4 erinnert
zwar an die zweite Dekaloghälfte, jedoch ist direkter Dekalogeinfluß eher unwahrscheinlich.
Lediglich ein einziges Mal (IVMakk 2,5f.) begegnet ein Dekalog-Zitat! Vgl. auch BERGER
1972, 259, der feststellt, daß der Dekalog als Summe von Einzelgeboten zunächst »keine in-
neralttestamentliche Nachgeschichte erlebt« hat (ähnlich MÜLLER 1982, 82). Zur Auslegungsgeschichte besonders der »zweiten Tafel« vgl. BERGER, a.a.O., 258–361.

wieder, ohne ihn, offenbar wegen seiner besonderen Heiligkeit (III 90!), wörtlich zu zitieren.

Im pseudo-philonischen Liber Antiquitatum wird der Dekalog als einziger Teil der Tora in extenso angeführt (LibAnt XI 6–13). Nach der Mischna (Tamid 5,1) gehörte er zu den schon zur Zeit des Tempelbestandes von den Priestern vorzunehmenden vier täglichen Schriftrezitationen[218].

Allgemein wird angenommen, daß der Dekalog einen besonderen Platz im Synagogengottesdienst einnahm[219]. Ein Zeugnis für den alltäglichen und liturgischen Gebrauch ist offenbar der Papyrus Nash[220], der in engem Zusammenhang mit den in Qumran gefundenen Phylakterien steht[221]. Wie diese enthält er den Dekalog und daran anschließend das Sch^ema (Dtn 6,4ff.). Diese Textzusammenstellung scheint gegenüber den rabbinischen Vorschriften für die Phylakterien, die den Dekalog nicht erwähnen, ursprünglich zu sein[222].

---

[218] Neben dem Sch^ema, Dtn 11,13ff. und Num 15,37ff. Vgl. STRACK / BILLERBECK IV/1 1956, 192; VOKES 1968, 147; VERMES 1975, 169.

[219] Vgl. RIESNER 1981, 139; SCHNEIDER 1959, 21; JEPSEN 1967, 280; DEXINGER 1977, 122f.

[220] BERGER 1972, 266f., sieht im PapNash einen Beleg für die katechetische Funktion des Dekalogs: »Möglicherweise ist diese Zusammenstellung (sc. Sch^ema + Dekalog) ursprünglich eine katechismusartige Hervorhebung der wesentlichen Elemente des jüdischen Glaubens«. Die Dekalogverwendung überhaupt siedelt er für das Frühjudentum in der Proselytenkatechese an (a.a.O., 261; vgl. dazu u. Anm. 227). Als Zusammenstellung von »Sozialgeboten« (vgl. a.a.O., 270f.) gehört der Dekalog nach B. in die Nähe der »sozialen Reihen« (vgl. dazu a.a.O., 362–395). Diese stehen in Beziehung zu jüdischen und frühchristlichen dekalogähnlichen Lasterkatalogen, deren Sitz im Leben ebenfalls im »vorliterarischen Stadium der Anfangskatechese« zu suchen ist (a.a.O., 273; kritisch dazu HÜBNER, TRE 8, 416).

[221] Zu PapNash: vergrößerte Infrarot-Photographie mit Textrekonstruktion bei WÜRTHWEIN 1973, 130f.; zur Datierung vgl. a.a.O., 37, und SCHNEIDER 1959, 19. Am wahrscheinlichsten ist eine Entstehung zwischen dem 2. Jh. v. Chr. und der Tempelzerstörung 70 n. Chr. Zu den Qumran-Phylakterien: BARTHÉLEMY / MILIK 1955, 72–76.

[222] Möglicherweise wurde der Dekalog im Interesse der Betonung der Gleichrangigkeit *aller* Toragebote durch die Rabbinen aus der Sch^ema-Rezitation und den Phylakterien verdrängt (vgl. STRACK / BILLERBECK IV/1 1956, 190f.; SCHNEIDER 1959, 25–29; VOKES 1968, 147f.; VERMES 1975, 171–174; HOSSFELD 1982, 18–20). Dagegen scheint er bei den nicht unter rabbinischem Einfluß stehenden Samaritanern hervorgehobene Bedeutung behalten zu haben. Darauf deuten die Dekalog-Inschriften, die vermutlich an samaritanischen Synagogen angebracht waren (vgl. dazu BOWMAN / TALMON 1951, 211–236; ALT 1952, 273–276, sowie jetzt vor allem DEXINGER 1977, 111–133, der elf verschiedene Inschriften abdruckt und ausführlich bespricht). Der auf ihnen überlieferte Dekalog-Text variiert sehr stark (Kürzungen!). Einige Steine enthalten nur die zweite Hälfte des Dekalogs (ab Elterngebot). Das könnte auf eine selbständige Überlieferung der zweiten Dekaloghälfte hinweisen (so BOWMAN / TALMON 1951, 219), erklärt sich aber wohl leichter aus einer Verteilung des Dekalogtextes auf zwei (oder mehr) Steine (so ALT 1952, 274). Handelt es sich bei einigen Inschriften offensichtlich um mittelalterliche Zeugnisse, so gehen die ältesten doch bis in das 3./4. Jh. n. Chr. zurück (zur Datierung vgl. BOWMAN / TALMON 1951, 232f.; ALT 1952, 275; DEXINGER 1977, 114–122). Von ihrer Funktion her stehen solche Inschriften mit Tora-Textstücken im Zusammenhang mit dem jüdischen Brauch der Mezuza, eines kleinen am Türpfosten befestigten

Angesichts der aufgeführten Belege ist die Vermutung begründet, daß der Dekalog im Frühjudentum dazu geeignet war, den wesentlichen Gehalt der Tora summarisch und prägnant zum Ausdruck zu bringen. Dadurch konnte er in besonderer Weise unterweisenden Zwecken dienstbar gemacht werden. In jedem Fall ist vorauszusetzen, daß die in ihm enthaltenen Gebote zu den im Frühjudentum geläufigsten Teilen der Tora gehörten[223].

Etwas anders verhält es sich mit Lev 18/20. Im Gegensatz zu den anderen besprochenen Pentateuchkomplexen sind diese Kpp. inhaltlich im wesentlichen auf ein Thema, die Sexualethik, beschränkt. Von daher erscheinen sie zunächst wenig geeignet, als Zusammenfassung der Gebote der Tora dienen zu können. Nun hat aber gerade die Sexualethik in frühjüdischer Zeit offenbar eine ganz entscheidende Rolle gespielt. Reinmuth hat deutlich herausgearbeitet, daß in frühjüdischen Texten die Enthaltung von Unzucht und Habgier als zentrale Forderung des Gesetzes und als Zusammenfassung des Gotteswillens erscheint[224]. Er sieht in dieser »hervorgehobenen Bewertung von Unzucht und Habgier in der frühjüdischen Literatur eine Aktualisierung des in der Tora manifesten Gotteswillens« und den Ausdruck einer »Gesetzesparänese . . . die in interpretierender Zusammenfassung die Forderungen des Gesetzes neu formuliert«[225].

Wenn auch der Charakter einer Gesetzeszusammenfassung wesentlich von der Zusammenordnung des Unzuchtverbotes mit dem Verbot der Habgier getragen wird[226], so zeigt sich doch darin auf jeden Fall, daß der Stellenwert der Sexualethik in der frühjüdischen Paränese auch unabhängig vom Habgierverbot erheblich gesteigert ist. Von daher läßt sich die auffäl-

---

Holzkästchens, das auf Pergament geschriebene kurze Tora-Abschnitte enthielt (vgl. DEXINGER 1977, 122). Nach samaritanischer Praxis, die offenbar sehr alt ist (sie ist auch durch eine in Qumran gefundene Mezuza bezeugt, vgl. DEXINGER, a.a.O., 123), enthielten diese Kästchen auch den Dekalog.

[223] Gegenüber der insgesamt doch überraschend geringen Bezeugung des Dekalogs im Frühjudentum sind die zahlreichen und fast alle literarischen Schichten betreffenden Bezugnahmen des Neuen Testaments auf ihn besonders auffällig, vgl. Mk 10,19 (parr Mt 19,18f.; Lk 18,20); Mk 7,10 (par Mt 15,4); Mt 5,21.27(33); Röm 2,21f.; 7,7; 13,9; Eph 6,2f.; Jak 2,11. Vgl. dazu HÜBNER, TRE 8, 415−418, sowie VOKES 1968, 151−154; MÜLLER 1982, 83−97. Diese Hochschätzung des Dekalogs setzt sich im frühen Christentum fort, vgl. Barn 15,1; 20,1; Justin Dial 93; Theophilus Ad Autol II 35; III 9; Clemens Al Strom VI 133−148; Quis Div Salv 4; Ep Ptol ad Flora (Epiphanius Haer 33,5,3); Aristides Apol XV 3−5. Vgl. dazu BERGER 1972, 273ff.

[224] REINMUTH 1985, 39: Unzucht und Habgier »sind in zentraler Weise gegen den Willen Gottes gerichtet und kennzeichnen umfassend alle Unsittlichkeit. In der Enthaltung von beiden Lastern kommen nach frühjüdischer Auffassung die beiden vordringlichen Forderungen des Gesetzes zur Erfüllung.«

[225] REINMUTH 1985, 40.

[226] Aus diesem Grund behandelt REINMUTH 1985, 29ff., nur den Eingangsabschnitt PseuPhok 3−8 und läßt 177−194 unberücksichtigt.

lige Benutzung gerade der beiden sich ausführlich mit den verschiedenen Formen der Unzucht beschäftigenden Kapitel des Levitikus durch Pseu-Phok, Philo, Hyp, und Josephus, Ap, erklären. Im übrigen lag eine solche Benutzung auch aufgrund der unmittelbaren Nähe zu dem in der frühjüdischen Gesetzesparänese lebendigen Kp. 19 des Levitikus nahe.

So läßt sich wahrscheinlich machen, daß die hier besprochenen Gebotsreihen der Tora zusammen mit weiterem jüdischen und jüdisch-hellenistischen ethischen Weisungsgut in frühjüdischer Zeit einen Fonds bildeten, der Material für die paränetische Unterweisung im jüdischen Gesetz bereitstellte. Solche Unterweisung in den Grundlagen der jüdischen Religion und den sich aus ihnen ergebenden hauptsächlichsten Anforderungen an die Gestaltung des alltäglichen Lebens in einer weitgehend hellenistischen Umgebung war besonders in den jüdischen Diasporagemeinden lebenswichtig. In dieser Situation kam der »weltoffene«, wenig durch exklusiv israelitische Sondergebote bestimmte Charakter biblischer Gebotsreihen wie Lev 19, Dtn 27 oder des Dekalogs der Intention einer aktualisierenden Interpretation der Grundforderungen der Tora entgegen. Indem man aus in diesen Torakapiteln enthaltenen Geboten einprägsame katechismusartige Reihen zusammenstellte, konnte man gewissermaßen eine Summe aus den für das alltägliche Leben bestimmten Gesetzesforderungen ziehen[227]. Solche Reihenbildung war in gleicher Weise frei und gebunden. Vorgegeben waren die verschiedenen Einzelgebote der Tora zu den konkreten Lebensfragen des Alltags. Freiheit bestand darin, die Toragebote unter sachlichen Gesichtspunkten neu zusammenzuordnen, sie in der Sprache ihrer Zeit zu formulieren, sie aktualisierend zu interpretieren sowie weiterführend durch sachlich verwandtes ethisches Material zu ergänzen.

Wegen solcher freien Gestaltung scheinen diese katechismusartigen Gebotsreihen oft auf den ersten Blick kaum noch in Beziehung zu dem zu

---

[227] BERGER 1972, 137 f., betont mit Recht das praktische Erfordernis solcher kurzgefaßter Zusammenstellungen der wesentlichen Toraforderungen für den Alltag des Diasporajudentums: »Die Frage, was denn unter der verwirrenden Mannigfaltigkeit der Gesetze die Hauptsache sei, stellte sich besonders in dem Augenblick, als die Juden der hellenistischen Diaspora ihren Mitbürgern das Gesetz verständlich machen und als sie Proselyten gewinnen wollten. Sollte der andere bei der Begegnung mit jüdischem Gesetz nicht nur zu staunendem Unverständnis gelangen, dann mußte das Gesetz ebenso kurz wie verständlich wie umfassend wiedergegeben werden. Diese Verkürzung und Zusammenfassung − ein bisher unbeachtet gebliebenes Phänomen − ist von den hellenistischen Juden, insbesondere von Philo, mit erstaunlicher Geschicklichkeit geleistet worden.« Solche Verkürzung und Zusammenfassung der Tora braucht jedoch nicht auf die Situation der Proselytenwerbung zugespitzt zu werden. Sie ist sogar eigentlich nur dann vorstellbar, wenn man eine Zielgruppe voraussetzt, die von der Mannigfaltigkeit und der Fülle der Gesetzesbestimmungen eine gewisse Vorstellung hat. Andernfalls ginge doch unweigerlich die sachliche Identität der Zusammenfassung mit dem, was zusammengefaßt werden soll, verloren! − Zum Adressatenkreis der hier untersuchten frühjüdischen Schriften vgl. u. S. 66−72.

stehen, was sie vermitteln wollen: zur Mose-Tora. Jedoch läßt sich, wenn man den Prozeß der Umgestaltung, Weiterführung, Ergänzung und Neuinterpretation zurückverfolgt, die Wurzel der meisten in den Reihen enthaltenen Einzelmahnungen in der Tora, häufig in einer der näher beleuchteten Gebotsreihen des Pentateuch, aufdecken. Umgekehrt lassen sich, wenn man Einsicht in den Weg von einem Toragebot zu seiner aktualisierenden Wiedergabe in einer frühjüdischen katechismusartigen Reihe gewinnt, geprägte Auslegungstraditionen erkennen, die sowohl Kontinuität als auch Diskontinuität eines solchen Aktualisierungsvorganges deutlich machen.

Aber nicht nur die vergegenwärtigende Interpretation einzelner Toragebote ist traditionell geprägt, sondern ebenso die oben beschriebene Art und Weise, aus dem wesentlich durch die Gebotsreihen des Pentateuch gespeisten Fonds frühjüdischer ethischer Weisungen katechismusartige Reihen zusammenzustellen, die in umfassender Weise die Forderungen des Gesetzes für das Alltagsleben zum Ausdruck bringen. Wir können deshalb von einer geprägten katechismusartigen Vergegenwärtigung der Tora, von katechismusartigen Gesetzeszusammenfassungen des Frühjudentums sprechen.

Diese katechismusartige Vergegenwärtigung der Tora hatte ihren Sitz im Leben in der »Einweisung und Einübung in die jüdische Religion«, in der »Einführung in jüdisches Denken und Handeln von der Religion her«, in der unterweisenden Erziehung breiter Schichten des hellenistischen Judentums[228]. Solche Unterweisung im Gesetz forderte schon Dtn 11,18−21. Seither »blieb die väterliche Unterweisung der Söhne im religiösen Erbe ein selbstverständlicher Brauch«, der auch in nachexilischer Zeit beibehalten wurde und im Frühjudentum »in sehr verschiedenen jüdischen Gruppen üblich« war[229]. Belege dafür bieten gerade auch unsere hier untersuchten Schriften. Sowohl Philo als auch Josephus kommen im direkten Kontext ihrer Gesetzesepitome auch auf den Sabbat zu sprechen[230].

---

[228] Damit greife ich Formulierungen und Anregungen eines wegweisenden Aufsatzes von DELLING auf. DELLING 1974, 143, nennt als Desiderat der Forschung »die Frage insgesamt, in welcher Weise die Einweisung und Einübung in die jüdische Religion geschah, welche Formen der Erziehung vom hellenistischen Judentum gehandhabt wurden. Dabei ist gewiß das Problem nicht zu übersehen, in welcher Relation jüdische und pagane Bildungselemente in bestimmten jüdischen Schichten standen − hier ist einer der Bereiche, in denen die Frage Judentum und Hellenismus in besonderer Weise akut wird −. Doch darf über dieser Frage nicht die im Blick auf breitere Kreise bedeutsamere in den Hintergrund treten, wie insbesondere die Einführung in jüdisches Denken und Handeln von der Religion her erfolgte. Verschiedene Andeutungen in diesem Aufsatz weisen darauf, daß das weithin von der Bibel her geschah.« Vgl. u. S. 165 f. 184 f. 206. 218. 238 f.

[229] RIESNER 1981, 106 f. Für Palästina s. auch HENGEL 1973, 143−152.

[230] Vgl. Josephus, Ap II 171−178; Philo, Hyp 7,10−21.

Bei beiden hat hier der Sabbat vor allem die Funktion, an jedem siebenten Tag die Gemeinde in der Synagoge zu versammeln, um sie das Gesetz zu lehren[231]. Josephus hat auch innerhalb seiner Epitome ein Gebot, Kinder im Gesetz zu unterweisen (Ap II 204)[232].

Die genannten Belege[233] zeigen, daß solche Unterweisung im Gesetz zum Ziel hatte, daß man im alltäglichen Leben die Gesetzesforderungen stets vor Augen hatte, um vor Übertretungen bewahrt zu bleiben[234]. Unterweisung und Paränese waren also unlöslich miteinander verknüpft. Sie gehörten zu den wesentlichen Lebensäußerungen der jüdischen Synagogengemeinde. Die katechismusartigen Gebotsreihen waren für eine solche paränetische Unterweisung ihrer Intention und ihrer Gestalt nach besonders geeignet.

d) Tendenz und Adressaten der katechismusartigen Gesetzesvergegenwärtigung bei PseuPhok, Philo, Hyp, und Josephus, Ap

Nachdem an drei ausgewählten Texten der frühjüdischen Literatur die Möglichkeit demonstriert worden ist, die Grundforderungen der Tora für das Alltagsleben nach dem Willen Gottes in Form von katechismusartigen Reihen zusammenzufassen, und die Intention solcher katechismusartigen Vergegenwärtigung der Tora als eine paränetische und unterweisende bestimmt worden ist, haben wir schließlich die Frage zu beantworten, an welche Adressaten sich diese Gesetzesunterweisung wandte.

Es geht also um das in neuerer Zeit viel diskutierte Problem der Ausrichtung der jüdisch-hellenistischen Literatur einerseits auf eine interessierte nicht-jüdische Leserschaft, andererseits auf den Eigenbedarf der jüdischen Diasporagemeinden[235].

Für Josephus' Schrift gegen Apion und für Philos Hypothetika wird weitgehend eine heidnische Leserschaft vorausgesetzt[236]. Jedoch beruht

---

[231] Vgl. Philo, Hyp 7,11(21 f.): τῶν πατρίων νόμων καὶ ἐθῶν ἐμπείρως ἔχειν, Josephus, Ap II 175: οὐκ εἰσάπαξ ἀκροασόμενος οὐδὲ δὶς ἢ πολλάκις, ἀλλ' ἑκάστης ἑβδομάδος τῶν ἄλλων ἔργων ἀφεμένους ἐπὶ τὴν ἀκρόασιν ἐκέλευσε τοῦ νόμου συλλέγεσθαι καὶ τοῦτον ἀκριβῶς ἐκμανθάνειν.

[232] Josephus, Ap II 204: καὶ γράμματα παιδεύειν ἐκέλευσεν τὰ περὶ τοὺς νόμους καὶ τῶν προγόνων τὰς πράξεις ἐπίστασθαι, τὰς μὲν ἵνα μιμῶνται, τοῖς δ' ἵνα συντρεφόμενοι μήτε παραβαίνωσι μήτε σκῆψιν ἀγνοίας ἔχωσι. Vgl. Philo, Hyp 7,14 (dazu CROUCH 1972, 81 f.).

[233] Vgl. auch noch Josephus, Ant IV 211; Ap I 60; Vit 8 f.; Philo, SpecLeg II 61−64; LegGai 210.115. Dazu RIESNER 1981, 111−116.188 f.

[234] Vgl. besonders Josephus, Ap II 178: τοιγαροῦν ἀπὸ τῆς πρώτης εὐθὺς αἰσθήσεως αὐτοὺς ἐκμανθάνοντες ἔχομεν ἐν ταῖς ψυχαῖς ὥσπερ ἐγκεχαραγμένους, καὶ σπάνιος μὲν ὁ παραβαίνων, ἀδύνατος δ' ἡ τῆς κολάσεως παραίτησις. Ebenso Ap II 204 und Ant IV 211.

[235] Vgl. TCHERIKOVER 1956, 169−193; HENGEL 1972, 305−308; DELLING 1974, 163−170; WALTER 1983, 176−180.

[236] Vgl. o. die Anmerkungen 111.116.142.

wenigstens hinsichtlich der Philo-Fragmente bei Euseb diese Annahme wesentlich darauf, daß man meint, aus ihnen eine zusammenhängende Schrift unter dem Titel »Apologie über die Juden« (wenigstens teilweise) rekonstruieren zu können, die mit dem von Euseb in seiner Liste der Philo-Schriften (HE II 18,6) genannten gleichnamigen verlorenen Werk identisch sein soll[237]. Eine solche Rekonstruktion allein aufgrund der wenigen überlieferten Fragmente ist aber zumindest äußerst problematisch. Zu offensichtlich steht dabei Josephus, Ap, als Idealtyp einer »Apologie« Pate[238].

Tatsächlich ist Josephus, Ap, das einzige erhaltene eindeutige Zeugnis einer (zumindest seinem Anspruch nach) nach außen gerichteten Apologie des Judentums[239]. Und selbst hierbei ist im Auge zu behalten, daß nach außen gerichtete Apologetik und eine nach innen gerichtete erbauliche Absicht einander keineswegs ausschließen müssen. »Schließlich ist . . . auch eine zunächst auf Werbung oder Verteidigung ausgerichtete, jedenfalls nach draußen gewandte Schrift . . . geeignet, Juden zu erbauen oder ihrer Religion gewiß zu machen.«[240]

Besonders komplex, aber gerade deshalb aufschlußreich liegt der Fall bei PseuPhok. Hier scheinen die sprachliche Gestalt, die Gattungszugehörigkeit, das Fehlen aller äußerlich hervorstechenden jüdischen Spezifika sowie die Unterstellung unter eine exemplarische heidnische Autorität am stärksten den Erwartungen eines heidnisch-hellenistischen Lesepublikums angepaßt zu sein. Andererseits lehrt aber die inhaltliche und traditionsgeschichtliche Untersuchung des Gedichtes, daß seine zentrale Botschaft die Verkündigung der wesentlichen Lebensforderungen des jüdischen Gesetzes ist, so daß zwingend auf einen Juden als Verfasser zu schließen ist[241]. Da dieser aber seine Verkündigung nirgends ausdrücklich als eine jüdische kenntlich macht, ja, sie sogar noch unter dem Namen einer heidnischen Autorität ausgehen läßt, müßte er von einem heidnischen Adressatenkreis, einem Publikum, das den wesentlichen Inhalt seiner Botschaft *nicht bereits kennt*, zwangsläufig mißverstanden werden, seine bei solcher Ausrichtung einzig mögliche Absicht, Heiden für die hohen Ideale des Judentums zu gewinnen, mit Notwendigkeit ins Leere stoßen.

So wird PseuPhok nur als ein an jüdische Adressaten gerichtetes Werk verständlich. Gerade die Betonung des hellenistisch-griechischen Ge-

---

[237] Vgl. o. Anm. 111.

[238] Vgl. Küchler 1979, 222.

[239] Vgl. Delling 1974, 163, Anm. 224. Außerdem hält Delling neben Arist (dazu a.a.O., 164 mit Anm. 226) auch Philo, LegGai und Flacc, für »eindeutig nach außen gerichtete Schriften« (a.a.O., Anm. 223).

[240] Delling 1974, 164. Vgl. auch a.a.O., 163, Anm. 224, wo D. hinsichtlich Ap davon spricht, daß »Josephus Apologetik treibt durch Unterweisung im Judentum«. Allerdings scheint Delling hier Unterweisung von Nicht-Juden zu meinen.

[241] Vgl. o. S. 5f. sowie den ganzen Teil I A.

wandes und die weitgehende Ausblendung der spezifisch jüdischen Unterscheidungsmerkmale (Sabbat, Beschneidung, Götzendienstpolemik) zwingt zur Annahme innerjüdischer Ausrichtung[242].

So kann das Anliegen von PseuPhok weder missionarisch[243], noch propagandistisch noch auch apologetisch genannt werden, sofern man unter dem letztgenannten Begriff eine direkte Auseinandersetzung mit nichtjüdi-

---

[242] Vgl. ähnlich WALTER 1983, 191 ff. v. D. HORST 1978, 70–76, stellt die Problemlage dar, entscheidet sich aber für keine Seite. Unbefriedigend ist an dieser Stelle KÜCHLERS Meinung, vgl. etwa 1979, 283: »Der Sachverhalt (sc. griechisches Pseudonym bei jüdischer Intention) signalisiert jedoch sehr deutlich die geistesgeschichtliche Linie, über welche PseuPhok hin und her springt, ohne dass sich diese Linie zu einer klar scheidenden Grenze aufbauen liesse.«, sowie a.a.O., 287: »durchgängige Mittelposition von PseuPhok, welche im Unterschied zu den Gesetzesepitomen von Philo und Josephus keine klaren Bezugspunkte mehr kennt«. KÜCHLER unterschätzt m. E. sowohl die enge Bindung des PseuPhok an die wesentlichen inhaltlichen Forderungen der Tora als auch die Verwurzelung der Paränese des Gedichtes in jüdischer Theologie und Frömmigkeit (vgl. dazu u. S. 71 f.). Deshalb kann er schließlich auch keine überzeugende Aussage über Zielstellung und Sitz im Leben der Schrift machen. Etwas ratlos nennt er PseuPhok »ein merkwürdiges Denkmal für die frühjüdische Weisheitsliteratur«, eine »Sammlung ... der die zentrierende Leitidee eines seine Weisheit exemplarisch lebenden Weisen und die Originalität eines Entwurfs, der aus den tragenden Kräften einer auftragsbewussten Gruppe lebt, fehlen« (a.a.O., 301). Höchstens als »Schulbuch« könne ein solch zweifelhaftes Produkt nach KÜCHLER Verwendung gefunden haben, und kritisch stellt er fest: »Dass mosaische Traditionen solche Wege ins Griechen- und Christentum gefunden haben, gehört zwar wesentlich mit in eine Geschichte der frühjüdischen Weisheit, stellt aber auch grundsätzliche Fragen nach dem Sinn dieser Entwicklungslinie innerhalb der frühjüdischen Weisheit.« (a.a.O., 301 f.). Damit wird m. E. weder das Anliegen von PseuPhok ernst genommen, noch seiner Verwurzelung im Leben der jüdischen Diasporagemeinde, aus deren Erfordernissen sich dieses Anliegen erklärt, Rechnung getragen (vgl. u. S. 69 f.).
Zur These, PseuPhok sei als »Schulbuch« verwendet worden, vgl. differenzierter v. D. HORST 1978, 72 f.

[243] In Aufnahme der These KLEINS (1909, 143; vgl. dazu auch WALTER 1983, 185. 191 f.), PseuPhok sei ein »Katechismus für die Heiden«, setzt CROUCH als Adressaten Heiden voraus. Er modifiziert zwar die These KLEINS, bekennt sich aber zu ihrer Grundrichtung, daß die Texte eine missionarische Absicht verfolgen. Inhaltlich bestimmt sei diese missionarische Aktivität durch die Verkündigung eines ethischen Monotheismus gewesen, bei der alles exklusiv Jüdische ausgeschlossen war. Ihr ethisches Material habe sie aus den »noachidischen Gesetzen« sowie weiterem ethischen Gut universalen Charakters bezogen. Dieses Material sei mündlich von Palästina in das hellenistische Judentum tradiert worden (CROUCH 1972, 90–95). Zweifellos kann man der Beobachtung CROUCHS, das ethische Material habe einen universalen, nicht exklusiv jüdischen Charakter, zustimmen, jedoch ist damit keineswegs eine missionarisch auf Heiden gerichtete Tendenz der Texte nachgewiesen. Das einzige positive Argument dafür, daß das jüdische ethische Gut für Heiden bestimmt war, der Verweis auf die noachidischen Gebote, greift nicht, da ihre Verwendung im Fonds nicht bewiesen werden kann. Von den sieben bei CROUCH (a.a.O., 92) aufgezählten Geboten kommen zwei (Blasphemie, Idolatrie) überhaupt nicht und eins (Essen von Fleisch ungeschächteten Viehs) nur bei PseuPhok (147 f.) vor. Die übrigen (Unzucht, Mord, Raub, Anerkennung öffentlichen Rechts) sind eher anderweitig herleitbar.
Auf die noachidischen Gebote als Hintergrund für PseuPhok hatte bereits BERNAYS 1885, 252, hingewiesen. Zurückhaltend v. D. HORST 1978, 75.

schen Gegnern versteht[244]. Von einer indirekten apologetischen Absicht kann man allerdings insofern sprechen, als die Juden der Diaspora in besonderer Weise in ihrem alltäglichen Kontakt mit einer nicht- bis antijüdisch ausgerichteten Umwelt diese als Angriff auf ihre ererbten Traditionen und die spezifische Ausprägung ihrer Religion empfinden mußten, dem zu begegnen sie der Stärkung ihrer Identität bedurften. Solche »Apologetik nach innen« ist offenbar für weite Teile der jüdisch-hellenistischen Literatur vorauszusetzen[245].

Die vorherrschende Tendenz in PseuPhok dürfte davon ausgehend eine erbauende und unterweisende sein. Angesprochen sind breite Kreise der jüdischen Diaspora, denen einerseits die grundlegenden Inhalte der eigenen Tradition im Hinblick auf die Erfordernisse des alltäglichen Lebens vermittelt werden, denen zudem aber auch ein Bewußtsein von dem Wert und der Konkurrenzfähigkeit dieser Traditionen gegenüber den geistig-kulturellen Wertvorstellungen und Idealen ihrer nicht-jüdischen Umwelt gegeben wird[246]. Beides setzt voraus, daß die althergebrachten, bewährten und vor allem als Gottesforderungen autoritativen Weisungen der Tora in Bezug gebracht werden zur Situation ihrer Bewährung, ihres Tuns im Alltag der hellenistisch geprägten Umwelt, daß die Tradition mit der Situation verbunden wird, daß also die Tora vergegenwärtigt wird.

Als Ausdruck einer solchen apologetisch-erbaulichen Tendenz erklärt

---

[244] So richtig auch Küchler 1979, 287: »PseuPhok steht zudem quer in der gesamten frühjüdischen Werbe- und Verteidigungsliteratur, weil er seine Herkunft versteckt und darüber hinaus die apologetischen und propagandistischen Waffen streckt.« Vgl. a.a.O., 298.

[245] Vgl. Delling 1974, 163 f.: »Tatsächlich werden unsere Texte weithin zunächst jüdische Leser im Blickfeld haben, die sich in einer ständigen Berührung und damit auch in einer inneren Auseinandersetzung mit der hellenistischen Umwelt befinden, zum Teil auch deren kritischen Fragen nach ihrer religiösen Haltung ausgesetzt sind, die sich also zuerst einmal selbst über diese klar werden müssen und dann nach außen Rede und Antwort zu stehen haben.«; Walter 1983, 179: »Aber in bezug auf unsere gefälschten Verse setzt sich wohl allmählich — und, wie ich meine, zu Recht — die Auffassung durch, daß sie weder propagandistische noch gar missionarische Absichten haben . . . Auch von ›Apologetik‹ wird man nur eingeschränkt sprechen können, nämlich eben unter der Voraussetzung, daß Apologetik unter solcher pseudepigraphischer Form eher nach innen, an Leser der eigenen Glaubensgemeinschaft, gerichtet ist als nach außen, also mit der Absicht, Fremde von etwas zu überzeugen.«; Hengel 1972, 305 f. Kritisch zu der von Walter skizzierten Forschungstendenz äußern sich Nissen 1974, 31 f., und Conzelmann 1981, 127 ff.

[246] Vgl. Walter 1983, 192: »M. E. legt die vom Autor bewußt vollzogene gegenseitige Integrierung von biblisch-weisheitlicher und hellenistisch-popularethischer Tradition die Annahme nahe, daß er seinen Glaubensgenossen unter vorgeblichem Bezug auf einen griechischen Autor, der als ›Weiser‹ galt (V. 2), zeigen wollte, wie eng gut griechische und gut-biblische Moral beieinanderliegen. Er wollte wohl auf diese Weise einer unangebrachten Faszination mancher hellenistischer Juden durch die Welt hellenistischer Bildung und einem Abschwenken vom jüdischen ›Weg der Gerechtigkeit‹ (vgl. V. 229 f.) zu einem etwa als höherstehend empfundenen griechischen Lebensstil entgegenwirken.« Vgl. auch a.a.O., 179 f.

sich am natürlichsten das Phokylides-Pseudonym. Phokylides, der griechische Weise schlechthin[247], steht gewissermaßen als Zeuge für die Vollkommenheit des Mose-Gesetzes, indem er dessen ethische Weisungen glänzend bestätigt. Nach dieser Interpretation hat in der Phokylides-Pseudepigraphie die apologetisch-erbauliche Tendenz ihren äußerlich sichtbaren Niederschlag gefunden, während sie sich für die Gesetzeszusammenfassungen bei Philo und Josephus aus deren Inhalt ergibt: Indem unter dem theologisch relevanten Begriff »Gesetz« ethische Weisungen zusammengestellt werden, die Hilfe und Wegweisung für das Verhalten der Juden im Alltag einer nicht-jüdisch geprägten Umwelt geben, beweist eben dieses jüdische Gesetz seine Aktualität und seine lebensnahe, tragende Kraft[248].

So entsprechen PseuPhok, Philo, Hyp, und Josephus, Ap, je auf ihre Weise der Intention einer aktualisierenden Interpretation und Applikation der Tora.

Beim Vergleich der Texte war deutlich geworden, daß diese Tendenz zur Aktualisierung und Vergegenwärtigung der Gesetzesforderungen nicht erst das Werk des jeweiligen Verfassers ist, sondern bereits ein charakteristisches Merkmal der allen drei gemeinsamen vorausliegenden Auslegungstradition. Sie kam einem Lebensbedürfnis der jüdischen Diaspora entgegen[249], das in gewisser Weise dem apologetisch-erbaulichen Anliegen, wie es für PseuPhok herausgestellt worden ist, entsprach. Verteidigt werden sollte die Verbindlichkeit und die Lebensnähe des jüdischen Gesetzes auch in einer fremden und in vieler Hinsicht attraktiven Umwelt gegenüber Zweifeln aus den eigenen Reihen. Folglich wurden gerade diejenigen ethischen Bereiche und Weisungen besonders hervorgehoben, die im Alltag einer hellenistisch geprägten Zivilisation aktuell sind, wobei sowohl bewußt als sicher auch unmerklich ursprünglich griechisches ethisches Material übernommen wurde. Das Vertrauen auf die besondere Qualität des mosaischen Gesetzes sollte gerade dadurch geweckt und erhalten werden, daß sein überlegenes Alter und sein vollkommener Inhalt im Vergleich zu heidnischen Gesetzen vor Augen gestellt wurde.

In solcher Öffnung gegenüber hellenistischem Weisheitsgut bei gleichzeitiger Ausrichtung an den Maßstäben der eigenen Tradition zeigt sich die innere Kraft und der tragende geistige Grund des Diasporajudentums, das seinen Glauben auch in einer fremden Kultur ganz praktisch leben wollte.

Erkennt man, wie eng der inhaltliche Rückbezug auf die Weisungen der Tora geblieben ist, obwohl diese in einem bisweilen bis zur Unkenntlich-

---

[247] Vgl. v. d. HORST 1978, 59–63.
[248] Vgl. o. S. 56 f.
[249] Vgl. o. S. 64 ff.

keit verwandelten Gewand erscheinen, so folgt daraus, daß der Schritt der Diasporajuden in die hellenistische Zivilisation nicht zur Aufgabe der eigenen Identität führen mußte. Dabei ist im Blick zu behalten, daß solche Identität nicht allein schon in den Inhalten der ethischen Weisungen als solcher liegt, sondern erst darin, daß diese Ausdruck des Gotteswillens sind. In den Gesetzeszusammenfassungen bei Philo und Josephus kommt das dadurch zum Ausdruck, daß alle genannten Einzelweisungen, selbst diejenigen, die in Inhalt und Gestaltung weitestgehend ein hellenistisches Gesicht haben, auf Mose als den Vermittler des göttlichen Gesetzes zurückgeführt werden[250].

Freilich scheint bei PseuPhok diese Rückführung der ethischen Mahnungen auf den fordernden Gotteswillen weitgehend zu fehlen[251]. Deshalb meint Küchler: »Religiöse Motivierungen spielen eine sehr bescheidene Rolle. Die vier Stellen, in welchen von Gott gesprochen wird . . . sind . . . ohne prägende Kraft auf die Gesamtheit der Logien.«[252] Dabei übersieht Küchler jedoch m. E., daß zum einen der Rückbezug der Mahnungen des PseuPhok auf das mit göttlicher Autorität versehene Mose-Gesetz implizit und für einen Juden kaum überhörbar durchaus vorhanden ist, und daß zum anderen das Werk als ganzes in den Kontext der jüdischen Diasporagemeinde zu stellen ist[253]. Erst aus diesem Kontext heraus wird, wie wir gesehen haben, seine äußere wie seine inhaltliche Eigenart verständlich. In

---

[250] Vgl. im Blick auf Josephus, Ap II 190–219, KAMLAH 1974, 232 (zum Zusammenhang von Frömmigkeit und Tugend): »Diese Frömmigkeit ist einerseits, durchaus hellenistisch, der Blick auf den allwissenden Gott (§ 166. vgl. 160). Daneben aber steht eine andere, jüdische Begründung der Verbindung von Frömmigkeit und Tugend: Weil das Gesetz dem Willen Gottes entspricht, muß man es befolgen und darf in ihm nichts ändern (§ 184), so erringt man die höchste Gerechtigkeit. Es ist in der Theokratie verankert, in der die Juden in ihrem ganzen Leben mit Freude Gott ehren (§ 188 f).«

[251] νόμος und ἐντολή kommen in PseuPhok nicht vor. Vgl. aber PseuPhok 1 (θεοῦ βουλεύματα), dazu v. D. HORST 1978, 108: »No doubt Ps-Phoc. means the Torah here . . . By means of these words the author claims great authority for the rules of conduct he gives in this poem.«

[252] KÜCHLER 1979, 291. Vgl. a.a.O., 287: »Man kann geradezu sagen, dass er die biblischen Traditionen in gleicher Weise beizieht, ohne deren tragenden Ideen zu berücksichtigen, wie er auch viele Anleihen aus der stoischen Ethik macht, ohne die grossen Anliegen der Stoa auch nur anzudeuten.«, sowie a.a.O., 301: »PseuPhok zeigt deutlich, wie die biblischen ›Worte der Weisen‹ . . . zur Sammlung werden, der die zentrierende Leitidee eines seine Weisheit exemplarisch lebenden Weisen und die Originalität eines Entwurfs, der aus den tragenden Kräften einer auftragsbewussten Gruppe lebt, fehlen.«

[253] Vgl. HENGEL 1972, 297 f.: »Der häufige Gebrauch von θεός (1, 8, 11, 17, 29, 111, 194), der in der Aussage von V. 54 gipfelt: εἷς θεός ἐστι σοφὸς δυνατός θ' ἅμα καὶ πολύολβος, die strenge Sexual- und Familienethik (175 ff.) oder auch die Warnung vor der Magie (149) entsprechen ganz jüdischer Lebensform in der Diaspora . . . Dass die exklusiv-jüdischen Züge fehlen, hängt mit dem weisheitlichen Charakter der Schrift und ihrem pseudepigraphischen Gewande zusammen.«

der Funktion, die es innerhalb der Gesamtheit der Lebensäußerungen dieser Diasporagemeinde hatte, liegt auch der Grund für seine scheinbar »unreligiöse« Gestalt. Gerade wenn man eine jüdische Adressatenschaft voraussetzt, ist es denkbar, daß sich eine erbaulich-unterweisende Mahnschrift zunächst auf die ethischen Konkretionen im Leben des Alltags konzentriert, da ja vorauszusetzen ist, daß solche »Einseitigkeit« durch andere Lebensäußerungen derselben angesprochenen Gruppe ausgeglichen wird. Die religiösen Motivierungen der Gebote, die sich ja bei PseuPhok auch finden[254], sind demnach nicht mit leichter Hand beiseite zu schieben.

Die Zusammenfassung der jüdischen Gesetze zur Regelung des alltäglichen Lebens in der hellenistischen Umwelt war die eine entscheidend wichtige Seite, die andere ebenso bedeutungsvolle kann doch aber auch der Gottesdienst an jedem Sabbat in der Synagoge gewesen sein, von dem ja der Kontext bei Philo und Josephus auch spricht[255]. Demnach ist vorauszusetzen, daß auch der erschlossene Fonds ethischer Weisungen nicht nach außen, auf die heidnische Umwelt ausgerichtet, sondern eher auf die Glieder der jüdischen Diasporagemeinde zugeschnitten war. Auf sie richtete sich in besonderer Weise seine paränetisch-unterweisende Intention.

---

[254] Vgl. o. Anm. 67 sowie REINMUTH 1985, 31.

[255] Wenn in unserer Untersuchung ausschließlich die sittlichen Toragebote und ihre frühjüdische Interpretation im Blick waren, so soll damit nicht der Eindruck erweckt werden, es ließe sich in der frühjüdischen Torarezeption eine Verselbständigung der Ethik gegenüber dem Kultus nachweisen. NISSEN 1974, 224–230, betont mit Nachdruck und Recht die Zusammengehörigkeit aller Forderungen der Tora, der »sittlichen« gleichermaßen wie der »kultischen« (zur begrifflichen Differenzierung a.a.O., 6, Anm. 29). Gleichwohl anerkennt auch er, daß es »je nach den besonderen Interessen und Anliegen der jüdischen Lehrer . . . Mahnungen längerer und kürzerer Art« gab, in denen »das Schwergewicht auf dem Sittlichen als dem Zentralen und Entscheidenden ruht, demgegenüber das Zeremonielle meist ohne gesonderte Erwähnung in der allgemeinen Forderung nach dem Gottes- bzw. Toragehorsam eingeschlossen ist.« (a.a.O., 224 ff.; vgl. auch zum besonderen Gewicht des Sittlichen a.a.O., 227 f.).

II. Die katechismusartige Gesetzesparänese der Testamente der Zwölf Patriarchen

1. Einleitungsfragen

Wer sich den TestXII als Quelle für die Paränese des Frühjudentums zuwendet, sieht sich einer Fülle ungelöster Probleme aus dem Bereich der Einleitungsfragen gegenüber[1]. Hinsichtlich des Textbestandes, der Ursprache, des religiös-geistigen Ursprungsmilieus und der literarischen Einheitlichkeit gehen die Meinungen weit auseinander. Auch in einer Untersuchung, die nicht primär die TestXII zu ihrem Gegenstand hat, sondern ihre Aussagen als Zeugnis für die frühjüdische Paränese heranziehen will, muß man zu den von der Forschung häufig kontrovers dargestellten genannten Fragen Stellung beziehen.

So ist es für unsere Untersuchung der katechismusartigen Reihen in der frühjüdischen Paränese nicht ohne Belang, ob die TestXII als ganze ein Werk eines christlichen Kompilators des 2. Jh. n. Chr. oder eine bewußt gestaltete Komposition eines jüdischen Verfassers des 2. Jh. v. Chr. sind. Könnte im ersten Fall die Paränese der TestXII nur vorsichtig als indirektes Zeugnis für die Paränese des Frühjudentums herangezogen werden, so besäßen wir im zweiten Fall eines ihrer umfang- und inhaltsreichsten Zeugnisse. Ebenso beeinflußt es unser Bild von der frühjüdischen Paränese, ob die TestXII in ihrer heute vorliegenden Gestalt im wesentlichen eine einheitliche Komposition eines Verfassers sind, oder das Endprodukt eines literarisch vielschichtigen Sammelprozesses. Letzteres würde es erforderlich machen, die paränetischen Aussagen jeder einzelnen Schicht zunächst als eigenständige und voneinander unabhängige Belege zu würdigen und daraus Rückschlüsse auf einen jeweiligen Sitz im Leben zu ziehen. Ersteres führte dazu, die verschiedenen Züge der Paränese der TestXII von vornherein stärker im Zusammenhang zu sehen und als Hinweis auf die formale und inhaltliche Vielfalt der frühjüdischen Paränese zu werten.

---

[1] Zur Forschungsgeschichte vgl. SLINGERLAND 1977 (mir nicht zugänglich); BECKER 1970, 129−158. Vgl. auch CHARLESWORTH 1976, 211−220; DENIS 1970, 49−59.

Vor jeder inhaltlichen Auswertung steht jedoch die Bemühung um den
dem Original am nächsten kommenden Text.

a) Text

Die TestXII[2] sind in 15 griechischen Handschriften, von denen die ältesten in das 10. Jh. zurückgehen, sowie in verschiedenen Versionen überlie-
fert. Von letzteren ist nach allgemeinem Urteil einzig die armenische
Überlieferung für die Textrekonstruktion von, allerdings umstrittener,
Bedeutung[3].
   Innerhalb der griechischen Überlieferung ist die Bestimmung der Beziehungen zwischen den einzelnen Handschriften umstritten. Die Sicht der
Textgeschichte, die sich in der Edition der Leidener Arbeitsgruppe niedergeschlagen hat, geht davon aus, daß die gesamte Überlieferung von einem
Archetypus abhängig ist, dem die Handschriften b und k gegenüber den
übrigen Zeugen weitaus am nächsten kommen[4]. Da k nur Auszüge des
Textes der TestXII bietet[5], hat sich die Rekonstruktion des besten Textes
weitgehend auf b zu stützen[6]. Im weiteren Verlauf der Textgeschichte läßt
sich eine Tendenz zur Kürzung nachweisen, so daß dem durch bk sowie
gldm vertretenen Langtext ein sekundärer Kurztext (eaf chi S A) gegen-
übertritt[7].
   Impliziert diese Sicht eine weitgehende Abwertung der von Charles bevorzugten Familie *α* (chi, dazu kommen heute noch nj Ngr) und der übrigen Zeugen seiner Familie *β* (gdaef, dazu lm A)[8], so spricht sich Becker

---

[2] Zugrunde liegt die Ausgabe von M. DE JONGE 1978. Daneben ist, vor allem wegen der
Appendizes, unersetzt die Ausgabe von CHARLES 1908; zitierte deutsche Übersetzung: BECKER
1974, 32–158.

[3] Zu ihrer Bewertung vgl. M. DE JONGE 1975, 135; derselbe 1980, 509. 512; derselbe 1953,
23–34; BURCHARD 1969, 1–29; HULTGÅRD II 1982, 34–52. Auf eine in Vorbereitung befind-
liche Edition der armenischen Überlieferung durch M. E. STONE weist M. DE JONGE 1978,
XXVI f., hin. – Charakteristisch für A sind vor allem zahlreiche Auslassungen von Wörtern,
Wortgruppen und ganzen Abschnitten (vgl. M. DE JONGE 1978, 193–206; HULTGÅRD II 1982,
43 ff.), von denen allerdings BECKER 1970, 44–68, einige für ursprünglich erweisen will.

[4] Vgl. H. J. DE JONGE 1975, 45–62; M. DE JONGE 1975, 174–179; 144–160.

[5] Die Auslassungen sind zusammengestellt bei M. DE JONGE 1978, XXI f.

[6] Vgl. M. DE JONGE 1975, 178 f.; H. J. DE JONGE 1975a, 82.

[7] Für TestSeb nachgewiesen von M. DE JONGE 1975, 144–160.

[8] Die CHARLES'sche Einteilung in zwei Familien (vgl. das Stemma 1908, xxxix) ist bereits
von M. DE JONGE 1953, 13–23, stark modifiziert und schließlich 1975, 174–179, ganz aufgegeben worden. Stattdessen wird jetzt betont, daß »die älteste Spaltung der Überlieferung . . .
zwischen bk und allen anderen Handschriften liegt« (H. J. DE JONGE 1975, 61 f., vgl. a.a.O.,
47). Somit bilden bk allein Familie I, alle übrigen Handschriften Familie II (M. DE JONGE 1975,
176 ff.; vgl. das Stemma, derselbe 1978, XXXIII). Familie *α* (CHARLES) sinkt damit ab zu einer
Unterfamilie von II, die das Ergebnis einer späten und freien Rezension ist (M. DE JONGE 1975,
177; H. J. DE JONGE 1975, 62).

für eine eklektische Auswertung der Lesarten aller griechischen Zeugen unter Beibehaltung der Familien α und β aus[9]. Dabei gebühre »der inneren Textkritik an der Einzelstelle . . . immer die Prävalenz«[10]. Auch Hultgård tritt für eine Auflösung der Familie β ein, jedoch sieht er die »séparation fondamentale« der Überlieferung zwischen bk und gldm einerseits und e af und nchij andererseits. Darüber hinaus möchte er der Gruppe nchij einen höheren Wert einräumen, als es die Leidener Arbeitsgruppe tut[11].

Angesichts dieser gegenwärtigen Forschungslage lassen wir uns bei der Untersuchung der TestXII von folgenden Erwägungen leiten: Aufgrund ihrer textgeschichtlichen Stellung kommt der Handschrift b besondere Bedeutung zu. Da jedoch auch sie keineswegs fehlerfrei ist, muß zur Entscheidung unsicherer Stellen die übrige (griechische) Überlieferung herangezogen werden, wobei in erster Linie auf kgldm zu achten ist. Nur im Zusammenhang einer textgeschichtlichen Argumentation sind die Regeln der inneren Textkritik anzuwenden. Prinzipieller Eklektizismus steht in der Gefahr, in die textkritische Entscheidung sachfremde Interpretationskriterien einzutragen[12]. Schließlich kann die Regel lectio brevior potior für die TestXII keine Anwendung finden, da sich in ihrer Textgeschichte eine Tendenz zur Kürzung nachweisen läßt[13].

b) Komposition

Das Hauptproblem der TestXII in ihrer heute vorliegenden Gestalt besteht in der Spannung zwischen inhaltlicher wie formaler Vielfalt der Stoffe einerseits und geschlossener und einheitlicher Komposition des Gesamtwerkes andererseits[14]. Ein überzeugender Lösungsvorschlag für die Entstehungsgeschichte der Schrift hat beiden Seiten dieser Spannung Rechnung zu tragen. Einen Ansatzpunkt für eine solche Lösung scheinen eine Reihe von hebräischen bzw. aramäischen Fragmenten zu bieten, die in gewisser Nähe zu den griechischen TestLev, TestJud und TestNaph stehen. Es stellt sich die Frage, ob die TestXII als ganze das Ergebnis eines langen Wachstumsprozesses sind, dessen Ausgangspunkt semitische Einzeltestamente gebildet haben. Zur Beantwortung dieser Frage muß das Verwandtschafts-

---

[9] BECKER 1970, 16−32.

[10] BECKER 1974, 21.

[11] HULTGÅRD II 1982, 19−34.

[12] Vgl. die gegenüber BECKERS Eklektizismus berechtigte Kritik M. DE JONGES 1975, 293 f., s. auch a.a.O., 176, sowie H.J. DE JONGE 1975a, 80−86.

[13] Vgl. Anm. 7.

[14] Vgl. HULTGÅRD II 1982, 136: »Comment faut-il interpréter cette juxtaposition d'une unité de rédaction et d'un contenu disparate?«, und M. DE JONGE 1975, 296: »Wir werden weiter nach einer Theorie suchen müssen, die die Testamente als eine ›Einheit-in-Verschiedenheit‹ erklären kann.«

verhältnis zwischen den angesprochenen Texten und den TestXII genauer bestimmt werden.

Zum Verhältnis des aramäischen Levi-Stoffes zum TestLev[15]:

Das Parallelmaterial zu TestLev setzt sich zusammen aus aramäischen Fragmenten aus der Kairoer Geniza, zwei Zusätzen zur griechischen Handschrift e der TestXII sowie einer Reihe nur z. T. sicher identifizierbarer Fragmente aus Qumran[16]. Alle diese Stücke gehören untereinander traditionsgeschichtlich eng zusammen. Jedoch läßt sich nicht nachweisen, daß sie ursprünglich als Testament gestaltet waren[17]. Diese Einschränkung ist für die Bestimmung des traditionsgeschichtlichen Verhältnisses des aramäischen Levi-Stoffes zum TestLev von Bedeutung[18]. Die von Becker, M. de Jonge, Haupt und Hultgård vorgenommenen Einzeluntersuchungen kommen zu dem übereinstimmenden Ergebnis, daß die aramäische Levi-Tradition, die sich in den verschiedenen Fragmenten niedergeschlagen hat, in fixierter Form dem Autor von TestLev vorgelegen hat. Gegenüber

---

[15] Ich beschränke mich auf eine Darstellung des Problems bezüglich des jüdischen Parallelmaterials zu TestLev, da hier die Übereinstimmungen weitaus am größten sind und deshalb die Hypothese eines ursprünglichen hebräischen oder aramäischen TestLev am ausführlichsten diskutiert worden ist. Zu den mit TestNaph und TestJud verwandten Texten vgl. Becker 1970, 105—126; M. de Jonge 1953, 52—77; Hultgård II 1982, 123—136.

[16] Hultgård II 1982, 94 f. Die Zusätze zu e gehen sicher auf einen ihnen nahe verwandten semitischen Text zurück (Becker 1970, 70). Für das »Gebet Levis« (e zu TestLev 2,3) ist dieser inzwischen durch ein Fragment aus 4Q belegt (Becker 1970, 71 f.). Vgl. Becker 1970, 69—72.

[17] Während Becker 1970, 76, auf eine überlieferungsgeschichtliche Bestimmung des Verhältnisses der aramäischen Levifragmente zueinander ausdrücklich verzichtet, obwohl auch er sie beim Vergleich mit TestLev als Einheit behandelt, sehen M. de Jonge 1953, 42; Haupt 1969, 123, und Hultgård II 1982, 93, darin eine zusammenhängende schriftliche Quelle. Daß es sich dabei um ein Testament handelt, hat zwar M. de Jonge 1953, 39, behauptet und Haupt 1969, 86. 90 ff., nachzuweisen versucht. Gerade der von Haupt vorgenommene Vergleich einiger Strukturelemente der Testamente mit dem aramäischen Levimaterial zeigt aber, daß die für die TestXII typischen Züge dort fehlen bzw. in stark veränderter Gestalt vorliegen. So auch Becker 1970, 72.

[18] Die Positionen der Forschung hinsichtlich der Frage einer literarischen oder traditionsgeschichtlichen Abhängigkeit des TestLev vom aramäischen Levi-Stoff können hier nur genannt, nicht aber im einzelnen diskutiert werden. Becker 1970, 103, »schließt in jedem Fall ein literarisches Verhältnis zwischen aL und TL aus« (vgl. auch a.a.O., 84). Dagegen nehmen M. de Jonge, Haupt und Hultgård an, TestLev sei von einer aramäischen Levi-Schrift abhängig. Nach M. de Jonge 1953, 38—52, hat der (christliche!) Verfasser von TestLev ein ursprüngliches Testament des Levi, das mit dem aramäischen Levi-Stoff eng verwandt ist, frei benutzt, gekürzt, durch weiteres Material ergänzt und so ein neues, christliches TestLev geschaffen (vgl. derselbe 1975, 257; 1980, 513 f.). Für Haupt 1969, 123 f., ist diese schriftliche Vorlage von TestLev das seiner Meinung nach durch die Fragmente repräsentierte aramäische TestLev selbst, das dem Verfasser des griechischen TestLev allerdings in einer etwas anderen Form vorgelegen habe. Hultgård II 1982, 93—123, sieht in dem von ihm allerdings nicht als Testament bezeichneten aramäischen Levi-Stoff eine schriftliche Quelle, die in TestLev gekürzt verwendet worden ist, betont aber stärker die Eigenaktivität des Verfassers von TestLev.

Haupt und M. de Jonge ist festzuhalten, daß erst dieser Autor für die Gestaltung des Stoffes in Form eines Testamentes verantwortlich ist. Es gibt also keine aramäische Vorlage unseres griechischen TestLev[19]. Traditionell sind die Stoffe, die Testamentsform ist Werk des Verfassers von TestLev. Auch aus dem semitischen Parallelmaterial zu TestJud und TestNaph läßt sich nicht die Existenz von Vorstufen unserer griechischen Testamente nachweisen.

Es ist daher unwahrscheinlich, daß die TestXII erst sekundär aus ursprünglich einzeln entstandenen und überlieferten semitischen Testamenten zusammengestellt worden sind[20]. Es sind ja gerade die von ihrem Umfang und ihrer Gestalt her im Vergleich mit den übrigen TestXII untypischen Testamente, zu denen verwandtes Traditionsmaterial existiert. Sie können nicht als Vorbild für die Produktion der weiteren Testamente der Jakobssöhne gedient haben. Demgegenüber ist es weit eher vorstellbar, daß ein Autor von Anfang an eine Schrift über die zwölf Söhne Jakobs konzipiert hat, wobei ihm für Levi, Juda und Naftali besonders reicher Traditionsstoff zur Verfügung stand, der die Gestalt dieser Testamente in besonderer Weise prägte[21].

Ein Blick auf die formale Gestalt der einzelnen Testamente bestätigt die Annahme der ursprünglichen Zusammengehörigkeit aller zwölf.

Zur äußeren Gestalt der TestXII:

Die TestXII gehören zur literarischen Gattung der Testamente und weisen schon von daher bestimmte gemeinsame Merkmale auf[22]. So ist der Rahmen eines Testaments in seinen Grundzügen durch die Gattung vorgegeben[23]. Der Mittelteil, die Abschiedsrede im engeren Sinne, umfaßt in der

---

[19] M. DE JONGE selbst äußert sich 1980, 514 ff., sehr vorsichtig zur Existenz aramäischer »Testamente«. Vgl. auch HULTGÅRD II 1982, 106: »le Testament de Lévi porte la marque de l'auteur du Testaments des Douze Patriarches. Le cadre, le thème ›péchés-châtiment-restauration‹, certaines exhortations morales et la conception des esprits en témoignent.«, sowie BECKER 1970, 127: »Man wird . . . vermuten dürfen, daß der in den TP verarbeitete Traditionsstoff erst bei der Entstehung der TP gemäß der Gattung des Testaments umgeformt wurde.«

[20] Weitere Lösungsversuche, die von den semitischen Paralleltexten als Ursprung der TestXII ausgehen, bieten KOLENKOW 1975, 37−45; RENGSTORF 1974, 29−47.

[21] Einheitliche Abfassung aller zwölf Testamente nehmen auch HULTGÅRD II 1982, 57 f. (vgl. zu TestLev a.a.O., 106); BECKER 1970, 161; M. DE JONGE 1980, 514. 516, an.

[22] Zu den Gattungsmerkmalen der Testamente vgl. v. NORDHEIM 1980, 229 f., zum Ursprung der Gattung HULTGÅRD II 1982, 80−91.

[23] Er enthält zu Beginn den Titel, den Namen des Sterbenden, einen Hinweis auf seinen bevorstehenden Tod, eine Altersangabe, eine Situationsbeschreibung und eine Einleitungsformel der Rede. Der Schlußrahmen besteht aus einer Redeabschlußformel, Bestattungsanweisungen, einer Todesnotiz, einem Bericht über die Bestattung durch die Söhne. Dabei ist hervorzuheben, daß nicht alle dieser Elemente in jedem Testament auftreten müssen (Gat-

Regel einen Rückblick auf die Vergangenheit, Verhaltensanweisungen und Zukunftsansagen, wobei diese Elemente »in der Reihenfolge austauschbar und auch jeweils beliebig wiederholbar sind«[24].

Darüber hinaus bestehen jedoch weit mehr Gemeinsamkeiten zwischen den zwölf Teilen der TestXII, die darauf schließen lassen, daß sie ein von einem einzigen Verfasser konzipiertes und gestaltetes Werk sind. Eine Analyse des Rahmens der einzelnen Testamente ergibt, daß die TestXII ein Werk ganz eigener Art sind, das nicht so sehr von den testamentartigen Passagen der apokryphen und pseudepigraphen Literatur des Frühjudentums abhängig ist, sondern stärker von der Genesis (Jakobssegen Gen 49!) inspiriert ist[25].

Dazu kommen Übereinstimmungen innerhalb der Abschiedsreden im engeren Sinne. Sie betreffen einerseits die Gestaltung des Rückblicks auf die Vergangenheit, der Verhaltensanweisungen und der Zukunftsansagen. So kann man z. B. typische Züge der Paränesen beobachten, die in jeweils einer ganzen Reihe von Einzeltestamenten auftauchen[26]. Andererseits ziehen sich bestimmte theologische Grundkonzeptionen durch alle zwölf Testamente hindurch[27]. Hier sind vor allem die sogenannten SER-Stücke (Sünde – Exil – Rückkehr) und die Levi-Juda-Stücke zu nennen[28], aber auch die hervorgehobene Rolle Josephs[29], die Anschauung von der Welt der Geister oder das Ideal der Lauterkeit[30]. Die aus dem Vergleich des semitischen Parallelmaterials gewonnene Annahme bestätigt sich also durch die Untersuchung der formalen und inhaltlichen Gestaltung der Testamente: Die TestXII sind das einheitliche Werk eines Verfassers, der von

---

tungsmerkmale nach v. NORDHEIM 1980, 229 f.; ähnlich BERGMAN 1979, 27. Auch v. NORD-
HEIM und BERGMAN stellen die große Variabilität der Gattung heraus).

[24] v. NORDHEIM 1980, 229.

[25] Vgl. HULTGÅRD II 1982, 53–71 (vgl. 57 f.: »Le cadre uniforme donné à chacun des douze testaments, implique une unité d'auteur.«); BECKER 1970, 158–169.

[26] HULTGÅRD II 1982, 143–152, unterscheidet zwischen »homélies«, »sections didacti-ques«, »exhortations générales«, »exhortations particulières«, »exhortation finale« und »pro-testation d'innocence«. Auch ASCHERMANN 1955, 8, setzt in den Paränesen der TestXII eine einheitliche Gestaltung voraus, die sich aus Einleitung, Beschreibung von Tugend und Laster, Beispiel aus dem Leben des Patriarchen und Schlußmahnung zusammensetzt.

[27] HULTGÅRD II 1982, 158, bezeichnet sie als »idées maîtresses«. Diese »apparaissent partout dans l'ouvrage et forment la trame même des Testaments«, während »la structure formée par le cadre, les éléments constitutifs et les visions constituent la charpente mise en place par l'au-teur de l'ouvrage«.

[28] Vgl. dazu M. DE JONGE 1953, 83–96; BECKER 1970, 172–182; HULTGÅRD I 1977, 58–81. 82–199.

[29] Vgl. HULTGÅRD II 1982, 162 f.; M. DE JONGE 1953, 96–110; HOLLANDER 1975, 47–104; RENGSTORF 1974, 29–47.

[30] S. u. den Exkurs: Die Geistervorstellung in den TestXII, S. 88–91, sowie zur Lauterkeit S. 113.

vornherein eine Schrift über die Testamente aller zwölf Jakobssöhne geplant hatte und ihnen allen eine einheitliche Gesamtkonzeption aufprägte[31].

Zur literarischen Integrität der TestXII:

Sind die TestXII nun auch in dem Sinne eine einheitliche Komposition, daß alle ihre Einzelteile innerhalb der Konzeption des Verfassers von Anfang an ihren Platz und ihre Funktion haben, oder ist das ursprüngliche einheitliche Werk überlagert von einer Reihe von Bearbeitungsschichten, die erst zu der oft beobachteten Disparatheit der verwendeten Stoffe geführt haben? Es stellt sich somit die Frage nach der literarischen Einheitlichkeit der Schrift hinsichtlich ihrer Einzelteile.

Geht man davon aus, daß der Verfasser der TestXII Jude war (s. dazu u.), dann können die Testamente nicht in unveränderter Gestalt auf uns gekommen sein. Denn so, wie sie uns heute vorliegen, sind sie eine christliche Schrift, und als eine solche sind sie im Überlieferungsprozeß über die Jahrhunderte hin erhalten geblieben. Aber auch abgesehen von den christlichen Zügen, die in das ursprünglich jüdische Werk eingearbeitet worden sind, muß man mit Veränderungen des Wortlautes der Testamente, mit Kürzungen, Erweiterungen und Umstellungen im Laufe des Überlieferungsvorganges rechnen. Dazu zwingt der Text der TestXII, der an manchen Stellen unverständlich ist oder offenbare Dubletten enthält, dazu zwingen aber auch inhaltliche Widersprüche[32].

Indessen ist eine Rekonstruktion der Bearbeitungsvorgänge im einzelnen u. E. aufgrund des heute vorliegenden Textbestandes nicht mehr durchführbar, und das Herausschälen einer ursprünglichen Form der TestXII mit Hilfe literarkritischer Methoden kommt nicht über das Hypothetische hinaus. Da ein solcher Versuch dennoch vorliegt, macht sich eine Stellungnahme notwendig, die sich hier auf einige methodische Erwägungen beschränken muß.

Mit Hilfe einer minutiösen literarkritischen Untersuchung hat Becker die TestXII auf Unebenheiten, Brüche, inhaltliche Widersprüche, Doppelungen u. Ä. abgesucht und in ihrem Ergebnis eine »Grundschrift«, eine jüdische und eine christliche Bearbeitungsschicht voneinander abge-

---

[31] Vgl. Hultgård II 1982, 164: »L'unité des Testament des Douze Patriarches apparaît en premier lieu dans la structure de l'ouvrage (les éléments constitutifs et le cadre) mais aussi dans les idées maîtresses. Ces deux éléments nous permettent de considérer les Testaments 1° comme l'ouvrage d'un auteur et non d'un compilateur 2° comme un ouvrage homogène, sinon dans le détail, du moins pour le fond.«, sowie Becker 1970, 161: »Ein Verfasser hat unter Verwendung verschiedener vorgegebener Stoffe die TP erstmals gleich als 12 Testamente verfaßt, mag sein Werk dann noch so häufig bearbeitet worden sein.«

[32] Die prinzipielle Notwendigkeit literarkritischer Fragen an die TestXII wird allgemein zugestanden. Eine Zusammenstellung der Hinweise auf Bearbeitungen gibt Hultgård II 1982, 204–213 (vgl. auch a.a.O., 72ff.).

grenzt[33]. Danach bestand der »Grundstock« der TestXII im wesentlichen aus der Lebensgeschichte der jeweiligen Patriarchen, die den Zusammenhang Sünde – göttliche Strafe – Buße – Fürbitte – Heilung zum Inhalt hatte, einer vorwiegend auf das Liebesgebot beschränkten Paränese sowie einigen Zukunftsansagen in Form von SER- und Levi-Juda-Stücken. Hingegen gehören die meisten Teile, die die inhaltliche Vielfalt und Unausgeglichenheit der TestXII ausmachen, zu den »nachträglichen jüdischen Zusätzen«[34].

Auf diese Weise werden zwar alle Spannungen und Brüche aus der »Grundschrift« der TestXII entfernt, jedoch ist dies nur eine Scheinlösung. Denn das Problem der Inkonsistenz der Inhalte stellt sich mit unverminderter Schärfe auf der angenommenen Ebene der Bearbeitungsschicht. Wie ist der Vorgang zu erklären, der aus der wohlgestalteten, inhaltlich abgerundeten »Grundschrift« ein so disparates Konglomerat paränetischer, haggadischer und eschatologischer Stoffe werden ließ, das dennoch durch einen einheitlichen Rahmen zusammengehalten wird und demnach als ein zusammenhängendes Werk angesehen werden will[35]? Darüber hinaus sind Beckers methodische Kriterien für die Eliminierung sekundärer Zusätze hinsichtlich ihrer Anwendung auf eine paränetische Schrift wie die TestXII fragwürdig. Inhaltliche und formale Vielfalt ist, wie ein Blick auf frühjüdische Schriften ähnlicher Intention zeigt (s. u. Teil III), geradezu typisch für die paränetische Literatur. Solche Variabilität erklärt sich vor allem daraus, daß verschiedene mehr oder weniger fixierte Traditionen unterschiedlichen Genres und damit auch unterschiedlicher Form und Stilistik der paränetischen Zielstellung nutzbar gemacht werden. Indem sie so einen neuen Kontext bekommen, unterliegen sie notwendigerweise gewissen Veränderungen, da sie sich diesem neuen Kontext anzupassen haben, bleiben aber dennoch häufig, je nach Grad ihrer bereits erlangten Fixierung, als Stücke für sich erkennbar. Innerhalb dieses Vorganges der Eingliederung verschiedener Stoffe in eine paränetische Schrift darf die Originalität ihres Verfassers weder über- noch unterschätzt werden. Er ist einerseits gebunden an geprägte Züge seiner Traditionen, andererseits frei in der möglichst eindrucksvollen Gestaltung seiner Aussageabsicht. Es liegt in der Natur der Sache, daß eine Rekonstruktion des Textbestandes der auf-

---

[33] BECKER 1970, 182–372. Zur Kritik vgl. M. DE JONGE 1975, 188f. 291–316; HULTGÅRD II 1982, 136ff.; THOMAS 1969, 65 (Anm. 8.). 68f.; NISSEN 1974, 37, Anm. 165; HENGEL 1972, 264.

[34] BECKER 1970, 326, zählt dazu Stücke im Stil der hellenistisch-synagogalen Homilie, Tugend- und Lasterparänesen verschiedener Form, apokalyptische und messianische Aussagen, haggadische Ausschmückungen, »dualistische« Aussagen.

[35] Die Auskunft, es handele sich hier um ein »Sammelbecken«, kann nicht befriedigen. Vgl. M. DE JONGE 1975, 252: »we have not completely interpreted the text in front of us before we have explained how the present arrangement and composition makes sense.«

genommenen Tradition (von der zudem kaum immer anzunehmen ist, daß sie je literarisch unabhängig existiert hat) und der redaktionellen Arbeit des Verfassers von vornherein zum Scheitern verurteilt ist[36].

Ähnlich problematisch ist eine literarkritische Ausscheidung von Stücken, die inhaltlich nicht mit ihrem Kontext in Einklang stehen. So fällt innerhalb der einzelnen Testamente der TestXII immer wieder auf, daß zwar ein paränetisches Grundanliegen verfolgt wird, daß darüber hinaus aber häufig Mahnungen aus ganz anderen thematischen Bereichen begegnen, die keinerlei Anhalt an dem übrigen Inhalt des jeweiligen Testaments haben. Dies muß nicht auf sekundäre Ergänzung hindeuten. Die Spannungen lassen sich, wie die vorliegende Untersuchung zeigen wird, häufig daraus erklären, daß bereits auf einer früheren Traditionsstufe verschiedene Mahnungen geprägt zusammengestellt sind, die auch dann geschlossen übernommen werden, wenn für den Gedankengang ihrer neuen Umgebung an sich nur ein Element daraus benötigt wird.

So muß der Verfasser einerseits als schöpferischer Autor mit bewußter Konzeption und Gestaltungswillen ernst genommen werden[37]. Andererseits ist er durch die Natur der von ihm in sein Werk eingearbeiteten Traditionen in der Gestaltung seiner Aussageabsicht im einzelnen beeinflußt und teilweise festgelegt[38]. Beides führt dazu, daß sein Werk als gleichermaßen einheitlich und inhaltlich disparat erscheint.

Mit alledem soll nicht gesagt sein, daß literarkritische Arbeit an den TestXII prinzipiell fehl am Platze ist. Es bleiben eine Reihe von Brüchen und Widersprüchen bestehen, die sich nicht aus der Aufnahme heterogenen Materials erklären lassen. Man hat damit zu rechnen, daß die TestXII, noch bevor sie in christliche Hände kamen, Veränderungen erfahren haben[39]. Jedoch verändern diese Überarbeitungen im ganzen nicht die Grundstruktur und die inhaltlichen Hauptlinien der Schrift. Vor allem aber sind die

---

[36] Gerade bei paränetischen Materialien verbietet es die formale Variabilität, von komplizierten sekundären auf ursprüngliche reine Formen zurückzuschließen. − Vgl. M. DE JONGE 1980, 517: »›Forms‹ . . . tend to lead their own lives, and may be taken over for different purposes and in different situations, and they may be varied in many ways.« Vgl. auch THYEN 1955, 86.

[37] Vgl. M. DE JONGE 1975, 252: »This material was not only brought together, it was rewritten.«

[38] Dies als Mangel anzusehen, kann nur eine Übertragung moderner Vorstellungen von literarischer Einheitlichkeit auf die frühjüdische paränetische Literatur bedeuten (vgl. M. DE JONGE 1980, 520). Für diese ist es aber eher ein Zug, der ihre Autorität und ihre Wirkkraft erhöht, wenn sie erkennen läßt, daß weithin anerkannte geprägte Aussagenzusammenhänge ihre Intention unterstützen.

[39] Vgl. HULTGÅRD II 1982, 213: »il faut constater que les Testaments des Douze Patriarches ne nous sont pas parvenus dans la forme conçue par l'auteur. Il semble que l'effet principal des remaniements et de l'altération du texte ait été celui d'un abrégement successif de l'ouvrage primitif, qui a laissé cependant la structure intacte.« (vgl. a.a.O., 227 f.).

Grenzen methodisch verantwortbarer Analyse weit überschritten, wenn aus dem heute vorliegenden Textbestand ein Kern herausfiltriert wird, dem allein die Würde der vom Verfasser verantworteten »Grundschrift« zugestanden wird. Die inhaltliche Auswertung der TestXII als Quelle für die Paränese des Frühjudentums hat den Gesamtbestand der Schrift zu umfassen.

Abschließend muß noch ein inhaltliches Argument gegen Beckers Rekonstruktion eines »Grundstocks« der TestXII vorgebracht werden. Nach Becker ist die Paränese dieses »Grundstocks« fast ausschließlich auf das Liebesgebot konzentriert, während die gesamte Tugend und Lasterparänese wie überhaupt fast alle konkreten ethischen Weisungen in das »Sammelbecken« verwiesen werden[40]. Jedoch bedeutet eine solche Loslösung des Liebesgebotes von den konkreten Forderungen der ethischen Unterweisung eine Abstraktion, die mit dem im Frühjudentum verbreiteten Gesetzesverständnis, das auch die TestXII bestimmt, nicht zu vereinbaren ist. Die hervorgehobene Rolle, die das Liebesgebot in den TestXII gegenüber allen übrigen frühjüdischen Schriften einnimmt, ist sicher auffällig. Gerade durch seine Einbettung in auch als solche namhaft gemachte weitere Forderungen der Tora[41] sprengt das Liebesgebot nicht den Rahmen des frühjüdischen Gesetzesverständnisses, während eine Forderung zur Nächstenliebe, die alle übrigen Gebote der Tora zwar vielleicht impliziert, nicht aber als solche nennt, in der Tat singulär wäre. So muß die These von einer auf das Liebesgebot konzentrierten »Grundschrift« abgelehnt werden[42].

c) Intention

Bereits bei den Überlegungen des vorigen Abschnittes wurde vorausgesetzt, was nun noch eigens zu begründen ist: Die TestXII sind eine paränetische Schrift. Alle ihre Teile sind ihrer paränetischen Zielstellung untergeordnet.

Ein Hinweis darauf ist bereits die Verwendung der Gattung Testament[43]. Sodann läßt sich besonders anhand der jeweiligen Rückblicke in die Vergangenheit in den Testamenten zeigen, wie die erzählenden Pas-

---

[40] BECKER 1970, 326. 380–394.

[41] Eine solche ist ja eben auch das Liebesgebot selbst!

[42] Die in diesem Abschnitt dargelegte Ansicht über die literarische Einheitlichkeit der TestXII ist vorwiegend aus der Untersuchung ihrer paränetischen Passagen gewonnen. Sie stimmt weitgehend überein mit der Sicht von HULTGÅRD, vgl. II 1982, 137–164.187–213. Vgl. im übrigen noch die Einzelauseinandersetzung mit BECKER hinsichtlich der für unsere Untersuchung herangezogenen Texte aus den TestXII am jeweiligen Ort sowie zum Liebesgebot u. S. 122 ff.

[43] Nach v. NORDHEIM 1980, 233, liegt »die Intention der Gattung . . . in der Verhaltensanweisung«, »der Skopus der Rede im Paränetischen«.

sagen so gestaltet sind, daß sie das jeweilige paränetische Stichwort des Testaments exemplifizieren und illustrieren, bisweilen sogar selbst in Mahnungen übergehen[44]. Ähnliches gilt auch für die Zukunftsansagen, die vor allem bei der Schilderung künftiger oder in der Vergangenheit liegender Sünden innerhalb der SER-Stücke von paränetischem Material geprägt sind.

Doch zeigt sich der paränetische Charakter der Schrift nicht nur aufgrund der verwendeten paränetischen Stoffe. Die theologische Konzeption der TestXII ist durch ihr paränetisches Anliegen bestimmt. In dieser Konzeption hat die Tora eine zentrale Funktion. Dies kommt besonders in den Verhaltensanweisungen zum Ausdruck, die als Aktualisierung und Konkretisierung der Forderungen der Tora anzusehen sind[45]. Diese Forderungen beziehen sich gleichermaßen auf das Verhältnis zu Gott wie auf das Verhalten zu den Mitmenschen. Im Bewahren des Gesetzes realisiert sich das rechte Gottesverhältnis ebenso wie das Tun von Wahrheit und Gerechtigkeit gegenüber dem Mitmenschen. In diesem Sinne kann man von Gottesfurcht und Nächstenliebe als dem Thema der Paränese der TestXII sprechen[46].

So gehören die TestXII zur erbaulichen und unterweisenden Literatur des Frühjudentums[47]. Indem die Patriarchensöhne am Ende ihres Lebens ihren Nachkommen ihre »Lebenserfahrung« in Form von »Lebensregeln« weitergeben, kommen sie ihrer väterlichen Pflicht nach, die Söhne im Gesetz zu unterweisen[48].

Den Lesern der Schrift wird so ein jüdisches Lebensideal vermittelt, das seinen festen Grund in der Tradition des Glaubens hat und daraus seine Maßstäbe für die Gestaltung des Lebens im Alltag bezieht[49].

---

[44] Vgl. Aschermann 1955, 6. 26; M. de Jonge 1953, 119; derselbe 1980, 519; Rengstorf 1974, 35; Hengel 1972, 264 f.

[45] Damit greife ich bereits vor auf ein wesentliches Ergebnis der folgenden Untersuchung, s. u. S. 164 ff. Vgl. auch Thomas 1969, 66−69, der von einer »pseudo-prophetische(n) Verwendung des Paränetischen als Argumentationsmittel« spricht und betont, daß die Paränese der TestXII nicht nur imperativisch-ethische, sondern auch indikativisch-theologische Bedeutung habe.

[46] Vgl. v. Nordheim 1980, 98.

[47] Vgl. Hultgård II 1982, 214: »L'intention parénétique et didactique qui prédomine dans les Testaments, suggère que la fonction essentielle de l'ouvrage était d'enseigner et d'édifier.«

[48] Vgl. dazu Riesner 1981, 106 ff., sowie u. S. 92, Anm. 97.

[49] Dieser Bezug der »Lebensregeln« zur Tora darf nicht übersehen werden. Nicht aus der Lebenserfahrung und den besonderen Einsichten und Erkenntnissen der »Alten« begründet sich die Autorität ihrer Mahnungen, sondern allenfalls daraus, daß diese in ihrem Leben Erfahrungen mit dem *Gesetz* gemacht haben, die sie an ihre Nachkommen vermitteln wollen (gegen v. Nordheim 1980, 97. 236). Richtig Hultgård II 1982, 222: »Sans entrer dans le détail des commandements, ils enseignaient au peuple l'importance de la tōrāh, cherchant à en tirer l'essentiel.«, vgl. auch Braun 1960, 533.

d) Ursprungsmilieu

Sieht man in der oben geschilderten Weise die Intention der TestXII in der Unterweisung im Gesetz und seiner Aktualisierung für das Leben der Juden im Alltag, so ist damit bereits eine Vorentscheidung hinsichtlich der Frage des jüdischen oder christlichen Ursprungs der Schrift gefallen. Wenn auch die TestXII in ihrer heutigen Gestalt eine christliche Schrift sind, so ist dies m. E. doch nur das Ergebnis der Überarbeitung einer jüdischen Vorlage[50].

Oft ist es jedoch unmöglich, zwischen spezifisch jüdischem und spezifisch christlichem Gut streng zu unterscheiden, besonders, wenn es sich um paränetische Passagen handelt[51]. Dies ist charakteristisch für die frühjüdische Literatur überhaupt[52].

Es ist auch in Betracht zu ziehen, wenn man die paränetischen Aussagen der TestXII mit denen der Apostolischen Väter vergleicht. Die engen Parallelen, die dabei zutage treten, können nicht einfach als Argument für einen christlichen Ursprung oder auch nur für eine christliche Bearbeitung der TestXII herangezogen werden. Eine solche Bearbeitung läßt sich allerdings dort erkennen, wo messianisch-eschatologische Aussagen auf das Schicksal Jesu bezogen werden. Es läßt sich jedoch nicht zeigen, daß solche in der Tat spezifisch christlichen Aussagen die Gesamtanlage der Schrift und ihre Intention bestimmen oder auch nur wesentlich beeinflussen[53].

Ist somit das Ursprungsmilieu der TestXII als jüdisch bestimmt, so sind alle weiteren Präzisierungen dieser Einordnung problematisch. So ist bisher die Frage noch nicht entschieden, ob die Schrift ursprünglich in griechischer Sprache verfaßt worden ist oder auf ein aramäisches bzw. hebräi-

---

[50] Die These M. DE JONGES von dem christlichen Ursprung der TestXII (1953, 9.12. 117–128) ist in der Literatur viel diskutiert und weitgehend abgelehnt worden (vgl. ASCHERMANN 1955, 156; BRAUN 1960, 516–549; BECKER 1970, 141–146; NISSEN 1974, 36 f. mit Anm. 160–162 [Lit!]; HULTGÅRD II 1982, 214), hat aber das Problembewußtsein in der fraglichen Hinsicht stark gefördert.

[51] Vgl. M. DE JONGE 1975, 189.314 ff.; derselbe 1980, 521–524; NISSEN 1974, 36 ff.; EISSFELDT 1976, 861.

[52] Die Ursache und gleichzeitig die theologische Bedeutung dieser Erscheinung dürfte in der Identität des einen Gottes und seines fordernden Willens für Juden und Christen liegen. Damit ist eine Alternative zwischen jüdischem und christlichem Gut in der Paränese von vornherein ausgeschlossen. Der Differenzpunkt kann demnach nur vom Christlichen her bestimmt werden. Er besteht jedenfalls nicht in der Bewertung der Funktion der Tora als einer Lebensordnung. Folglich können christliche oder jüdische Spezifika nicht in der paränetischen Vergegenwärtigung der Tora, also auf dem Gebiet der Ethik gesucht werden. Vgl. auch NISSEN 1974, 38.

[53] M. DE JONGE selbst hat seine Sicht inzwischen mehrfach modifiziert, vgl. 1959, 546–556; 1980, 508–524; 1975, 193–246.183–192.291–316.

sches Original zurückgeht[54]. Offenbar gibt es nicht ausreichend eindeutige Kriterien, um zu bestimmen, ob das semitisierende Griechisch der TestXII als Übersetzungssprache oder als von der LXX und dem jüdisch-hellenistischen Milieu beeinflußtes Idiom zu verstehen ist.

Da sowohl das Judentum Palästinas als auch das der Diaspora als hellenistisches anzusehen ist[55], sind auch die meisten inhaltlichen Argumente, die für die Herkunft der TestXII aus einem der beiden genannten Bereiche vorgebracht werden, ambivalent. Einerseits zeigen sich in Stil (Synagogenpredigt)[56] und Inhalt (Tugend- und Lasterparänese) deutlich hellenistische Einflüsse, wie sie für die Literatur der Diaspora typisch sind[57], andererseits können ebensogut inhaltliche Beziehungen zu frühjüdischen Schriften hergestellt werden, die mit großer Wahrscheinlichkeit in Palästina entstanden sind (Sir, Jub, PsSal, Henochliteratur, Qumran-Literatur)[58]. Speziell das Verhältnis der TestXII zu Qumran ist unterschiedlich bestimmt worden, ohne daß sich eine Entstehung der Schrift innerhalb dieser jüdischen Sondergemeinschaft wahrscheinlich machen ließe[59]. Die durchaus vorhandene Verwandtschaft der geistig-religiösen Gedankenwelt[60] reicht nicht aus, um literarische und historische Verbindungslinien zu ziehen.

Bei der Bestimmung des Ursprungsmilieus unserer Schrift wird man also gegenüber Alternativen wie palästinisch-diasporajüdisch, essenisch-hellenistisch, semitisch-originalgriechisch zurückhaltend sein. Die spezifischen inhaltlichen Züge der TestXII müssen zunächst aus dem Zusammenhang der Schrift selbst herausgearbeitet werden, ehe sie mit anderen Zeugnissen der frühjüdischen Literatur in Beziehung gebracht werden. Dabei ist auszugehen von der paränetisch-didaktischen Intention der Schrift. Sie besteht in der Vergegenwärtigung der Tora und der Mahnung, sie im gegenwärtigen Alltag durch ein Leben entsprechend ihren Weisungen zu ver-

---

[54] Für griechisches Original: M. DE JONGE 1953, 118; derselbe 1980, 516; BECKER 1970, 169–172; HENGEL 1972, 264; für semitisches Original: HULTGÅRD II 1982, 71–79.164–187; ASCHERMANN 1955, 3 f.28.81; NISSEN 1974, 36, Anm. 159; DENIS 1970, 57; EISSFELDT 1976, 862.

[55] Vgl. HENGEL 1973, passim; NISSEN 1974, 34 ff.

[56] Vgl. dazu THYEN 1955. S. auch KÜCHLER 1979, 528; BECKER 1970, 193 ff.; ASCHERMANN 1955, 98 f.

[57] Vgl. BECKER 1970, 193 ff. 402 f. Die Nähe zur mittleren Stoa hat KEE 1978, 259–270, mit Nachdruck herausgestellt.

[58] Vgl. KÜCHLER 1979, 439 f.; ASCHERMANN 1955, 156; HULTGÅRD I 1977, 134 ff.; II 1982, 214–222.

[59] Für qumranische Herkunft EISSFELDT 1976, 861 f., und vor allem PHILONENKO 1960 (vgl. dazu BECKER 1970, 147 f.); dagegen M. DE JONGE 1975, 185; derselbe 1959, 553 f.; BECKER 1970, 149–152; derselbe 1974, 26 f.; BRAUN 1960, 544–548; OTZEN 1954, 142.155.

[60] Vgl. OTZEN 1954, 155: »Beschränkt man sich aber auf eine theologisch-religiöse Untersuchung . . ., gewinnt man die Überzeugung, dass die beiden Schriftengruppen demselben religiösen Boden innerhalb des Judentums entstammen.«; BRAUN 1960, 535–543.

wirklichen. Dieser Intention sind Stoffe und Traditionen unterschiedlicher Herkunft, Form und Substanz dienstbar gemacht, die sich nicht auf einen einzigen geistig-religiösen Ursprung zurückführen lassen, sondern die geistige Weite und Vielfalt des Judentums der nachexilischen Zeit vor Augen führen. Da sie nur dienende Funktion gegenüber der paränetischen Intention haben, kann letztlich nur aus dieser, nicht aber aus einer der verwendeten Traditionen auf das Ursprungsmilieu der TestXII zurückgeschlossen werden. So muß solche Bestimmung unscharf bleiben, da die genannte Intention im Frühjudentum durchgängig vorauszusetzen ist[61]. Für unsere Untersuchung der Verwendung katechismusartiger Reihen in der frühjüdischen Paränese ist jedoch damit ein hinreichend gesicherter Ausgangspunkt gewonnen[62].

2. Paränetische Reihen in den TestXII

a) Testament Ruben

Zur Literarkritik:

In TestRub 2—3 begegnen zwei voneinander unabhängige Listen von je sieben Geistern. Sowohl textliche als auch sachliche Indizien weisen auf Brüche, die literarkritische Überlegungen nötig machen. Auffällig ist vor

---

[61] Vgl. die analoge Problematik bei den PsSal und Jub (s. u. S. 206 ff. 222 f.). Kritisch gegenüber einer Zuordnung der TestXII zu einer der jüdischen Sondergruppen äußert sich auch NISSEN 1974, 38 f.: »sie (sc. die Ethik der TestXII) war grundsätzlich überall dort möglich, wo man der Tendenz der bewußt religiösen Kreise des nachbiblischen Judentums zur Vertiefung des atl. Erbes und zur Durchtränkung des gesamten Lebens mit der Verkündigung Gottes und seines Anspruchs folgte . . . Die TPatr sind auf diesem Wege sicherlich besonders weit fortgeschritten und insofern nicht ›normaljüdisch‹; aber sie sind gleichwohl vollkommen jüdisch in dem Sinne, daß kaum ein Jude des ›Normaljudentums‹ ihnen nicht zustimmen könnte und nicht sein Eigenes in ihnen besonders betont und vertieft wiederfände«. Vgl. auch seine Anm. 169—171.

[62] Damit soll nicht bestritten werden, daß im Rahmen von Spezialuntersuchungen, die die TestXII selbst zum Gegenstand haben, noch genauere Ortsbestimmungen nötig und möglich sind. Vgl. dazu vor allem HULTGÅRD II 1982, 214—227. H. datiert die TestXII in die erste Hälfte des 1. Jh. v. Chr. (anders BECKER 1974, 26: »nach 200 und vor 174 v. Chr.«) und sieht sie als eine an »juifs ordinaires« gerichtete erbauliche und unterweisende Schrift an, die in Kreisen levitischer Weiser bzw. Schriftgelehrter in Palästina entstanden ist. Solche Kreise lassen sich aus dem Vergleich der Testamente mit Sir, Dan, äthHen erschließen. Ihnen kam die Aufgabe zu, die Tora zu lehren und zu interpretieren. So folgert H. (a.a.O., 222): »L'ouvrage primitif pourrait avoir servi comme un ›manuel‹ pour l'instruction religieuse que les ḥᵃkāmīm des Testaments répandaient dans les synagogues . . . Les Testaments des Douze Patriarches reflètent, pour le fond, la prédication de synagogues palestiniennes du premier siècle avant notre ère.« Auch er lehnt jedoch eine Zuordnung der TestXII zu einer der klassischen jüdischen Gruppierungen ab. Vgl. auch KÜCHLER 1979, 526—534; ASCHERMANN 1955, 98. 156.

allem die Dublette 3,1/3,7. Die Nennung eines achten Geistes in 3,1, nachdem in 2,9 gerade von einem letzten gesprochen worden war, wirkt besonders unpassend. Weiterhin ist der Übergang zwischen 3,2 und 3,3 hart. Auch der von 2,2 zu 2,3 ist auffällig: Spricht 2,2 von den Geistern der Jugendwerke, die erst ab 3,3 aufgezählt werden, so nennt 2,3 die Geister der Schöpfung, die gleich in 2,4–2,8 folgen. Aus den genannten Gründen ist es kaum möglich, daß beide Geisterreihen vom Verfasser der TestXII selbst so nebeneinander gestellt worden sind.

Hinzu kommen inhaltliche Erwägungen: Sind in der Reihe 2,4–8 die Geister im wesentlichen neutral bewertet und mit bestimmten Sinnesorganen in Verbindung gebracht[63], so werden in der Reihe 3,3–6 verschiedene gesetzwidrige Verhaltensweisen aufgezählt und als Geister bezeichnet. Es legt sich daher nahe, 2,3–3,2 als sekundären Einschub anzusehen[64].

Dagegen bildet die zweite Geisterreihe, 3,3–6, einen ursprünglichen Bestandteil von TestRub[65]. Die hier aufgezählten Geister sind zwar zum Thema des TestRub inkongruent. Das ist aber kein Beweis für sekundären Einschub, sondern Indiz dafür, daß vom Autor geprägtes paränetisches Gut aufgenommen wurde. Thema von TestRub ist die Enthaltung von Unzucht. Dennoch ist die Paränese nicht auf dieses Thema beschränkt, sondern nimmt, wie auch sonst in den TestXII, weit darüber hinausgehendes Material auf. Die Textgestalt bietet keine Anzeichen dafür, daß 3,3–6 nachträglich eingearbeitet worden sei[66]. Aus alledem ergibt sich, daß in TestRub 3,3–6 eine vom Autor der TestXII in paränetischer Absicht aufgenommene und verarbeitete geprägte Reihe von Vergehen gegen das Gesetz vorliegt[67].

Eingeleitet wird sie mit einer für die Paränese der TestXII typischen

---

[63] BECKER 1974, 33, verweist auf stoische Parallelen.

[64] Mit BECKER 1970, 188 f.; derselbe 1974, 33; vgl. v. NORDHEIM 1980, 14.

[65] BECKER 1970, 189 f., will auch 3,3–6 eliminieren, da »die hier aufgezählten Geister . . . in jedem Fall zum Thema des TR inkongruent« seien, »die Liste . . . keine Verarbeitung in TR gefunden« habe, sie »leicht aus dem Zusammenhang gelöst werden könne« und »die pneumatologische Tugend- und Lasterparänese durchweg der Grundschicht abzusprechen« sei. Ebenfalls für sekundär hält beide Geister-Listen M. DE JONGE 1953, 75 ff.
Doch ist die Reihe sachlich nicht so weit von den TestXII entfernt, wie BECKER meint. Zwar kommen nicht alle aufgezählten Laster in den übrigen Testamenten als Geister vor, aber die Vergehen selbst sind eine repräsentative Auswahl der in den TestXII am häufigsten behandelten Verhaltensweisen. Daß diese Vergehen in Form einer Geisterreihe aufgezählt werden, ist dabei nicht entscheidend.

[66] Zur grundsätzlichen Auseinandersetzung mit BECKER vgl. o. S. 79–82.

[67] Ähnlich HULTGÅRD II 1982, 207 f.: »Ce qu'on peut affirmer avec certitude c'est qu'il y a eu dans l'ouvrage primitif une description des sept esprits d'égarement, qui se retrouve par l'essentiel en 2:1–2 et 3:3–6 et 8.«

Formel: καὶ νῦν ἀκούσατέ μου, τέκνα (2,1)[68], abgeschlossen durch die wertende Schlußzusammenfassung in 3,8. Somit ergibt sich eine geschlossene Struktur des Abschnittes:

2,1 f.	Einleitung
3,3—6	Geisterreihe
3,8	Zusammenfassung

Exkurs: Die Geistervorstellung in den TestXII

Die Geistervorstellung der TestXII ist nicht einheitlich und geht nicht auf eine systematische Reflexion zurück. Bisweilen sind spezifische Geistkonzeptionen bei der Verarbeitung geprägter Traditionen übernommen worden, ohne daß sie mit dem Kontext in Einklang gebracht wurden, bisweilen scheint der Verfasser selbst verschiedene Vorstellungen nebeneinander zu vertreten.

Die 86 Belege für πνεῦμα verteilen sich über alle Testamente. Für kein Einzeltestament läßt sich eine gegenüber dem übrigen Werk unterschiedene einheitliche Geistkonzeption nachweisen. Wohl gibt es spezifische Vorstellungen, die nur in einem Testament begegnen, jedoch stehen sie auch dort unausgeglichen neben anderen, die anderswo in den TestXII belegt sind[69].

Läßt sich auch keine »Geistlehre« der TestXII entwickeln, so gibt es doch gewisse Schwerpunkte und Tendenzen. So haben von den 86 Belegstellen nur 12 positiven Sinn (14 Belege sind neutral, davon allein 8 aus der sekundären Geisterreihe TestRub 2,3—3,2). Fünf dieser positiven Erwähnungen stehen in deutlich christlich bearbeiteten Passagen (TestLev 18,7.11; TestJud 24,2 [2 ×]; TestBenj 9,4), drei weitere beziehen sich auf Gottes Geist (TestSim 4,4; TestLev 2,3; TestBenj 8,2)[70]. Nur vier haben paränetischen Sinn (TestJud 20,1.5; TestGad 4,7; TestBenj 4,5). Meist wird πνεῦμα durch Genitivverbindungen näher bestimmt (58 ×), 15 × mit πλάνη[71], 9 × mit Βελιάρ[72], 33 × mit verschiedenen konkreten Vergehen[73].

---

[68] Vgl. in TestRub noch 1,5; 3,9.

[69] Dies ist ein starkes Indiz dafür, daß die TestXII als einheitlich konzipiertes Werk unter Verwendung unterschiedlicher Traditionen verfaßt worden sind. Vgl. dazu o. S. 79—82.

[70] Vgl. dazu ausführlich REINMUTH 1985, 74—77.

[71] TestRub 2,1; 3,2 (vgl. 3,7); TestSim 3,1; 6,6; TestLev 3,3; TestJud 14,8; 20,1; 25,3; TestIss 4,4; TestSeb 9,7.8; TestDan 5,5; TestNaph 3,3; TestAss 6,2; TestBenj 6,1.

[72] TestRub 2,2; TestLev 3,3; TestJud 25,3; TestIss 7,7; TestDan 1,7; TestJos 7,4; TestBenj 3,3.4; 6,1.

[73] πορνεία: TestRub 3,3; 5,3; TestLev 9,9; TestJud 13,3; 14,2; TestDan 5,6. ἐπιθυμία: TestJud 16,1 (vgl. TestDan 4,5). θυμός: TestDan 1,8; 2,1.4; 3,6. ζῆλος: TestSim 2,7; TestJud 13,3; TestDan 1,6. μῖσος: TestGad 1,9; 3,1; 4,7; 6,2. φθόνος: TestSim 3,1; 4,7. ψεῦδος: TestRub

Drei der vier Stellen mit positiver Bedeutung weisen dieselbe Genitivkonstruktion auf[74]. 9 × werden Geister mit dem Attribut *πονηρός* versehen[75], 8 × steht *πνεῦμα* absolut[76].

Hinsichtlich des Numerus ist auffällig, daß bei allen Genitivverbindungen, die konkrete Vergehen nennen, der Singular steht, der Plural nur dann, wenn wirklich mehrere solcher Vergehen aufgezählt werden. Dagegen steht bei der Verbindung mit *πλάνη* meist der Plural[77], ebenso bei der mit *Βελιάρ*[78]. Bei *πονηρός* steht sowohl der Plural[79] als auch, in absoluter Verwendung, der Singular[80]. Dies deutet darauf hin, daß zumindest *πλάνη* und *Βελιάρ* eine Art Sammelfunktion haben, gewissermaßen als Oberbegriffe für die verschiedenen Geister konkreter Verfehlungen gelten[81].

Mit den genannten Belegen ist die Masse der *πνεῦμα*-Aussagen der TestXII erfaßt. Die mehr vereinzelt vorkommenden sonstigen Geistvorstellungen können das Gesamtbild nicht wesentlich verändern[82]. Fragt man nach einem diesem Hauptstrom der Belege zugrundeliegenden Geistverständnis, so ist zunächst zu betonen, daß dieses nicht dualistisch genannt werden kann. Schon das ungleiche Verhältnis der negativ bestimmten Geister zu den positiven spricht dagegen. Nirgends findet sich etwa das Gegensatzpaar Geist Gottes − Geist Beliars[83]. Das Gegensatzpaar Geist der

---

3,5; TestDan 2,1; 3,6. *ἀπληστία*: TestRub 3,3. *μάχη*: TestRub 3,4. *ἀρέσκεια καὶ μαγγανεία*: TestRub 3,4. *ὑπερηφανία*: TestRub 3,5; TestDan 5,6. *ἀδικία*: TestRub 3,6. *ὕπνος*: TestRub 3,1.7[2x]. *πύρωσις, αἰσχροκερδία, ἀσωτία, ἐπιθυμία*: TestJud 16,1. Formal gleich gestaltet sind die acht Belege der Geisterreihe TestRub 2,3−9.

[74] *ἀλήθεια*: TestJud 20,1.5. *ἀγάπη*: TestGad 4,7.

[75] TestSim 3,5; 4,9(2x); 6,6; TestLev 5,6; 18,12; TestJud 16,1; TestAss 1,9; 6,5.

[76] TestRub 2,3; 3,2; TestSim 5,1; TestDan 4,5; TestNaph 2,2(2x); TestGad 5,9; TestJos 7,2.

[77] Ausnahmen: TestRub 3,2(7); TestJud 14,8; 20,1; 25,3; TestBenj 6,1.

[78] Ausnahmen: TestJud 25,3; TestJos 7,4; TestBenj 3,4; 6,1.

[79] TestSim 4,9; 6,6; TestLev 5,6; 18,12; TestJud 16,1; vgl. TestBenj 5,2.

[80] TestSim 3,5; TestAss 1,9; 6,5.

[81] Zu *πλάνη* vgl. BÖCHER, EWNT 3, 234f.; BRAUN, ThWNT 6, 235−242; BÖCHER 1965, 88f. Die Formulierung *πνεῦμα τῆς πλάνης* hat nur wenige Parallelen im Frühjudentum, vgl. HULTGÅRD II 1982, 159 mit Anm. 2. Zu *Βελιάρ* vgl. BÖCHER, EWNT 1, 508f.; OTZEN, ThWAT 1, 658; FOERSTER, ThWNT 1, 606; BÖCHER 1965, 29−33; OTZEN 1954, 142f.; COUARD 1907, 62−72.

[82] *ἀόρατα πνεύματα* TestLev 4,1; *πνεῦμα θεοῦ* TestSim 4,4; TestBenj 8,2(9,4 christlich); vgl. TestLev 2,3; *πνεύματα τῶν ἐπαγωγῶν εἰς ἐκδίκησιν τῶν ἀνόμων* TestLev 3,2; *δαίμων* in TestXII nur einmal, TestJud 23,1, in Bezug auf den Götzendienst. Bezeichnenderweise sind in dem am stärksten mit geprägten Traditionen durchsetzten TestLev alle in den TestXII vorkommenden Geistervorstellungegn vertreten.

[83] Gegen OTZEN 1954, 139f.; BÖCHER 1965, 29f. Geist Gottes und Geist Beliars gehören offenbar zu verschiedenen Vorstellungsbereichen. Die wenigen Stellen für *πνεῦμα θεοῦ* s. o. in der vorigen Anm. Gegensatz zum Geist Beliars ist Gott selbst, vgl. TestBenj 3,4! In TestLev 3,2f. begegnen zwar sowohl göttliche als auch widergöttliche Geister, aber sie bilden kein Gegensatzpaar und sind auf zwei verschiedene Himmel verteilt.

Wahrheit – Geist der Verführung (TestJud 20,1.5) ist gerade nicht typisch für die TestXII, sondern eine Ausnahme[84]. Die am ehesten »dualistisch« angelegte Passage TestAss 1–6 verwendet für ihre Alternativaussagen bezeichnenderweise nicht die Geistervorstellung[85].

Auch der Versuch, eine »psychologische« von einer »dämonologischen« oder »mythologischen« Geistanschauung zu unterscheiden[86], ist wenig hilfreich und wird den Aussagen der TestXII nicht gerecht[87]. Zwar lassen manche Stellen den heutigen Leser mehr, andere weniger an personifizierte Dämonen denken, jedoch wollen sie alle die bösen Kräfte und Mächte benennen, die auf den Menschen einwirken und ihn zu einem widergöttlichen Verhalten verleiten wollen[88].

Der Masse der Geistaussagen der TestXII wird man am ehesten gerecht, wenn man von einer *paränetischen* Geistvorstellung spricht. An einem Großteil der Stellen repräsentieren die Geister konkrete Vergehen, gegen die sich die Paränese des jeweiligen Testaments (und der TestXII) richtet. Häufig meinen die Ausdrücke »Geist der Unzucht«, »Geist des Hasses« usw. nichts anderes als das jeweilige Vergehen selbst[89]. Darüber hinaus bringt die Bezeichnung eines Vergehens als Geist jedoch die versuchende und verführende Macht solchen Tuns zum Ausdruck. Insofern drückt der Oberbegriff »Geist der Verführung«[90] korrekt aus, worin die Wirksamkeit der einzelnen Geister besteht[91]. Gleichzeitig benennen die Geistaussagen die Richtung, in die die Vergehen die Menschen treiben. Die Geister sind widergöttliche Kräfte, sie führen von Gott weg in die Irre. Das durch sie repräsentierte Verhalten ist also dem von Gott geforderten entgegengesetzt[92].

---

[84] Vgl. richtig Böcher 1965, 39. Ein ähnliches Paar findet sich nur noch einmal, TestGad 4,7: Geist des Hasses – Geist der Liebe. Die Differenz zwischen der dualistischen Überlieferung von Qumran und TestJud 20,1 ff. betont v. d. Osten-Sacken 1969, 203.

[85] πνεῦμα in TestAss nur 1,9; 6,2.5 in eindeutig negativer Bedeutung. Zum »Dualismus« der TestXII s. u. den betreffenden Exkurs, S. 146 ff.

[86] Vgl. Böcher 1965, 29 ff.; Otzen 1954, 139–143; Couard 1907, 71 f.

[87] Diese Unterscheidung trägt neuzeitliche Kategorien in die antiken Vorstellungen ein. Der Mensch der Antike, der sich dem Einfluß böser Kräfte und Mächte ausgesetzt sieht, erlebt diese personifiziert.

[88] Vgl. auch Hultgård II 1982, 159 f.

[89] Vgl. Munch 1935, 263.

[90] Ebenso »Geist Beliars«, da Beliar als der Verführer schlechthin gilt; s. o. die Literatur in Anm. 81.

[91] Vgl. auch Munch 1935, 260.

[92] Darin liegt das Wahrheitsmoment einer Bezeichnung der Geistvorstellungen der TestXII als dualistisch. Jedoch ist zu betonen, daß den widergöttlichen Geistern nicht »göttliche« gegenüberstehen, sondern Gott selbst, vgl. TestSim 3,5; 6,5 f.; TestJud 25,3; TestIss 7,7; TestSeb 9,8; TestDan 6,1; TestAss 6,2 f.; TestJos 7,4; TestBenj 3,4.

Davon zu unterscheiden ist der Gegensatz zwischen dem ἄγγελος τῆς εἰρήνης und dem Geist Beliars (TestBenj 6,1) bzw. dem bösen Geist (TestAss 6,5 f.). Der Friedensengel begegnet

Die wenigen positiven Geistaussagen ethischen Inhalts bestätigen diese Sicht. Wahrheit und Liebe zu tun, sind von Gott geforderte Verhaltensweisen, zu denen die Paränese der TestXII häufig ermahnt[93]. Solche paränetische Funktion haben auch die Formulierungen »Geist der Wahrheit« bzw. »Geist der Liebe«[94]. Mit dieser paränetischen Ausrichtung ordnet sich die in den TestXII überwiegende Geistervorstellung ganz der Intention der Schrift unter[95]. Sie dient dazu, vor einem dem Willen Gottes widersprechenden Lebenswandel zu warnen.

Die Geisterreihe TestRub 3,3−6, in der typische solcher widergöttlichen Vergehen zusammengestellt werden, ist demnach eine Zusammenfassung von gegen Gottes Willen gerichteten Verhaltensweisen.

TestRub 3,3−6

3   πρῶτον τὸ (πνεῦμα) τῆς πορνείας ἐν τῇ φύσει καὶ ταῖς αἰσθήσεσιν ἔγκειται·
4   δεύτερον πνεῦμα ἀπληστίας ἐν τῇ γαστρί· τρίτον πνεῦμα μάχης ἐν τῷ ἥπατι
    καὶ τῇ χολῇ· τέταρτον πνεῦμα ἀρεσκείας καὶ μαγγανείας, ἵνα διὰ περιεργίας
5   ὡραῖος ὠφθῇ· πέμπτον πνεῦμα ὑπερηφανίας, ἵνα καυχᾶται καὶ μεγαλο-
    φρονῇ· ἕκτον πνεῦμα ψεύδους, ἐν ἀπωλείᾳ καὶ ζήλῳ, τοῦ πλάττειν λόγους καὶ
6   κρύπτειν λόγους αὐτοῦ ἀπὸ γένους καὶ οἰκείων· ἕβδομον πνεῦμα ἀδικίας
    μεθ' ἧς κλοπὴ καὶ γριπίσματα, ἵνα ποιήσῃ φιληδονίαν καρδίας αὐτοῦ· ἡ γὰρ
    ἀδικία συνεργεῖ τοῖς λοιποῖς πνεύμασι διὰ τῆς δωροληψίας.

Der einleitende Satz 2,1 f. stellt gleichzeitig den Zusammenhang der paränetischen Reihe mit dem Rückblick auf die Vergangenheit in 1,6−10 her[96]. Die wertende Schlußzusammenfassung 3,8 korrespondiert mit 2,1 f. im Bezug auf den νεώτερος. In drei kurzen Partizipialsätzen charakterisiert sie denjenigen, der sich von den sieben Geistern der Reihe bestimmen läßt: »Er verfinstert den Verstand von der *Wahrheit* weg; und er hat keine Einsicht ins *Gesetz* Gottes; auch der *Unterweisung* seiner Väter gehorcht er nicht.« Die drei hervorgehobenen Begriffe dienen zur Bewertung des in der Reihe im einzelnen beschriebenen Verhaltens und bilden so gleichzeitig

---

sonst nur noch TestDan 6,5 (vgl. 5,2: θεὸς τῆς εἰρήνης, s. dazu v. d. OSTEN-SACKEN 1969, 204). Die Engelvorstellung der TestXII steht (bis auf TestAss 6,4: ἄγγελοι κυρίου καὶ τοῦ σατανᾶ in direktem Bezug auf die eben erwähnte Stelle TestAss 6,5 f.) nirgends im Kontrast zu bösen Geistern.

[93] S. u. S. 122 ff.

[94] TestJud 20,1.5; TestGad 4,7.

[95] S. dazu o. S. 82 f. Vgl. REINMUTH 1985, 77.

[96] Rubens Buße wird in 1,9 erwähnt, vgl. auch 4,3 f. Die ἔργα τοῦ νεωτερισμοῦ stehen in Beziehung zu 1,6 und 3,8. Zur Buße vgl. TestSim 3,4; TestJud 15,4; TestGad 5,8.

den theologischen Rahmen, in den das Leben eines Menschen eingespannt ist[97]. Alle drei Begriffe wollen zum Ausdruck bringen, daß der Wille Gottes entscheidender Maßstab für die täglichen Lebensentscheidungen ist, der Wille Gottes, der in seinem Gesetz erkennbar ist und durch die Unterweisung der Väter vermittelt wird.

πορνεία[98]

An erster Stelle der in der Reihe aufgezählten Vergehen gegen das Gesetz erscheint die Unzucht. Sie wird näher bestimmt als auf der Natur und den Sinnen beruhend. Somit ist gleich zu Beginn die Sexualethik angesprochen.

Unzucht ist das paränetische Hauptthema von TestRub[99]. In ihm finden sich 10 von 25 Belegen für πορνεία innerhalb der TestXII. An hervorgehobener Stelle, als Eingangsmahnung zwischen Redeeinleitungsformel und Rückblick auf die Vergangenheit, steht sie in 1,6 neben der Unachtsamkeit der Jugend[100]. In 4,6−11 liegt ein geschlossener Abschnitt über die Unzucht vor. 4,6 bringt die Unzucht in Zusammenhang mit dem Götzendienst. Dieselbe Verbindung gibt es noch in TestSim 5,3 und TestBenj 10,10[101].

Innerhalb der weiteren behandelten Reihen der TestXII erscheint Unzucht besonders häufig[102]. Auch außerhalb paränetischer Reihen hat sie in den TestXII hervorgehobene Bedeutung. In TestSim 5,3f. wird sie als »Mutter aller Übel« bezeichnet, die von Gott trennt und zu Beliar hinführt.

---

[97] Zu ἀλήθεια s. u. S. 122, zu νόμος S. 104ff. Zur Unterweisung durch die Väter im Gesetz vgl. TestLev 9,6−14; 13,2ff.; 14,4.6; 19,1f.; TestJud 13,1f.; TestDan 6,9; TestBenj 10,3ff. REINMUTH 1985, 25, macht darauf aufmerksam, daß in den TestXII nicht über den Sachverhalt reflektiert wird, daß nach der vorausgesetzten Situation die Mahnung zum Gesetzesgehorsam in einer Zeit erfolgt, zu der die mosaische Gesetzgebung noch gar nicht ergangen ist. Er begründet dieses Phänomen damit, »daß in der Paränese der Patriarchen der Sache nach das Gesetz eingeschärft wird . . . Die vorausgesetzte inhaltliche Identität des Gebotenen mit den zentralen Forderungen des Gesetzes ermöglicht es, in den von den Testamenten jeweils vorausgesetzten Situationen zum Gesetzeswandel zu mahnen.«

[98] Vgl. HAUCK / SCHULZ, ThWNT 6, 579−590; BÖCHER 1965, 61−65; DABELSTEIN 1981, 53−55; MALINA 1972, 10−17; JENSEN 1978, 161−184; REINMUTH 1985, 40.

[99] Vgl. BECKER 1974, 32: »Die Gesinnung ist unzutreffende Themaangabe für TR. Zu erwarten wäre die Hurerei (sie ist bei TJud vergeben!).«

[100] BECKER 1970, 182, Anm. 6, zeigt deutliche Sympathie für A, der καὶ πορνεία wegläßt. Hier klingt BECKERS Gesamtsicht des TestRub durch, die für die »Grundschrift« nur 1,1−10 und 6,9−12 stehen läßt, also das Thema Unzucht aus dem ursprünglichen TestRub ausklammert. Damit verfehlt er aber die eigentliche Intention des TestRub und der TestXII überhaupt, die konkrete Paränese, der alle verschiedenen Bestandteile der Testamente dienstbar gemacht werden. Vgl. v. NORDHEIM 1980, 232f., sowie o. S. 82f.

[101] Vgl. außerdem noch TestRub 5,3.5; 6,1.4.

[102] TestLev 14,5f.; TestJud 18,2; TestIss 7,2; TestDan 5,5f.; TestAss 2,8; TestBenj 8,2. Der Sache nach außerdem in TestIss 3,5; 4,4.

Das ganze TestJud ist vom Thema der Unzucht bestimmt, das dort auch im Titel erscheint. Ebenso spielt sie, vom Rückblick auf die Vergangenheit her naheliegend, in TestJos eine wichtige Rolle[103]. Wie in TestRub 3,3 und 5,3, so wird sie auch in TestLev 9,9; TestJud 13,3; 14,2; TestDan 5,6 als *πνεῦμα* bezeichnet. Alle diese Belege unterstreichen die zentrale Bedeutung der *πορνεία* für die Paränese der TestXII.

ἀπληστία[104]

Der Ausdruck meint zunächst die Unersättlichkeit im Hinblick auf Speisen (Näherbestimmung: *ἐν τῇ γαστρί*). Dies hat einen Anknüpfungspunkt im Rückblick auf die Vergangenheit, wenn Ruben seine Buße beschreibt: »Wein und starkes Getränk trank ich nicht.« (1,10). Solche Enthaltsamkeit von üppigen Speisen erwähnt auch TestIss 4,2. Dort steht sie in engem Zusammenhang mit *ἐπιθυμεῖν* und *πλεονεκτεῖν*. Ebenso hat sie innerhalb derselben Reihe in 4,5 sowie in 6,1 den erweiterten Sinn von Habsucht. Damit rückt die Unersättlichkeit von TestRub 3,3 sachlich in die Nähe der Habsucht, die allerdings ausführlich erst TestRub 3,6 behandelt wird.

Der Sache nach finden sich Anklänge an die Unersättlichkeit in Bezug auf Speisen innerhalb der paränetischen Reihen in TestBenj 6,2 f. (*οὐκ ἐμπίπλαται τρυφῆς*), in den Aussagen zum Fasten von TestAss 2,8 (*ἀπέχεται ἐδεσμάτων . . . νηστεύων*) und 4,3, in TestAss 4,4 (*ἄσωτοι*) sowie in TestLev 14,5 f. (auf die geraubten Opfergaben bezogen).

μάχη

Das Thema Streit hat keinerlei Anknüpfungspunkt im TestRub; dagegen begegnet es in ganz ähnlicher Weise in TestSim 2,4.7[105]. Innerhalb der untersuchten paränetischen Reihen taucht *μάχη* nur in TestBenj 6,4 neben *δόλος, ψεῦδος, λοιδορία* auf. Auch innerhalb des Lasterkatalogs einer Zukunftsansage in TestLev 17,11 werden die *μάχιμοι* genannt[106]. Die sich zur paränetischen Auswertung geradezu anbietenden Streitigkeiten der Jakobssöhne werden in den TestXII meist auf konkrete negative Verhaltensweisen wie *μῖσος, φθόνος* oder *θυμός* bezogen und bieten Anknüpfungspunkte für die Mahnung zur Bruderliebe[107]. Insofern hat *μάχη* nur eine indirekte Beziehung zu dem in den behandelten Reihen verarbeiteten paränetischen Material.

---

[103] Vgl. 3,8; 4,6 f.; 5,1; 7,1.8; 9,2.5.
[104] Vgl. in LXX Sir 37,29 ff.; Prov 23,2.
[105] Vgl. auch TestSeb 2,4; TestNaph 2,8; TestGad 2,1; 5,9 ff.
[106] Vgl. u. S. 99 mit Anm. 135.
[107] Vgl. dazu u. S. 123.

ἀρέσκεια καὶ μαγγανεία[108]

Gefallsucht und Ziererei gehören zu den negativen Verhaltensweisen, die in TestRub im Zusammenhang mit der Unzucht bekämpft werden. So richtet sich die Paränese in 5,1—7 ausdrücklich gegen die durch äußeren Schmuck, Schönheit des Aussehens und allerhand Intrigen gefährlichen Verführungskünste der Frauen und rückt damit die in 3,4 genannte ἀρέσκεια καὶ μαγγανεία in die Nähe der πορνεία[109].

Der Sache nach begegnet das Thema in den behandelten Reihen noch in TestIss 4,2 (ἐσθῆτα διάφορον οὐ θέλει) und 4,4 (οὐ γὰρ εἶδεν ἐπιδέξασθαι κάλλος θηλείας). Die Warnung vor der Verführung durch Frauenschönheit bestimmt einen Teil der Lebensgeschichte und der Paränese von TestJud (vgl. 12,3; 13,3; 15,5 f.; 17,1). Die Paränese von TestJos enthält, ebenso wie der Rückblick auf die Vergangenheit in diesem Testament, Aussagen gegen die Verführungskünste der Frauen, die am Beispiel der Ägypterin, die Joseph zur Unzucht verführen will, behandelt werden (3,6 ff.; 4,1 f. 4 f.; 5,1; 6,1 f.; 8,2; 9,4 f.)[110].

ὑπερηφανία[111]

Der Hochmut ist eines der paränetischen Themen der Reihe, die keinerlei Anknüpfungspunkt in TestRub haben, also sachlich den literarischen Kontext überschreiten. Das paränetische Material des Verfassers der TestXII ist umfangreicher als seine Illustration durch die paränetisch ausgewerteten Vätertraditionen. Zudem weist es eine gewisse geprägte Struktur in Form paränetischer Reihen auf. Warnt der Verfasser nun im Anschluß an einen Erzählzug der Lebensgeschichte des Patriarchen vor einer bestimmten Verhaltensweise, so hängen für ihn selbstverständlich eine ganze Reihe anderer Vergehen damit zusammen, die er gleich noch hinzufügt. Solche im Kontext nicht abgedeckten paränetischen Aussagen haben jedoch oft ihren festen Platz innerhalb der gesamten Paränese der TestXII und stehen an anderer Stelle in gutem Zusammenhang des Gedankenganges[112].

So spielt der Hochmut in TestJud eine wichtige Rolle, dessen Überschrift neben Unzucht und Habgier auch die ἀνδρεία nennt. In TestJud 13,2 f. warnt der Patriarch seine Nachkommen vor dem Hochmut des Herzens, der sich im jugendlichen Selbstruhm äußert. Damit steht diese Stelle TestRub 3,5 besonders nahe, wo ebenfalls Selbstruhm und jugendlicher Übermut (2,1 f.) im Blick sind (vgl. auch TestIss 1,9). In TestLev

---

[108] Vgl. DELLING, ThWNT 4, 360—363; derselbe, ThWNT 1, 737 f.
[109] Zu περιεργία vgl. 3,10; TestJos 6,2 sowie u. S. 114.
[110] Das Thema findet sich schon TestRub 4,8—10!
[111] Vgl. BERTRAM, ThWNT 8, 526—530; derselbe 1964, 32—43.
[112] Vgl. o. S. 80 ff.

wird *ὑπερηφανία* als paränetisches Stichwort im Titel genannt und findet sich darüber hinaus im schon erwähnten Lasterkatalog in 17,11. Auch innerhalb der paränetischen Reihen hat der Hochmut einen festen Platz. TestJud 18,3 nennt ihn als eine Folge von Unzucht und Habgier, TestDan 5,6 verwendet ihn neben der Unzucht in einer verallgemeinernden Aussage über die künftigen Vergehen der Levisöhne (*πάντα τὰ πνεύματα τῆς πορνείας καὶ τῆς ὑπερηφανίας*), TestGad 3,3 enthält ihn als Glied einer Reihe über den Hassenden. Der Sache nach stehen noch TestLev 14,5—8 (V. 7: *ἐπαίρομαι*, V. 5.8: *καταφρόνησις*) nahe[113].

ψεῦδος[114]

Ähnlich wie der Hochmut hat auch die Lüge keinen weiteren Bezugspunkt in den übrigen Teilen von TestRub. Sie ist dagegen neben dem Zorn paränetisches Stichwort in TestDan und wird in diesem Testament ausführlich behandelt[115]. Weitere Belege finden sich in TestGad 5,1 (in Verbindung mit Haß) und TestAss 5,3.

In den behandelten Reihen taucht die Lüge mehrfach auf, so in TestIss 7,4 und TestBenj 6,4 (jeweils neben List) sowie der Sache nach in TestGad 3,3 (*τὴν ἀλήθειαν ψέγει*). Durch die Erwähnung von *ζῆλος* in TestRub 3,5 kommen auch die Warnungen vor der Verleumdung in den Blick[116].

ἀδικία[117]

Sind mit den bisherigen Gliedern der Geisterreihe jeweils konkrete Einzelvergehen bezeichnet, so wird der siebente Geist unter ein allgemeines Stichwort gestellt. Ungerechtigkeit als Sammelbegriff für ein gegen das Gesetz Gottes gerichtetes Verhalten begegnet häufig in den TestXII[118]. Hier ist die *ἀδικία* allerdings speziell auf Vergehen gegen fremden Besitz bezogen[119] und so dem Oberbegriff der *πλεονεξία* zuzuordnen[120].

---

[113] Vgl. noch *ὕβρις* TestJud 16,3; TestGad 5,1; TestBenj 5,4; 6,5; dazu BERTRAM, ThWNT 8, 295—307.

[114] Vgl. CONZELMANN, ThWNT 9, 590—599; BERGER 1972, 332—343.

[115] Vgl. besonders 2,1 (3,6): *πνεῦμα τοῦ ψεύδους καὶ τοῦ θυμοῦ*, sowie 1,3; 2,4; 4,6f.; 5,1; 6,8.

[116] Zu *ζῆλος* s. u. S. 117f., zum Thema Verleumdung s. u. S. 115.

[117] Vgl. LIMBECK, EWNT 1, 74—79; SCHRENK, ThWNT 1, 150—163.

[118] TestLev 2,3; 3,1; 4,1f.; 17,5; TestDan 6,10; TestBenj 10,8.

[119] In diesem Sinne wird *ἄδικος* auch in TestJud 21,6; TestDan 3,4 verwendet; vgl. *ἀδικεῖν* TestAss 2,5.

[120] Vgl. u. S. 100. Dieses Verständnis entspricht einer bereits in der Wortgruppe *ἀδικ-* enthaltenen speziellen Bedeutung, vgl. LIMBECK, EWNT 1, 74f.: »Da die Zufügung eines Unrechts für den Betroffenen (in der Regel) einen Schaden bedeutet, kann *ἀδικέω* — speziell im Rechts- und Geschäftsleben — auch den Sinn von schädigen annehmen.«

κλοπὴ καὶ γρυπίσματα[121]

Ein sachlicher Hintergrund für die Vergehen gegen fremden Besitz findet sich in TestRub nirgends. Diebstahl und Raub sind mehrfach in paränetischen Reihen Gegenstand der Ermahnung. Wie in TestRub 3,6, so werden auch in TestAss 2,5 Diebstahl und Ungerechtigkeit nebeneinandergestellt und mit der Habsucht in Verbindung gebracht (ἄλλος κλέπτει, ἀδικεῖ, ἁρπάζει, πλεονεκτεῖ). In TestLev 14,5 ist das Vergehen dem Charakter der Reihe entsprechend als Tempelraub näher bestimmt. Weitere Belege innerhalb der behandelten Reihen finden sich in TestDan 5,7 (ἁρπάζω mit πλεονεξία), TestIss 7,3 (πᾶν ἐπιθύμημα τοῦ πλησίον οὐκ ἐπόθησα). Daß Besitzvergehen in der Paränese der TestXII auch außerhalb von paränetischen Reihen eine wichtige Rolle spielen, belegen TestLev 6,10; TestJud 21,6 f.; TestBenj 5,1; 11,1 f.

φιληδονία

Mit der φιληδονία[122] wird scheinbar der Komplex der Vergehen gegen fremden Besitz verlassen, da das Wort in den TestXII mehrfach in sachlicher Nähe zur πορνεία steht[123]. Allerdings kann sie auch als πλεονεξία verstanden werden, wie TestBenj 6,2 belegt: οὐδὲ συνάγει πλοῦτον εἰς φιληδονίαν. Der Zusammenhang von TestRub 3,6 spricht für eine solche Deutung.

δωροληψία

Auch die Bestechlichkeit, die im Alten Testament vor allem im Bereich der Rechtsprechung angesiedelt ist[124], gehört zum weiteren Bereich der Besitzvergehen. Das Wort kommt sonst in den TestXII (wie auch in LXX) nicht vor[125].

Zusammenfassung:

In TestRub 3,3−6 begegnen in Form einer siebengliedrigen Geisterreihe eine Anzahl von Vergehen gegen das Gesetz Gottes. Darin hat sich keine reflektierte Geisterlehre niedergeschlagen, sondern nur eine auch sonst in den TestXII zu beobachtende Ausdrucksweise. Durch diese Ausdrucksweise werden spezielle Gesetzesübertretungen kategorisiert. Die Sieben-

---

[121] Vgl. zur Sache PREISKER, ThWNT 3, 753−756; BERGER 1972, 327−332.

[122] Vgl. STÄHLIN, ThWNT 2, 918 ff.

[123] Vgl. in diesem Sinne TestRub 2,8!; TestIss 2,3.

[124] Vgl. Ex 23,8; Dtn 16,19; 27,25; Ez 22,12.

[125] Für die vorgeschlagene Deutung ist auf Philo, SpecLeg I 204, zu verweisen: αἱ χεῖρες αὗται οὔτε δῶρον ἐπ᾽ ἀδίκοις ἔλαβον οὔτε τὰς ἐξ ἁρπαγῆς καὶ πλεονεξίας διανομάς (vgl. auch IV 62 ff.). − Zum Text von TestRub 3,6b: Mit kdme ist δωροληψία zu lesen. δολοληψία (b) ist bei LIDDELL-SCOTT nicht belegt, δοοοληψία (lafn chij) inhaltlich kaum möglich (vgl. auch H. J. DE-JONGE 1975, 48).

zahl der Kategorien von Gesetzesübertretungen dürfte eine Vollständigkeit der Beschreibung des gegen das Gesetz gerichteten Verhaltens ausdrücken.

Der Rahmen (2,1 f.; 3,8) verbindet inhaltlich die Reihe mit den übrigen Bestandteilen von TestRub und wertet das durch die sieben Geister bestimmte Verhalten als gegen den Willen Gottes gerichtet. Dieser wird mit Hilfe der Begriffe Wahrheit, Gesetz und Unterweisung der Väter beschrieben.

Die in der Reihe zusammengestellten Gesetzesübertretungen gehen inhaltlich über das im übrigen TestRub enthaltene Gedankengut hinaus. Das in TestRub bestimmende Thema Unzucht und das Nebenthema Gefallsucht sind in der Reihe enthalten. Dieser Befund legt die Annahme nahe, daß der Verfasser der TestXII in TestRub 3,3−6 geprägtes paränetisches Gut verwendet hat.

Das erste (Unzucht) und das letzte Glied der Reihe (Ungerechtigkeit) haben besonders hervorgehobene Bedeutung. Unzucht ist das Hauptthema des gesamten TestRub, Ungerechtigkeit wird am ausführlichsten durch weitere Begriffe (Raub, Diebstahl, Vergnügungssucht, Bestechlichkeit) erläutert. Diese legen eine Deutung der Ungerechtigkeit im Sinne der Habgier nahe.

Die in der Reihe aufgezählten Vergehen bilden einen Grundbestand des paränetischen Materials der gesamten TestXII. Sie tauchen häufig in vergleichbaren Reihen der übrigen Testamente auf. Darüber hinaus werden sie sowohl in Einzelparänesen als auch in den übrigen der Paränese dienenden Erzählstücken verwendet. Neben den Hauptvergehen Unzucht und Habgier werden genannt: Unersättlichkeit, Streit, Gefallsucht und Ziererei, Hochmut, Lüge, Zorn.

b) Testament Levi

Zur Literarkritik:

Innerhalb einer Zukunftsansage über die Vergehen der Levisöhne »am Ende« (14,1) begegnet in TestLev 14,5 f. eine Reihe konkreter Verfehlungen, die sachlich auf den Opferdienst und das Priestertum bezogen sind[126]. Wir gehen im folgenden von dem durch die Handschriften überlieferten Textbestand aus[127]. Dabei ist in Rechnung zu stellen, daß der Ver-

---

[126] BECKER 1974, 57, sieht ihren Ursprung in der alttestamentlichen Prophetie und meint: »Angesichts der Typik der Aussagen wird man zu TL 14 eine konkrete Historisierung kaum vertreten können. Sicher ist nur, daß allgemein Hellenisierungstendenzen angegriffen werden.« HULTGÅRD I 1977, 97−101. 135, betont dagegen stärker den konkreten historischen Hintergrund der Anklagen.

[127] Zur Diskussion der literarkritischen Probleme von TestLev 14−19 vgl. BECKER 1970, 283−306. Danach können TestLev 14, 1−19,3 »in keinem Fall von einer Hand stammen, die

fasser der TestXII für TestLev Material aus einer schriftlichen Quelle in sein Werk übernommen hat. Von daher erklärt sich der speziell gegen die Priesterschaft gerichtete Akzent seiner Polemik in den Sündenaufzählungen[128].

Zur Form:

TestLev 14 f. erweist sich als ein SER-Stück mit einem besonders weit ausholenden Sündenregister und zeigt folgende Gliederung:

14,1—2	Einleitung[129]
14,3—8	Schilderung der Freveltaten
15,1—3	Gerichtsdarstellung
15,4	eschatologischer Heilsausblick[130]

Zur Textkritik:

An vier Stellen bietet b gegenüber chij einen ausführlicheren Text:
V. 5   — καὶ πρὸ τοῦ θυσιάσαι κυρίῳ λήψεσθε
V. 6   — καὶ παρθένους Ἰερουσαλὴμ μιανεῖτε
      — καθαρίζοντες αὐτὰς καθαρισμῷ παρανόμῳ
      — ἐν ἀσεβείᾳ

Nach Becker ist der Kurztext ursprünglich, da er einen planvolleren Aufbau zeige, während b nachträglich durch Hinzufügung »typischer Ge-

---

überlieferungsgeschichtlichen Verhältnisse sind vielmehr derart kompliziert, daß mit einer sehr bewegten Geschichte des Abschnitts gerechnet werden muß« (283). Hinsichtlich der uns interessierenden Passage soll nur vermerkt werden, daß selbst BECKER zu dem Ergebnis kommt: Es »besteht kein hinreichender Grund, TL 14 f. dem Grundstock der TP abzusprechen.« (a.a.O., 301; vgl. 283). Anders allerdings HAUPT 1969, 97—99, der 14,2—8 als »auf besondere Verfehlungen der Priester und damit auf den Priesterstamm Levi« bezogenen späteren Einschub ansieht.

[128] Vgl. HULTGÅRD I 1977, 98—101 (100: »L'unité du passage 14: 1—8, à l'exception du remaniement au v. 2, ne peut être mise en doute.«); II 1982, 122 f. Daß in TestLev 14—19 insgesamt vier SER-Stücke enthalten sind, muß nicht gegen die literarische Einheitlichkeit dieser Kapitel sprechen, da solche Wiederholungen zu den Stilmitteln des Verfassers gehören, vgl. HULTGÅRD II 1982, 117. Zur Verwendung einer schriftlichen Vorlage in TestLev s. o. S. 76 f.

[129] Zu den charakteristischen Merkmalen der Einleitung von SER-Stücken gehört auch der Verweis auf die »Schrift Henochs« (TestLev 16,1; TestJud 18,1; TestDan 5,6; TestNaph 4,1; TestBenj 9,1; vgl. TestSim 5,4; Ἐνώχ sonst nur noch TestLev 10,5; TestSeb 3,4; TestBenj 10,6). Es besteht kein Anlaß, die Erwähnung Henochs in den TestXII grundsätzlich als sekundär anzusehen (mit HULTGÅRD I 1977, 82 ff., gegen BECKER 1970, 174 f.). Natürlich handelt es sich nicht um Zitate oder Anspielungen, die die uns bekannten frühjüdischen Pseudepigraphen betreffen, sondern um Berufungen auf die Autorität der Henochgestalt. Im Blick ist speziell die Funktion Henochs als »figure de révélateur des événements à venir et d'accusateur des péchés des hommes« (HULTGÅRD I 1977, 84). Dies ist eine der drei Funktionen, die die von Henoch auf Gottes Befehl geschriebenen Bücher in slHen haben, vgl. dazu u. den Exkurs: Das Gesetz in slHen, S. 192 ff.

[130] Nach BECKER 1970, 301 f.

botsübertretungen« entstanden sei[131]. Allerdings ist auch der Aufbau von b logisch, und der Langtext ist kaum als Hinzufügung typischer Gebotsübertretungen zu erklären, da die Erweiterungen inhaltlich nicht über den Kurztext hinausgehen, sondern jeweils die direkt voranstehenden Aussagen verstärken. Dies ist im Interesse der Eindringlichkeit paränetischer Ermahnung durchaus sinnvoll und dem Verfasser der TestXII zuzutrauen. Da überdies in der Textgeschichte der TestXII eine Tendenz zur Kürzung nachweisbar ist, kann der von b gebotene Text als ursprünglich angesehen werden[132].

TestLev 14,5f.

5   *τὰς προσφορὰς κυρίου ληστεύσετε, καὶ ἀπὸ τῶν μερίδων αὐτοῦ κλέψετε, καὶ πρὸ τοῦ θυσιάσαι κυρίῳ λήψεσθε τὰ ἐκλεκτά, ἐν καταφρονήσει ἐσθίοντες*
6   *μετὰ πορνῶν,   ἐν πλεονεξίᾳ τὰς ἐντολὰς κυρίου διδάξετε, τὰς ὑπάνδρους βεβηλώσετε, καὶ παρθένους Ἱερουσαλὴμ μιανεῖτε, καὶ πόρναις καὶ μοιχαλίσι συναφθήσεσθε, θυγατέρας ἐθνῶν λήψεσθε εἰς γυναῖκας, καθαρίζοντες αὐτὰς καθαρισμῷ παρανόμῳ, καὶ γενήσεται ἡ μεῖξις ὑμῶν Σόδομα καὶ Γόμορρα ἐν ἀσεβείᾳ,*

Die in V. 5f. aufgezählten Vergehen werden im direkten Kontext der Aufzählung in Bezug zu den Geboten Gottes gesetzt: *ἐναντίας ἐντολὰς διδάσκοντες τοῖς τοῦ θεοῦ δικαιώμασι* (V. 4), *κατὰ τῶν ἐντολῶν τοῦ θεοῦ* (V. 7)[133]. In ganz ähnlicher Weise sind auch innerhalb der Reihe selbst die Gebote im Blick (V. 6 Anfang). Dadurch wird der enge Zusammenhang zwischen konkreten Verhaltensweisen und dem Gesetz Gottes deutlich zum Ausdruck gebracht.

ληστεύειν, κλέπτειν, λαμβάνειν

Die Vergehen gegen fremden Besitz[134] werden, dem Charakter des ganzen TestLev entsprechend, auf das Priestertum bezogen. In diesem Sinne begegnen sie auch innerhalb des Lasterkatalogs von TestLev 17,11[135] (*φιλάργυροι*).

---

[131] BECKER 1970, 304. Ähnlich HAUPT 1969, 98.

[132] Vgl. o. S. 74f. Der bei HULTGÅRD II 1982, 244f., abgedruckte Text von TestLev 14,1−6 entspricht fast wörtlich dem von M. DE JONGE 1978.

[133] Der »Affront gegen Gott« ist nach BECKER 1970, 176, »ein grundlegender Zug aller Sündenkataloge« der SER-Stücke.

[134] Zu den Besitzvergehen innerhalb paränetischer Reihen vgl. o. S. 96.

[135] In diesem Lasterkatalog werden die Priester als *εἰδωλολατροῦντες, μάχιμοι* (chij *μοιχοί*), *φιλάργυροι, ὑπερήφανοι, ἄνομοι, ἀσελγεῖς, παιδοφθόροι καὶ κτηνοφθόροι* bezeichnet. TestLev 17 in seiner jetzigen Gestalt bietet eine Fülle literarkritischer und traditionsgeschichtlicher Probleme, vgl. BECKER 1970, 287−290; HULTGÅRD II 1982, 118−121. Der Lasterkatalog scheint hellenistisch beeinflußt zu sein (BECKER 1970, 290). Er muß in seinem jetzigen Kontext nicht

πλεονεξία[136]

Hier werden die Besitzvergehen ausdrücklich unter dem Begriff *πλεο-νεξία* zusammengefaßt[137]. Diese wird als dem Sinn der Gebote Gottes entgegengesetzt dargestellt[138].

Innerhalb der paränetischen Reihen gehört die *πλεονεξία* zu den wichtigsten Gliedern. Sie begegnet in TestDan 5,7; TestGad 5,1; TestBenj 5,1 (TestIss 4,2; TestAss 2,5.6). Dazu kommen der Sache nach TestRub 3,6 (*ἀδικία*), TestJud 18,2 (*φιλαργυρία*), TestIss 7,3 (*ἐπιθύμημα τοῦ πλησίον ποθεῖν*), TestBenj 6,2 (*συνάγειν πλοῦτον εἰς φιληδονίαν*). Außerhalb der behandelten Reihen kommt *πλεονεξία* nur noch dreimal vor: in einer paränetisch ausgerichteten Zukunftsansage neben Unzucht und Raub (TestJud 21,8), innerhalb der einzigen konkreten Paränese von TestNaph (3,1) und im Rückblick auf die Vergangenheit in TestGad (2,4). Ähnlich wie die Unzucht ist damit die Habgier zentraler Bestandteil der behandelten paränetischen Reihen.

καταφρόνησις, φυσιοῦν, ἐπαίρεσθαι

In V. 5 und in V. 8 ist mit dem Begriff *καταφρόνησις* die Verachtung Gottes angesprochen, die sich in der Unzucht einerseits (V. 5) und in lästerlichem Spott andererseits (V. 8) äußert. Einen ähnlichen Gedanken bringt V. 7 zum Ausdruck, der die vorher aufgezählten Vergehen als Überhebung gegen Menschen und gegen Gott wertet[139]. Alle diese Aussagen haben die *ὑπερηφανία* zum Hintergrund, die in TestLev als paränetisches Stichwort im Titel erscheint. Ähnlich kann auch TestLev 16,2 (*λόγους προφητῶν ἐξουθενώσετε*) verstanden werden[140]. Die *ὑπερήφανοι* selbst begegnen in dem Lasterkatalog TestLev 17,11[141].

---

sekundär sein, wenn man mit HULTGÅRD II 1982, 119 f., VV. 9−11 als zusammengehörig ansieht. Diese Verse wären dann als Auszug aus einer umfangreicheren Zukunftsansage nach dem Sieben-Wochen-Schema vorstellbar. Jedoch muß hier vieles hypothetisch bleiben.

[136] Vgl. DELLING, ThWNT 6, 266−274; SPICQ 1978, 704 ff.; REINMUTH 1985, 39 f.; DABELSTEIN 1981, 56; KLAAR 1954, 395 ff. S. u. S. 107.

[137] Nach BECKER 1970, 303 f., ist V. 6a zusammenfassender Schlußsatz zu V. 5!

[138] Vgl. zum verkehrten Lehren des Gesetzes 14,4; 16,2.

[139] *φυσιοῦν* in TestXII nur hier und V. 8, *ἐπαίρεσθαι* noch TestDan 4,3 sowie in den Levi-Juda-Stücken TestSim 7,1; TestJud 21,1.

[140] TestLev 16 ist nach 14 f. das zweite SER-Stück von TestLev, braucht aber deshalb nicht als »Dublette« (BECKER 1970, 284) ausgeschieden zu werden (s. o. Anm. 128). Die Sündenaufzählung 16,1 f. bezieht sich anfangs auf kultische Vergehen (*τὴν ἱερωσύνην βεβηλώσετε καὶ τὰς θυσίας μιανεῖτε*), dann werden nicht spezifisch priesterliche Verhaltensweisen genannt (*τὸν νόμον ἀφανίσετε καὶ λόγους προφητῶν ἐξουθενώσετε, ἐν διαστροφῇ διώξετε ἄνδρας δικαίους καὶ εὐσεβεῖς μισήσετε, ἀληθινῶν λόγους βδελύξεσθε*). Formal sind aber, da V. 1 und 2 nicht auseinanderzureißen sind, auch diese Anklagen an die Levisöhne, also die Priester, gerichtet (HULTGÅRD I 1977, 101 f.), wenngleich der allgemeine Charakter ihre paränetische Verwendbarkeit im Blick auf die Leser der TestXII erhöht. Es besteht demnach kein Grund, TestLev 16,1 f. dem Verfasser der TestXII abzusprechen (vgl. HULTGÅRD II 1982, 117).

[141] Vgl. o. Anm. 135. Zu *ὑπερηφανία* s. o. S. 94 f.

πόρνη, μιαίνειν, μοιχαλίς, βεβηλοῦν, μεῖξις

Die zahlreichen Vergehen aus dem sexuellen Bereich, auf die in TestLev 14,5 f. angespielt wird[142], lassen sich unter dem Stichwort »Unzucht« zusammenfassen, wenngleich das Wort *πορνεία* in TestLev nur einmal an anderer Stelle (9,9) auftaucht[143]. Wieder sind die speziellen Unzuchtvergehen auf das Priestertum bezogen. Auch in den anderen beiden bereits in den Blick gekommenen Paränesen von TestLev werden solche Vergehen der Priester genannt: 16,1 *τὴν ἱερωσύνην βεβηλώσετε καὶ τὰς θυσίας μιανεῖτε* und 17,11 *ἀσελγεῖς, παιδοφθόροι.*

θυγατέρας ἐθνῶν λαμβάνειν εἰς γυναῖκας

Das Problem der Mischehen bei Priestern begegnet in TestLev noch einmal in einer Reihe von Spezialanweisungen für die Priester, die Levi von seinem Großvater Isaak erhalten hat (9,6—14)[144]. Innerhalb dieser Weisungen bilden die Verse 9—14 eine katechismusartige Priestertora, die vorwiegend Mahnungen über die korrekte Durchführung des Opferkultus enthält (11—14), aber mit zwei allgemeineren ethischen Geboten einsetzt: der Warnung vor dem *πνεῦμα τῆς πορνείας* sowie der Anweisung, eine tadellose und unbefleckte (*βεβηλωμένη*) Frau, die nicht heidnischer Abstammung ist (*ἀπὸ γένους ἀλλοφύλων ἢ ἐθνῶν*), zu nehmen[145].

Zusammenfassung:

Innerhalb einer Zukunftsansage (SER-Stück) findet sich in TestLev 14,5 f. eine Aufzählung von Vergehen der Levisöhne. Im Kontext werden

---

[142] Zu *μιαίνειν* s. u. S. 117, zum Ehebruch S. 119. *βεβηλοῦν* begegnet nur in TestLev (außer 14,6 noch 9,10; 16,1). Das Wort hat ursprünglich einen kultischen Hintergrund (vgl. die Häufung der LXX-Belege in Lev 18—22!), kann aber in paränetischen Zusammenhängen die »unheilige Gesinnung« bezeichnen, wobei der Gedanke der sexuellen Unreinheit mitschwingen kann (Philo, Fug 114); vgl. HAUCK, ThWNT I, 604 f. Zu *μεῖξις* vgl. TestJud 14,3. Die Wortgruppe wird in LXX in Bezug auf die Mischehe verwendet, vgl. Ψ 105,35; Prov 14,16; IEsr 8,67.84.

[143] Zu *πορνεία* s. o. S. 92 f.

[144] Mischehe spielt in den TestXII sonst kaum eine Rolle, vgl. nur TestJud 13,3—8; 14,6; TestDan 5,5.

[145] Der ganze Abschnitt ist in weit ausführlicherer Gestalt auch in den aramäischen Parallelstücken zu TestLev überliefert (CHARLES 1908, App. III, 247; M. DE JONGE 1978, 46 ff.). Dabei stehen ebenfalls die uns interessierenden Mahnungen zum Thema Unzucht und Mischehe am Beginn und zeigen eine umfassendere und z. T. erweiterte Gestalt. Eine traditionsgeschichtliche Analyse ergibt, daß der Verfasser von TestLev seine durch die aramäischen Stücke repräsentierte Vorlage gekürzt und mit eigenen Akzenten versehen (vgl. vor allem die Formulierung »Geist der Unzucht«, die der Geistervorstellung der TestXII entspricht, s. o. den betreffenden Exkurs, S. 88—91) in sein Werk eingearbeitet hat (s. dazu HULTGÅRD II 1982, 98—101; M. DE JONGE 1953, 40; in modifizierter Weise auch HAUPT 1969, 71—76; dagegen BECKER 1970, 87—93: keine literarische, sondern nur eine traditionsgeschichtliche Beziehung).

diese Vergehen als Übertretungen der Gebote Gottes charakterisiert. Damit ist das Verhalten der Nachkommen Levis gegen das Gesetz Gottes gerichtet.

Die aufgezählten Vergehen stehen hier in enger Beziehung zu Priestertum und Priesterdienst. Sie erweisen sich jedoch bei näherem Hinsehen als allgemeine Gebotsübertretungen, die aufgrund des Gesamtcharakters von TestLev auf das Priestertum zugeschnitten sind[146].

Die erwähnten Gebotsübertretungen lassen sich im wesentlichen den beiden Hauptvergehen Habgier und Unzucht zuordnen[147]. Unter dem Begriff der Habgier werden verschiedene Formen von Tempelraub zusammengefaßt. Unter verschiedenen Begriffen werden geschlechtliche Ausschweifungen der Priester aufgezählt.

TestLev 14,5 f. ist eng verwandt mit weiteren paränetischen Passagen von TestLev: einem SER-Stück in 16,1 f., einem Lasterkatalog innerhalb einer Zukunftsansage (17,11), einer Priesterunterweisung innerhalb des Rückblickes auf die Vergangenheit (9,9−14). Durch die Zusammenfassung von Gesetzesübertretungen in den beiden Hauptvergehen Habgier und Unzucht sowie durch den Anklang an Vergehen im Sinne von Hochmut steht die Reihe in Verbindung mit den weiteren behandelten Reihen der TestXII.

c) Testament Juda

Zur Literarkritik:

In einem in sich geschlossenen Abschnitt, TestJud 18,2−6, liegt eine Paränese zu den Gesetzesübertretungen der Unzucht und der Habgier vor. Sie steht zwischen einer Zukunftsansage über das Königtum (17,3−6) und einer Paränese zur Geldgier (19,1 f.).

V. 18,1 an seiner jetzigen Stelle und in seiner jetzigen Gestalt schließt aus, daß TestJud 18 völlig unbearbeitet überliefert worden ist. Er kann weder als Abschluß für Kp. 17 noch als Beginn von Kp. 18 verstanden werden, steht also isoliert[148]. Es muß folglich davon ausgegangen werden, daß TestJud in den paränetischen Passagen bearbeitet worden ist. Wie diese Bearbeitung vor sich gegangen ist und wieweit sie sich erstreckte, ist aus dem jetzigen Textbestand nicht mehr schlüssig zu ermitteln. Dieser zwingt jedenfalls nicht zu einer literarkritischen Eliminierung der gesamten Parä-

---

[146] Ähnlich HAUPT 1969, 99; vgl. auch HULTGÅRD I 1977, 86.135 f.

[147] Vgl. zu dieser Kombination u. S. 107.

[148] Mit HULTGÅRD II 1982, 210, ist anzunehmen, daß 18,1 der Rest eines SER-Stückes ist, und daß in 17,2−18,1 »le texte primitif a subi un abrégement et des altérations dont nous ne pouvons plus préciser les modalités.«; vgl. BECKER 1970, 313: »typische Einleitung für ein SER-Stück«, »Fragment eines abgekappten SER-Stückes«.

nese 18,2−6[149]. Die TestXII zeigen immer wieder einen sehr freien Umgang mit Erzähltraditionen, paränetischen Stücken zu verschiedenen Themen sowie prophetischen Zukunftsansagen. Solche Stücke haben alle dienende Funktion für die Paränese, sind aber keineswegs auf sachliche und inhaltliche Stimmigkeit angelegt. Variabilität gehört geradezu zu den Gattungsmerkmalen des Testaments[150]. Zieht man dies in Betracht, so gibt es keinen ausreichenden Grund, TestJud 18,2−6 aus den TestXII herauszulösen. Methodisch korrekter ist es, auf eine nachträgliche Rekonstruktion des aus 18,1 zu erschließenden Bearbeitungsvorganges zu verzichten und den Text so weit wie möglich in seinem Kontext zu interpretieren.

Zur Form:

Der Aufbau von TestJud 18,2−6 ist deutlich erkennbar[151]:

V. 2   Einleitung (Unzucht und Habgier)
V. 3−5   Aufzählung (Folgen von Unzucht und Habgier)
V. 6   Zusammenfassung[152]

Darüber hinaus hat man in VV. 3−5 ein »ehedem selbständiges dreistrophiges Gedicht« sehen wollen und von Strophen bzw. »rhytmisierten Kurzzeilen« gesprochen[153]. Demgegenüber ist aber zu betonen, daß die Sprache der VV. 3−5 nicht die Grenzen der Prosa überschreitet, sondern in geprägter Weise gängige paränetische Weisungen aneinanderreiht[154]. Die Prägung besteht dabei weniger in der äußeren sprachlichen Form, als vielmehr in Inhalt und Zusammenstellung des paränetischen Gedankengutes. Vergleichbare Passagen aus TestIss und TestBenj bestätigen dies und belegen zudem, daß auch in der Reihenfolge und der Auswahl solchen geprägten Materials weitgehende Freiheit herrscht[155]. Von daher hat man die

---

[149] BECKER glaubt, 18,2−6 aus dem »Grundstock« ausscheiden zu müssen, da diese VV. inhaltlich nicht zum übrigen TestJud passen. Mit demselben Argument eliminiert er auch noch 19,1−4 und zieht darauf die Schlußfolgerung: »18,2−19,4 ist nach diesen Ausführungen als angefügter Zusatz zu betrachten, der als Material auf ein traditionelles Gedicht (18,3−5) zurückgriff und sonst sich frei an die Gegebenheiten des TJud anschloß« (1970, 313ff.). Diese Schlußfolgerung ist nicht zwingend, s. u.

[150] Vgl. v. NORDHEIM 1980, 230f.; HULTGÅRD II 1982, 187−200.

[151] Vgl. REINMUTH 1985, 22f.

[152] Der in V. 6 von b gebotene Text ist offenbar verderbt. Vgl. dazu ausführlich REINMUTH 1985, 103 mit Anm. 87. Mit ihm verstehen wir V. 6 als Aussage über die »Gegensätzlichkeit beider Leidenschaften zum Gesetz Gottes (vgl. v 3a)« (zit. nach Diss. masch. Halle 1981, Anm. 92) und folgen in diesem Punkt b aeglm. Anders BECKER 1974, 73: »Das objektlose ἐναντίοις (a, f) war Anlaß, in ab(g)e τῶν ἐντολῶν τοῦ θεοῦ einzusetzen.«

[153] BECKER 1970, 314; KÜCHLER 1979, 458f.; vgl. ASCHERMANN 1955, 46f.

[154] Vgl. REINMUTH 1985, 23: »Reihung geprägter Katechismus-Formulierungen«.

[155] S. u. S. 111 und S. 126f.

Formulierung des Abschnitts TestJud 18,2−6 ganz dem Verfasser der TestXII zuzuschreiben, der selbst freilich in lebendiger paränetischer Tradition steht[156].

Mit der literarkritischen und der formkritischen Frage hängt die nach dem Thema der Reihe eng zusammen. Kann man sie einerseits als ein Stück, das ursprünglich nur das Thema Habsucht behandelt hat, betrachten[157], so ist andererseits darauf zu verweisen, daß es in den TestXII ganz ähnliche umfassende Formulierungen über die Folgen der Unzucht gibt[158]. In der Tat ist in den VV. 3−5 im engeren Sinne weder von Habsucht noch von Unzucht die Rede, sondern von den Folgen, die ein Verhalten gegen das Gesetz Gottes nach sich zieht (vgl. V. 3a.6!)[159]. Solches Verhalten gegen das Gesetz wird unter den Begriffen Unzucht und Habgier zusammenfassend charakterisiert[160]. Aus diesem Grunde können in die Paränese über Unzucht und Habgier auch Aussagen aus ganz anderen thematischen Bereichen einbezogen werden wie z. B. der Hochmut, das Erbarmen oder der Zorn.

Exkurs: ὁ νόμος − αἱ ἐντολαί in den TestXII

ὁ νόμος[161] und αἱ ἐντολαί[162] werden in den TestXII fast immer synonym ge-

---

[156] Nach REINMUTH 1985, 23, kann »eine von ihrem Kontext unabhängige Existenz einer derartigen Reihe geprägter Formulierungen . . . kaum wahrscheinlich gemacht werden. Näher liegt die Annahme, daß die Formulierungen der V. 3−5 aneinandergereiht wurden, um die Mahnung V. 2 mit geläufigen bzw. eingängigen Prägungen warnend zu begründen.«

[157] So ASCHERMANN 1955, 46 f.; BECKER 1970, 314.

[158] So REINMUTH 1985, 23. Vgl. TestRub 4,6 f.; TestSim 5,3.

[159] REINMUTH 1985, 24, betont mit Recht, »daß die durch den Ahnherrn Juda ergehende Paränese als Forderung des Gesetzes verstanden werden muß . . . Die Formulierung (sc. in 13,1) macht deutlich, daß das Befolgen der Worte Judas zum Gesetzesgehorsam führen soll«. Vgl. a.a.O., Anm. 101: »Dieser Sachverhalt hat grundsätzliche Geltung für die TestXII. Die in den Testamenten ergehenden Anweisungen müssen generell als Explikation der Tora verstanden werden«.

[160] Vgl. REINMUTH 1985, 27 f. Auch HULTGÅRD II 1982, 205 f., wendet sich gegen die Annahme, 18,3−5 könne als selbständiges Gedicht zum Thema Habsucht aus seinem Kontext herausgelöst werden.

[161] Stets im Singular! Die drei Stellen, an denen eine durch πᾶς angedeutete Mehrzahl von Gesetzen ausgedrückt zu sein scheint (TestLev 13,1; TestJud 26,1; TestGad 3,1), sind die Regel bestätigende Ausnahmen, da sie mit dem Plural αἱ ἐντολαί synonym sind, s. u. die folgende Anm.

[162] Fast immer im Plural. Ausnahmen: TestJud 10,5 (von der Weisung der Mutter Onans); 13,1.7; 14,6. Die letztgenannten Stellen erklären sich aus der in 12,3 f. erzählten Übertretung eines konkreten Gebotes (Lev 18,15; 20,12), auf die sie bezogen sind. Deshalb ist in 13,1 entgegen der Regel, aber entsprechend dem Kontext, der Singular gewählt. Da aber dennoch die konkrete Gebotsübertretung der Gesamtheit der Gebote Gottes gegenübergestellt werden soll, wird für die letztere der Plural δικαιώματα gewählt. Vgl. den ähnlich gelagerten Fall TestLev 14,4.

braucht, wie die folgende sämtliche Vorkommen beider Wörter erfassende Übersicht zeigt:

	νόμος	ἐντολαί
κυρίου	TestRub 6,8; TestLev 9,6; 13,1; 19,1.2; TestJud 26,1; TestSeb 10,2; TestDan 5,1; 6,10; TestNaph 2,6; 3,2; TestGad 3,2; TestAss 6,3; TestJos 4,5; 11,1; TestBenj 10,3	TestLev 14,6; TestJud 13,(1)7; TestIss 4,6; 5,1; 6,1; TestSeb 5,1; TestDan 5,1; TestNaph 3,2; TestGad 4,2; TestAss 6,1.3; Test Jos 18,1; 19,6; TestBenj 3,1; 10,3 (vgl. TestJud 13,7; TestSeb 10,2: ἐντολὴ πατέρων, πατρός)
θεοῦ	TestRub 3,8; TestLev 13,2.3; TestJud 18,3; TestIss 5,1; TestDan 6,9; 7,3; TestGad 4,7; TestAss 7,5 (vgl. TestGad 3,1: ὑψίστου)	TestLev 14,7; TestJud 13,1; 14,6; 16,3.4; 18,6; 23,5; TestNaph 8,10; TestBenj 10,5 (vgl. TestAss 5,4: ὑψίστου)
absolut	TestLev 13,4; 14,4; 16,2.3; TestNaph 8,7; TestAss 2,6; TestJos 5,1 (vgl. TestSeb 3,4: ν. Ἐνώχ, nach chij Μωυσέως)	TestLev 14,4; TestNaph 8,9 (2×); TestAss 2,8; 4,5 (vgl. TestNaph 8,7: αἱ ἐντολαὶ τοῦ νόμου)
φυλάσσειν	TestJud 26,1; TestIss 5,1; TestSeb 10,2; TestAss 6,3; Test Benj 10,3	TestSeb 5,1; 10,2; Test Dan 5,1; TestJos 19,6; TestBenj 3,1; 10,3.5
πορεύεσθαι	TestLev 13,1; 19,2; TestJos 4,5	TestJud 23,5; Test Jos 18,1
ποιεῖν	TestGad 3,1.2; Test Jos 11,1	TestAss 2,8
προσέχειν	TestAss 7,5	TestAss 6,1; 7,5
(δια)τηρεῖν	TestDan 5,1	TestAss 6,3
andere positive Verben	κολλᾶσθαι TestDan 6,10; πληροῦν: Test Naph 8,7	(ὑπ)ἀκούειν: TestJud 13,1; TestGad 4,2; ἐκζητεῖν: TestAss 5,4; πληροῦν: TestNaph 8,7

negative Verben	ἀφανίζειν: TestLev 16,2; ἐπιλανθάνεσθαι: TestDan 7,3; ἀλλοιοῦν: TestNaph 3,2; ἀθετεῖν: TestAss 2,6	διαστρέφειν: TestIss 4,6; περιεργάζεσθαι: TestIss 5,1; καταλείπειν: TestIss 6,1
lernen/lehren o. ä.	TestRub 6,8; TestLev 9,6.7; 13,2.3.4; Test Dan 6,9	TestLev 14,4.6
neben δικαιοσύνη	TestDan 6,10; TestGad 3,1; TestBenj 10,3	TestAss 6,3 f.
neben ἀλήθεια	TestRub 3,8; TestGad 3,1; TestBenj 10,3	TestAss 6,1
spezielle Tora- vorschriften	TestSim 9,1; TestLev 9,7	
nicht auf die Tora bezogen	TestJud 12,2	TestJud 10,5; TestAss 7,5 (ἐντολαὶ ἀνθρώπων)

Bei keinem der Belege (bis auf die in der letzten Zeile genannten) ist die Deutung auf die Tora als ganze und ihre Einzelgebote auszuschließen. Aus dem Kontext legt sich diese Deutung nahe. Ebenso beziehen sich die Belege für ἀνομία (TestRub 3,11; TestLev 2,3; TestSeb 1,7; TestDan 3,2; 6,6; TestNaph 4,1; TestGad 4,1) bzw. ἀνόμημα (TestDan 1,9; TestGad 2,5; vgl. ἀνομεῖν: TestLev 10,3) durchgängig auf Übertretungen von Torageboten oder auf eine ihren Forderungen grundsätzlich entgegenstehende Haltung. Das damit zum Ausdruck gebrachte Gesetzes*verständnis* kann allerdings erst aufgrund weitergehender inhaltlicher Erwägungen ermittelt werden. Die vorliegende Untersuchung als ganze versteht sich als ein Beitrag zu dieser Frage.

TestJud 18,2–5

2　φυλάξασθε οὖν, τέκνα μου, ἀπὸ τῆς πορνείας καὶ τῆς φιλαργυρίας,
3　ἀκούσατε Ἰουδὰ τοῦ πατρὸς ὑμῶν, 　ὅτι ταῦτα ἀφιστᾷ νόμου θεοῦ, καὶ τυφλοῖ τὸ διαβούλιον τῆς ψυχῆς, καὶ ὑπερηφανίαν ἐκδιδάσκει, καὶ οὐκ ἀφίει
4　ἄνδρα ἐλεῆσαι τὸν πλησίον αὐτοῦ, 　στερίσκει τὴν ψυχὴν αὐτοῦ ἀπὸ πάσης
ἀγαθοσύνης, καὶ συνέχει αὐτὸν ἐν μόχθοις καὶ πόνοις, καὶ ἀφιστᾷ ὕπνον
5　αὐτοῦ, καὶ καταδαπανᾷ σάρκας αὐτοῦ, 　καὶ θυσίας θεοῦ ἐμποδίζει, καὶ εὐλογίας οὐ μέμνηται, καὶ προφήτῃ λαλοῦντι οὐχ ὑπακούει, καὶ λόγῳ εὐσεβείας
προσοχθίζει.

πορνεία, φιλαργυρία[163]

Beide Laster bilden den Hauptinhalt der Warnung vor einem gegen das Gesetz gerichteten Verhalten, dessen Folgen in VV. 3—5 beschrieben werden. Sie begegnen auch sonst mehrfach in TestJud (*πορνεία*: 12,2; 13,3; 14,2f.; 15,1f.[*-νεύειν*]; *φιλαργυρία*: 19,1; der Sache nach 13,4f.; 17,1). Ihr häufiges Vorkommen in TestJud rechtfertigt den Titel des Testaments: *περὶ ἀνδρείας καὶ φιλαργυρίας καὶ πορνείας*[164]. Geldgier begegnet außerhalb von TestJud nur noch im Lasterkatalog TestLev 17,11, steht aber sachlich in enger Beziehung zu den Aussagen der Reihen über die *πλεονεξία* und *ἀπληστία*[165]. Besonderes Gewicht bekommen beide Vergehen durch ihre Zusammenstellung[166]. Ähnlich wie in TestLev 14,5f. dienen sie so zur umfassenden Charakterisierung eines dem Willen Gottes und seinem Gesetz entgegenstehenden Verhaltens[167].

Dies wird durch V. 6 bekräftigt, wo beide Laster als *πάθος* bezeichnet werden und den Geboten Gottes gegenübergestellt werden. Auch in der Reihe der Folgen von Unzucht und Habgier selbst wird deren Widerspruch zum Gesetz als ganzem ausgesprochen (V. 3: *ἀφιστᾷ νόμον θεοῦ*).

ὑπερηφανία

Neben den Auswirkungen von Unzucht und Habgier auf das Befinden des Menschen (V. 3a.4) werden eine Reihe von Vergehen genannt, die aus solchem dem Gesetz widersprechenden Verhalten resultieren. Ein solches Vergehen ist der Hochmut, der in TestJud bereits 13,2 angesprochen ist (*μὴ πορεύεσθε . . . ἐν ὑπερηφανίᾳ καρδίας ὑμῶν, καὶ μὴ καυχᾶσθε ἐν ἔργοις ἰσχύος νεότητος ὑμῶν*) und auch in den Aussagen zur *νεότης* (11,1) und zur *ὕβρις* (16,3) anklingt[168].

---

[163] Zum ganzen V. 2 vgl. REINMUTH 1985, 24f. Zu *πορνεία* s. o. S. 92f., zu *φιλαργυρία* vgl. SPICQ 1978, 928f.

[164] Die Vermutung REINMUTHS (1985, 23.24), die Zusammenstellung beider Laster diene dazu, den thematischen Komplex 13-17 (Unzucht) mit 19 (Geldgier) zu verbinden, scheitert daran, daß Geldgier bereits 13,4ff. und 17,1 behandelt wird.

[165] Vgl. o. S. 100 sowie S. 93.95f.

[166] Vgl. REINMUTH 1985, 24: »Unzucht und Habgier werden im vorliegenden Abschnitt theologisch gleichrangig gewertet und durch diese theologische Bewertung gleichzeitig in besonderem Maße betont.«

[167] Dem Aufweis, daß die Enthaltung von Unzucht und Habgier »im Frühjudentum als Zusammenfassung eines dem Willen Gottes entsprechenden, gesetzestreuen Verhaltens angesehen werden kann« (a.a.O., 28), dient ein großer Teil der Untersuchung REINMUTHS (1985, vgl. 22—47). Vgl. o. S. 63f.

[168] Vgl. zum Hochmut o. S. 94f.

108 Testamente der Zwölf Patriarchen

οὐκ ἐλεεῖν τὸν πλησίον[169]

Eine weitere Folge von Unzucht und Habgier ist es, daß man der Gesetzesforderung, sich des Nächsten zu erbarmen, nicht nachkommt. Das Erbarmen mit dem Nächsten findet an keiner anderen Stelle des TestJud Erwähnung. Es handelt sich also wieder um über den Kontext des Testaments überschießendes paränetisches Gut, das innerhalb der behandelten Reihen sowie in der Gesamtparänese der TestXII fest verankert ist.

Die positive Mahnung zur Barmherzigkeit begegnet besonders häufig in TestAss, TestBenj und TestIss[170]. Darüber hinaus ist sie paränetisches Stichwort in TestSeb (Titel: *περὶ εὐσπλαγχνίας καὶ ἐλέους*) und wird in diesem Testament ausgiebig behandelt[171].

In TestIss 7,5f. und 5,2 wird das Mitleid und das Erbarmen über Arme und Schwache als aus dem Doppelgebot der Gottes- und Nächstenliebe folgende Konkretion genannt[172]. Zwischen dem Erbarmen gegenüber Schwachen und dem über den Nächsten allgemein wird kein wesentlicher Unterschied gemacht (vgl. TestIss 7,5f.).

θυσίας θεοῦ ἐμποδίζειν, εὐλογίας οὐ μιμνήσκειν

Es handelt sich hierbei um Verhaltensweisen aus dem kultischen Bereich, denen in unserem Zusammenhang nicht näher nachgegangen zu werden braucht[173]. Solche Mahnungen können bisweilen in die Reihen sittlicher Weisungen eingestreut werden, ohne daß damit die Betonung des Sittlichen aufgehoben ist (vgl. TestIss 3,6; TestBenj 4,4).

προφήτῃ λαλοῦντι οὐχ ὑπακούειν, λόγῳ εὐσεβείας προσοχθίζειν

Das Motiv der Verachtung der Prophetenworte und der Wendung gegen fromme und gerechte Menschen klingt mehrfach in den TestXII an, innerhalb paränetischer Reihen noch in TestGad 3,2; TestAss 2,6. In TestJud taucht es noch in einer Zukunftsansage über die Vergehen der Könige (Judanachkommen) auf (21,9 neben Unzucht und Habgier!). Die Paränese TestLev 16,2 hat es zum Hauptinhalt. TestDan 2,3 spricht von Ungehorsam gegenüber einem Propheten des Herrn und der Ignoranz gegenüber Gerechten als Folge des Zorns[174].

---

[169] Zu *ἔλεος* vgl. STAUDINGER, EWNT 1, 1046–1052; BULTMANN, ThWNT 2, 474–483; NISSEN 1974, 267–277; REINMUTH 1985, 39f. mit Anm. 241.
[170] Vgl. *ἔλεος κτλ.* in TestAss 2,5.6.7; 4,3; TestBenj 4,2.4; 5,4; der Sache nach TestIss 3,8; 7,5; TestBenj 5,1.
[171] Vgl. 5,1.3f.; 7,2f.; 8,1f.6; 9,7.
[172] Vgl. u. S. 120f. sowie zum Mitleid S. 130.
[173] Vgl. REINMUTH 1985, 27.
[174] Vgl. auch TestDan 5,4 (*προσοχθίζειν*!) und TestBenj 5,4f.

Zusammenfassung:

Unter der umfassenden Warnung vor Unzucht und Habgier ist in TestJud 18,2—6 eine Reihe von Vergehen gegen das Gesetz zusammengestellt, die als Folgen der beiden Laster betrachtet werden.

Die aufgezählten Vergehen gehen inhaltlich über den Bereich von Unzucht und Habgier hinaus und bieten eine Auswahl verschiedener Gesetzesübertretungen. Sie sind also nicht im engeren Sinne Auslegung des Themas Unzucht und Habgier, sondern beschreiben umfassend gegen das Gesetz Gottes gerichtetes Verhalten. Umgekehrt fungieren folglich die Laster Unzucht und Habgier in ihrer Zusammenstellung als umfassende Charakterisierung eines dem Willen Gottes entgegenstehenden Lebens. In diesem Sinne begegnen sie auch in anderen behandelten Reihen. Als weitere Vergehen werden genannt: Hochmut, fehlendes Erbarmen mit dem Nächsten, religiöse Nachlässigkeit, Ungehorsam gegenüber den Propheten, Zorn gegen fromme Worte. Da diese Vergehen z. T. keinen Anknüpfungspunkt im übrigen TestJud haben, kann man damit rechnen, daß sie dem Verfasser der TestXII als geprägt miteinander verbundenes paränetisches Gut gegenwärtig waren und von ihm im Zusammenhang der kontextbezogenen Paränese über Unzucht und Habgier mit aufgenommen wurden. Innerhalb der behandelten Reihen und der Gesamtparänese der TestXII haben alle diese Vergehen ihren festen Platz.

d) Testament Issachar

Zur Literarkritik:

Das ganze TestIss unterstreicht eindrücklich die dienende Funktion aller Bestandteile der TestXII für die Paränese[175]. Nach einem Rückblick auf die Vergangenheit (Kp. 1 f.) wird diese in Kp. 3 in einem »Unschuldsbekenntnis« paränetisch ausgewertet. Kp. 4 f. bringt weitere paränetische Reihen, 5,7—6,4 enthält Zukunftsansagen mit paränetischer Tendenz. Etwas unerwartet, aber ganz den Gattungsmerkmalen des Testaments entsprechend[176], folgt in Kp. 7 nochmals ein »Unschuldsbekenntnis«. Wie auch bei anderen Testamenten, ist die Paränese einem Stichwort (ἀπλότης) zugeordnet, geht aber inhaltlich weit darüber hinaus.

Sowohl die Zuordnung der Paränese zum Stichwort ἀπλότης als auch die Verwendung von paränetischen Reihen bilden den Anstoß für literarkritische Operationen am TestIss[177]. Jedoch ist die Ausscheidung aller Aus-

---

[175] Vgl. v. NORDHEIM 1980, 233 ff., sowie o. S. 82 f.

[176] Vgl. v. NORDHEIM 1980, 229.

[177] Vgl. BECKER 1970, 335—347. Unter Ausschaltung aller Aussagen zur ἀπλότης und der gesamten Kp. 4 und 7 sowie durch Reinigung der Lebensgeschichte (Streichung von Kp. 2)

sagen von TestIss 3 zur Lauterkeit im ganzen unbegründet[178]. Damit fällt aber auch die Begründung für die Streichung der ἁπλότης-Aussagen in 4,1.6; 5,1[179].

Daß die Paränese der TestXII immer wieder sachlich über ihren Kontext hinausgeht, kennen wir bereits aus TestRub und TestJud. Nur so ist es überhaupt möglich, die durch die Testamentsform und die biblischen Überlieferungen vorgegebenen Stoffe für eine situationsbezogene, breite Leserschichten ansprechende Mahnung zu verwenden. In diesem Sinne sind TestIss 3; 4; 7 typische Paränesen der TestXII, die in Anknüpfung an den vorgegebenen Stoff Verhaltensweisen zusammenstellen, in denen sich die einzelnen Gebote der Tora für die frühjüdischen Leser konkretisieren.

Zur Form:

Dieses Urteil über die literarische Einheitlichkeit der paränetischen Reihen von TestIss wird auch dadurch nicht in Frage gestellt, daß offensichtlich innerhalb der genannten Kapitel geprägtes Gedankengut verwendet worden ist. Es handelt sich hierbei in Kp. 3 und 7 um »Unschuldsbekenntnisse«, in Kp. 4 um eine »negativ beschreibende Reihe«[180].

TestIss 3,3−8 weist alle typischen Merkmale eines Unschuldsbekenntnisses auf: Ich-Stil, negative Aussagen, die ein positives Verhalten be-

rekonstruiert er einen »Grundstock«, dessen Paränese nur noch aus Aussagen zum Beruf Issachars und dem Liebesgebot besteht. Die Tugendparänese zum Stichwort Lauterkeit stammt demnach vollständig aus sekundärer Bearbeitung. Diese Konstruktion als ganze ist überzeugend von M. DE JONGE zurückgewiesen worden (1975, 301−309; vgl. CHARLESWORTH 1977, 299).

[178] Daß sich in Kp. 3 »alle Erwähnungen der Lauterkeit leicht entfernen« lassen (BECKER 1970, 337), beweist nichts. Es ist in Anbetracht der Struktur des Kapitels, das sich aus vielen kleinen Sätzen zusammensetzt, nicht erstaunlich (vgl. M. DE JONGE 1975, 303). V. 7b ist zwar nicht sehr glatt formuliert, entspricht aber in seinem Aufbau durchaus V. 6: Je einer Aussage über Gott wird eine über den Vater zugesellt. Daß Lauterkeit kein rechtes sachliches Verhältnis zur Aussage von V. 6 hat, ist nicht einzusehen. Sie ist doch im ganzen TestIss als Erfüllung der Gottes- und Nächstenliebe beschrieben! V. 2 stört nicht den Aufbau von Kp. 3 (so BECKER, a.a.O., 338), sondern bildet gemeinsam mit V. 8 die Klammer der paränetischen Reihe. Für VV. 1.4.8c kann BECKER selbst keinen Grund zur Ausscheidung finden.

Daß die TestXII »auch sonst . . . durchweg sekundäre Bearbeitung auf eine Tugend oder ein Laster hin« zeigen (BECKER, a.a.O., 338), gilt nur, wenn man »durchweg« BECKERS literarkritischen Hypothesen folgt. Der Bezug auf Gen 49,15 LXX, wo Lauterkeit nicht vorkommt, trägt nichts aus, da es ja gerade typisch für die TestXII ist, Toraaussagen erweiternd und interpretierend zu verwenden.

[179] BECKER 1970, 339ff., nennt dafür keine eigenen Begründungen.

[180] v. RAD 1958, 295f., leitet diese Reihen gattungsgeschichtlich von kultischen Bekenntnisformeln des Alten Testaments her, die sich später »von ihrem kultischen Mutterboden gelöst« haben und damit »grundsätzlich für jede geeignete Verwendung freigegeben« waren. In der paränetischen Predigt der Frühjudentums wurden sie so »zur lehrhaften Definition bestimmter typischer Verhaltensweisen« verwendet.

Zur formgeschichtlichen Untersuchung paränetischer Reihen vgl. auch ASCHERMANN 1955, hier speziell 69−75.

schreiben, Aneinanderreihung kurzer, typische Verhaltensweisen nennender Sätze[181]. In TestIss 4,2−5 finden sich folgende Merkmale der negativ beschreibenden Reihe: paränetisches Stichwort am Beginn, kurze negative Aussagen zu positivem Verhalten, gelegentlich eingestreute positive Aussagen, zusammenfassende Schlußwendung mit Stichwort[182]. TestIss 7,2−6 ist wieder ein Unschuldsbekenntnis: Ich-Stil, überwiegend negative, gelegentlich positive kurze Aussagen zu Verhaltensweisen, positive Schlußzusammenfassung[183].

Andererseits muß betont werden, daß die Gattung paränetischer Reihen sehr frei gehandhabt wird. Das gilt besonders für die sprachliche Struktur der Reihen. Es ist m. E. nicht gerechtfertigt, von Gedichten oder Strophen zu sprechen. Die Reihen bleiben immer im Prosastil, Parallelismen und durchdacht aufgebaute Satzfolgen überschreiten nicht die Grenze zur gebundenen Rede im eigentlichen Sinn. Zudem können straffer strukturierte Reihen ohne weiteres durch ganz unstrukturierte Passagen unterbrochen werden (so z. B. in TestIss 3,5).

In Bezug auf den Inhalt sind die Kriterien noch weniger streng. Es können sowohl ganz spezielle Vergehen (z. B. 7,5: die Grenze verrücken) als auch umfassende Verhaltensweisen (z. B. 7,6), sowohl psychologisch reflektierte Gesinnungen (4,3 f.) als auch handfeste Taten (3,4) genannt werden. Die Auswahl ist traditionell geprägt, die Reihenfolge aber nicht festgelegt.

Es ist fraglich, ob formal wie inhaltlich so wenig festgelegte Texte unabhängig von einem Kontext überhaupt lebensfähig waren. Eher scheint es, daß hier die Tradition einer Vorstellungs- und Ausdrucksweise zu beobachten ist, die sich erst in dem Zusammenhang, in dem sie angewandt wird, als Text niederschlägt. Der Autor der TestXII hat also nicht ihm zugekommene Texte in sein Werk eingearbeitet, sondern ihm überlieferte und gegenwärtige Vorstellungen in einer geprägten Weise zu seinem aktuellen Zweck verwendet. Daß diese Vorstellungen selbst bereits eine Geschichte hinter sich haben und bestimmte gemeinsame Merkmale und Prägungen aufweisen, ist darin eingeschlossen. Solche Prägung liegt aber nicht auf der Ebene schriftlich fixierter Texte, sondern auf der mündlich weitergegebenen Auslegungstradition. Sitz im Leben dieser Tradition dürfte für die frühjüdische Zeit die katechismusartige Alltagsparänese sein. Dieser Befund erklärt das beobachtete Überschießen des Inhaltes der Reihen über ihren Kontext, das kein Anlaß zu literarkritischen Operationen, sondern ein typisches Merkmal solcher verwendeter katechismusartiger Stücke ist.

---

[181] Vgl. Aschermann 1955, 66 f.
[182] Vgl. Aschermann 1955, 30 f.
[183] Vgl. Aschermann 1955, 67.

Zur Textkritik:

In 3,4 ist, wie auch sonst häufig, Familie II (gchij) kürzer als Familie I (b). Es fehlt in II der Hinweis auf die ἀπλότης ὀφθαλμῶν. Sachlich entspricht die Lesart von b den zahlreichen Erwähnungen der ἀπλότης innerhalb dieses Kapitels (vgl. 3,2.6.7.8). Da auch sonst häufig der Text von bk im Laufe der Textgeschichte gekürzt worden ist, ist an unserer Stelle wiederum b als ursprünglich anzusehen. Auch in 4,4 f. ist der Langtext der gesamten griechischen Überlieferung dem Kurztext der armenischen vorzuziehen[184].

Schwierig sind die beiden Stellen 4,5c und 3,3, wo jeweils durch Veränderung weniger Buchstaben ein anderes Wort entsteht:

4,5c	b = πορισμόν	gldmeafchij = περισπασμόν
3,3	b = πονηρός	g dmeafchij = φθονερός

In 3,3 wäre aufgrund des sachlichen Zusammenhangs und als lectio difficilior (φθονερός nur hier in den TestXII) die Lesart von Familie II vorzuziehen (πονηρός ist sonst nirgends in den TestXII als Prädikatsnomen mit εἶναι + Dativ konstruiert.). Dagegen paßt in 4,5c πορισμόν besser in den Zusammenhang und ist sonst nicht mehr in den TestXII belegt (περισπασμός noch in TestGad 7,6)[185]. Eine sichere Entscheidung ist aber kaum möglich. Ich folge daher dem Text der Ausgabe von M. de Jonge, der die Lesarten von b bevorzugt.

TestIss 3,3—8

3   καὶ οὐκ ἤμην περίεργος ἐν ταῖς πράξεσί μου οὐδὲ πονηρὸς καὶ βάσκανος
4   τῷ πλησίον·   οὐ κατελάλησά τινος οὐδὲ ἔψεξα βίον ἀνθρώπου,
5   πορευόμενος ἐν ἀπλότητι ὀφθαλμῶν.   διὰ τοῦτο τριάκοντα ἐτῶν ἔλαβον
    ἐμαυτῷ γυναῖκα, ὅτι ὁ κάματος κατήσθιε τὴν ἰσχύν μου· καὶ οὐκ ἐνενόουν
6   ἡδονὴν γυναικός, ἀλλὰ διὰ τοῦ κόπου ὁ ὕπνος μου περιεγένετο.   καὶ πάντοτε
    ἔχαιρεν ἐπὶ τῇ ἀπλότητί μου ὁ πατήρ μου. εἴ τι γὰρ ἔκαμνον, πᾶσαν ὀπώραν
    καὶ πᾶν πρωτογένημα πρῶτον διὰ τοῦ ἱερέως κυρίῳ προσέφερον, ἔπειτα τῷ
7   πατρί μου, καὶ τότε ἐγώ.   καὶ κύριος ἐδιπλασίαζε τὰ ἀγαθὰ ἐν χερσί μου.
8   ᾔδει δὲ καὶ Ἰακὼβ ὅτι ὁ θεὸς συνεργεῖ τῇ ἀπλότητί μου·   παντὶ γὰρ πένητι
    καὶ παντὶ θλιβομένῳ παρεῖχον τῆς γῆς τὰ ἀγαθὰ ἐν ἀπλότητι καρδίας.

---

[184] BECKER 1970, 340; derselbe 1974, 82, beruft sich auf A, um die Reihe in eine Strophenform zu fassen, die dem vorliegenden Prosastil nicht gerecht wird.

[185] Allerdings erwägt H. J. DE JONGE 1975a, 70, ob die Variante nicht bereits auf der Stufe der Unzialhandschriften entstanden sei. Bei bestimmten Schrifttypen seien die Majuskeln Π und M zum Verwechseln ähnlich, so daß aus ΠΕΡΙΣΠΑΣΜΟΣ durch versehentliche Auslassung von − ΣΠΑ − ΠΟΡΙΣΜΟΣ geworden sein könnte.

ἁπλότης

Die Lauterkeit (in unserem Kapitel 5 ×!) bezeichnet nicht eine einzelne Tat, sondern ein umfassendes Charakterideal[186]. Darüber hinaus bildet sie in TestIss zusammen mit der Forderung zur Einhaltung des Gesetzes und dem Doppelgebot der Liebe den Rahmen, innerhalb dessen sich ein Leben nach dem Willen Gottes vollzieht.

Das Wort begegnet innerhalb von TestIss sowohl in der Lebensgeschichte (3,2.4.6.7.8) als auch in den Verhaltensanweisungen (4,1.6; 5,1.8) und in Zukunftsansagen (6,1; 7,7), sonst in den TestXII noch TestRub 4,1; TestSim 4,5; TestLev 13,1; TestBenj 6,7 (jeweils in Verhaltensanweisungen). Typisch für den umfassenden Charakter der *ἁπλότης* als Lebensideal ist die Wendung *ἐν ἁπλότητι πορεύεσθαι*[187], ebenso wie der Zusatz (*τῆς*) *καρδίας*[188]. Vor allem in TestIss dient der Begriff zur Zeichnung eines Idealbildes vom frommen, einfachen Mann, der hier speziell die Züge des Bauernstandes trägt[189]. Kennzeichnend für solche Frömmigkeit ist die Gottesfurcht, der im Alltag das Halten der Gebote entspricht[190]. In dieser Verbindung mit dem Gesetz entspricht das Ideal der Lauterkeit der paränetischen Grundforderung der TestXII insgesamt[191].

---

[186] Diese umfassende Bedeutung hat der Begriff bereits im Alten Testament, vgl. BACHT, RAC 4, 825: »die totale Hingabe des eigenen Ichs an den Dienst Jahwes«; a.a.O., 826: »Heiligkeit u. vollkommene Gerechtigkeit eines auf Gott bezogenen Lebens«; a.a.O., 828: »ganzherzig zu Gott u. weitherzig im Verhältnis zu seinen Mitmenschen«. Zu *ἁπλότης* in LXX ausführlich AMSTUTZ 1968, 16–41, mit dem Ergebnis, daß sich das Wort in der Septuaginta »erst unmittelbar vor und während des ersten Jahrhunderts n. Chr. einigermaßen eingebürgert« habe (a.a.O., 39) und die »›Integrität‹ des Frommen, der ganz, ungeteilt und vorbehaltlos Gott gehört in Gehorsam und Ergebenheit« bezeichne (a.a.O., 41).

[187] TestIss 3,2.4; 4,1. Vgl. 4,6: *πορεύεται* . . . *ἐν εὐθύτητι ζωῆς, καὶ πάντα ὁρᾷ ἐν ἁπλότητι*, 5,1: *τὴν ἁπλότητα κτήσασθε καὶ ἐν ἀκακίᾳ πορεύεσθε*, 5,8: *περιπατεῖν*, 6,1; 7,7; TestRub 4,1; TestSim 4,5; TestLev 13,1. Zu *εὐθύτης* vgl. TestIss 3,1; TestGad 7,7.

[188] TestIss 3,8; 4,1; 7,7; TestRub 4,1 (TestSim 4,5).

[189] Vgl. dazu und zum Hintergrund dessen AMSTUTZ 1968, 72–77. 84; BECKER 1970, 336 f. (336, Anm. 2, weitere Lit. zu *ἁπλότης*); HULTGÅRD II 1982, 161.

[190] TestIss 4,6; 5,1; 6,1; TestRub 4,1; TestLev 13,1. Vgl. AMSTUTZ 1968, 65. 82. 85; s. u. S. 122.

[191] Vgl. M. DE JONGE 1975, 304 f.: »Wenn aber *ἁπλότης*, Einhaltung des Gesetzes und das Doppelgebot für den Autor der Testamente direkt zusammenhängen, dann wird in III, 3–4 und 6–8, IV, 2–3 und 4–6, V, 1–2 und VII, 1–6 in vielen Variationen das eine Hauptthema dieses Testaments (und aller Testamente) beleuchtet.« So nach AMSTUTZ 1968, vgl. 78. 82. 85. Die »Einfachheit als Einheit-Ganzheit (›Integrität‹) mit Gott« bezeichnet AMSTUTZ als den »eigentliche(n) Beitrag des Spätjudentums zur Geschichte der *ἁπλότης*« (a.a.O., 86; vgl. zu dieser Begriffsgeschichte seine Ausführungen zur jüdisch-hellenistischen Literatur, a.a.O., 41–60). S. a. SCHRAMM, EWNT 1, 296: »In den TestXII wird *ἁπλότης* zu einem zentralen Begriff der ethischen Unterweisung: wie Gott selbst und sein Gesetz ist das Gute schlechthin einfach/unteilbar; nur schlichte Geradheit des Handelns kann ihm entsprechen.«, sowie SPICQ 1978, 125: »le simple n'a d'autre souci que pratiquer la volonté de Dieu, d'observer ses préceptes; son existence entière traduit cette disposition du coeur et cette rectitude«.

περίεργος

Die Wortgruppe begegnet gelegentlich in den TestXII in Bezug auf die Verführungskünste der Frauen, so in der Geisterreihe TestRub 3,4(10) und in TestJos 6,2[192]. Im allgemeineren Sinn kommt das Verb TestIss 5,1 und TestGad 6,5 vor[193].

πονηρός

Die Konstruktion *πονηρὸς εἶναι* im Sinne von Böses *tun* begegnet innerhalb der TestXII nur hier. Die Wortgruppe *πονηρός, -ία* gehört jedoch zu den in paränetischen Zusammenhängen am häufigsten gebrauchten Vokabeln (*πονηρός* 38 ×, *πονηρία* 18 ×)[194]. Sie dient in der überwiegenden Zahl der Belege dazu, ein Verhalten als widergöttlich zu charakterisieren[195], so z. B. in TestAss 2 durch die stereotyp wiederholte Formel, die das zweigesichtige Tun eindeutig wertet: *ὅλον πονηρόν ἐστιν*[196]. Die übergreifende und zusammenfassende Bedeutung der Wortgruppe kommt zum einen durch häufigen absoluten Gebrauch zum Ausdruck[197], zum anderen in allgemeinen Wendungen wie *πᾶσα πονηρία*[198], *ἐν πονηρίᾳ (εἶναι)*[199], *ἔργον πονηρόν*[200], *πονηροὶ ἄνθρωποι*[201]. Daß das böse Tun gegen den im Gesetz ausgedrückten Willen Gottes gerichtet ist, wird bisweilen explizit gesagt[202], ist aber ansonsten aus dem widergöttlichen Charakter der *πονηρία* zu er-

---

[192] Vgl. in diesem Sinn LXX Sir 41,22 *περιεργεία* (BA ℵ[1]) bzw. *-γασία* (ℵ[2]).

[193] *περίεργος* im Sinne magischer Bräuche wird Apg 19,19 vorausgesetzt und ist durch Papyri belegt, vgl. MOULTON-MILLIGAN 505. Evtl. ist, wegen des Zusammenhangs mit *βάσκανος* (V. 4), auch hier eine solche Bedeutung zu erwägen (s. u.).

[194] Innerhalb paränetischer Reihen vgl. TestIss 3,3; 4,6; TestDan 5,5; TestGad 7,6; TestAss 2,2.3.4.5.7; 4,2; TestBenj 5,1.

[195] Diese Funktion hat die Wortgruppe bereits in LXX und, von dorther beeinflußt, in der pseudepigraphen und apokryphen Literatur des Frühjudentums, vgl. HARDER, ThWNT 6, 546–566; KRETZER, EWNT 3, 320–324. HARDER, a.a.O., 550f., führt aus: »Der Böse ist der Gesetzesübertreter, der auszurotten ist . . . Er ist gekennzeichnet durch *ὕβρις* . . . und *ὑπερηφανία* . . . Wer böse ist, wird also an Gott und seinen Geboten und am Gehorsam gegen sie gemessen«. So ist »das Böse durch seinen Gegensatz gegen Gott und seinen Willen gekennzeichnet«.

[196] Vgl. in ähnlicher Funktion TestJud 13,2; TestDan 1,3; 3,1. S. auch die demgegenüber schon leicht abgeschliffen wirkende Wendung *πονηρὰ ἐπιθυμία*, TestRub 4,9; TestJos 3,10; 7,8 (2x).

[197] *πονηρός*: TestRub 1,8; TestSim 5,1; TestJud 10,2; 11,1; TestSeb 4,12; TestAss 4,2; TestBenj 3,6. *πονηρία*: durchgängig bis auf TestSeb 9,9; TestBenj 3,3 sowie TestDan 5,8; TestNaph 4,1 (*πομηρία ἐθνῶν*).

[198] TestDan 5,5.8; TestNaph 4,1; TestGad 8,2; TestBenj 3,3; vgl. TestAss 1,8.

[199] TestJud 10,4f.; 11,5; 17,2; TestDan 5,5; TestGad 8,2; TestAss 1,8; 2,3.

[200] TestDan 6,8; TestAss 6,5; vgl. TestSim 2,14; TestIss 7,7; TestJos 5,2.

[201] TestIss 7,7; TestBenj 5,1.

[202] TestLev 10,3; TestNaph 4,1.

schließen. Dieser kommt in typischer Weise darin zum Ausdruck, daß die böse Tat ἐνώπιον κυρίου geschieht[203].

Das böse Verhalten wird in TestIss 3,3f. durch die folgenden Wendungen konkretisiert und in seinen Auswirkungen auf den Nächsten vor Augen geführt.

βάσκανος, καταλαλεῖν, ψέγειν

Mißgunst begegnet in TestIss außer an unserer Stelle noch 4,5 neben Zorn und Habsucht. Gemeint ist mit dem Wort das Schädigen des Nächsten durch böse Blicke[204] oder böse Worte[205], wobei die Vorstellung einer magischen Wirkung von Blicken und Worten im Hintergrund steht[206]. Ein ähnliches Verhalten dürfte TestBenj 5,4; 6,4 (λοίδορος, λοιδορία) gemeint sein.

In sachlicher Nähe zur Mißgunst steht καταλαλεῖν in 3,4. In paränetischen Reihen ist die Wortgruppe noch TestGad 3,3; 5,4 belegt[207]. Auch das Verbum ψέγω[208] weist inhaltlich in die gleiche Richtung. TestGad 3,3 steht es wie hier im Zusammenhang mit der Verleumdung.

Alle genannten Vergehen beziehen sich auf ein gegen den Nächsten gerichtetes Verhalten und stehen im Widerspruch zum vorbildlichen Lebenswandel, der durch Lauterkeit bestimmt ist (V. 4: πορευόμενος ἐν ἁπλότητι ὀφθαλμῶν)[209]. Ab V. 5 ist die Reihenform aufgegeben, und die eigentliche Lebensgeschichte von V. 1f. wird nun fortgesetzt. Dabei finden aber weitere paränetische Motive Verwendung, die den Mahnungen der Reihe V. 3f. an die Seite zu stellen sind.

ἡδονὴ γυναικός[210]

Dies ist der einzige Bezug des Abschnitts TestIss 3,3−8 zur Sexualethik. Wie in 2,1.3 wird dazu auch hier ein Moment der Lebensgeschichte Issachars aufgegriffen und paränetisch ausgewertet. Hinter beiden Stellen steht das Ideal der Enthaltsamkeit, die nur zum Zweck der Kinderzeugung aufgegeben werden soll[211]. Dieser Zweck der Ehe wird jeweils polemisch ab-

---

[203] TestRub 1,8; TestSim 2,14; TestGad 8,2; vgl. TestJud 13,2; TestSeb 9,9; TestNaph 4,1; TestJos 5,2. Zum πονηρὸν πνεῦμα vgl. o. den Exkurs S. 88−91.

[204] Vgl. LXX Dtn 28,54.56; Prov 28,22; Sir 14,8; 18,18.

[205] IVMakk 1,26; 2,15.

[206] Vgl. DELLING, ThWNT 1, 595f.; LXX Weish 4,12.

[207] Vgl. auch συκοφαντία TestGad 5,1; TestJud 16,3; λοιδορία TestBenj 6,4. Zur καταλαλία vgl. KITTEL, ThWNT 4, 3−5, zur συκοφαντία HUNZINGER, ThWNT 7, 759.

[208] In LXX nur IMakk 11,5.11 (א) im Sinne von »verleumden«.

[209] ἁπλότης ὀφθαλμῶν sonst nicht in den TestXII, vgl. aber TestIss 4,6: πάντα ὁρᾷ ἐν ἁπλότητι, μὴ ἐπιδεχόμενος ὀφθαλμοῖς πονηρίας ἀπὸ τῆς πλάνης τοῦ κόσμου. Zu ἁπλότης s. o. S. 113.

[210] Zur ἡδονή vgl. STÄHLIN, ThWNT 2, 911−928; WEISER, EWNT 2, 292f.

[211] Vgl. dazu M. DE JONGE 1975, 311−313; AMSTUTZ 1968, 72−78. S. auch o. S.36 mit Anm. I 127.

gegrenzt von der Sexualität als Selbstzweck, die in 2,3 als φιληδονία, in 3,5 als ἡδονή bezeichnet wird. Insofern klingt zumindest indirekt auch hier die πορνεία an.

παντὶ πένητι καὶ παντὶ θλιβομένῳ παρέχειν τῆς γῆς τὰ ἀγαθά

Die tätige Nächstenliebe gegenüber Schwachen wird in TestIss auch noch 7,5 und 5,2 als Konkretion des doppelten Liebesgebots erwähnt, hat jedoch keinen weiteren Anhalt im Rückblick auf die Vergangenheit. Auch hier ist der Bezug zu Issachars eigenem Tun und Erleben nur formal vorhanden und durch das im Ich-Stil formulierte Unschuldsbekenntnis bedingt. So haben wir es wieder mit einem überschießenden paränetischen Element zu tun, das bereits aus anderen Reihen bekannt ist[212].

TestIss 4,2−5

2   ὁ ἁπλοῦς χρυσίον οὐκ ἐπιθυμεῖ, τὸν πλησίον οὐ πλεονεκτεῖ, βρωμάτων ποι-
3   κίλων οὐκ ἐφίεται, ἐσθῆτα διάφορον οὐ θέλει,   χρόνους μακροὺς οὐχ
4   ὑπογράφει ζῆν, ἀλλὰ μόνον ἐκδέχεται τὸ θέλημα τοῦ θεοῦ.   καίγε τὰ
     πνεύματα τῆς πλάνης οὐδὲν ἰσχύουσι πρὸς αὐτόν. οὐ γὰρ εἶδεν ἐπιδέξασθαι
5   κάλλος θηλείας, ἵνα μὴ ἐν διαστροφῇ μιάνῃ τὸν νοῦν αὐτοῦ·   οὐ ζῆλος ἐν
     διαβουλίοις αὐτοῦ ἐπελεύσεται, οὐ βασκανία ἐκτήκει ψυχὴν αὐτοῦ οὐδὲ πο-
     ρισμὸν ἐν ἀπληστίᾳ ἐννοεῖ·

ἁπλοῦς

Indem die Reihe den Lauteren beschreibt, dienen ihre Aussagen zur Schilderung eines Lebens nach dem Willen Gottes[213]. Die geschilderten Verhaltensweisen sind also Konkretionen der Gebote Gottes. Dies wird in 4,3 (τὸ θέλημα τοῦ θεοῦ) und 6 (μὴ ἴδῃ διεστραμμένως τι τῶν ἐντολῶν τοῦ κυρίου) ausdrücklich betont.

χρυσίον ἐπιθυμεῖν

Die Geldgier begegnete bereits in der paränetischen Reihe TestJud 18,2−6. Über den umfassenderen Begriff der πλεονεξία hat sie Verbindung zu häufig wiederkehrenden Warnungen der Reihen vor der Habgier. Die ἐπιθυμία[214] spielt in der gesamten Paränese der TestXII eine wichtige Rolle.

---

[212] Sich des πένης zu erbarmen und ihn zu unterstützen, ist eine der zentralen Forderungen der TestXII, vgl. TestAss 2,6; TestJos 3,5; TestBenj 4,4. S. auch die Belege zu πτωχός und ἐλεεῖν u. S. 121 und o. S. 108.

[213] V. 1: . . . πορεύεσθε ἐν ἁπλότητι καρδίας, ὅτι εἶδον ἐν αὐτῇ πᾶσαν εὐαρέστησιν κυρίου, V. 6: πο-ρεύεται γὰρ ἐν εὐθύτητι ζωῆς, καὶ πάντα ὁρᾷ ἐν ἁπλότητι, μὴ ἐπιδεχόμενος ὀφθαλμοῖς πονηρίας ἀπὸ τῆς πλάνης τοῦ κόσμου. Vgl. o. S. 113.

[214] Vgl. HÜBNER, EWNT 2, 68−71; BÜCHSEL, ThWNT 3, 168−173; BERGER 1972, 343−349.

Im engeren Sinn steht sie in Beziehung zur *πορνεία*[215], hier hat das Verb *ἐπι-θυμεῖν* aber weitere Bedeutung und gehört in den Bereich der Habgier[216].

πλεονεκτεῖν

Eine ganz ähnliche Aussage begegnet in der Reihe von Kp. 7: *πᾶν ἐπιθύμημα τοῦ πλησίον οὐκ ἐπόθησα* (V. 3)[217]. Die sachlich schon in V. 2a anklingende Habgier ist hier direkt genannt[218].

βρῶμα ποικίλον, ἐσθὴς διάφορον

Die Enthaltsamkeit von vergänglichen Gütern paßt gut zur in 3,5 angesprochenen Enthaltsamkeit vom sexuellen Verkehr. Enger verwandt sind auch die Aussagen zur *ἀπληστία*[219] (im Sinne von Habgier auch in V. 5) sowie zum Fasten[220], weiterhin TestBenj 6,2f.: *οὐχ ὁρᾷ ἐμπαθῶς τοῖς φθαρτοῖς . . . οὐκ ἐμπιπλᾶται τρυφῆς.* Somit unterstreicht unsere Stelle die Forderung der Enthaltsamkeit, die für die Paränese der TestXII typisch ist.

κάλλος θηλείας ἐπιδέχεσθαι, μιαίνειν τὸν νοῦν

Wie in TestRub und TestJud wird vor der Schönheit der Frauen gewarnt[221]. Daß damit eine Warnung vor der Unzucht ausgesprochen ist, macht die Fortsetzung deutlich: *ἵνα μὴ ἐν διαστροφῇ μιάνῃ τὸν νοῦν αὐτοῦ.* *μιαίνειν* meint in den TestXII meist sexuelle Vergehen, so besonders deutlich in TestRub 1,6; TestLev 7,3; 9,9; 14,6, aber auch TestLev 16,1 und TestBenj 8,2f.[222].

ζῆλος[223]

Der eifernde Zorn wird nirgends sonst in TestIss erwähnt, gehört aber zum paränetischen Gut der behandelten Reihen. In TestRub 3,5 erscheint er neben der Lüge, in TestBenj 4,4 neben dem Neid. Sachlich stehen der

---

[215] Vgl. TestRub 4,9; 5,6f.; 6,4; TestJud 14,1ff.; TestJos 3,10 u. ö.

[216] So *ἐπιθυμία* in TestRub 1,10; TestJud 13,2; TestAss 3,2; 6,5; vgl. auch TestIss 7,3 (*ἐπιθύμημα*). Das Verb begegnet sonst in den TestXII nicht in diesem Sinn (vgl. allenfalls TestDan 4,5), sondern hat entweder positiven Sinn (TestLev 13,4; TestBenj 10,1) oder steht in Beziehung zur *πορνεία* (TestRub 5,7).

[217] Vgl. noch TestAss 2,6 *πλεονεκτῶν τὸν πλησίον.*

[218] Sie gehört zu den wesentlichen Elementen der Reihen und ist ein Hauptthema der Paränese der TestXII; vgl. o. S. 100.

[219] S. o. S. 93.

[220] S. u. S. 151.

[221] Vgl. zur Sache o. S. 94.

[222] Vgl. aber TestLev 17,8, wo sich *μιασμός* offenbar auf die Errichtung des Zeusaltars im Jerusalemer Tempel unter Antiochus Epiphanes bezieht (BECKER 1970, 288f.). – Die in Teil III unserer Untersuchung herangezogenen Schriften belegen neben der sexuellen auch die stärker kultische Bedeutung der Wortgruppe, s. Anm. III 225; vgl. auch HAUCK, ThWNT 4, 647–650.

[223] Vgl. SAUER, THAT 2, 647–650; STUMPFF, ThWNT 2, 879–894; BÜCHSEL, ThWNT 3, 167f.

Neid[224] sowie die ausführlichen Erörterungen zum Zorn (θυμός) in
TestDan[225] nahe. In TestSim 2,7 steht τὸ πνεῦμα τοῦ ζήλου im Dienste der
verführerischen Macht des ἄρχων τῆς πλάνης[226].

βασκανία

Die Mißgunst gehörte schon zur paränetischen Reihe von TestIss 3.
Dort sind ihre Auswirkungen auf den Nächsten im Blick, hier ihre ver-
derblichen Folgen für die eigene Seele des Mißgünstigen. Dies entspricht
der besonderen Ausrichtung der Reihe 4,2−5 auf den »Charakter« des Lauteren, die sich in der Häufung von Begriffen für die Sinnesregungen des
Menschen niederschlägt[227]. Jedoch darf daraus für die Paränese der TestXII
keine Spaltung zwischen Tatsünden und Gesinnungssünden konstruiert
werden. Die böse Gesinnung erweist sich gerade in der bösen Tat. Immerhin zeigt sich auch hier das verstärkte Interesse der TestXII am Innern
des Menschen, in dem die Wurzel seiner ethischen Entscheidungen verborgen ist[228].

ἀπληστία

Die Unersättlichkeit ist hier durch πορισμός[229] auf den Geschäftsverkehr
bezogen. Damit gehört sie in den Bereich der Habgier, der schon in 4,2 im
Blick war. Solche Wiederholungen entsprechen durchaus dem paränetischen Stil der Reihen[230].

TestIss 7,2−6

2　πλὴν τῆς γυναικός μου οὐκ ἔγνων ἄλλην· οὐκ ἐπόρνευσα ἐν μετεωρισμῷ
3　ὀφθαλμῶν μου·　　οἶνον εἰς ἀποπλάνησιν οὐκ ἔπιον· πᾶν ἐπιθύμημα τοῦ
4　πλησίον οὐκ ἐπόθησα·　　δόλος οὐκ ἐγένετο ἐν καρδίᾳ μου· ψεῦδος οὐκ
5　ἀνῆλθε διὰ τῶν χειλέων μου.　　παντὶ ἀνθρώπῳ ὀδυνωμένῳ συνεστέναξα

---

[224] S. dazu u. S. 131.

[225] Besonders zu vergleichen ist der Gedanke, daß der θυμός den Sinn verblendet: ἔστι δὲ δι-
πρόσωπον κακὸν θυμὸς μετὰ ψεύδους, καὶ συναίρονται ἀλλήλοις, ἵνα ταράξωσι τὸ διαβούλιον (4,7);
τύφλωσίς ἐστιν ἐν τῷ θυμῷ . . . καὶ οὐκ ἔστι τις ὁρῶν πρόσωπον ἐν ἀληθείᾳ (2,2); περιβάλλει γὰρ αὐτὸν
τὸ πνεῦμα τοῦ θυμοῦ τὰ δίκτυα τῆς πλάνης, καὶ τυφλοῖ τοὺς φυσικοὺς ὀφθαλμοὺς αὐτοῦ (2,4); vgl. auch
1,3.8; 4,4. Der Zorn als verderbliche Sinnesregung begegnet auch unter der Vokabel ὀργή in
TestSim 4,8 (als Folge des φθόνος neben πόλεμος) und TestGad 5,1 (als Folge des μῖσος neben
πόλεμος, ὕβρις, πᾶσα πλεονεξία); vgl. auch TestJud 14,1.

[226] Vgl. noch TestSim 4,5 (im Zusammenhang mit der ἁπλότης) und TestJud 13,3 (mit πορνεία).

[227] Vgl. ἁπλότης καρδίας (V. 1), νοῦς (V. 4), διαβούλιον, ψυχή (V. 5), ζωή (V. 6) sowie die
Verben ἐπιθυμεῖν, ἐφιέναι, θελεῖν, ἐκδέχειν, ἐπιδέχεσθαι, ἐννοεῖν, ὁρᾶν.

[228] Vgl. u. S. 128 ff.

[229] Zur Textkritik s. o. S. 112.

[230] Vgl. z. B. TestRub 3,3.6 (dazu o. S. 93); zur πλεονεξία s. o. S. 100.

6 καὶ πτωχῷ μετέδωκα τὸν ἄρτον μου. οὐκ ἔφαγον μόνος· ὅριον οὐκ ἔλυσα· εὐσέβειαν ἐποίησα ἐν πάσαις ταῖς ἡμέραις μου καὶ ἀλήθειαν. τὸν κύριον ἠγάπησα ἐν πάσῃ τῇ ἰσχύι μου· ὁμοίως καὶ πάντα ἄνθρωπον ἠγάπησα ὡς τέκνα μου.

7,1 und 7,7 bilden den Rahmen des Unschuldsbekenntnisses, 7,1, indem die nachfolgend aufgezählten Vergehen als »Sünden zum Tode« kategorisiert werden[231], 7,7 als Zusammenfassung der genannten Mahnungen zu einem Verhalten, das vom Willen Gottes und nicht von den Geistern des Bösen bestimmt ist[232].

πλὴν τῆς γυναικός μου οὐκ ἔγνων ἄλλην

In TestIss ist der Ehebruch sonst nicht erwähnt, gelegentlich begegnet er in Reihen (TestLev 14,6; TestAss 2,8; 4,3) und sonst in den TestXII (besonders TestJos, z. B. 4,6). Allerdings wird der Ehebruch in den TestXII immer als Unzuchtvergehen angesehen und daher selten besonders von der Unzucht abgehoben[233]. Auch hier ist der enge Bezug zur *πορνεία* deutlich, die gleich anschließend ausdrücklich genannt wird.

πορνεύειν ἐν μετεωρισμῷ ὀφθαλμῶν

Mit der Erhebung der Augen ist der begehrliche Blick auf die Frauen gemeint, der zur Unzucht führt. Derselbe Ausdruck begegnet noch TestBenj 6,3[234].

οἶνος[235]

Vor dem Weingenuß wird in paränetischen Reihen sonst nicht gewarnt, wohl aber ausgiebig in den Paränesen von TestJud 14 und 16. Dort wird die auch hier durch den Begriff *ἀποπλάνησις* belegte verführerische Macht des übermäßigen Weingenusses weiter ausgeführt[236]. Der Wein verführt

---

[231] Vgl. zur Vorstellung Jub 21,22; 26,34; 33,13.18.

[232] Vgl. dazu o. den Exkurs: Die Geistervorstellung in den TestXII, S. 88–91, sowie zur *ἁπλότης* o. S. 113.

[233] Dies ist eine im Frühjudentum verbreitete und in Sir 23,22f. besonders deutlich zum Ausdruck gebrachte Anschauung; vgl. zum Ehebruch PLÜMACHER, EWNT 2, 1073–1079; HAUCK, ThWNT 4, 737–743; DELLING, RAC 4, 666–677; BERGER 1972, 307–326.

[234] *μετεωρίζεσθαι* hat in LXX häufig übertragene Bedeutung, und zwar »stets sensu malo, besonders zur Bezeichnung von hoffärtigem Wesen und Überheblichkeit« (DEISSNER, ThWNT 4, 633f.). Sir 26,9 ist aber auch die sexuelle Bedeutung belegt: *πορνεία γυναικὸς ἐν μετεωρισμοῖς ὀφθαλμῶν, καὶ ἐν τοῖς βλεφάροις αὐτῆς γνωθήσεται*, ebenso 23,4f.: *μετεωρισμὸν ὀφθαλμῶν μὴ δῷς μοι, καὶ ἐπιθυμίαν ἀπόστρεψον ἀπ' ἐμοῦ* (vgl. auch Hi 31,1: *διαθήκην ἐθέμην τοῖς ὀφθαλμοῖς μου, καὶ οὐ συνήσω ἐπὶ παρθένον*).

[235] Vgl. PREISKER, ThWNT 4, 550–554.

[236] *καὶ νῦν, τέκνα μου, μὴ μεθύσκεσθε οἴνῳ· ὅτι ὁ οἶνος διαστρέφει τὸν νοῦν ἀπὸ τῆς ἀληθείας, καὶ ἐμβάλλει ὀργὴν ἐπιθυμίας. καὶ ὁδηγεῖ εἰς πλάνην τοὺς ὀφθαλμούς.* (14,1; vgl. 13,6).

zur Gesetzesübertretung[237]. Diese besteht konkret in der Unzucht. Die Verbindung von Weingenuß und Verführung zur Unzucht geht in TestJud 13,5 ff. zwar von der konkreten Sünde Judas aus, wird aber zu einer allgemeingültigen Paränese ausgeweitet (14,1–4)[238]. Enthaltung vom Weingenuß kann einerseits eine besondere Fastenübung sein (so in TestRub 1,10; TestJud 15,4; TestJos 3,5), entspricht aber vor allem dem Enthaltsamkeitsideal der TestXII (TestJud 14,7f.; 16,1–4)[239].

ἐπιθύμημα τοῦ πλησίον ποθεῖν

Eine Aussage, die ebenso der Habgier zuzuordnen ist, wie das ἐπιθυμεῖν in TestIss 4,2. Zu vergleichen sind auch die Mahnungen zu Vergehen gegen fremden Besitz[240].

δόλος

Der Begriff kommt im Rückblick auf die Vergangenheit (1,11f.) vor, allerdings ohne sachlichen Bezug zur Paränese der Reihen. In ihnen begegnet er auch außerhalb von TestIss nur noch zweimal (TestBenj 6,4 in Verbindung mit Lüge, TestGad 6,3 in ähnlicher Formulierung wie TestIss 7,4 – ἐν ψυχῇ σου μὴ κρατήσῃς δόλον – neben dem Haß). Außerhalb paränetischer Reihen ist noch TestRub 5,1.5 und TestJos 3,9; 4,1 zu vergleichen, wo jeweils die listige Verführungskunst der Frauen gemeint ist[241].

ψεῦδος

Allerdings kann man die List nicht streng von den anderen Vergehen gegen die Wahrheit abgrenzen, wie die Zusammenstellung von Lüge und List hier und in TestBenj 6,4 zeigt[242].

παντὶ ἀνθρώπῳ ὀδυνωμένῳ συστενάζειν

Die folgenden drei Aussagen lassen sich unter dem Thema der Barmherzigkeit zusammenfassen, wenngleich die Wortgruppe ἔλεος κτλ. nicht vorkommt[243]. Zu diesen Forderungen gehört das Mitleid mit den Betrübten.

---

[237] πιὼν οἶνον, οὐκ αἰσχύνθην ἐντολὴν θεοῦ καὶ ἔλαβον γυναῖκα Χαναναίαν (14,6; vgl. 13,7), V. 8: ἐμβάλλει (sc. ὁ οἶνος) εἰς τὸν νοῦν τὸ πνεῦμα τῆς πλάνης· καὶ ποιεῖ τὸν μέθυσον αἰσχρορρημονεῖν καὶ παρανομεῖν καὶ μὴ αἰσχύνεσθαι, ebenso 16,3: μηδὲ ὅλως πίετε, ἵνα μὴ ἁμάρτητε ἐν λόγοις ὕβρεως καὶ μάχης καὶ συκοφαντίας καὶ παραβάσεως ἐντολῶν θεοῦ.

[238] Vgl. Sir 19,2: οἶνος καὶ γυναῖκες ἀποστήσουσιν συνετούς, καὶ ὁ κολλώμενος πόρναις τολμηρότερος ἔσται.

[239] Zur ἀπληστία vgl. o. S. 93, zur sexuellen Enthaltsamkeit o. S. 94f., zur materiellen o. S. 117.

[240] S. o. S. 96f.

[241] Wenn auch in den TestXII nicht ausdrücklich darauf abgehoben wird, so ist doch die aus dem Alten Testament zu erhebende Funktion des Wortes zur »Kennzeichnung des gottabgewandten als ›trügerischen‹ Menschen – im Kontrast zum Gottesfürchtigen = ›Gerechten‹ –« mit in Betracht zu ziehen, vgl. OBERLINNER, EWNT 1, 830ff.

[242] Zur Lüge s. o. S. 95.

[243] Vgl. dazu o. S. 108 und u. S. 130.

Aus dem Zusammenhang mit den anschließenden Mahnungen ergibt sich, daß hier, wie sonst häufig bei Aussagen über das Mitleid der Menschen untereinander[244], auch an konkrete Unterstützung Notleidender gedacht sein kann[245].

πτωχῷ μεταδιδόναι τὸν ἄρτον

Dieses Thema wurde bereits 3,8 angesprochen[246]. Zwischen *πένης* und *πτωχός* ist in den TestXII nicht unterschieden. Sich des Armen zu erbarmen, wird in TestAss 2,5.6 positiv verschiedenen Vergehen gegenübergestellt. Den Armen mit Nahrung zu versorgen, gehört zu den bereits im Alten Testament traditionellen »Liebeswerken«[247].

οὐ φαγεῖν μόνος

Sachlich ebenfalls zu den Geboten der Barmherzigkeit gehörend, hat der Satz eine direkte Parallele nur außerhalb der TestXII in Hiob 31,17[248].

ὅριον λύειν

Dieses spezielle Gebot begegnet sonst nirgends in den TestXII, vgl. aber PseuPhok 35 (*ἀγροῦ γειτονέοντος ἀπόσχεο μὴ δ' ἄρ' ὑπερβῇς*) und Sib III 240 (*οὐδὲ ὅρους γαίης γείτων τοῦ γείτονος αἴρει*). Es ist ein Gebot der Tora[249] und wird als solches bereits in den übrigen Teilen des Alten Testaments paränetisch verwendet[250]. Dies geschieht dort jeweils im Zusammenhang mit Mahnungen zum Schutz sozial Schwacher, wobei die Warnung vor der Grenzverrückung selbst zu einem solchen Schutzgebot wird[251].

Am Schluß der Reihe stehen zusammenfassende Aussagen, die das Tun Issachars als Erfüllung der Forderungen Gottes darstellen.

---

[244] Vgl. dazu u. S. 130.

[245] Das Kompositum συστενάζειν ist »ein sehr seltenes Wort« (SCHNEIDER, ThWNT 7, 600) und in LXX nicht belegt. στενάζειν steht in LXX als Ausdruck »für menschliches Klagen und ohnmächtiges Leiden in Situationen, die Menschen von sich aus nicht verändern können« (BALZ, EWNT 3, 651). Vgl. auch συμπαθεῖν (TestSim 3,6; TestBenj 4,4), συμπάσχειν (TestSeb 6,5; 7,3; TestJos 20,6), οἰκτίρειν (TestSeb 2,2; TestAss 2,2), οἰκτιρμός (TestJos 2,3).

[246] S. o. S. 116; vgl. noch TestBenj 5,1.

[247] Ez 18,7.16; Jes 58,7; Hi 22,7; 31,16—20; Tob 4,16. Vgl. BAMMEL, ThWNT 6, 888—915, speziell zum Frühjudentum 894f.; MERKLEIN, EWNT 3, 466—472 (Lit!); WIKENHAUSER 1932, 366—377; FRIEDRICH 1977, 164—173.

[248] Vgl. auch IV Makk 2,7: μονοφάγος.

[249] Dtn 19,14 LXX: οὐ μετακινήσεις ὅρια τοῦ πλησίον. Vgl. 27,17: ἐπικατάρατος ὁ μετατιθεὶς ὅρια τοῦ πλησίον.

[250] Vgl. Hos 5,10; Prov 22,28; 23,10; 15,25; Hi 24,2.

[251] Vgl. Hi 24,2; Prov 23,10. Zum Verbot der Grenzverrückung bei Philo und Josephus s. o. S. 53f.

εὐσέβειαν ποιεῖν καὶ ἀλήθειαν

In ähnlicher Weise wird in TestRub 6,4 ein konkretes Verhalten (Hurerei) mit der _εὐσέβεια_ in Beziehung gesetzt[252]. Stärker noch kommt die Bewertung der in dem Unschuldsbekenntnis genannten Taten durch die Wendung »die Wahrheit tun« zum Ausdruck. Gegenüber der konkreten Bedeutung (im Kontrast zur Lüge)[253] tritt die ausgeweitete und verallgemeinerte Bedeutung der _ἀλήθεια_ als von Gott geforderter Norm des Handelns in den TestXII stark in den Vordergrund. Das zeigt sich vor allem an den verschiedenen Wendungen, die sich auf die Verwirklichung dieser Forderung beziehen[254]. Negativer Gegenbegriff ist dementsprechend weniger die Lüge als vielmehr die Verirrung[255], positive Parallelbegriffe sind dagegen Gerechtigkeit[256] und Frömmigkeit. Entscheidend ist die Parallelisierung mit den Gesetzesforderungen, die in TestRub 3,8; TestGad 3,1; TestAss 6,1 (vgl. 5,4); TestBenj 10,3 explizit ausgesprochen ist und von daher für alle Belege, in denen _ἀλήθεια_ im verallgemeinerten Sinn gebraucht wird, den Hintergrund bildet[257].

κύριον ἀγαπᾶν καὶ πάντα ἄνθρωπον

Das Liebesgebot hat in den TestXII hervorgehobene Bedeutung. Es darf jedoch nicht isoliert von den übrigen paränetischen Aussagen der Testamente betrachtet werden. Dies geht aus einer Durchsicht der Belegstellen hervor.

Ein doppeltes Liebesgebot im eigentlichen Sinne, also die ausdrückliche Mahnung, Gott und den Mitmenschen zu lieben, begegnet in den TestXII dreimal: TestIss 5,2; 7,6; TestDan 5,3 (vgl. auch TestBenj 3,5). Strukturell ähnlich in der Ausrichtung einerseits auf Gott, andererseits auf den Mitmenschen, aber nicht jeweils als Liebesgebot formuliert, sind die Mahnungen TestSim 5,2; TestSeb 5,1; TestJos 11,1; TestBenj 3,3 f.; 10,3. Die Gott gegenüber geforderte Haltung wird dabei meist als Furcht Gottes bezeichnet, wie überhaupt die Mahnung, Gott zu fürchten, weit häufiger begegnet, als die, Gott zu lieben[258].

---

[252] _εὐσέβεια_ spielt sonst in den TestXII keine wesentliche Rolle, vgl. nur noch TestJud 18,5; TestLev 16,2 (_εὐσεβής_).

[253] Vgl. vor allem TestDan 1,3; 2,1 f.; 6,8 sowie TestGad 5,1; TestAss 5,3; TestBenj 6,5.

[254] _ποιεῖν_: TestRub 6,9; TestIss 7,5; TestBenj 10,3. _ἀγαπᾶν_: TestRub 3,9; TestDan 2,1; 6,8. _ἀκολουθεῖν_: TestAss 6,1.

[255] TestJud 14,1; 20,1 ff. _πλάνη_, TestAss 5,4; TestJos 1,3 _πλανᾶσθαι_, TestRub 3,8 _σκοτίζειν_.

[256] TestDan 1,3; TestGad 3,1; TestBenj 10,3. Vgl. u. S. 142.

[257] Vgl. AALEN 1951, 189: »Das Wort ist vom Gesetz her und zwar vom Gesetz als Gerechtigkeit bestimmt.«, sowie HÜBNER, EWNT 1, 140; BULTMANN 1928, 122 f. 127–132; KOSMALA 1959, 192 ff.

[258] _φόβος θεοῦ_: TestSim 3,4; TestLev 13,7; TestJud 16,2 (2x); TestNaph 2,9; TestJos 10,5; 11,1; TestBenj 3,4; 4,5. _κυρίου_: TestRub 4,1; TestSim 3,4. _ὑψίστου_: TestGad 5,4. _φοβεῖσθαι_

Auch die den Mitmenschen gegenüber geforderte Haltung kann nicht einfach unter dem Stichwort Nächstenliebe subsumiert werden. Ein ausdrückliches Gebot, den Nächsten zu lieben, begegnet nur zweimal (TestIss 5,2; TestBenj 3,3 ff.; vgl. TestGad 4,2). Weit mehr der hier in Frage kommenden Belege für ἀγαπᾶν beziehen sich auf die *Bruder*liebe[259]. Das Verhalten zum πλησίον wird durch eine Fülle verschiedener Verben beschrieben, die meist konkrete Vergehen bzw. Guttaten bezeichnen[260].

Damit wird deutlich, daß das Liebesgebot innerhalb der Paränese der TestXII zwar eine zentrale Rolle spielt, seine Funktion sich aber gerade aus dem Zusammenhang mit den übrigen Mahnungen ergibt. Es ist zu betonen, daß sich nirgends in den TestXII eine allein auf das Liebesgebot beschränkte Paränese findet[261], sondern immer begegnen in seinem Kontext weitere, meist konkrete Mahnungen.

Deshalb kann auch nur sehr bedingt von einer Zusammenfassung der Gesetzesforderungen im Liebesgebot gesprochen werden[262]. Zwar hat die Ermahnung zur Liebe Gott und Menschen gegenüber durchaus eine zusammenfassende und die vorausgegangenen oder nachfolgenden Wei-

---

θεόν: TestSeb 10,5; TestBenj 3,4. κύριον: TestLev 13,1; TestSeb 10,5; TestDan 6,1; TestGad 3,2; TestJos 2,4; TestBenj 3,3; 10,10. ἀγάπη κυρίου: TestGad 5,2; TestBenj 3,5. ἀγαπᾶν θεόν: TestBenj 4,5. κύριον: TestIss 5,2; 7,6; TestDan 5,3; TestBenj 3,1. Vgl. aber in ähnlich umfassendem Sinn ἀγαπᾶν ἀλήθειαν: TestRub 3,9; TestDan 2,1; 6,8 (s. o.).

[259] TestRub 6,9; TestSim 4.4.6.7; TestSeb 8,5; TestDan 5,3; TestGad 6,1.3; vgl. TestSeb 8,4 (οὐ μνησικακεῖν); TestJos 10,6 (τιμᾶν); TestBenj 3,6 (προσεύχεσθαι περί). Natürlich ist die darin sich aussprechende Mahnung nicht auf das Verhalten zum Bruder beschränkt. Die besondere Betonung der Bruderliebe in den TestXII erklärt sich aus der vorausgesetzten Testamentssituation. Das spricht aber nicht gegen das Folgende.

[260] ποιεῖν ἀλήθειαν TestRub 6,9; TestBenj 10,3; μισεῖν TestLev 17,5; ἐλεεῖν TestJud 18,3; πονηρὸς εἶναι TestIss 3,3; πλεονεκτεῖν TestIss 4,2; TestAss 2,6; περιεργάζεσθαι TestIss 5,1; ποθεῖν TestIss 7,3; ποιεῖν ἔλεος TestSeb 5,1(3); μεταδιδόναι TestSeb 6,6; σπλαγχνίζειν TestSeb 8,3; ἀλήθειαν φθέγγεσθαι TestDan 5,2; λυπεῖν TestBenj 6,3.

[261] Vgl. NISSEN 1974, 234. 237. Die Reduktion der Paränese des »Grundstockes« der TestXII auf das Liebesgebot bei BECKER (vgl. 1970, 377–401) widerspricht diesem Befund. Sie setzt aber die Anerkennung seiner literarkritischen Analyse voraus und scheint bisweilen eher deren Voraussetzung als ihr Ergebnis zu sein. Vgl. dazu o. S. 79–82.

[262] Vgl. dazu außer BECKER (s. die vorige Anm.) BURCHARD 1970, 51–57; FULLER 1975, 325; BERGER 1972, 99–176. Weitere Literatur zum Liebesgebot bei BECKER 1970, 380, Anm. 1 und 2; 394, Anm. 2. NISSEN 1974, 237, betont mit Recht, daß die Doppelgebotsforderungen »als Gebote der Tora Teile und Hauptpunkte der ganzen von ihr geforderten und geregelten Frömmigkeit sind. Teile nur und Hauptpunkte sind es, die viele andere Gebote übergreifen und in ihnen wirksam werden sollen, nicht jedoch das Ganze – deshalb begegnen sie nie anders als in einer Kette anderer Gebote, die nicht in den Doppelgeboten aufgehen – und vor allem nicht etwas, das aus der Toraverflochtenheit zu lösen und der Tora als Maßstab oder gar als Richter gegenüberzustellen wäre – deshalb wird ihnen immer wieder die Einschärfung der vollen Toraverpflichtung beigegeben und damit allein diese bezeugt als die Quelle, Richtschnur und Krönung der Doppelgebote, aller sonstigen Mahnungen und jeglicher sie alle tragenden und übenden Frömmigkeit.«

sungen bewertende Funktion und ist insofern nicht nur eine Mahnung unter vielen gleichrangigen. Jedoch können die gleiche Funktion auch andere Begriffe ausüben, wie etwa Gerechtigkeit, Wahrheit, Lauterkeit[263]. Keinesfalls ist das Liebesgebot in der Weise Zusammenfassung der Tora, daß seine Erfüllung gegen den Gehorsam gegenüber den Einzelgeboten des Gesetzes ausgespielt werden könnte[264]. Im Gegenteil dient es gerade dazu, die Gehorsamsforderung gegenüber den Geboten der Tora paränetisch und theologisch zu vertiefen[265], indem das Verhalten zum Mitmenschen mit dem Verhältnis zu Gott in Beziehung gesetzt wird. Dies ist die Funktion der Doppelgebote in den TestXII[266].

Aus dem Zusammenhang von Doppelgebot, Ideal der Lauterkeit (vgl. 7,7) und Tun von Frömmigkeit und Wahrheit ergibt sich, daß das in der Reihe TestIss 7,2–6 beschriebene Verhalten theologisch als Erfüllung des Willens Gottes qualifiziert wird.

---

[263] Vgl. S. 113.122.142.

[264] Dies ist aber zumindest die Tendenz bei BECKER, wenn er schreibt: »Nicht die Mannigfaltigkeit kasuistisch-gesetzlicher Einzelfälle aus der Fülle atl. Vorschriften sind nach einer allgemeinen Aufforderung zum Gesetzesgehorsam genannt, ja solche allgemeine Aufforderung steht noch nicht einmal vor dem Liebesgebot, vielmehr ist dieses in betonter Form vorangestellt. Angesichts dieser ersten Forderung, dem Nächsten in Wahrheit zu begegnen, treten alle anderen Gebote zurück . . . Das Liebesgebot ist zur obersten Norm und Richtschnur aller anderen Forderungen geworden. Wer den Nächsten liebt, steht mit allen anderen Geboten in Einklang. Die Erfüllung aller möglichen gesetzlichen Einzelfälle ist gewährleistet, wenn der Obersatz beim Handeln in Geltung steht: ›Tut nun Wahrheit jeder gegenüber seinem Nächsten!‹« (1970, 381 f.). In Wirklichkeit sind aber die anderen Gebote der Tora nach dem Verständnis der TestXII nicht nur »nicht aufgehoben«, wie BECKER selbst zugesteht, sondern sie werden ständig neu mit Hilfe paränetischer Reihen eingeschärft!

[265] Häufig wird im Zusammenhang mit dem Liebesgebot die Forderung zum Toragehorsam ausgesprochen, vgl. TestIss 5,1; TestSeb 5,1; TestDan 5,1; TestGad 4,2; TestJos 11,1; TestBenj 3,1; 10,3.

[266] Die hier vorgetragene Sicht kommt der Meinung NISSENS nahe, vgl. etwa 1974, 234: Das Handeln am Nächsten umfaßt »nicht nur die eine Forderung der Liebe und auch nicht die Liebe als die in allem wirksame Summe und Kraft des Ganzen, sondern stets ein ganzes Spektrum verschiedener Erweisungen.«, a.a.O., 240: »Die Summe der Forderungen, in denen sich die toragemäße Hingabe an Gott verwirklicht, hat das Judentum nur selten verknappend und nie mit dem Anspruch der Vollständigkeit zu Doppelgeboten zusammengefaßt . . . aber auch dann hat es das Gebot der gesamten Toraerfüllung entweder hinzugefügt oder ›an die Stelle‹ – d. h. als Vollzug und Ausdruck – des rechten Gottesverhältnisses gesetzt oder als das eine Gebot hingestellt, das auch Doppelgebote in sich aufnimmt oder aus sich entläßt; und schließlich hat es seine Doppelgebote bzw. doppelgebotsähnlichen Sätze durchweg einer Reihe weiterer Anordnungen eingegliedert und damit sowohl deren ›Unvollständigkeit‹ als auch die Nicht-Koinzidenz seiner beiden Glieder dokumentiert.« Vgl. auch a.a.O., 230–244. 278–304.

Zusammenfassung:

In TestIss finden sich drei paränetische Reihen, die ausgewählte Gebotsübertretungen zusammenstellen. Der Form nach sind zwei von ihnen (3,3—8; 7,2—6) Unschuldsbekenntnisse, die dritte (4,2—6) eine negativ beschreibende Reihe. Der Verfasser hat diese Reihen nicht als fixiert überlieferte Texte in sein Werk übernommen, sondern in traditioneller Vorstellungs- und Aussageweise selbst formuliert und seinem paränetischen Anliegen nutzbar gemacht.

Indem die Reihen 3,3—8 und 4,2—6 dem Stichwort Lauterkeit zugeordnet werden, wird das in ihnen beschriebene Verhalten theologisch als Leben nach dem Willen Gottes qualifiziert. Dieselbe theologische Bewertung erfolgt in der Reihe 7,2—6 durch das Doppelgebot der Gottes- und Nächstenliebe am Schluß der Reihe.

Die in den Reihen erwähnten Einzelvergehen haben z. T. Anhalt an sonst im TestIss vorkommenden Gedanken, gehen aber auch weit darüber hinaus (so die Aussagen über Unzucht, Habgier, Zorn, Weingenuß, Grenzverrückung).

Die auftretenden Einzelweisungen stehen in enger Beziehung zu den in anderen behandelten Reihen anzutreffenden Mahnungen. Unzucht wird in allen drei Reihen genannt. Weiter haben hervorgehobene Bedeutung: Habgier, Verleumdung, Vergehen gegen die Wahrheit, Erbarmen mit den Schwachen. Neu hinzu kommen zu den aus bisher behandelten Reihen bekannten Geboten: Ehebruch, Weingenuß, Betrug, Grenzverrückung.

Das gesamte paränetische Material ordnet sich gut in das sonst in den TestXII gängige paränetische Gedankengut ein. Besonders typisch ist dafür die Herausstellung des Ideals der Enthaltsamkeit, die Betonung der Forderungen der Barmherzigkeit sowie das Interesse an der im Innern des Menschen zu suchenden Wurzel seiner ethischen Entscheidungen.

Das in TestIss 7,6 erstmals im Zusammenhang mit einer paränetischen Reihe begegnende Doppelgebot der Gottes- und Nächstenliebe gehört zum proprium der Paränese der TestXII. Es bildet die Brücke zwischen den aufgezählten konkreten Verhaltensweisen und der theologischen Begründung des gesamten Verhaltens des Menschen im Willen Gottes.

e) Testament Benjamin

Zur Literarkritik:

Von den paränetischen Reihen in TestBenj kommen für unsere Untersuchung die negativ beschreibenden Reihen 4,2—5 und 6,1—6 in Betracht, dazu die formal freie Paränese 8,1 f. Versuche, Kpp. 4—8 oder Teile daraus literarkritisch zu eliminieren, da sie mit dem Rückblick auf die Vergangenheit inhaltlich oder in Bezug auf die Anordnung des Materials nicht in Einklang stehen, sind nicht überzeugend[267]. Für die Paränese der TestXII ist es ja gerade typisch, daß sie zwar Anregungen aus der Lebensgeschichte bezieht und diese paränetisch auswertet, daß sie dabei aber nicht stehenbleibt, sondern weiteres paränetisches Material verallgemeinernd und aktualisierend für ihre gegenwärtigen Leser zusammenstellt[268]. So kann davon ausgegangen werden, daß die paränetischen Kpp. 4—8 mit dem übrigen Test Benj eine literarische Einheit bilden[269].

Zur Form:

TestBenj 4,2—5 ist eine negativ beschreibende Reihe (negative Aussage am Beginn, Fortsetzung im Kondizionalstil, verschiedene Erweiterungen im beschreibenden Stil, positive Aussagen)[270], ebenso 6,1—6 (negative

---

[267] Nach BECKER 1970, 247, sind die gesamten paränetischen Kpp. 4—8 sekundärer Einschub, weil hier »die Situation der Abschiedsrede ganz verlassen« und »weder von Benjamin noch von seinen Söhnen gesprochen« sei. »Die Paränese ist vielmehr allgemein und situationslos.« Allein 10,2—5 hält er für die Paränese des »Grundstockes« (a.a.O., 255). KÜCHLER 1979, 479, schließt sich ihm hierin an und begründet dies mit der Stellung der Paränese 10,2—5 *nach* der Lebensgeschichte. Dieses Argument überzeugt jedoch nicht, da sich auch in den meisten übrigen Testamenten Paränesen zwischen verschiedenen Abschnitten des Rückblickes auf die Vergangenheit finden.

[268] Vgl. v. NORDHEIM 1980, 86: »wie wir gesehen haben, müssen sich die Verhaltensanweisungen durchaus nicht nur auf Erfahrungen aus dem Leben des Patriarchen, die im Rückblick auf die Vergangenheit zur Sprache kamen, allein gründen, sondern können — und sollen wohl sogar — die gesamte mögliche Erfahrung umfassen.«

[269] Vgl. HULTGÅRD II 1982, 199. Besondere Aufmerksamkeit verdient noch TestBenj 8,1f. BECKER 1970, 250—253, grenzt den Abschnitt 6,7—8,1 aufgrund seines eigenständigen Themas (Neid und Bruderhaß) als geschlossene Einheit vom Kontext ab. 8,2f. habe ursprünglich noch zu 6,1—6 gehört, 8,3 stehe sachlich zu 5,1—3 parallel. Es ergebe sich ein guter »Aufbau der eingeschobenen Paränese, die erneut im Stil einer hellenistischen Synagogenpredigt gehalten ist«. Weiterhin seien 6,7—7,2 Produkte redaktioneller Arbeit. In 7,2 sei ein fertiges Traditionsstück aufgenommen, das durch zwei alttestamentliche Beispiele (7,3ff.) interpretiert wird. In 8,1 sei daraus die paränetische Schlußfolgerung gezogen. Jedoch: Die Parallelisierung von 5,1—3 mit 8,3 wirkt äußerst künstlich. Die Eliminierung von 5,4f. ist unbegründet (zu Joseph vgl. v. NORDHEIM 1980, 86; der Stil wechselt laufend in den TestXII), ebenso die von 6,7—8,2. Zwar macht 7,2 literarkritische Überlegungen nötig (doppeltes πρῶτον), der Vers läßt sich aber als, zugegebenermaßen harte, Überleitung des Verfassers zum von ihm übernommenen Traditionsstück über die sieben Übel verstehen. Alle übrigen Verse des von BECKER verdächtigten Abschnittes legen weder sachlich noch formal die Annahme sekundärer Bearbeitung nahe und passen gut in den Rahmen des auch sonst vom Verfasser der TestXII vorgetragenen Gedankengutes. 7,3—5 sind paränetische Auslegung des aufgenommenen Traditionsstückes mit Hilfe legendarischen Materials. 8,1f. bringt expressis verbis die daran anknüpfende, wie auch sonst weit darüber hinausgehende Paränese unter Verwendung typischer Gebotsübertretungen.

[270] Vgl. ASCHERMANN 1955, 50f.

Aussagen zu positivem Verhalten, Stichwort am Beginn, zusammenfassende positive Schlußwendung)²⁷¹. 8,1 f. ist formal unstrukturiert.

Liegen hier also bestimmte Gattungsmerkmale der beschreibenden Reihe vor, so reichen diese jedoch nicht aus, die betreffenden Passagen literarkritisch aus ihrem Kontext herauszulösen. Gerade die sehr freie Handhabung formaler Gestaltungsmittel ist für die TestXII typisch²⁷². Von daher ist nicht anzunehmen, daß der Verfasser der TestXII fertig vorgefundene Überlieferungsstücke verwendet habe²⁷³. Es ist wahrscheinlicher, daß er den gesamten Komplex der paränetischen Kpp. 4—8 (mit Ausnahme von 7,2f.) selbst geschaffen hat, wobei er sich bestimmter gängiger Aussageweisen bedient hat und bestimmtes geprägtes Gedankengut verwendet hat²⁷⁴. Die formgeschichtlich von kultischen Bekenntnisformeln des Alten Testaments herleitbaren Reihen²⁷⁵ haben sich in den TestXII offensichtlich ganz von ihrem kultischen Hintergrund gelöst und dienen vorwiegend paränetischen Zwecken²⁷⁶.

TestBenj 4,1—5

1   Ἴδετε, τέκνα, τοῦ ἀγαθοῦ ἀνδρὸς τὸ τέλος· μιμήσασθε οὖν ἐν ἀγαθῇ διανοίᾳ
τὴν εὐσπλαγχνίαν αὐτοῦ, ἵνα καὶ ὑμεῖς στεφάνους δόξης φορέσητε.

---

²⁷¹ Zur Abgrenzung der Reihe: v. NORDHEIM 1980, 86 f., rechnet zur Reihe nur 1—4, da in 4c eine typische Schlußwendung stehe. Dagegen plädiert BECKER 1970, 250, für den Zusammenhang von 1—6, da hier ein deutlich erkennbarer Aufbau mit drei jeweils formal parallel gestalteten Abschnitten, 1—3, 4, 5—6, vorliegt. Jeder Abschnitt hat die gleiche Einleitung und eine zusammenfassende Schlußwendung. Gegen v. NORDHEIM ist einzuwenden, daß, wie in 4c, so auch in 6b eine typische Schlußwendung steht.

²⁷² Man vgl. dazu nur die Analyse ASCHERMANNS 1955, 50f., zu TestBenj 4,2—5. Nach ihm besteht die Reihe aus negativen Aussagen, Kondizionalsätzen, Erweiterungen und positiven Aussagen. Ähnlich verhält es sich in 6,1—6, von 8,1f. ganz zu schweigen.

²⁷³ So v. NORDHEIM 1980, 86.

²⁷⁴ Vgl. dazu o. zu TestIss S. 111. Als Bekräftigung dieser These kann das in Anm. 271 angesprochene Abgrenzungsproblem bei TestBenj 6,1—6 herangezogen werden. v. NORDHEIM plädiert gegenüber BECKER für die Abgrenzung zwischen V. 4 und 5, betont aber gleichzeitig den bruchlosen Übergang zwischen beiden Versen und wundert sich dann, »wie elegant hier ein vorformulierter Text aufgenommen und verarbeitet werden konnte« (1980, 87). Verzichtet man auf die Annahme eines vorformulierten Textes, dann kann man mit BECKER die gesamte Reihe 1—6 als Einheit ansehen, als die sie auch nach außen hin erscheint, und braucht dennoch die Rolle des summarisch-positiven Schlußsatzes in 4c nicht unterzubewerten.

²⁷⁵ Vgl. o. Anm. 180.

²⁷⁶ BECKER und KÜCHLER sehen, ausgehend von der Analyse von TestBenj, ihren jetzigen Sitz im Leben in der Gesetzesunterweisung: »Die Gattung der beschreibenden Reihe, die typisch für die Paränese der TP ist, ist ihres ursprünglich kultischen Sitzes im Leben enthoben und der Rhetorik dienstbar gemacht, spezieller der paränetischen Unterweisung.« (BECKER 1970, 249); vgl. KÜCHLER 1979, 478: »in Ton und Inhalt völlig innerhalb des bescheideneren Rahmens der Unterweisung«.

2　　ὁ ἀγαθὸς ἄνθρωπος οὐκ ἔχει σκοτεινὸν ὀφθαλμόν· ἐλεᾷ γὰρ πάντας, κἂν ὦσιν
3　　ἁμαρτωλοί· κἂν βουλεύωνται περὶ αὐτοῦ εἰς κακά, οὗτος ἀγαθοποιῶν νικᾷ
　　　τὸ κακόν, σκεπαζόμενος ὑπὸ τοῦ ἀγαθοῦ· τοὺς δὲ δικαίους ἀγαπᾷ ὡς τὴν
4　　ψυχὴν αὐτοῦ. ἐάν τις δοξάζηται, οὐ φθονεῖ· ἐάν τις πλουτῇ, οὐ ζηλοῖ· ἐάν
　　　τις ἀνδρεῖος, ἐπαινεῖ· τὸν σώφρονα πιστεύων ὑμνεῖ, τὸν πένητα ἐλεεῖ, τῷ
5　　ἀσθενεῖ συμπαθεῖ, τὸν θεὸν ἀνυμνεῖ, τὸν ἔχοντα φόβον θεοῦ ὑπερασπίζει
　　　αὐτοῦ, τῷ ἀγαπῶντι τὸν θεὸν συνεργεῖ, τὸν ἀθετοῦντα τὸν ὕψιστον νουθετῶν
　　　ἐπιστρέφει, καὶ τὸν ἔχοντα χάριν πνεύματος ἀγαθοῦ ἀγαπᾷ κατὰ τὴν ψυχὴν
　　　αὐτοῦ.

ἀγαθὸς ἀνήρ, ἀγαθὸς ἄνθρωπος,
ἀγαθὴ διάνοια, ἀγαθὸν διαβούλιον, ἀγαθὸν πνεῦμα

Es fällt auf, daß bei den behandelten paränetischen Reihen von TestBenj
der sonst übliche Hinweis auf das Gesetz bzw. die Gebote fehlt. Die Begriffe νόμος und ἐντολή kommen überhaupt nur selten in TestBenj vor (10,3;
3,1; 10.3.5), allerdings an betonter Stelle. Es handelt sich dabei jeweils um
eine zusammenfassende Mahnung, das Gesetz bzw. die Gebote zu bewahren. Insofern wird auch in TestBenj die gesamte Paränese zu Beginn
und zum Schluß durch Verweis auf den im Gesetz und den Geboten niedergelegten Willen Gottes gerahmt und theologisch begründet.

Im direkten Zusammenhang der Reihen übernehmen diese Funktion die
oben aufgezählten Begriffe. ἀνὴρ ἀγαθός ist an sich terminus technicus für
Joseph als ethisches Vorbild (TestSim 4,4; TestBenj 3,1; TestDan 1,4)[277].
In TestBenj 4,1; 6,1 ist der Begriff aber von der konkreten Vorbildgestalt
des Joseph gelöst und meint allgemein den ethisch Vollkommenen. Dieser
wird dementsprechend in 4,2 auch einfach ὁ ἀγαθὸς ἄνθρωπος genannt[278].

Auffällig ist die Häufung des Wortes ἀγαθός in TestBenj 3–6 (14 ×)[279].
Die Verbindung ἀγαθὴ διάνοια findet sich nur in TestBenj 3–6 (3,2; 4,1;
5,1[3]; 6,5)[280], ἀγαθὸν διαβούλιον nur TestBenj 6,4[281].

---

[277] Vgl. dazu HULTGÅRD II 1982, 162f.; HOLLANDER 1975, 47–104 (zu TestBenj 77–80);
RENGSTORF 1974, 29–47; THOMAS 1969, 88–114.

[278] Sonst nirgends mehr in den TestXII. Vgl. noch TestAss 4,1: οἱ ἀγαθοὶ ἄνδρες.

[279] 3,1.2(2x); 4,1(2x).2.3.5; 5,1(2x).3; 6,1.4.5, dazu noch 2 × ἀγαθοποιεῖν (4,3; 5,2). Die
Wortgruppe kommt in den TestXII insgesamt 50 × vor. Eine ähnliche Häufung findet sich
in TestAss 1–5 (11x).

[280] διάνοια καθαρά bzw. καθαίρειν TestBenj Titel; 6,7; 8,2 (vgl. 6,5 διάθεσις); καθαρεύειν
TestRub 6,1.2. Außerdem διάνοια in TestXII noch TestRub 3,12; 4,6; 5,3.6.7; TestSim 3,2.5;
4,8; TestDan 2,4; TestGad 6,1; TestJos 10,4.5; TestBenj 7,2.

[281] διαβούλιον sonst in den TestXII: TestRub 4,9; TestSim 4,8; TestJud 11,1; 13,2.8; 18,3;
TestIss 4,5; 6,2; TestDan 4,2.7; TestGad 5,3.7; 7,3; TestAss 1.3.5.8.9; TestJos 2,6; TestBenj
6,1.

Die betonte Hinwendung zum Inneren des Menschen als dem Ort seiner ethischen Entscheidungen ist charakteristisch für den paränetischen Impetus der TestXII und typisch für die Weise, wie diese Intention durchgeführt wird. Die vielfältigen und außerordentlich häufigen Aussagen, die auf den Sinn, das Herz, die Seele, die Gesinnung des Menschen hinweisen[282], zeugen von einer vertieften Einsicht einerseits in die menschliche Psyche als den Ort ethischer Konflikte wie andererseits in die Situationsbezogenheit seiner Entscheidungen.

In TestBenj 8,2 ist mit der reinen Gesinnung ($\dot{o}$ $\ddot{e}\chi\omega\nu$ $\delta\iota\acute{a}\nu o\iota\alpha\nu$ $\kappa\alpha\theta\alpha\rho\grave{a}\nu$ $\dot{e}\nu$ $\dot{a}\gamma\acute{a}\pi\eta$) und dem unbefleckten Herzen ($o\dot{v}$ $\gamma\grave{a}\rho$ $\ddot{e}\chi\epsilon\iota$ $\mu\iota\alpha\sigma\mu\grave{o}\nu$ $\dot{e}\nu$ $\kappa\alpha\rho\delta\acute{\iota}\alpha$) die Anwesenheit des Gottesgeistes verbunden ($\dot{a}\nu\alpha\pi\alpha\acute{v}\epsilon\tau\alpha\iota$ $\dot{e}\nu$ $\alpha\dot{v}\tau\tilde{\omega}$ $\tau\grave{o}$ $\pi\nu\epsilon\tilde{v}\mu\alpha$ $\tau o\tilde{v}$ $\theta\epsilon o\tilde{v}$). In ähnlicher Weise ist in 4,5 von der $\chi\acute{a}\rho\iota\varsigma$ $\pi\nu\epsilon\acute{v}\mu\alpha\tau o\varsigma$ $\dot{a}\gamma\alpha\theta o\tilde{v}$ die Rede. Als Gnadengabe ($\chi\acute{a}\rho\iota\varsigma$!) ist dieser gute Geist ebenfalls auf Gott zurückzuführen. An beiden Stellen bezieht sich die Erwähnung des Geistes (Gottes) auf den sittlich guten Menschen. Die diesem zugeschriebenen konkreten Verhaltensweisen entsprechen sachlich der Erfüllung der wesentlichen Forderungen des Gesetzes. Von daher ist die in 8,2 ausgesagte Anwesenheit des Gottesgeistes inhaltlich gefüllt durch eine »Gesinnung und Haltung strikter Gesetzerfüllung«[283].

In TestBenj 3,1—5 sind in prägnanter Weise die Forderung des Gesetzesgehorsams und die, nach dem Vorbild Josephs den Sinn auf das Gute zu richten und sich nicht von den Geistern Beliars verführen zu lassen, miteinander verbunden.

Damit stehen wir zweifellos vor einer bedeutsamen Weiterentwicklung des Gesetzesverständnisses. Es liegt hier eine vertiefte Reflexionsstufe vor, die man als Verinnerlichung bezeichnen kann. In dieser Hinsicht stehen allerdings die Aussagen von TestBenj innerhalb der TestXII nicht allein. Die angesprochene Tendenz steht auch hinter der tiefgründigen Reflexion über zweideutiges Verhalten in TestAss 2 und 4 und den Aussagen der Reihe TestIss 4,2—5[284].

Andererseits führt eine solche Verinnerlichung der Paränese keineswegs zu einer Entwertung des materialen Gehalts der Gebote, wie die Verwen-

---

[282] $\psi\upsilon\chi\acute{\eta}$ in TestXII 54 ×; $\kappa\alpha\rho\delta\acute{\iota}\alpha$ 47 ×, $\nu o\tilde{v}\varsigma$ 15 ×. Häufig werden diese Begriffe mit $\delta\iota\acute{a}\nu o\iota\alpha$ oder $\delta\iota\alpha\beta o\acute{v}\lambda\iota o\nu$ kombiniert. Oft ist in diesem Zusammenhang von der Verblendung oder Verführung des Sinnes durch Beliar und die zu ihm gehörenden bösen Geister und Kräfte die Rede. Vgl. dazu o. den Exkurs: Die Geistervorstellung in den TestXII, S. 88—91.

[283] REINMUTH 1985, 75.

[284] Eine mit TestAss 2; 4; 5 vergleichbare Aufzählung von Gegensatzpaaren enthält Test Benj 6,5 f. Auch die $\dot{a}\pi\lambda\acute{o}\tau\eta\varsigma$ begegnet in TestBenj 6,7 in einer zusammenfassenden Schlußwendung, s. dazu o. S. 113. Das zeigt, daß die verschiedenen paränetischen Motive und Konzeptionen nicht auf einzelne Testamente verteilt werden können, sondern vom Verfasser der TestXII je nach Bedarf verwendet worden sind.

dung typischer Gebotsübertretungen bzw. -erfüllungen in den Reihen von
TestBenj beweist. Somit bewegt sich das Gesetzesverständnis von Test
Benj durchaus im Rahmen desjenigen der TestXII.

εὐσπλαγχνία

Barmherzigkeit ist hier exemplarische Eigenschaft des ἀγαθὸς ἀνήρ[285].
Barmherzigkeit der Menschen untereinander ist Thema von TestSeb
(Titel: περὶ εὐσπλαγχνίας καὶ ἐλέους). Dabei ist häufig an konkrete Unterstützung Notleidender gedacht[286]. In TestBenj steht aufgrund der Herausstellung der vorbildlichen Barmherzigkeit Josephs gegenüber seinen Brüdern
stärker die Komponente der Vergebung unrechten Tuns im Vordergrund[287]. So bestimmt das Vorbild Josephs auch V. 3a.

Das Erbarmen als herausragender Charakterzug Josephs wird in den gesamten TestXII betont und hat für die Paränese der Schrift besondere Bedeutung[288].

ἐλεεῖν

Dem soeben besprochenen Gedanken der Barmherzigkeit gegenüber unrechtem Tun kann in TestBenj sogar das Wort ἐλεεῖν nutzbar gemacht
werden, wie sich für V. 2 aus dem Zusammenhang ergibt. Ebenso heißt es
in 5,4: ἐλεεῖ γὰρ ὁ ὅσιος τὸν λοίδορον καὶ σιωπᾷ[289]. In V. 4 ist jedoch, wie sonst
immer in den TestXII, die Barmherzigkeit gegenüber Notleidenden gemeint, die auch noch in 5,1 erwähnt wird[290].

---

[285] μιμήσασθε! Vgl. auch TestSim 4,4: Ἰωσὴφ δὲ ἦν ἀνὴρ ἀγαθὸς καὶ ἔχων πνεῦμα θεοῦ ἐν ἑαυτῷ,
εὔσπλαγχνος καὶ ἐλεήμων. εὐσπλαγχνία wird häufig für das Verhalten Gottes gegenüber den Menschen gebraucht, so vor allem in SER-Stücken bei Aussagen über die Heilsrestitution:
TestSeb 9,7f.; TestAss 7,7; vgl. TestLev 4,4; TestSeb 8,2; TestNaph 4,5. Dieser theologischen Verwendung entspricht der anthropologische Sprachgebrauch, nach dem »die Wörter
εὔσπλαγχνος u εὐσπλαγχνία . . . als Bezeichnung der menschlichen Tugend u Haltung der
Barmherzigkeit« dienen (KÖSTER, ThWNT 7, 551). Der häufige und gefüllte Gebrauch der
Wortgruppe gehört zu den Spezifika der TestXII und stellt gegenüber dem Wortschatz der
LXX und der früheren jüdischen Literatur eine selbständige Fortentwicklung dar. Dadurch
wird weitgehend die Wortgruppe οἰκτιρμός κτλ. ersetzt (in TestXII nur TestLev 16,5; TestJud
19,3; TestSeb 2,2; TestAss 2,2; TestJos 2,3). Vgl. zur Sache KÖSTER, ThWNT 7, 551f.; SPICQ
1978, 812–815.
[286] Vgl. KÖSTER, ThWNT 7, 551: »Das Verb σπλαγχνίζομαι bezeichnet . . . die leitende innere Einstellung des Menschen, die zur Barmherzigkeit führt«. In TestSeb finden sich auch
die meisten Belege für die Wortgruppe σπλάγχνον κτλ.: 2,2; 4,2; 5,1.3.4; 6,4; 7,1.3.4; 8,1.2.3.4.
Vgl. auch o. S. 120 f.
[287] Vgl. 3,6f.; 4,3; 5,4f. In diesen Zusammenhang gehört auch die Aussage von TestBenj
4,5: τὸν ἀθετοῦντα τὸν ὕψιστον νουθετῶν ἐπιστρέφει. Zum Gedanken der Barmherzigkeit gegenüber Sündern vgl. auch TestGad 6,3–7.
[288] Vgl. TestSim 4,4; TestSeb 8,4; TestJos 17 u. ö.
[289] Vgl. auch TestSim 4,4 ἐλεήμων.
[290] S. dazu o. S. 108. Außer dem πένης (s. o. S. 116) und dem πτωχός (s. o. S. 121) werden als
Notleidende in den TestXII noch der ἀσθενής (TestIss 5,2; TestJos 3,5; TestBenj 4,4) und der
θλιβόμενος (TestIss 3,8; TestSeb 7,1; TestBenj 5,1) genannt.

τοὺς δικαίους ἀγαπᾶν ὡς τὴν ψυχὴν αὐτοῦ

Eine positive Mahnung, die Gerechten zu lieben, findet sich nirgends sonst in den TestXII, wohl aber gibt es paränetische Aussagen über negatives Verhalten zu gerechten Menschen (TestLev 16,2; TestJud 21,9; TestDan 2,3; TestGad 3,2). Zu solchen auch in paränetischen Reihen begegnenden Aussagen über die Wendung gegen fromme und gerechte Menschen[291] dürfte die vorwiegend aus positiven Aussagen bestehende Reihe TestBenj 4,2–5 das Gegenstück liefern. In diesem Sinne wären dann auch die VV. 4 (ἐάν τις ἀνδρεῖος, ἐπαινεῖ· τὸν σώφρονα πιστεύων ὑμνεῖ) und 5 (τὸν ἔχοντα φόβον θεοῦ ὑπερασπίζει αὐτοῦ, τῷ ἀγαπῶντι τὸν θεὸν συνεργεῖ . . . καὶ τὸν ἔχοντα χάριν πνεύματος ἀγαθοῦ ἀγαπᾷ κατὰ τὴν ψυχὴν αὐτοῦ) zu verstehen.

φθονεῖν[292]

Der Neid wird in TestBenj noch in 8,1 (ἀποδράσατε τὴν κακίαν, φθόνον τε καὶ τὴν μισαδελφίαν) und, damit zusammenhängend, 7,2.5 erwähnt. In der paränetischen Reihe über den Hassenden heißt es TestGad 3,3: τῷ κατορθοῦντι φθονεῖ. Ein ähnliches Gegenstück zu TestBenj 4,4 ist TestGad 7,2: ἐὰν ἐπὶ πλεῖον ὑψοῦται, μὴ φθονεῖτε (vgl. 7,6). In Verbindung mit dem Haß ist auch sonst in den TestXII der Neid genannt (TestDan 2,5; TestGad 4,5; dazu neben ζῆλος TestSim 4,5). In TestSim ist er paränetisches Stichwort und wird dort ausführlich abgehandelt[293].

ζηλοῦν[294]

Wie hier steht die Eifersucht auch in TestSim 4,5 neben dem Neid, in einem Kontext, der wie TestBenj vom vorbildlichen Lebenswandel Josephs geprägt ist[295]. Eifersucht auf den Reichtum des anderen erwähnt auch TestGad 7,4. Der dort bestimmende Gedanke, daß der Reichtum ungerecht erworben wurde und Gottes Strafe zur Folge habe, ist für TestBenj 4,4 nicht vorauszusetzen.

TestBenj 6,2–5

2   οὐχ ὁρᾷ ἐμπαθῶς τοῖς φθαρτοῖς οὐδὲ συνάγει πλοῦτον εἰς φιληδονίαν·

3   οὐ τέρπεται ἡδονῇ, οὐ λυπεῖ τὸν πλησίον, οὐκ ἐμπιπλᾶται τρυφῆς, οὐ πλανᾶται

4   μετεωρισμοῖς ὀφθαλμῶν· κύριος γάρ ἐστι μερὶς αὐτοῦ. τὸ ἀγαθὸν

---

[291] Vgl. dazu o. S. 108.
[292] Vgl. SPICQ 1978, 919 ff.; VÖGTLE 1936, 218–221.
[293] Vgl. 2,13.14; 3,1.2.3.4.6; 4,5.7; 6,2. S. auch TestJos 1,3.7.
[294] Vgl. o. S. 117 f.
[295] TestSim 4,5: φυλάξασθε . . . ἀπὸ παντὸς ζήλου καὶ φθόνου, vgl. 4,4: Ἰωσὴφ δὲ ἦν ἀνὴρ ἀγαθός . . . εὔσπλαγχνος καὶ ἐλεήμων.

διαβούλιον οὐκ ἐπιδέχεται δόξης καὶ ἀτιμίας ἀνθρώπων, καὶ πάντα δόλον ἢ
ψεῦδος, μάχην καὶ λοιδορίαν οὐκ οἶδεν· κύριος γὰρ ἐν αὐτῷ κατοικεῖ καὶ
5   φωτίζει τὴν ψυχὴν αὐτοῦ, καὶ χαίρει πρὸς πάντας ἐν παντὶ καιρῷ·   ἡ ἀγαθὴ
διάνοια οὐκ ἔχει δύο γλώσσας, εὐλογίας καὶ κατάρας, ὕβρεως καὶ τιμῆς, λύπης
καὶ χαρᾶς, ἡσυχίας καὶ ταραχῆς, ὑποκρίσεως καὶ ἀληθείας, πενίας καὶ
πλούτου, ἀλλὰ μίαν ἔχει περὶ πάντας εἰλικρινῆ καὶ καθαρὰν διάθεσιν.

V. 1 bringt die oben besprochene Hinwendung der Paränese der TestXII
zum Inneren des Menschen als dem Ort seiner ethischen Entscheidungen
charakteristisch zum Ausdruck: τὸ διαβούλιον τοῦ ἀγαθοῦ ἀνδρὸς οὐκ ἔστιν ἐν
χειρὶ πλάνης πνεύματος Βελιάρ. ὁ γὰρ ἄγγελος τῆς εἰρήνης ὁδηγεῖ τὴν ψυχὴν
αὐτοῦ[296].

Es folgen verschiedene Aussagen zum Verhalten gegenüber den »weltli-
chen Leidenschaften« (ὁρᾶν ἐμπαθῶς τοῖς φθαρτοῖς[297]) und zur Wahrhaftigkeit
gegenüber den Mitmenschen.

συνάγειν πλοῦτον[298] εἰς φιληδονίαν

Zur negativen Bewertung des Reichtums vgl. TestDan 3,4; TestAss 2,8;
TestJud 21,6; TestGad 7,4.6[299]. An allen diesen Stellen hat πλοῦτος jeweils
eine gewisse Nähe zur πλεονεξία. Positiv wird in TestIss 4,2 dem Reichtum
die Lauterkeit gegenübergestellt: ὁ ἁπλοῦς χρυσίον οὐκ ἐπιθυμεῖ. Auch die
Aussagen zum Erbarmen mit den Armen haben bisweilen eine kritische
Tendenz gegenüber dem Reichtum[300].

Der Begriff φιληδονία ist doppeldeutig. Er kann sowohl im Sinne der
πλεονεξία als auch im Sinne der πορνεία interpretiert werden[301]. Der weitere
Sprachgebrauch »Hang zum Vergnügen« kann den engeren »Unzucht« jeweils mit einschließen.

ἡδονῇ τέρπεσθαι

Das Wort ἡδονή wird sonst in den TestXII immer im sexuellen Sinn gebraucht (TestIss 3,5 ἡδονὴ γυναικός, vgl. TestJud 13,6; 14,2)[302]. Von daher

---

[296] Vgl. auch V. 4: κύριος γὰρ ἐν αὐτῷ κατοικεῖ καὶ φωτίζει τὴν ψυχὴν αὐτοῦ, V. 6: πᾶν γὰρ ὃ ποιεῖ
ἢ λαλεῖ ἢ ὁρᾷ, οἶδεν ὅτι κύριος ἐπισκέπτει ψυχὴν αὐτοῦ, V. 7: καὶ καθαίρει τὴν διάνοιαν αὐτοῦ πρὸς τὸ
μὴ καταγνωσθῆναι ὑπὸ θεοῦ καὶ ἀνθρώπων.
[297] S. dazu u. S. 133.
[298] Vgl. HAUCK / KASCH, ThWNT 6, 316−330; MERKLEIN, EWNT 3, 273−278 (Lit.);
REINMUTH 1985, 39 f. mit Anm. 241.
[299] Reichtum positiv: TestSim 4,6; TestJos 12,2, neutral: TestBenj 4,4; 6,5, übertragen:
TestJud 25,4.
[300] Vgl. z. B. TestGad 7,6; TestBenj 5,1.
[301] Vgl. o. S. 96.
[302] Vgl. o. S. 115 f. TestDan 5,2 ist gegen b (ἡδονήν) mit gdea chj μῆνιν zu lesen, wie der Zusammenhang ergibt.

könnte, ähnlich wie bei der *φιληδονία* in V. 2, der Gedanke der Unzucht im Blick sein. In diese Richtung scheint auch die Wendung *πλανᾶσθαι μετεωρισμοῖς ὀφθαλμῶν* zu deuten, wie TestIss 7,2 (*οὐκ ἐπόρνευσα ἐν μετεωρισμῷ ὀφθαλμῶν μου*) belegt[303]. Jedoch spricht der Zusammenhang eher dafür, in V. 3 *ἡδονή* im weiteren Sinne als »Sinnenlust« zu verstehen. Dies ist die außerhalb der TestXII verbreitete Bedeutung des Wortes[304]. Somit unterstreicht die Mahnung die Enthaltsamkeitsforderung der TestXII.

λυπεῖν τὸν πλησίον

Damit ist das negative Gegenstück zum *ἀγαπᾶν* gegenüber dem Nächsten bezeichnet, das in TestBenj 3,3.4.5 besonders nachdrücklich gefordert wird[305].

ἐμπιπλᾶσθαι τρυφῆς

Die Warnung vor ausschweifendem Speisengenuß ist der von der »Sinnenlust« gut zuzuordnen. Ein solches Verhalten entspricht der *ἀπληστία ἐν τῇ γαστρί* (TestRub 3,3)[306]. In diese Richtung scheint auch am ehesten die schwer verständliche erste Aussage der Reihe zu weisen: *οὐχ ὁρᾷ ἐμπαθῶς τοῖς φθαρτοῖς*[307].

ἐπιδέχεσθαι δόξης καὶ ἀτιμίας

Die Mahnung, weder Ehre noch Unehre anzunehmen, entspricht ihrer Intention nach dem Enthaltsamkeitsideal, das die Reihe TestBenj 6,1−6 besonders betont[308]. TestBenj 4,4 sagt über den guten Mann: *ἐάν τις δοξάζηται, οὐ φθονεῖ*. TestJos 17,8 betont Josephs vorbildliche Bescheidenheit: *οὐχ ὕψωσα ἐμαυτὸν ἐν αὐτοῖς ἐν ἀλαζονείᾳ διὰ τὴν κοσμικὴν δόξαν μου*. Von diesen beiden Stellen her kommen der Sache nach auch die Aussagen zu Hochmut und Neid in den Blick[309].

δόλος ἢ ψεῦδος

List und Lüge sind in gleicher Weise in TestIss 7,4 zusammengestellt. In TestBenj kommen beide Vergehen sonst nicht vor[310].

---

[303] Vgl. dazu o. S. 119.

[304] Vgl. Stählin, ThWNT 2, 913f. 918f.; Weiser, EWNT 2, 282f.

[305] Vgl. dazu o. S. 122ff.

[306] Vgl. dazu o. S. 93. S. auch TestJos 9,2: *ἀγαπᾷ γὰρ ὁ θεὸς μᾶλλον τὸν ἐν λάκκῳ σκότους νηστεύοντα ἐν σωφροσύνῃ, ἢ τὸν ἐν ταμείοις βασιλείων τρυφῶντα μετὰ ἀκολασίας.*

[307] Schwierig ist vor allem der Dativ *τοῖς φθαρτοῖς*, da *ὁρᾶν* sonst nicht mit dem Dativ konstruiert wird (vgl. die Wörterbücher s. v. *ὁρᾶν*). eac(f) verbessern in *τὰ φθαρτά*. Schnapp 1900 und Becker 1974 übersetzen fast gleichlautend: »er sieht (blickt) nicht leidenschaftlich auf das Vergängliche«.

[308] Vgl. dazu auch TestIss passim (s. o. S. 115−120).

[309] S. o. S. 94f.131. Vgl. auch TestDan 1,6: *πνεῦμα τοῦ ζήλου καὶ τῆς ἀλαζονείας.*

[310] Zur List s. o. S. 120, zur Lüge S. 95.

μάχη

Der hier in einer Aufzählung genannte Streit könnte locker in Verbindung stehen zum Bruderhaß in 8,1; 7,5; seine Erwähnung ist aber eher aus der traditionellen Zusammenstellung mit verschiedenen anderen negativen Verhaltensweisen zu erklären[311].

λοιδορία

Der Begriff taucht innerhalb der TestXII nur noch 5,4 (λοίδορος) auf. In der Sache zu vergleichen sind die Aussagen zum Thema Verleumdung[312].

δύο γλώσσας ἔχειν

Die Doppelzüngigkeit (vgl. auch V. 6: ὅρασις, ἀκοὴ διπλῆ) erhält in V. 5 eine Reihe von Konkretionen durch Gegensatzpaare. Inhaltlich sind damit im weiteren Sinne Vergehen gegen die Wahrheit angesprochen. Folgende hier verwendete Begriffe begegnen als Verhaltensweisen in paränetischen Reihen: ἀλήθεια (TestIss 7,5; TestGad 3,1.3), πενία (vgl. πένης TestIss 3,8; TestAss 2,6; TestBenj 4,4), πλοῦτος (TestAss 2,8; TestBenj 4,4).

TestBenj 8,1 f.

1   *καὶ ὑμεῖς οὖν, τέκνα μου, ἀποδράσατε τὴν κακίαν, φθόνον τε καὶ τὴν μισαδελ-*
       φίαν, καὶ προσκολλᾶσθε τῇ ἀγαθότητι καὶ

2   *τῇ ἀγάπῃ. ὁ ἔχων διάνοιαν καθαρὰν ἐν ἀγάπῃ οὐχ ὁρᾷ γυναῖκα εἰς πορνείαν·*
       οὐ γὰρ ἔχει μιασμὸν ἐν καρδίᾳ, ὅτι ἀναπαύεται ἐν αὐτῷ τὸ πνεῦμα τοῦ θεοῦ.

ἀποδιδράσκειν τὴν κακίαν, προσκολλᾶσθαι τῇ ἀγαθότητι καὶ τῇ ἀγάπῃ

Die Reihe beginnt mit der umfassenden Mahnung, dem Bösen zu entfliehen und der Güte und Liebe anzuhängen. Solche allgemeinen Wendungen sind typisch für die Paränese der TestXII. Die gleiche Gegenüberstellung von κακία und ἀγαθότης findet sich TestAss 3,1 f.: τῇ ἀγαθότητι μόνῃ κολλήθητε . . . τὴν κακίαν ἀποδράσατε[313]. κακός begegnet in den TestXII 41 ×, davon allein 16 × in TestAss, wo es, ähnlich wie πονηρός, zur grundsätzlichen Bewertung eines Tuns als widergöttlich dient[314].

---

[311] S. o. S. 93.

[312] Vgl. o. S. 115.

[313] Zu ἀγαθότης vgl. noch TestJud 18,4: στερίσκει τὴν ψυχὴν αὐτοῦ ἀπὸ πάσης ἀγαθοσύνης, s. auch o. S. 128 ff.

[314] κακία in ähnlich umfassender Weise noch TestLev 14,1 (χεῖρας ἐπιβάλλοντες ἐν πάσῃ κακίᾳ); TestDan 1,3 (πᾶσαν κακίαν . . . ἐκδιδάσκει [ὁ θυμός]); 5,5 (ἐν πάσῃ κακίᾳ πορεύεσθε); TestBenj 7,1 (φεύγετε τὴν κακίαν τοῦ Βελιάρ), außerdem noch TestSim 4,9; TestLev 16,3; TestSeb 8,5; 9,7; TestGad 6,7; TestAss 2,1.8; TestJos 5,3; 6,6.7. Vgl. zur Sache LATTKE, EWNT 2, 583–589; GRUNDMANN, ThWNT 3, 470–487.

Das absolute Substantiv ἀγάπη hat in den TestXII ebenfalls eine zusammenfassende Funktion[315].

φθόνος

Die Nennung des Neides korrespondiert dem ersten der sieben Übel des Schwertes in 7,1f.[316]. In TestBenj wird der Neid noch in 4,4 erwähnt[317].

μισαδελφία

Der Bruderhaß ist außer TestBenj 8,1 (7,5) nur noch an zwei Stellen der TestXII sinngemäß angesprochen (TestDan 2,3; TestGad 4,3)[318]. Das verwundert angesichts der ständig paränetisch ausgewerteten Geschichte vom Haß der Brüder gegen Joseph. Daraus leitet der Verfasser der TestXII aber eben keine spezielle Paränese zum Bruderhaß ab, sondern die allgemeine Warnung vor dem Haß gegenüber anderen Menschen überhaupt. Das ist bezeichnend für seine paränetische Absicht, die die verwendeten Erzählstoffe der aktuellen Alltagssituation der Adressaten anpaßt.

ὁρᾶν γυναῖκα εἰς πορνείαν

Die Erwähnung der Unzucht fällt deutlich aus dem engeren Kontext. Sie wird allerdings sofort in der Zukunftsansage 9,1 aufgenommen. Der Verfasser wird sie als gängiges und ihm wichtiges Element der Paränese neben die sich aus dem Zusammenhang ergebenden Vergehen Neid und Haß gestellt haben[319].

Zusammenfassung:

Die paränetischen Reihen von TestBenj gehen, wie auch die anderer Testamente, inhaltlich weit über ihren Kontext hinaus und haben nur noch eine sehr lockere Verbindung zur Testamentssituation. Die gesamte Paränese von TestBenj kann dennoch als das Werk des Verfassers der TestXII

---

[315] Vgl. außer TestBenj 8,1.2 noch TestRub 6,9 (ποιεῖν ἀγάπην); TestGad 4,6; TestAss 2,4; TestJos 17,3 sowie TestGad 4,2 (ἀγάπη τοῦ πλησίον).7 (πνεῦμα τῆς ἀγάπης). S. auch o. S. 122ff.

[316] Zur Textkritik: BECKER 1974, 135 (vgl. derselbe 1970, 252, Anm. 3) konjiziert in 7,2 gegen die gesamte handschriftliche Überlieferung φόνος (nach CHARLES). Er begründet das damit, daß das Töten besser zu den Folgen des Schwertes paßt. Das ist richtig. Nimmt man aber an, der Verfasser der TestXII habe in 7,2 ein Traditionsstück in sein Werk übernommen (s. o. Anm. 269), so könnte man ihm selbst die Änderung von φόνος zu φθόνος zuschreiben. Somit hätte er das ihn interessierende paränetische Stichwort in das Traditionsstück eingetragen, um es dann in für ihn typischer Weise in 7,5; 8,1 auswerten zu können. Damit wäre φθόνος mit der handschriftlichen Tradition in TestBenj 7,2 ursprünglich, nicht aber im übernommenen Traditionsstück.

[317] Vgl. zur Sache o. S. 131.

[318] Weitaus häufiger sind dagegen Aussagen zur Bruderliebe, vgl. o. S. 123.

[319] Vgl. in TestBenj noch 6,3 (s. o. S. 132f.). Zur Befleckung vgl. o. S. 117.

betrachtet werden, der in traditioneller Weise ihm geläufiges paränetisches Gedankengut zu seinem Zweck verwendet hat.

Die drei wichtigsten bisher herausgestellten Mahnungen der behandelten Reihen, Unzucht, Habgier und Barmherzigkeit, haben auch in TestBenj hervorgehobene Bedeutung. Dabei steht aber hinsichtlich des Erbarmens stärker der Gedanke der Barmherzigkeit gegenüber unrechtem Tun im Vordergrund. Neu gegenüber den bisher behandelten Reihen begegnen der Neid und der Bruderhaß. Dazu kommen die schon bekannten Elemente Zorn, Unersättlichkeit, Vergnügungssucht, List, Lüge, Streit, Schmähung.

Zahlreiche in den Reihen geschilderte Züge des sittlich vollkommenen Menschen unterstreichen das Charakterideal der Enthaltsamkeit, das die Paränese der TestXII bestimmt.

Der direkte Hinweis auf das Gesetz bzw. die Gebote im unmittelbaren Zusammenhang der Reihen fehlt in TestBenj. Summarische Mahnungen, das Gesetz bzw. die Gebote Gottes zu bewahren, rahmen allerdings den gesamten paränetischen Komplex ein. Die Bewertung des in den Reihen beschriebenen Verhaltens geschieht durch die Ausrichtung des Lebens an dem Verhalten, dem »Sinn« des »guten Mannes«. Dabei ist besonders das Innere des Menschen im Blick als der Ort, an dem er in Auseinandersetzung mit den Kräften des Bösen und im Gehorsam gegenüber den Forderungen Gottes und seines Gesetzes seine ethischen Entscheidungen zu fällen hat. Dies stellt eine höherentwickelte Abstraktionsstufe im Gesetzesverständnis dar, die sich auch an anderen Stellen der TestXII findet. Das paränetische Material bleibt jedoch das der Gebote der Tora in derselben interpretierten und aktualisierten Form, wie sie auch in den übrigen Reihen aufgezählt werden.

Die bis hierher dargebotenen Beispiele aus TestRub, TestLev, TestJud, TestIss und TestBenj belegen die These, daß der Verfasser der TestXII für seine Paränese in weitem Umfang geprägte katechismusartige Gebotsreihen verwendet hat, um mit ihrer Hilfe die von Gott in seinem Gesetz geforderte Lebenshaltung zu beschreiben. Bevor jedoch diese Art der Paränese zusammenfassend dargestellt werden kann, sollen noch zur Ergänzung und Präzisierung der bisher gewonnenen Ergebnisse paränetische Stücke aus TestDan, TestGad und TestAss herangezogen werden. Diese Texte entsprechen nicht immer der Form der bisher behandelten Reihen und können nicht in gleicher Weise wie diese derselben geprägten Tradition zugewiesen werden. Jedoch sind sie aufgrund des in ihnen verarbeiteten konkreten paränetischen Stoffes mit den Gebotsreihen vergleichbar.

Während im folgenden die Verhaltensweisen, die bereits in den schon besprochenen Reihen begegneten, nur noch kurz genannt werden, ist neben der Besprechung weiterer noch nicht in den Blick gekommener Mahnungen die Aufmerksamkeit besonders auf die Einbindung der konkreten Paränese in die umfassende Forderung zu einem Lebenswandel nach dem Willen Gottes gelenkt.

f) Testament Dan

Zur Literarkritik:

Der Abschnitt TestDan 5,4−13 hat die Form eines SER-Stückes und kann folgendermaßen gegliedert werden:

4a	Einleitung
4b−7	Sünde
8	Gericht
9a	Umkehr
9b−13	Heilsrestitution[320]

In das Element der Sündenschilderung sind Levi-Juda-Aussagen[321] aufgenommen[322]. Das Element der Heilsrestitution ist besonders ausführlich gestaltet.

Die Passage scheint sekundär bearbeitet zu sein[323]. Aufgrund seiner in sich geschlossenen Gestalt sowie seiner Verwandtschaft mit ähnlichen Stücken in TestRub 6,5 ff. und TestSim 5,4 ff. scheint der V. 4b ehemals selbständig gewesen zu sein, ebenso wie auch V. 10a[324].

Beachtet man jedoch die jeweils unterschiedliche Aussageabsicht der Sündenschilderungen eines SER-Stückes einerseits und der idealisierenden Levi-Juda-Stücke andererseits, so lösen sich die Spannungen der Einzelinhalte der Traditionselemente in der übergeordneten einheitlichen paränetischen Intention des Verfassers der TestXII[325]. Als Erweiterung des Sün-

---

[320] Vgl. BECKER 1970, 349.

[321] Zu den Levi-Juda-Stücken vgl. BECKER 1970, 178−182; M. DE JONGE 1953, 86 ff.; HULTGÅRD I 1977, 58−81.

[322] Sonst enthalten die Sündenaufzählungen nie Sünden anderer Stämme als der Nachkommen des jeweils redenden Patriarchen. Dies muß aber nicht bedeuten, daß die betreffenden Aussagen sekundär sind, da hier offensichtlich ein SER-Stück mit Levi-Juda-Aussagen kombiniert ist, vgl. HULTGÅRD I 1977, 89 ff.

[323] Vgl. BECKER 1970, 349 ff.; v. NORDHEIM 1980, 45 f.; HULTGÅRD I 1977, 89 ff. Besonders anstößig sind die Aussagen über Levi und Juda in 4b.6 f.10, die sachlich einander zu widersprechen scheinen. In 4b und 10 sind beide Stämme die »makellosen Heilsgaranten in Israel« (BECKER), in 6 f. sind sie Exponenten der Sünde im Dienste Satans.

[324] Vgl. v. NORDHEIM 1980, 45 f. Darüber hinaus vermutet v. NORDHEIM weitere Redaktionsarbeit in VV. 5−8 und 10−13 (vgl. a.a.O., Anm. 104). BECKER geht noch weiter und behält für seinen »Grundstock« nur noch 4a.5(a)b.8.9.13 übrig (1970, 354).

[325] Vgl. HULTGÅRD I 1977, 89.

denelements durch eine Aussage über die Sünden dieser beiden Stämme kann der Verfasser der TestXII durchaus selbst V. 6f. hinzugefügt haben. Man braucht kein neues, eigenes SER-Stück dahinter zu vermuten[326].

So wird man urteilen können, daß TestDan 5,4—9 seinem Inhalt nach auf den Verfasser der TestXII zurückgeht und ein im ganzen literarisch einheitliches SER-Stück mit erweitertem Sündenelement darstellt[327].

TestDan 5,5—7

5   *καὶ ὡς ἂν ἀποστῆτε ἀπὸ κυρίου, ἐν πάσῃ κακίᾳ πορεύεσθε, ποιοῦντες βδελύγματα ἐθνῶν, ἐκπορνεύοντες ἐν γυναιξὶν ἀνόμων καὶ ἐν πάσῃ πονηρίᾳ, ἐνερ-*
6   *γούντων ἐν ὑμῖν τῶν πνευμάτων τῆς πλάνης.   ἀνέγνων γὰρ ἐν βίβλῳ Ἐνὼχ τοῦ δικαίου ὅτι ὁ ἄρχων ὑμῶν ἐστιν ὁ σατανᾶς, καὶ ὅτι πάντα τὰ πνεύματα τῆς πορνείας καὶ τῆς ὑπερηφανίας τῷ Λευὶ ὑπακούσονται, τοῦ παρεδρεύειν τοῖς*
7   *υἱοῖς Λευί, τοῦ ποιεῖν αὐτοὺς ἐξαμαρτάνειν ἐνώπιον κυρίου.   καὶ υἱοί μου ἐγγίζοντές εἰσι τῷ Λευὶ καὶ συνεξαμαρτάνοντες αὐτοῖς ἐν πᾶσιν· καὶ υἱοὶ Ἰουδὰ ἔσονται ἐν πλεονεξίᾳ, ἁρπάζοντες τὰ ἀλλότρια ὡς λέοντες.*

βδέλυγμα

So wie hier wird auch in TestJud 23,2 von den »Greueln der Heiden« gesprochen[328]. In den TestXII stehen diese Greuel fast immer in direkter Verbindung zu Unzuchtsünden[329].

ἐκπορνεύειν, πνεύματα τῆς πορνείας

Die im Begriff *βδέλυγμα* bereits anklingende Unzucht wird sogleich beim Namen genannt[330] und zunächst speziell auf den geschlechtlichen Verkehr

---

[326] Das Verhältnis von V. 6 zu V. 7 bleibt schwierig, und es scheint fraglich, ob TestDan 5,4—7 in der heute vorliegenden Textgestalt ursprünglich ist. Alle Rekonstruktionsversuche eines »Grundstockes« dürften aber noch fragwürdiger sein. Für unsere Untersuchung ist die Erkenntnis wesentlich, daß »on ne peut apporter d'arguments décisifs pour écarter certaines parties du texte comme secondaires. Le passage ne contient, en effet, rien qui s'oppose de façon exceptionelle aux thèmes constitutifs des Testaments ou à la composition du livre.« (HULTGÅRD I 1977, 91). BECKER gegenüber ist noch zu betonen, daß von »Dualismus« weder in TestDan 5,6f. noch überhaupt in den TestXII die Rede sein kann (vgl. den betreffenden Exkurs u. S. 146ff.).

[327] Zur weiteren literarkritischen Arbeit an VV. 10—13 vgl. v. NORDHEIM 1980, 45f.; BECKER 1970, 351—354; M. DEJONGE 1953, 91f.

[328] Dazu zahlreiche LXX-Parallelen, z. B. Dtn 18,9; IVReg 21,2 und vor allem Belege in Chr und Esr. HULTGÅRD I 1977, 87, sieht darin eine Konzeption des Deuteronomisten aufgenommen. Vgl. auch FÖRSTER, ThWNT 1, 598ff.; ZMIJEWSKI, EWNT 1, 502ff.

[329] Vgl. noch TestRub 3,12; TestLev 6,3; TestJud 12,8. Ausnahme: TestSeb 9,5 (Götzendienst). Zur Verbindung von Unzucht und Götzendienst in den TestXII vgl. o. S. 92.

[330] Hier ist gegen bgc (*ἐκπορεύοντες*) zu lesen, da ihre Lesart keinen Sinn ergibt.

mit nichtisraelitischen Frauen bezogen. Dieses spezielle Unzuchtvergehen wurde bereits in TestLev 14,6 angesprochen[331].

In V. 6 ist dann ganz allgemein von den Geistern der Unzucht die Rede[332]. Sachlich hat das Thema Unzucht weder in der Lebensgeschichte noch in den Paränesen von TestDan einen Anknüpfungspunkt. Während diese sich weit überwiegend mit den Stichworten Zorn und Lüge befassen, hat die Zukunftsansage in 5,4−13 ein weit darüber hinausgehendes paränetisches Anliegen.

ὑπερηφανία

Anders als die Unzucht hat der Hochmut einen gewissen Hintergrund in 1,6 (*ἀλαζονεία*) und 4,3 (*ἐπαίρεσθαι*). Allerdings wird er in 5,6 ausdrücklich den Levisöhnen zugeordnet und nicht, wie an den anderen beiden Stellen, den Söhnen Dans. Daraus sachliche oder gar literarkritische Schlüsse zu ziehen, wäre jedoch unangemessen, geht es doch dem Verfasser der TestXII primär um die paränetische Warnung vor dem Hochmut im Blick auf seine Leser, für die der Bezug auf die Dan- bzw. Levisöhne nur Illustration ist[333].

ἐν πλεονεξίᾳ ἁρπάζειν

Den Unzucht treibenden Levisöhnen werden in V. 7b die habgierigen Judasöhne gegenübergestellt. Hier wird speziell auf den Raub Bezug genommen[334].

Die Habgier steht in TestDan 5,5−7 demnach wieder im Zusammenhang mit der Unzucht[335]. Unzucht der Levisöhne und Habgier der Judasöhne sind der Hauptinhalt des Sündenelements im SER-Stück. Die Dansöhne werden Levi und Juda sowohl in der Sündenzuweisung (V. 7) als auch in der Gerichtsankündigung gleichgesetzt.

Das durch Unzucht und Habgier gekennzeichnete Verhalten der drei Stämme wird als Wirkung der Geister des Irrtums (V. 5) bzw. der Herrschaft des Satans (V. 6), als Abfall vom Herrn (V. 5, vgl. V. 4: *ἀποστήσεσθε κυρίου*) sowie als Sünde (V. 6: *ἐξαμαρτάνειν ἐνώπιον κυρίου*, vgl. V. 7: *συνεξαμαρτάνειν*) theologisch gewertet. Dem steht in V. 1 die positive Mahnung

---

[331] Vgl. o. S. 101.

[332] Zum Text: lfchij bieten *πονηρία* statt *πορνεία* (be A). be ist aufgrund der weitgehenden Zuverlässigkeit dieser Zeugen vorzuziehen und bietet den besseren Zusammenhang, da so Unzucht der Söhne Levis (vgl. TestLev 9,9; 14,5f.) und Habgier der Söhne Judas (V. 7) gegenübergestellt werden. Anders BECKER 1970, 351, Anm. 1. − Zu *πνεύματα τῆς πορνείας* vgl. TestRub 5,3; TestLev 9,9; TestJud 13,3; 14,2. Vgl. zum Thema Unzucht o. S. 92f.

[333] Vgl. zum Hochmut o. S. 94f.

[334] Vgl. zur Habgier o. S. 100, zu den Vergehen gegen fremden Besitz o. S. 96.

[335] Zum Zusammenhang von Unzucht und Habgier s. o. S. 107.

zum Gesetzesgehorsam gegenüber: φυλάξατε οὖν, τέκνα μου, τὰς ἐντολὰς τοῦ κυρίου καὶ τὸν νόμον αὐτοῦ τηρήσατε[336].

Zusammenfassung:

Im Sündenelement eines SER-Stückes TestDan 5,4−7 wird die Sünde der Dansöhne der der Levi- und Judasöhne gleichgesetzt und als Unzucht und Habgier bestimmt. Daneben wird noch der Hochmut genannt.

Das Vorkommen von drei zentralen Gesetzesübertretungen der paränetischen Reihen macht den Abschnitt vergleichbar mit den übrigen behandelten Reihen. Der Autor der TestXII hat hier nur insofern geprägtes paränetisches Gut verwendet, als er sich in seiner Argumentation von geläufigem Gedankengut leiten ließ. Darauf weist die Verwendung von Unzucht und Habgier zur umfassenden Bestimmung eines dem Willen Gottes entgegengesetzten Verhaltens. Die Erwähnung des Hochmutes wirkt wie zufällig und könnte gerade daher als Hinweis auf die Verwendung geprägten Gedankengutes gelten.

Die Reihenform ist in TestDan 5,5−7 nur sehr schwach ausgeprägt. Sie wird in V. 6 ganz aufgegeben, um durch einen Verweis auf Henoch die Sünden der Dansöhne mit den Geistern der Unzucht und des Hochmutes in Verbindung zu bringen.

g) Testament Gad

Zur Literarkritik:

Die paränetischen Kpp. 3−7 von TestGad setzen sich zum größten Teil aus Reihen zusammen, die meist nur durch kurze Einleitungs- oder Schlußsätze und einmal noch durch einen Rückblick auf die Vergangenheit unterbrochen werden. Die Reihen der Kpp. 3−5 sind durchgängig auf das paränetische Stichwort des TestGad, den Haß, bezogen und enthalten im Gegensatz zu den meisten bisher behandelten Reihen wenig überschiessendes paränetisches Material. Dagegen haben die beiden Reihen 6,3−7 und 7,1−7 inhaltlich kaum etwas mit diesem Thema zu tun, sondern behandeln die Vergebung gegenüber dem Nächsten und den Neid gegenüber Glücklichen und Reichen. Der Versuch, mit Hilfe literarkritischer Operationen sämtliche Haß-Paränesen aus TestGad herauszulösen, ist nicht überzeugend[337].

---

[336] Vgl. im selben Zusammenhang auch das doppelte Liebesgebot, V. 3. Zur Verbindung von Liebesgebot, Forderung zum Gesetzesgehorsam und konkreten Mahnungen s. o. S. 122 ff.

[337] BECKER 1970, 357−362, hat gerade in den Reihen von Kp. 6 und 7 den »Grundstock« der Paränese von TestGad gesehen und alle Aussagen des Testaments zum Thema Haß als sekundär bezeichnet. Dazu streicht er einen Teil der Lebensgeschichte, betrachtet 3,1−5,8 als

Zur Form:

TestGad 3,1–3 entspricht der Form der beschreibenden Reihe: zusammenfassende Einleitung mit paränetischem Stichwort, negative Aussagen zu positivem Verhalten, positive Aussagen zu negativem Verhalten, zusammenfassender Schlußsatz mit paränetischem Stichwort[338]. Es fällt jedoch auf, wie frei die Form gehandhabt wird. Die Reihenform ist eben nicht literarische Form im engeren Sinne, sondern in ihr schlägt sich eine geprägte Vorstellungs- und Aussageweise nieder, die traditionelles Material in sich aufnehmen kann[339].

TestGad 3,1–3

1   *καὶ νῦν ἀκούσατε, τέκνα μου, λόγους ἀληθείας, τοῦ ποιεῖν δικαιοσύνην καὶ πάντα νόμον ὑψίστου καὶ μὴ πλανᾶσθαι τῷ πνεύματι τοῦ μίσους, ὅτι κακόν*

2   *ἐστιν ἐπὶ πάσαις πράξεσιν ἀνθρώπων.   πᾶν ὃ ἐὰν ποιῇ ὁ μισῶν βδελύσσεται· ἐὰν ποιῇ νόμον κυρίου, τοῦτον οὐκ ἐπαινεῖ· ἐὰν φοβῆται κύριον καὶ θέλῃ*

3   *δίκαια, τοῦτον οὐκ ἀγαπᾷ·   τὴν ἀλήθειαν ψέγει, τῷ κατορθοῦντι φθονεῖ, καταλαλίαν ἀσπάζεται, ὑπερηφανίαν ἀγαπᾷ· ὅτι τὸ μῖσος ἐτύφλωσε τὴν ψυχὴν αὐτοῦ, καθὼς κἀγὼ ἔβλεπον ἐν τῷ Ἰωσήφ.*

Einschub und 6,1; 7,7 als nachträgliche redaktionelle Klammer, die nicht zu den zwischen ihr stehenden Stücken paßt. Diese These erscheint mir 1. im einzelnen nicht überzeugend begründet und 2. mit zuviel inneren Schwierigkeiten behaftet, als daß sie die Entstehungsgeschichte von TestGad tatsächlich erklären könnte.

Zu 1.: Die sachlichen Unterschiede zwischen den Haß-Paränesen und dem Thema der Buße bzw. der Strafe an dem Organ, mit dem eine Sünde vollbracht worden ist, zwingen keineswegs zur Annahme verschiedener literarischer Schichten, wie TestRub 1,6ff.; TestSim 2; 4 zeigen (BECKER hält freilich auch dort die Paränesen zu den jeweiligen Sünden für sekundär, vgl. 1970, 183f. 327ff.). Ein Bruch zwischen 5,8 und 9 ist nicht festzustellen. Das Aufbauschema der nach BECKER sekundären Paränesen 4,1–5,2; 3,1–3; 5,3–8 wirkt konstruiert. Der Wechsel in der Anredeform ist gängig in den TestXII.

Zu 2.: Weshalb hat der nachträgliche Bearbeiter die nicht in seine Absichten passenden Paränesen von Kp. 6 und 7 nicht einfach gestrichen, statt sie mit einer ganz gegen ihren Inhalt gerichteten redaktionellen Klammer zu versehen? Es ist weniger kompliziert anzunehmen, die jetzt vorliegende Lebensgeschichte TestGad 1,2–2,5 habe das paränetische Stichwort Haß geliefert, als alle Haß-Aussagen aus ihr zu eliminieren und dann nach Anhaltspunkten für das Verhalten gegenüber dem sündigen Nächsten und für den Neid gegenüber Bevorzugten zu suchen. Letzteres kann höchstens zeigen, daß auch die Reihen von Kp. 6 und 7 einen gewissen Anhalt im Rückblick auf die Vergangenheit haben und nicht ganz beziehungslos in TestGad stehen. – Kritisch zu BECKERS Analyse auch HULTGÅRD II 1982, 196f.

[338] Vgl. ASCHERMANN 1955, 52.

[339] Das gilt ebenso für die weiteren paränetischen Reihen von TestGad, vgl. ASCHERMANN 1955, 52.

λόγοι ἀληθείας

ἀλήθεια steht hier in ausgeweiteter Bedeutung als von Gott geforderte Norm des Handelns[340]. Zusammen mit den folgenden Begriffen δικαιοσύνη und νόμος bildet die Wendung die Überschrift über die Gesamtheit der Verhaltensanweisungen des Testaments und damit den theologischen Horizont für die folgenden konkreten Mahnungen.

ποιεῖν δικαιοσύνην

δικαιοσύνη begegnet in den TestXII vorwiegend in paränetischen Zusammenhängen[341]. Charakteristisch für die Funktion des Begriffes als umfassender Norm für das Handeln ist die Formulierung ποιεῖν δικαιοσύνην (TestLev 13,5; TestGad 3,1; TestBenj 10,3)[342]. In TestGad 3,2 findet sich in ähnlicher Bedeutung auch die Wendung θελεῖν δίκαια.

Inhaltlich gefüllt wird diese Norm durch das Gesetz, wie aus der häufigen Verbindung von νόμος bzw. ἐντολή mit δικαιοσύνη hervorgeht[343]. Im Zusammenhang mit paränetischen Reihen begegnet der Begriff allerdings nur an unserer Stelle[344].

ποιεῖν νόμον ὑψίστου (κυρίου)

Außer in 3,1 f. begegnet das Gesetz innerhalb des Rahmens paränetischer Reihen von TestGad noch in 4,1 (ἀνομία, vgl. 4,2 λόγοι ἐντολῶν) und 4,7 (τὸ πνεῦμα τῆς ἀγάπης . . . συνεργεῖ τῷ νόμῳ τοῦ θεοῦ)[345].

φοβεῖσθαι κύριον

Gottesfurcht als Leitlinie des sittlich Guten wird auch TestGad 5,4 f. erwähnt: ὁ φόβος τοῦ ὑψίστου νικᾷ τὸ μῖσος. φοβούμενος γὰρ μὴ προσκρούσῃ κυρίῳ, οὐ θέλει . . . ἀδικῆσαι ἄνθρωπον. In 3,2 steht sie in Parallele zum Gesetzesgehorsam und zum Tun der Gerechtigkeit[346].

πνεῦμα τοῦ μίσους

Der Haß ist paränetisches Stichwort von TestGad[347]. Vom Geist des Hasses ist außer in 3,1 noch 1,9; 4,7 und 6,2 gesprochen. Ganz im Stil

---

[340] Vgl. o. S. 122.

[341] Außerdem in eschatologischen Aussagen: TestJud 22,2; 24,1(2x).6; TestSeb 9,8. Test Naph 4,5 ist wohl christlich.

[342] Vgl. die ganz ähnliche Wendung mit ἀλήθεια TestRub 6,9; TestIss 7,5; TestBenj 10,3, dazu o. S. 122. δικαιοσύνη in paränetischen Aussagen noch TestGad 5,3 sowie TestDan 6,10; TestAss 1,6; 6,4; vgl. auch TestDan 1,3 δικαιοπραγία.

[343] TestDan 6,10; TestGad 3,1; TestAss 6,4; TestBenj 10,3; vom Kontext her auch TestLev 13,5.

[344] Vgl. FIEDLER 1970, 138. Zur ἀδικία im Sinne von ἀνομία s. o. S. 95.

[345] Vgl. zu νόμος o. S. 104 ff.

[346] Vgl. zur Sache o. S. 122.

[347] Vgl. zur Sache MICHEL, ThWNT 4, 687—698; NISSEN 1974, 304—329; BÖCHER 1965, 142—145.

paränetischer Reihen begegnet der Begriff häufig in der zusammenfassenden Einleitungs- bzw. Schlußmahnung der Reihen (3,1.3; 4,1.7; 5,1.2). Auch in der Schlußmahnung des gesamten Testaments, 7,7, wird der Haß ausdrücklich genannt. Darüber hinaus werden aber auch innerhalb der Reihen eigenständige Gedanken mit dem Stichwort Haß verbunden (4,5.6; 5,3.4; 6,3)[348]. Der Haß als bestimmendes Thema der Paränese von TestGad knüpft auch gut an den Rückblick auf die Vergangenheit an (1,9; 2,1).

Außerhalb von TestGad wird der Haß in paränetischen Reihen nur noch TestAss 4,3 (ἔστι τις μισῶν τὸν ἐλεήμονα) und TestLev 16,2 (ἐν διαστροφῇ διώξετε ἄνδρας δικαίους καὶ εὐσεβεῖς μισήσετε) erwähnt[349].

In TestGad wird von dem Hassenden gesagt, daß er den gerechten und frommen Menschen die Achtung versagt. In vergleichbarer Weise gehört die Wendung gegen die Frommen zu den Aussagen der paränetischen Reihen in TestJud 18,5; TestLev 16,2 und TestAss 2,6[350].

τὴν ἀλήθειαν ψέγειν

Das gemeinte Vergehen gehört zu den Vergehen gegen die Wahrheit, die in TestGad außerdem noch 5,1 vorkommen[351].

φθονεῖν

Der Neid ist paränetisches Thema der Reihe 7,1−6, begegnet aber auch 4,5 (τὸ γὰρ μῖσος ἐνεργεῖ τῷ φθόνῳ)[352].

καταλαλία

Die Verleumdung überschreitet zwar den paränetischen Gehalt der Lebensgeschichte von TestGad, steht allerdings inhaltlich in Beziehung zum Haß. Sie wird in TestGad außer in 3,3 noch in 5,1 (συκοφαντίαν ἐκδιδάσκει [τὸ μῖσος]) in einer Aufzählung neben ὀργή, ὕβρις, πλεονεξία[353], sowie in 5,4 (οὐ καταλαλεῖ ἀνδρός, ἐπειδὴ ὁ φόβος τοῦ ὑψίστου νικᾷ τὸ μῖσος) erwähnt[354].

---

[348] Zur Textkritik: In 5,3 ist das doppelte μῖσος in einem Satz lectio difficilior, die die verschiedenen Handschriften der Familie II unterschiedlich verbessern in φθόνος (gl), ψεῦδος (f), ζῆλος (chij). In 6,3 streicht BECKER 1974, 110, mit chij den Nachsatz ἐξορίσας τὸν ἰὸν τοῦ μίσους, da dieser nachträglich »die ursprünglich selbständige Überlieferung mit dem Kontext . . . verbinden« soll. Dies ist jedoch eine unzulässige Vermengung der textkritischen mit der literarkritischen Argumentation. Die handschriftliche Bezeugung spricht hier eindeutig für die Lesart von b. chij haben wie häufig gekürzt.

[349] Vgl. noch TestLev 17,5; TestDan 2,5 sowie μισαδελφία in TestBenj 8,1.

[350] Vgl. o. S. 108.

[351] ψέγειν noch TestIss 3,4 in einer Aussagenreihe über Mißgunst und Verleumdung (s. o. S. 115).

[352] Vgl. zur Sache o. S. 131.

[353] Vgl. die ähnliche Aufzählung in TestJud 16,3: λόγοι ὕβρεως, μάχης, συκοφαντίας, παραβάσεως ἐντολῶν θεοῦ.

[354] Vgl. zur Sache o. S. 115.

ὑπερηφανία

Der Hochmut hat keinerlei Anknüpfungspunkt im übrigen TestGad, weder im Rückblick auf die Vergangenheit noch in der Paränese. Zu vergleichen wäre allenfalls die ὕβρις in 5,1[355].

Zusammenfassung:

Bestimmendes paränetisches Stichwort in TestGad ist der Haß. Er taucht vorwiegend in den zusammenfassenden Eingangs- bzw. Schlußmahnungen paränetischer Reihen auf, aber auch in selbständigen Gedankengängen und Einzelmahnungen.

Dem Stichwort Haß sind in der Reihe TestGad 3,1–3 verwandte Verhaltensweisen untergeordnet (Neid, Verleumdung, Wendung gegen fromme und gerechte Menschen), die aus bereits behandelten Reihen bekannt sind. Dagegen begegnet über den Haß hinausgehendes und aus anderen Reihen bekanntes paränetisches Gut relativ wenig (Lüge, Hochmut). Auffällig ist das Fehlen der drei zentralen Weisungen der übrigen behandelten Reihen (Unzucht, Habgier, Barmherzigkeit).

Die in der Reihe enthaltenen Einzelweisungen werden theologisch gewertet durch direkte Bezugnahme auf das Gesetz bzw. die Gebote Gottes. Die gleiche Funktion können auch andere Begriffe wie z. B. Wahrheit, Gerechtigkeit, Gottesfurcht und Liebe übernehmen.

Aus allem folgt, daß die paränetischen Reihen von TestGad nur bedingt mit den übrigen behandelten Reihen vergleichbar sind. Dennoch sind die in TestGad begegnenden paränetischen Materialien zur Illustration der katechismusartigen Reihenparänese der TestXII mit heranzuziehen.

h) Testament Asser

Zur Literarkritik:

TestAss hat innerhalb der TestXII eine Sonderstellung. Während in allen anderen Testamenten der Rückblick auf die Vergangenheit mehr oder weniger breit ausgestaltet und auf ein paränetisches Stichwort zugeschnitten ist, besteht die gesamte Lebensgeschichte von TestAss aus einem einzigen Satz (5,4). Anstelle der sonst üblichen an die Lebensgeschichte anknüpfenden und locker aneinandergereihten Verhaltensanweisungen bietet TestAss 1,3–6,6 einen geschlossenen Gedankengang in Form eines Lehrvortrages über die Entscheidungen des Menschen und seine ethischen Kon-

---

[355] In den TestXII begegnet das Wort ὕβρις noch in der Aufzählung von Folgen des Weingenusses TestJud 16,3 (s. o. Anm. 353), in TestBenj 5,4 (ὑβρίζειν im Sinne der λοιδορία) und TestBenj 6,5. Innerhalb paränetischer Reihen spielt es keine besondere Rolle. Zum Hochmut vgl. o. S. 94f.

flikte. Es scheint, daß hier sekundär ein in sich geschlossener Lehrvortrag eingearbeitet worden ist[356]. Sowohl dem paränetischen Ziel nach, als auch, wie sich zeigen wird, in Hinsicht auf das verwendete paränetische Material, steht jedoch TestAss 1,3—6,6 in enger Beziehung zu den übrigen TestXII. Auch finden sich in den zu betrachtenden Partien keinerlei literarische Anzeichen einer sekundären Bearbeitung. Solange sich die Annahme nachträglicher Redaktion nicht als zwingend notwendig erweist, sollte man auf sie verzichten.

Ebenso wie in den übrigen TestXII wird auch in TestAss die Bedeutung der Gebote für das Verhalten der Menschen betont. Anthropologisch-psychologische Differenzierung in ethischen Fragen ist auch den anderen Testamenten nicht fremd. Daß sie hier als Doppelgesichtigkeit präzisiert und konsequent durchdacht wird und mit der Vorstellung von den zwei Wegen[357] kombiniert erscheint, dürfte mit der Aufnahme von Traditionsgut zusammenhängen. So entspricht dem speziellen Thema von Test Ass auch eine spezielle Durchführung. In jedem Fall aber ist der Verfasser der TestXII für das gesamte in TestAss 1—6 enthaltene Gedankengut verantwortlich, ob er es nun selbst formuliert hat oder Vorformuliertes bewußt übernommen hat.

---

[356] So BECKER 1970, 365; ASCHERMANN 1955, 58. Ist diese Einarbeitung Ergebnis einer sekundären Reaktion, oder kann sie dem Verfasser der TestXII zugewiesen werden? Für die erste Möglichkeit spricht sich BECKER 1970, 371, aus, für die zweite tritt v. NORDHEIM 1980, 62, ein: Der eingearbeitete Lehrvortrag sei an seiner jetzigen Stelle durchaus kein Fremdkörper und zerstöre auch nicht das Wesen der Testamentsform, denn er ziele ja ebenfalls auf eine Verhaltensanweisung (vgl. auch HULTGÅRD II 1982, 197). Diese Erklärung berücksichtigt, daß der Verfasser der TestXII seiner paränetischen Absicht durchaus verschiedene Formen nutzbar machen konnte und nicht unter einem starren Formzwang stand. Einem Verfasser sind in dieser Hinsicht nicht so enge Grenzen gesetzt wie einem Redaktor!

[357] Das Zwei-Wege-Schema ist für die Paränese der TestXII nicht typisch. Zwei Wege werden überhaupt nur in TestAss 1,3.5 erwähnt (ὁδός in paränetischer Bedeutung außerdem nur noch TestSim 5,2; TestLev 2,3; TestJud 26,1), doch kann auch diese Stelle nicht als Beleg für das durch Did 1—6 und Barn 18,1—21,6 vertretene Zwei-Wege-Schema gelten, da hier die Aufzählung konkreter Tugenden und Laster fehlt (vgl. BÖCHER 1965, 79f.; BECKER 1970, 368f.; WIBBING 1959, 35). Auch im Vergleich zu 1QS 3,13—4,26 sind »die Unterschiede . . . wesentlich gravierender als die Übereinstimmungen« (BECKER 1970, 369, Anm. 1, vgl. a.a.O., 367f.). Als Beleg dafür, daß das Zwei-Wege-Schema Teil eines jüdischen Proselytenkatechismus war (SEEBERG 1903, 23—44.211f.; derselbe 1906, 1f.24—34; zur Kritik vgl. BECKER 1970, 367 mit Anm. 1; s. auch o. S. 60), taugt TestAss ebensowenig.

Die Verwendung des Bildes von den zwei Wegen in TestAss 1 ist offensichtlich durch Aufnahme von Traditionsgut bedingt. Sie entspricht wie dieses einer im Judentum (und nicht nur dort) weit verbreiteten übertragenen Verwendung des Weg-Motives in paränetischer Intention. In diesem Sinne ist sie bereits im Alten Testament belegt (vgl. MICHAELIS, ThWNT 5, 50—56, zum Weg-Motiv in der frühjüdischen Literatur a.a.O., 56—65).

Exkurs: »Dualismus« in den TestXII

Vom monotheistischen Gottesglauben des Alten Testaments her, der
auch für das Frühjudentum bestimmend bleibt, ist ein Dualismus im eigentlichen Sinne, also »die Anschauung, daß die Wirklichkeit auf zwei ge-
gensätzl. Prinzipien beruhe«[358], für die TestXII von vornherein ausgeschlossen. Dennoch wird die Frage häufig diskutiert, vor allem unter Bezugnahme auf die Qumran-Schriften, ob den TestXII eine modifizierte
dualistische Weltsicht zugrundeliegt. Die Vorliebe der Schrift für Kon-
traste und Polaritäten, die in knappen, bündigen Formulierungen zum
Ausdruck gebracht werden, scheint darauf hinzudeuten.

In erster Linie ist dabei auf das Gegensatzpaar Gott − Beliar zu verweisen, das in fast allen Testamenten erscheint[359]. In TestAss wird besonders häufig »gut« und »böse« gegenübergestellt[360]. Ähnlich grundsätzliche
Bedeutung hat der Gegensatz zwischen Wahrheit und Verirrung[361] bzw.
Lüge[362]. Darüber hinaus findet sich das Kontrastschema in ethischen Zusammenhängen häufig in Bezug auf einzelne Vergehen, wobei meist eine
über den speziellen Inhalt des Gegensatzes hinausgehende prinzipielle Dua-
lität des guten bzw. bösen Tuns im Blick ist[363]. Besondere Beachtung verdient der Gegensatz Licht − Finsternis[364].

Eine Durchsicht der genannten Belege zeigt, daß die TestXII keine einheitliche dualistische Konzeption erkennen lassen. Das wird bereits bei
dem zuletzt genannten Gegensatzpaar Licht − Finsternis deutlich. Es wird
als Bild aus dem Alltag verwendet (TestAss 5,2), begegnet in eschatologischen Aussagen (TestJos 20,2; vgl. TestLev 18,4), dient aber vor allem zur

---

[358] HUPPENBAUER, BHH 1, 357; vgl. BÖCHER 1965, 13. V. D. OSTEN-SACKEN 1969, 12, nennt
als konstitutive Elemente für die aus den Qumran-Schriften erhobene »dualistische Vorstellung, daß die Welt unter zwei einander befehdende Mächte geteilt ist«: »Aussagen über den
Kampf zwischen Gott bzw. dem Lichterfürsten (Michael) und dem Finsternisengel (Belial)
bzw. . . . zwischen den Geistern der Wahrheit und des Frevels, des Lichts und der Finsternis«.
Vgl. auch HUPPENBAUER 1959, 9 f.

[359] TestRub 4,6 f. 10 f.; TestSim 5,3; TestLev 19,1; vgl. 3,3; 18,12; TestJud 25,3; TestIss 6,1;
vgl. 7,7; TestSeb 9,8; TestDan 4,7; 5,1; vgl. 5,10 f.; TestNaph 2,6; TestAss 3,2; TestJos 7,4;
20,2; TestBenj 3,4.8; vgl. 6,7. S. auch Gott − σατανᾶς: TestDan 6,1 f.; TestGad 4,7; TestAss
6,4, Gott − διάβολος: TestNaph 3,1; 8,4.6, Gott − τὸ πονηρὸν πνεῦμα: TestSim 3,5. Βελιάρ sonst
nur noch TestRub 2,2; 6,3; TestAss 1,8; TestBenj 6,1; 7,1 f.; σατανᾶς: TestDan 3,6; 5,6; διάβολος: TestAss 3,2.

[360] 1,5.7 f.; 3,1; 4,5; 6,3.

[361] TestJud 20,1.3; vgl. TestGad 3,1; TestAss 5,4; TestJos 1,3.

[362] TestDan 1,3; 2,1; 6,8; TestGad 5,1.

[363] TestIss 6,1; TestGad 4,7; 5,1 ff.; TestAss 2; 4. Die Vorliebe des Verfassers (bzw. seiner
verwendeten Traditionen) für Polaritäten zeigt sich auch in den in paränetischen Zusammenhängen stehenden Aufzählungen von Gegensätzen TestGad 5,1; TestAss 5,1 ff.; TestBenj 6,5.

[364] TestLev 19,1; TestNaph 2,7.10; TestGad 5,1.7; TestAss 5,2; TestJos 20,2; TestBenj 5,3.

Darstellung von Kontrasten in ethischen Zusammenhängen[365]. Von Bedeutung ist, daß es nirgends in Beziehung zu kosmischen oder kosmologischen Aussagen steht[366], sondern jeweils auf den Menschen und sein Tun bezogen ist. Seine spezifische Ausrichtung erhält der Gegensatz Licht – Finsternis in paränetischen Aussagen dadurch, daß in den TestXII häufig τὸ φῶς mit der Tora identifiziert wird[367].

Ein ähnlicher Befund ergibt sich für die Gegenüberstellung Wahrheit – Lüge. Sie kann auf die konkreten wahrhaftigen oder unwahrhaftigen Verhaltensweisen bezogen sein (TestDan 2,1 f.; 6,8; TestGad 5,1), verallgemeinert gebraucht werden (TestDan 1,3; TestGad 3,1; TestAss 5,4) oder auch einen grundsätzlichen Kontrast zum Ausdruck bringen (TestJud 20,1; TestJos 1,3), wobei die Grenzen natürlich fließend sind[368]. Charakteristisch für die TestXII ist ja gerade, daß ein konkretes Vergehen sowohl als solches als auch als Ausdruck einer Grundhaltung ernstgenommen wird.

Maßstab für beides, für die einzelne Tat wie für die darin sich realisierende Grundhaltung, ist das Gesetz. Dieser Zusammenhang wird explizit ausgesprochen in TestIss 6,1; TestGad 4,7, wo die Aussage jeweils von dem Gegensatz konkreter Taten ausgeht und zu einer grundsätzlichen Gegenüberstellung von Gesetz Gottes und Beliar bzw. Satan hinführt.

Die Ausschließlichkeit des Gegensatzes, die bereits in den bisher genannten Kontrastpaaren impliziert ist, wird in der Gegenüberstellung von »gut« und »böse« thematisiert[369]. Sie und nicht ein kosmisch-mythologisch vorgestelltes dualistisches Prinzip soll auch durch das Gegensatzpaar Gott – Beliar zum Ausdruck gebracht werden, wie aus den knappen For-

---

[365] TestLev 19,1; TestNaph 2,7.10; TestGad 5,1.7; TestBenj 5,3. Vgl. Böcher 1965, 96–101.

[366] Vgl. Aalen 1951, 183.

[367] TestLev 14,4; 19,1. Diese Identifizierung steht auch hinter den Ausdrücken φῶς γνώσεως (TestLev 4,3; 18,3; TestBenj 11,2), ἄγνοια, ἀγνωσία (TestLev 18,9; TestGad 5,7), ἀλήθεια (s. die folgende Anm.), vgl. Aalen 1951, 183–195, besonders 192: »Licht ist das Gesetz, weil es das Wissen um den Willen Gottes vermittelt, und beim Willen Gottes denkt man hier stets an seinen durch Gebote und Verbote ausgedrückten Willen . . . Wie wir sehen, liegt also das Licht des Gesetzes auf gleicher Linie mit dem, was wir . . . das Licht als eine ethische Qualität nannten.« Vgl. auch Böcher 1965, 103–106; Huppenbauer 1959, 26–30.

[368] Auch ἀλήθεια kann mit der Tora identifiziert werden, vgl. TestRub 3,8; TestJud 24,3; TestAss 6,1; TestBenj 10,3. S. o. S. 122 sowie Aalen 1951, 188 ff.; Huppenbauer 1959, 16–19.

[369] Vor allem in TestAss (1,5.7f; 3,1 f.; 4,5; 6,3), aber auch TestSim 5,3. Bei aller Differenzierung und Einsicht in den komplexen Charakter ethischer Entscheidungen, für die TestAss ein eindrucksvolles Zeugnis ist, ist doch gerade dadurch, daß die Reihen TestAss 2 und 4 die »doppelgesichtigen« Menschen in »gute« und »böse« sortieren (vgl. die stereotype Wendung »das Ganze aber ist böse« bzw. »gut«), das eine dritte Möglichkeit ausschließende Entweder – Oder besonders kraß betont. Bezeichnend ist auch hier wieder die Rückführung dieses Gegensatzes auf das Gesetz (2,10; 4,5). Vgl. auch zu πονηρός o. S. 114 f.

mulierungen TestSim 5,3; TestLev 19,1; TestIss 6,1; TestDan 4,7; 5,1;
TestNaph 2,6; 3,1 hervorgeht. Es ist nicht in erster Linie von einem Tun
Gottes oder Beliars die Rede, sondern von einem Tun der Menschen, das
entweder dem göttlichen oder dem widergöttlichen Maßstab entspricht.
Die Werke Beliars (TestLev 19,1; TestBenj 6,7) sind die Werke der Men-
schen, die den Forderungen des göttlichen Gesetzes widersprechen[370].

Der Bezug auf das Gesetz wird häufig direkt ausgesprochen und ist auch
sonst sachlich zu erschließen[371]. Dies entspricht ganz den übrigen bisher
besprochenen Gegensatzpaaren und verhilft dazu, die Intention zu bestimmen, aus der heraus die besondere Vorliebe der TestXII für das Kontrastschema zu erklären ist. Es dient der eindrücklichen und anschaulichen
Ermahnung zu einem Lebenswandel nach dem Willen Gottes, der in
seinem Gesetz zu erkennen ist, und der Warnung vor Verhaltensweisen,
die diesem Willen und Gesetz widersprechen. Dieser Intention untergeordnet sind Vorstellungen, die anderweitig in dualistischen Konzeptionen
eine Rolle spielen. Von einem Dualismus der TestXII sollte man jedoch
nicht sprechen, da alle für diesen Begriff konstitutiven Elemente in den
TestXII entweder ganz fehlen oder nur in einer stark veränderten Aussage-
richtung Verwendung finden[372].

---

[370] Auffällig ist, daß in den TestXII Beliar nicht nur, wie sonst in der frühjüdischen Literatur, der Verführer ist (so z. B. TestJud 25,3; TestSeb 9,8; TestJos 7,4; TestBenj 3,4), sondern darüber hinaus häufig das Ergebnis der Verführung, die Folge eines widergöttlichen
Tuns bezeichnen kann (TestRub 4,7; 6,3; TestSim 5,3; TestLev 19,1; TestIss 6,1; TestDan 4,7;
TestAss 3,2). Dadurch tritt das mythologische Element stark hinter das paränetische zurück.

[371] TestLev 19,1; TestIss 6,1; TestDan 5,1; TestNaph 2,6; TestGad 4,7; vgl. TestNaph 3,1:
τὸ θέλημα τοῦ θεοῦ. Dazu BÖCHER 1965, 95: »Bei den positiven Gliedern der Dualismen läßt
sich durchweg eine Beziehung zur Tora nachweisen; entsprechend sind die negativen Korre-
late als Abkehr vom Gesetz zu verstehen.«

[372] Insofern ist der häufig verwendete Begriff »ethischer Dualismus« unbefriedigend, weil
er den Eindruck erweckt, das Ethos würde von zwei prinzipiell entgegengesetzten Maßstäben
her inhaltlich gefüllt. Das ist jedoch nicht der Fall, wie aus der Untersuchung des materialen
Gehaltes der ethischen Forderungen hervorgeht. Maßstab für das Tun ist allein die Tora. An
der positiven oder negativen Stellung zu ihren Forderungen entscheidet sich, ob man zu Gott
oder zu Beliar gehört. Hinter dieser radikalen Gegenüberstellung steht letztlich ein im Schöpfungsglauben wurzelndes Weltbild, das dem Leben schaffenden und erhaltenden (durch sein
Gesetz!) Gott nichts Gleichrangiges an die Seite stellen, sondern nur die Nichtigkeit der
Mächte des Todes radikal entgegensetzen kann.
      Zum »ethischen Dualismus« vgl. ASCHERMANN 1955, 93; WIBBING 1959, 35. 65 f.; GAMMIE
1974, 356−385. Auch die Unterscheidung von »makrokosmischem« und »mikrokosmi-
schem« Dualismus kann auf die TestXII nicht angewendet werden. Das »Kosmische« spielt
dort überhaupt keine wesentliche Rolle. Eine Tendenz, die ethischen Entscheidungen im Innern des Menschen und ihre Motivationen zu reflektieren (vgl. vor allem TestAss und Test
Benj, aber auch TestIss, s. dazu o. S. 118.128 ff.), kann nicht geleugnet werden. Damit ist jedoch weder die Vorstellung eines »Mikrokosmos« verbunden, noch trägt diese Reflexion

Zur Form:

Die Aufzählungen in Kp. 2 und 4 erinnern noch an die Reihenform, sind aber »höchst kunstvoll zu einer lehrhaften Beispielsammlung umgebildet worden«[373]. Jedes dieser Beispiele besteht aus einer Fallschilderung, einer Aussage über die Zweideutigkeit des Falles und einem abschließenden Urteil, das in Kp. 4 noch eine Begründung erhält. Es ist allerdings nicht zu übersehen, daß TestAss 2 und 4 nur in zweiter Linie als Belege für die von uns zu untersuchenden katechismusartigen Reihen gelten können. Aufgrund ihrer traditionsgeschichtlichen Herkunft (s. o.) sowie hinsichtlich ihrer inhaltlichen und formalen Gestaltung bilden sie gegenüber den Gebotsreihen ein Genus eigener Art. Für uns sind vorwiegend die Fallschilderungen interessant, in denen konkrete Gebotsübertretungen bzw. -erfüllungen genannt werden.

TestAss 2,1–10; 4,2–5

Die Beurteilung des doppelgesichtigen Tuns als gut oder böse geschieht durch eine Reihe gleichartiger aber nicht gleichlautender Formulierungen. Die dabei verwendeten Begriffe πονηρός (2,2.5.7), κακός (2,3.4.8), ἀγαθός (4,3), καλός (4,4) sind nicht als abstrakte ethische Ideale zu verstehen, sondern setzen das Verhalten in Beziehung zum Willen Gottes[374]. Denn Gott

---

dualistische Züge. Der »innere Kampf« zwischen Gutem und Bösem im Menschen ist in den TestXII allein TestJud 20,1–5 in den Blick gekommen, der Gegensatz guter und böser Geister ist bezeichnenderweise nicht herausgearbeitet (s. o. den Exkurs: Die Geistervorstellung in den TestXII, S. 88–91; vgl. zum Problem noch BÖCHER 1965, 72–78; OTZEN 1954, 135–142). Zwei theologische Gründe sprechen dafür, auf den Begriff »Dualismus« für die TestXII ganz zu verzichten. Zum einen ist durchgängig die ethische Entscheidungsfähigkeit des Menschen für das Gesetz und gegen die Verführung durch Beliar und seine »Geister« vorausgesetzt. Sein Tun ist nicht das zwangsläufige Ergebnis eines von seinem Willen unabhängigen Kampfes guter und böser Mächte in ihm, sondern freie Entscheidung zum Gehorsam gegenüber den Gesetzesforderungen oder dagegen (vgl. v. NORDHEIM 1980, 70 f. Als wesentliches Unterscheidungsmerkmal zwischen der »dualistischen Überlieferung« der Qumran-Schriften und den davon überlieferungsgeschichtlich abhängigen »dualistischen Überlieferungselemente[n]« der TestXII [vgl. TestAss 1,3 f.; 5,3; TestJud 20,1 ff.; TestLev 19,1; TestDan 6,1–5; TestBenj 6,1] arbeitet v. D. OSTEN-SACKEN 1969, 240, »die Auflösung der . . . Verknüpfung von Prädestination und Dualismus« in den TestXII heraus [vgl. a.a.O., 203 ff.]). Zum anderen bezeugen die TestXII ebenso durchgängig die Subordination der bösen Kräfte unter Gott, vgl. besonders TestJud 20,3; TestAss 1,3; 4,5; 5,3 (dazu ASCHERMANN 1955, 95; HULTGÅRD II 1982, 160, Anm. 4), die bereits durch den jüdischen Schöpfungsglauben zwangsläufig vorausgesetzt ist (vgl. BÖCHER 1965, 13. 119).

[373] ASCHERMANN 1955, 58. Genaue Strukturanalysen bei BECKER 1970, 365 f., und v. NORDHEIM 1980, 62 f.

[374] Dies gilt nicht nur für die genannten kurzen Beurteilungssätze, sondern davon ausgehend auch für ihr weiteres Vorkommen in TestAss 2 und 4 (πονηρός 4,2; πονηρία 2,3.4; κακός

ist es, der das Böse vom Guten scheidet, indem er bestimmte Verhaltensweisen durch seine Gebote untersagt (ὁ θεὸς διὰ τῶν ἐντολῶν μισῶν ἀπαγορεύει,
ἀπείργων τὸ κακὸν τοῦ ἀγαθοῦ, 4,5). Die guten Menschen (ἀγαθοὶ ἄνδρες,
4,1)[375] sind die vor Gott gerechten (δίκαιοί εἰσι παρὰ τῷ θεῷ). Sie ahmen den
Herrn nach, dessen Urteil unbestechlich ist (μιμεῖται κύριον, μὴ προσδεχό
μενος τὸ δοκοῦν καλὸν μετὰ τοῦ ἀληθινοῦ κακοῦ, 4,3)[376]. Die Einzelurteile über
das doppelgesichtige Verhalten finden darin ihre zusammenfassende Begründung, daß Gott auf den Tafeln des Himmels bereits seine Entscheidung über gut und böse getroffen hat (καὶ γὰρ ὁ θεὸς ἐν ταῖς πλαξὶ τῶν οὐρανῶν
οὕτως εἶπεν, 2,10)[377]. Demnach besteht das gute Verhalten darin, dem Gesetz Gottes entsprechend zu leben, während böses Tun als widergöttlich
bestimmt wird[378]. Maßstab für die Bewertung des menschlichen Handelns
ist also die Erfüllung bzw. Übertretung der Forderungen der Tora.

An aus bisher behandelten paränetischen Reihen bereits bekannten konkreten Verhaltensweisen werden erwähnt:
κλέπτειν, ἀδικεῖν, ἁρπάζειν (2,5), ἄδικος (4,3)[379]
πλεονεκτεῖν (2,5.6)[380]
ἐλεεῖν (2,5.6.7), τὸν πένητα ἀναπαύειν (2,6), οἰκτίρειν (2,2), ἐλεήμων (4,3)[381]

2,1.3.4; 4,2[2×].3.5; κακία 2,8; ἀγαθός 4,1.4.5; καλός 2,1.4; 4,2.3) und darüber hinaus (vgl. zu
πονηρός o. S. 114 f., zu κακός o. S. 134, zu ἀγαθός o. S. 128). Für καλός ist der Bezug auf das Gesetz besonders deutlich ausgesprochen in TestAss 6,3: τὸν νόμον κυρίου φυλάξατε, καὶ μὴ προσέ
χετε τὸ κακὸν ὡς καλόν, vgl. auch 1,5 f.: ὁδοὶ δύο, καλοῦ καὶ κακοῦ . . . ἐὰν οὖν ἡ ψυχὴ θέλῃ ἐν καλῷ,
πᾶσα πρᾶξις αὐτῆς ἐστιν ἐν δικαιοσύνῃ (vgl. zur δικαιοσύνη o. S. 142). Ebenso ist er der Sache nach
vorauszusetzen für TestDan 1,3 (καλὸν θεῷ καὶ εὐάρεστον ἡ ἀλήθεια μετὰ δικαιοπραγίας); Test
Naph 8,4 (ἐργάζεσθαι τὸν καλόν).5 (καλὸν ἔργον).6 (ποιεῖν τὸ καλόν); TestBenj 9,1; vgl. auch
TestSim 5,1; TestJud 14,8; TestNaph 2,8.

[375] Vgl. den ἀγαθὸς ἀνήρ in TestBenj!, s. o. S. 128 ff.

[376] Vgl. auch 4,5: ἐν ζήλῳ θεοῦ πορεύονται.

[377] Der Ausdruck πλάκες τῶν οὐρανῶν begegnet in den TestXII noch an zwei Stellen: im
Rückblick auf die Vergangenheit TestLev 5,4 und in einer Zukunftsansage TestAss 7,5. Dahinter steht jedoch keine geschlossene Vorstellung, wie etwa in Jub (vgl. dazu u. S. 207). Die
Bedeutung muß jeweils unabhängig aus dem Kontext erschlossen werden.
Der Vers 2,10 hat die Funktion, als zusammenfassender Schlußsatz der Beispielreihe von
Gebotsübertretungen und -erfüllungen die Einzelurteile durch die bereits getroffene Entscheidung Gottes zu begründen. Die gleiche Funktion hat der zusammenfassende Schlußsatz in
4,5b. Dort wird diese Begründung zusätzlich mit einem Hinweis auf die Gebote gekoppelt. In
diesem Sinne werden auch die Tafeln des Himmels in 2,10 zu verstehen sein (übrigens
haben die Handschriften chij in 2,10 bereits in diesem Sinne gebessert: ἐντολῶν für οὐρανῶν).

[378] Die Stellung zu den Geboten kann auch bei der Fallschilderung Verwendung finden,
vgl. 2,6 (τὸν ἐντολέα τοῦ νόμου κυρίου ἀθετεῖ καὶ παροξύνει).8 (ἐκ τῆς ὑπερόγκου κακίας ποιεῖ ἐντολάς).

[379] Vgl. o. S. 96.

[380] Vgl. o. S. 100.

[381] Das Erbarmen mit den Schwachen wird dreimal innerhalb derselben Reihe erwähnt und
damit besonders hervorgehoben. Sachlich nahe steht das Mitleid in V. 2 und die Erquickung
des Schwachen in V. 6. Vgl. o. S. 108, zu οἰκτίρειν Anm. 285.

τὸν ἐντολέα τοῦ νόμου κύριον ἀθετεῖν καὶ παροξύνειν (2,6)[382]
μοιχεύειν καὶ πορνεύειν (2,8), μοιχός (4,3)[383]
μισεῖν (4,3)[384]

Dazu kommen bisher nicht genannte Mahnungen:

ἐπιορκεῖν (2,6)

Im engeren Sinne des Meineides ist das Vergehen nirgends sonst in den TestXII erwähnt[385]. Sachlich zu vergleichen sind aber die in den Reihen häufig vorkommenden Vergehen gegen die Wahrheit[386].

ἀναιρεῖν (2,7; 4,2)

Innerhalb paränetischer Reihen begegnet die direkte Warnung vor Tötungsvergehen nur in TestAss[387]. Ihren eigentlichen Ort hat sie innerhalb der TestXII im Rückblick auf die Vergangenheit. Der Wunsch, Joseph zu töten, ist eine dort ständig wiederkehrende Sünde (TestSim 2,7; TestSeb 1,7; 2,7; TestDan 1,7; TestGad 2,1.4; 6,2). In TestSeb 1,7 wird das Töten als ἀνομία bezeichnet, in TestSim 2,7 und TestDan 1,7 wird es mit Beliar in Verbindung gebracht. Häufig wird der Wunsch, Joseph zu töten, als Folge einer anderen Gesetzesübertretung dargestellt (TestSim 2,7 ζῆλος, TestDan 1,7f. θυμός, TestGad 2,1; 4,6; 6,2 μῖσος, TestGad 2,4 πλεονεξία).

νηστεύειν (2,8; 4,3)

Das Fasten[388] ist innerhalb der behandelten Reihen nur hier erwähnt, hat aber sonst in den TestXII vor allem innerhalb der Lebensgeschichte der Patriarchen als Bußübung (TestRub 1,10; TestJud 15,4; TestSim 3,4) und in Verbindung mit dem Gebet (TestJos 3,4; 4,8; 10,1; TestBenj 1,4) seinen Platz. Es ist innerhalb der Paränese weniger als rituelle Übung verstanden, sondern dient eher der Unterstreichung des Ideals der Enthaltsamkeit, das sich in der Gestalt des Joseph vorbildlich niedergeschlagen hat[389]. In sachlicher Nähe stehen daher auch die Warnungen vor übermäßigem Weingenuß und vor der Üppigkeit der Speisen[390].

---

[382] Vgl. o. S. 108.

[383] Vgl. o. S. 92.119.

[384] Vgl. o. S. 142f.

[385] Vgl. zur Sache SCHNEIDER, ThWNT 5, 178ff. 466f.

[386] Vgl. o. S. 95.

[387] Vgl. zur Sache BERGER 1972, 290–307.

[388] Vgl. ZMIJEWSKI, EWNT 2, 1144–1147; BEHM, ThWNT 4, 925–935; MOORE II 1927, 257–261; STRACK / BILLERBECK II 1924, 214f.; derselbe IV/1 1956, 94–100; BÖCHER 1965, 65f.

[389] Vgl. TestJos 9,2f.; 10,1ff. sowie die Belege zu σωφροσύνη TestJos Titel; 4,1.2; 6,7; 9,2.3; 10,2.3.

[390] Vgl. o. S. 119f. und S. 93. Zur Enthaltsamkeit vgl. o. S. 133.

ἄσωτος (4,4)

Die Ausschweifung ist hier im Sinne der Unersättlichkeit im Speisengenuß zu verstehen, wie die Fortsetzung des Satzes zeigt: ἵνα μὴ χράνῃ τὸ στόμα καὶ μολύνῃ τὴν ψυχήν[391]. In TestJud 16,1 ist ἀσωτία einer der im Wein enthaltenen bösen Geister (neben ἐπιθυμία, πύρωσις, αἰσχροκερδία). In Test Benj 5,1 werden die ἄσωτοι den πονηροὶ ἄνθρωποι und den πλεονέκται an die Seite gestellt, ohne daß die Art ihrer Ausschweifungen näher bestimmt wird[392].

Zusammenfassung:

Anstelle der sonst üblichen Verhaltensanweisungen in Verbindung mit dem Rückblick auf die Vergangenheit steht in TestAss ein in sich geschlossener Lehrvortrag über die zweideutigen ethischen Entscheidungen des Menschen. Er enthält zwei Beispielreihen, die zweideutige Verhaltensweisen aufzählen. Das in ihnen beschriebene Verhalten wird in der ersten (Kp. 2) jeweils insgesamt negativ, in der zweiten (Kp. 4) positiv bewertet.

Die beschriebenen Verhaltensweisen werden zusammenfassend in den Horizont der Gebote gestellt. Die Entscheidung der Einzelfälle ist gegründet in dem Urteil Gottes, der in seinen Geboten zwischen gut und böse scheidet.

Die Einzelfälle werden mit Hilfe konkreter Gebotsübertretungen bzw. -erfüllungen beschrieben. Dabei begegnet ein großer Teil der bereits aus bisher behandelten Reihen bekannten Verhaltensweisen wieder. Dies macht die beiden Beispielsammlungen mit den behandelten Reihen vergleichbar, wenngleich sie in ihrer formalen und inhaltlichen Eigenart von diesen abzusetzen sind. Neben den beiden Hauptvergehen Unzucht und Habgier finden sich weitere Vergehen gegen fremden Besitz, Haß, Wendung gegen fromme Menschen. Neu hinzu kommen Meineid, Fasten, Töten. Eine besonders hervorgehobene Bedeutung haben Aussagen zum Erbarmen gegenüber den Schwachen.

3. Ergebnisse

Die in diesem Teil unserer Untersuchung besprochenen Passagen der TestXII stellen nur eine Auswahl aus der Gesamtheit der paränetischen Aussagen der Schrift dar. Kriterium dieser Auswahl war die Fragestellung

---

[391] So mit b. BECKER 1974, 115, übersetzt die Lesart von gdeafchij: »damit er nicht den Leib beflecke«.

[392] Vgl. zur Sache FÖRSTER, ThWNT 1, 504f., sowie o. zur ἀπληστία S. 93.

der vorliegenden Arbeit, also die Suche nach katechismusartigen *Reihen*. Deshalb wurden Einzelmahnungen, Erzählzüge mit paränetischer Tendenz oder auch ausführliche Paränesen zu nur einem Thema nur dann besprochen, wenn das in ihnen enthaltene Mahnungsgut mit dem der behandelten Reihen in Beziehung stand.

Dennoch bieten die besprochenen Stücke (insgesamt 13 Abschnitte aus acht Testamenten) eine ausreichend breite Basis, um Schlußfolgerungen für die Art und Weise der Paränese der TestXII als ganzer zu ziehen. Dies soll zunächst geschehen, bevor die Ergebnisse des zweiten Hauptteiles für die Frage nach den katechismusartigen Reihen in der frühjüdischen Literatur zusammengefaßt werden.

a) Die Paränese der TestXII

Eine Übersicht über formale Merkmale der paränetischen Reihen und ihre Stellung im Kontext (Tabelle 4) läßt gewisse Tendenzen der Paränese der TestXII insgesamt ablesen. Fragt man danach, in welchem der drei durch die Gattung Testament vorgegebenen Hauptteile (Lebensgeschichte, Verhaltensanweisung, Zukunftsansage) die Reihen lokalisiert sind, so läßt sich zwar ein gewisser Schwerpunkt bei den Verhaltensanweisungen feststellen[393], jedoch enthalten auch die Lebensgeschichte und die Zukunftsansagen paränetische Reihen. Innerhalb der Zukunftsansagen bieten sich dafür die Sündenaufzählungen der SER-Stücke geradezu an (TestLev 14,5 f.; TestDan 5,5 f.)[394]. In TestIss sind die beiden Unschuldsbekenntnisse 3,3–8 und 7,1–6 inhaltlich und formal (Ich-Form!) der Lebensgeschichte zuzuordnen, obgleich sie die Klammer für Verhaltensanweisung und Zukunftsansage dieses Testaments bilden. Ebenso steht die Geisterreihe TestRub 2,1 f.; 3,3–6 in direktem Anschluß an Rubens Erzählung von seiner Buße und noch *vor* der Mahnung in 3,9[395].

---

[393] Fünf von neun in erster Linie herangezogenen Gebotsreihen (vgl. o. S. 136 f.). Dazu kommt von den ergänzend besprochenen Texten streng genommen nur noch TestGad 3,1–3. TestAss 2 und 4 stehen zwar an der Stelle, an der sonst Verhaltensanweisungen zu erwarten wären, können aber kaum als solche gewertet werden. Dies hängt mit der Sonderstellung von TestAss hinsichtlich seines Aufbaus zusammen (vgl. dazu o. S. 144 f.).

[394] Von der Stellung im Kontext her wäre auch auf TestJud 18,2–6 zu verweisen, wenn man in Betracht zieht, daß 18,1 eine typische Einleitung für die Sündenschilderung eines SER-Stückes ist (vgl. o. Anm. 148). Allerdings hat die Reihe selbst dann eindeutig die Form einer Verhaltensanweisung. Dieser »Stilbruch« entspricht aber durchaus der Tendenz des Aussagenzusammenhanges. Denn auch die Sündenaufzählungen der SER-Stücke unterliegen im Rahmen der TestXII einer paränetischen, mahnenden Intention (vgl. dazu o. S. 82 f.).

[395] Vgl. 2,1: »Und jetzt höret auf mich, Kinder, was ich über die sieben Geister der Verirrung während meiner Buße sah«. Bereits in 1,5 f., also schon vor der Lebensgeschichte, begegnen in TestRub Verhaltensanweisungen.

Damit wird deutlich, daß die Paränese der TestXII keineswegs auf die Verhaltensanweisungen beschränkt ist. Auch Lebensgeschichte und Zukunftsansage bieten Anknüpfungspunkte für paränetische Reihen und unterstreichen damit die dienende Funktion aller Bestandteile der TestXII für die mahnende Intention der Schrift.

Sodann ist die formale Vielfalt der Paränese der Testamente auffällig. Selbst für die schon aufgrund formaler Eigenschaften ausgewählten paränetischen Reihen gelingt es nicht, eine einheitliche Form aufzuzeigen. Die Bezeichnungen »beschreibende Reihe«, »Unschuldsbekenntnis«, »Beispielreihe« können nicht als literarische Formen im Sinne der Formgeschichte gewertet werden[396], sondern wollen nur allgemein den formalen Charakter der Stücke annäherungsweise bestimmen[397].

Für die Eigenart der Paränese der TestXII aussagekräftig ist das Verhältnis von Indikativ und Imperativ innerhalb der Reihen. Obwohl die ermahnende Intention der paränetischen Reihen offensichtlich ist, überwiegen in ihnen eindeutig indikativische Aussagen. Die Sündenschilderungen der SER-Stücke TestLev 14,5f.; TestDan 5,5f., die Geisterreihe TestRub 2,1f.; 3,3−6, die Unschuldsbekenntnisse TestIss 3,3−8; 7,1−6 und die Beispielreihen TestAss 2 und 4 sind schon aufgrund ihrer literarischen Gestaltung indikativisch formuliert. Aber auch die zu den Verhaltensanweisungen gehörenden Reihen enthalten höchstens zu Beginn eine zusammenfassende imperativische Mahnung, gehen dann aber zur indikativischen Beschreibung konkreter Verhaltensweisen über. Unterstrichen wird dieser Befund noch dadurch, daß die Formulierung in der 3. Person deutlich überwiegt, die bei Mahnungen zu erwartende 2. Person dagegen zurücktritt.

Aus der dargestellten Sachlage muß der Schluß gezogen werden, daß die Paränese der TestXII *beschreibenden* Charakter hat. Das Verhalten, auf das sich die Mahnung richtet, wird beschreibend vor Augen gestellt. Der Kontext der Reihen ist so gestaltet, daß bereits die Nennung eines Vergehens die Warnung vor ihm impliziert.

Die einfachste Form solcher beschreibenden Paränese ist die Aufzählung und unverbundene Nebeneinanderstellung konkreter Verhaltens-

---

[396] Dies gilt für die ersten beiden genannten Bezeichnungen, auch wenn ASCHERMANNS (1955) und v. RADS (1958) Untersuchungen sich durchaus als formgeschichtliche Arbeiten im engeren Sinne verstehen. v. RAD hat dabei aber primär die alttestamentlichen Belege im Blick, ASCHERMANN dagegen behandelt zwar die ganze Breite des Materials der TestXII, seine Ergebnisse sind aber so differenziert, daß sich kaum mehr das Typische der verschiedenen Formen erkennen läßt, geschweige denn, daß ein überzeugender Nachweis eines spezifischen Sitzes im Leben gelingt.

[397] Das Problem der formalen Vielfalt der Reihen wird gleich noch im Zusammenhang der Frage nach der geprägten paränetischen Tradition der katechismusartigen Reihen zu besprechen sein (s. u. S. 162).

Tabelle 4: Formale Merkmale der paränetischen Reihen und ihre Stellung im Kontext

	TestRub 2,1–3,6	TestLev 14,5f.	TestJud 18,2–6	TestIss 3,3–8	TestIss 4,1–7	TestIss 7,1–6	TestBenj 4,1–5	TestBenj 6,1–6	TestBenj 8,1f.	TestDan 5,5f.	TestGad 3,1–3	TestAss 2,1–10	TestAss 4,2–5
Lebensgeschichte	x			x		x							
Verhaltensanweisung			x		x		x	x	x		x	(x)	(x)
Zukunftsansage		x								x			
beschreibende Reihe					x		x	x			x		
Unschuldsbekenntnis				x		x							
Beispielreihe	(x)												
formal freie Paränese		x	x					x	x	x		x	x
Indikativ	x	x	x	x	x	x	x	x	x	x	x	x	x
Imperativ			x	x	(x)		(x)		x	x	(x)		
1. Pers.	x		x		(x)		(x)		x	x	(x)		
2. Pers.		x	x	x	x	x	x	x	x		x		
3. Pers.												x	x

weisen, wie sie etwa die Geisterreihe TestRub 2,1 f.; 3,3—6 bietet. Eine höher entwickelte Form sind die Sündenschilderungen der SER-Stücke TestLev 14,5 f.; TestDan 5,5 f., da hier die genannten Vergehen als das Strafgericht Gottes provozierende Sünden qualifiziert werden und so zur umfassenden Charakterisierung bestimmter Menschengruppen dienen. Ihre eindringlichste und konsequenteste Gestalt erreicht die beschreibende Paränese der TestXII in den Unschuldsbekenntnissen Issachars TestIss 3,3—8; 7,1—6 und in den Reihen über den »guten Menschen« TestBenj 4,1—5; 6,1—6. Hier werden nicht nur einzelne Verhaltensweisen aneinandergereiht, sondern hier wird ein Typ, ein Charakterideal gezeichnet. Dieser Typ hat Vorbildfunktion für die Adressaten der Paränese. Sein Verhalten, das in der Meidung konkreter Vergehen und dem Tun konkreter Guttaten besteht — darin sprengen auch diese Reihen nicht den Rahmen der Paränese der TestXII! —, will als Leitlinie für die ethischen Entscheidungen der durch die Schrift Angesprochenen verstanden werden.

Innerhalb dieser beschreibenden Paränese der TestXII lassen sich nun gewisse Tendenzen ausmachen, die für das Verständnis der frühjüdischen Paränese überhaupt im Blick zu behalten sind. Es handelt sich dabei um Ansätze zu Entwicklungen in bestimmter Richtung, keineswegs um bereits abgeschlossene Vorgänge. Bisweilen sind diese Tendenzen auch gegenläufig, ergänzen und begrenzen also einander.

So kann man in der relativ unverbundenen Aufzählung von Lastern, die zudem noch als »Geister« bezeichnet werden, welche »gegen den Menschen gegeben worden sind von Beliar« (TestRub 2,2), eine Tendenz zur *Verobjektivierung* sehen. Dieselbe Tendenz steht hinter den Beispielreihen TestAss 2 und 4. Dort werden recht schematisch positive und negative Verhaltensweisen miteinander kombiniert, ohne daß diese einzelnen »Fallschilderungen« darauf ausgerichtet sind, jeweils einen Menschentyp zu beschreiben. Ziel dieser Reihen ist es allein, die Zwiespältigkeit ethischer Entscheidungen in das Bewußtsein zu rufen und angesichts dieser zur Eindeutigkeit des »Weges des Guten« (1,5) zu mahnen.

In der Erkenntnis und dem Zur-Sprache-Bringen dieses ethischen Zwiespaltes kommt aber gleichzeitig eine der eben genannten gegenläufige Tendenz zur *Differenzierung* zum Ausdruck. Die Entscheidung zum Guten muß gefunden werden in Situationen, die nicht einlinig sind. Verschiedene Verhaltensweisen hängen miteinander zusammen. Nicht die einzelne Tat allein, sondern das aus verschiedenen Taten resultierende Verhalten wird als gut oder böse bewertet. Diesen Zusammenhang der Verhaltensweisen miteinander bringt auch TestJud 18,2—6 zum Ausdruck, wenn nach der Mahnung, sich von Unzucht und Habgier zu enthalten, eine Reihe von Vergehen genannt werden, die aus solchem Tun folgen.

Mit der Tendenz zur Differenzierung hängt zusammen die zur *Verinner-*

lichung. Die Komplexität menschlicher Lebenssituationen einerseits und die absolute Forderung zum Tun des Guten andererseits zwingt zur ethischen Entscheidung. Der Ort, an dem diese Entscheidung fällt, liegt im Innern des Menschen. Auf diesen inneren Entscheidungsbereich lenken die Reihen von TestIss und TestBenj besondere Aufmerksamkeit. Der »Wandel in der Lauterkeit des Herzens« (TestIss 4,1; 7,7) zeigt sich daran, daß Issachar im Alltag seines Arbeits- und Familienlebens Laster meidet und Tugenden übt. Dem »guten Mann« ist in »guter Gesinnung« nachzuahmen (TestBenj 4,1), denn: »Der Sinn des guten Mannes ist nicht in der Hand der Verführung durch den Geist Beliars.« (TestBenj 6,1; vgl. TestIss 4,6; 7,7).

Damit ist zugleich zum Ausdruck gebracht, daß im Innern des Menschen auch der Angriffspunkt für die bösen und verführerischen Mächte liegt. So unterstreichen die Aussagen über die Verführung durch die Geister Beliars und die Geistervorstellung der TestXII überhaupt die Tendenz zur Verinnerlichung. Das gilt ebenso für die Geisterreihe TestRub 2,1 f.; 3,3−6, so daß hier die dafür behauptete Tendenz zur Verobjektivierung wieder relativiert wird.

Schließlich zeigen die behandelten paränetischen Reihen eine Tendenz zur *umfassenden* Darstellung eines guten bzw. bösen Lebenswandels. In TestRub 2,1 f.; 3,3−6 deutet die Siebenzahl der aufgezählten Geister darauf hin, daß eine gewisse Vollständigkeit bei der Zusammenstellung von Vergehen gegen das Gesetz Gottes angestrebt ist. Andere Reihen betonen den ganzheitlichen Charakter des beschriebenen Verhaltens durch verschiedene Wendungen mit *πᾶς*[398]. In gleicher Weise sind auch die bewertenden Schlußsätze der Beispiele für zwiegesichtiges Verhalten in TestAss 2 und 4 zu verstehen: »Das Ganze aber ist böse« bzw. »gut«.

Ebenfalls eine umfassende Bewertungsfunktion haben die verschiedenen ethischen Allgemeinbegriffe, die meist am Anfang und/oder am Schluß der Reihen begegnen und denen häufig die genannten konkreten Verhaltensweisen untergeordnet werden. Zu nennen sind hier die zusammenfassenden Mahnungen, Gerechtigkeit zu üben, Wahrheit zu tun, in Lauterkeit zu wandeln, Liebe zu üben, den Herrn zu fürchten sowie sein Gesetz und seine Gebote zu halten. Alle diese Wendungen wollen darauf verweisen, daß die konkreten Taten der Menschen ihren Wert oder Unwert nicht aus sich selbst heraus haben, sondern daß sie erst im Zusammenhang einer ganzheitlichen Ausrichtung des Verhaltens am Maßstab des Willens Gottes zu bewerten sind. Für alle genannten Wendungen ließ sich eine enge Beziehung zum Gesetz als dem maßgeblichen Ausdruck des Willens Gottes nachweisen. Deshalb muß man mit Nachdruck von einer *theologischen* Bewertung der Sittlichkeit in der Paränese der TestXII sprechen. Dieser Ge-

---

[398] TestLev 14,1; TestDan 5,5: πᾶσα κακία, TestGad 3,1: ποιεῖν πάντα νόμον ὑψίστου.

danke wird im Zusammenhang der Darstellung der geprägten katechismusartigen Reihenparänese noch einmal aufzunehmen sein.

b) Die katechismusartige Gesetzesparänese der TestXII

Der erste Hauptteil unserer Untersuchung hatte erbracht, daß es im Frühjudentum möglich war, die wesentlichen Forderungen der Tora für das Leben der Juden im Alltag zusammenzufassen, indem man Reihen konkreter Verhaltensweisen zusammenstellte. Diese Verhaltensweisen mußten nicht unbedingt direkt aus den Geboten der Tora abgeleitet sein. Sie konnten inhaltlich durchaus den allgemein verbreiteten Maßstäben der Sittlichkeit entsprechen. Im Zusammenhang mit den Toraforderungen der Gebotsreihen und als Teil dieser wurden sie jedoch selbst zu Ausprägungen der Grundforderungen der Tora nach einem dem Willen Gottes entsprechenden Leben. Die Zusammenstellung solcher Gebotsreihen ist also als Interpretations- und Aktualisierungsvorgang anzusehen. Zum Abschluß des ersten Hauptteiles stellten wir die These auf, daß sich hierin eine erbauliche und unterweisende Intention niederschlägt.

Es ist nun zu fragen, in welcher Beziehung die im zweiten Hauptteil besprochenen paränetischen Reihen der TestXII zu der eben beschriebenen Möglichkeit, die Tora in Form von Gebotsreihen zusammenzufassen, stehen.

Die Häufigkeit des Vorkommens paränetischer Reihen in den TestXII sowie die prinzipielle Gleichartigkeit ihrer Intention und ihrer inhaltlichen Struktur bei aller Vielfalt der Gestaltung im einzelnen berechtigt dazu, die besprochenen Stücke unter der Bezeichnung »katechismusartige Reihen für die Gesetzesparänese« zu einer eigenständigen und charakteristischen Form der Paränese der TestXII zusammenzufassen. Die inhaltliche und intentionale Verwandtschaft dieser katechismusartigen Reihenparänese mit den erbaulich-unterweisenden Torazusammenfassungen bei Philo, Hyp, Josephus, Ap, und PseuPhok weist darauf, daß es sich dabei nicht um ein Spezifikum der TestXII handelt, sondern daß sich hier eine geprägte paränetische Tradition des Frühjudentums niederschlägt.

Der Nachweis dieser letzten These kann erst durch Einbeziehung der ganzen Breite der frühjüdischen Literatur geführt werden. Bevor dies wenigstens ausschnittweise im dritten Hauptteil geschehen soll, sind aufgrund der untersuchten Reihen der TestXII die gemeinsamen Merkmale der katechismusartigen paränetischen Reihen zusammenzustellen, die es rechtfertigen, von einer geprägten Tradition zu sprechen.

Auszugehen ist dabei in erster Linie von inhaltlichen Gesichtspunkten, nicht von Merkmalen der formalen Gestaltung. Es handelt sich also nicht um literarische Formen im Sinne der Formgeschichte, sondern um eine paränetische Tradition. Und auch dieser Begriff darf nicht zu eng verstanden werden. Gemeint ist eine geprägte Art und Weise, unter einer bestimmten Intention ausgewählte Inhalte aus einem größeren Fonds kategorial gleichartigen Materials zu literarischen Einheiten zusammenzustellen. Auf die katechismusartigen Reihen bezogen heißt das konkret: Die wesentliche Gemeinsamkeit der Reihen besteht darin, daß zum Zwecke der Schilderung eines dem Willen Gottes entsprechenden Lebenswandels aus verschiedenen ethischen Verhaltensweisen, die im Horizont der Forderungen der Tora stehen, Reihen gebildet werden, die innerhalb ihres literarischen Kontextes als eigenständige Einheiten erkennbar sind. Aus dieser Definition ergeben sich die nun einzeln zu besprechenden gemeinsamen Merkmale der geprägten Tradition: Zusammenstellung typischer Verhaltensweisen aus dem Bereich des Alltagslebens, Reihenform, Abgrenzbarkeit vom Kontext, Bezug der Verhaltensweisen zu den Forderungen der Tora, theologische Bewertung der konkreten Mahnungen als Ausdruck des Willens Gottes.

Zum materialen Gehalt der katechismusartigen Reihen:

Die Tabelle 5 gibt Auskunft über inhaltliche Schwerpunkte der besprochenen Reihen der TestXII. Dabei ist eine gewisse Konzentration auf Lebensbereiche, aus denen besonders häufig Mahnungen abgeleitet werden, zu beobachten. An erster Stelle steht die Sexualethik. Sie wird in fast allen Reihen berührt und häufig mit besonderem Nachdruck behandelt. Diese Akzentsetzung war auch in den im ersten Hauptteil untersuchten Texten festzustellen und wird in gleicher Weise für die weiteren noch zu besprechenden frühjüdischen Schriften nachzuweisen sein. Die Mahnung zu einer den göttlichen Forderungen entsprechenden Ordnung des sexuellen Lebens ist Kernpunkt der katechismusartigen Gesetzesparänese.

Ebenfalls besonders häufig ist der Bereich des materiellen Besitzes im Blick. Vielfach wird vor der Habgier gewarnt. Besitzvergehen wie Raub, Diebstahl, Verrücken der Grenze, Bestechung werden genannt, und auch die Mahnungen zur Barmherzigkeit mit sozial Benachteiligten haben eine Beziehung zu diesem Bereich. Charakteristisch für die frühjüdische Paränese insgesamt ist die Kombination der Habgier mit der Unzucht. Unzucht und Habgier zusammengenommen können bereits in umfassender Weise ein dem Willen Gottes entgegenstehendes Leben bezeichnen[399].

Als dritter Schwerpunkt sind Mahnungen zur Barmherzigkeit gegenüber Schwachen und Bedürftigen zu nennen. Auch die Betonung dieses Themas ist nicht auf die Paränese der TestXII beschränkt, sondern war bereits bei PseuPhok, Philo, Hyp, und Josephus, Ap, zu beobachten.

---

[399] Vgl. dazu o. S. 107 und REINMUTH 1985, 22–47.

Typisch für die TestXII sind die zahlreichen Mahnungen zu einem Lebenswandel, der durch Enthaltsamkeit bestimmt ist. Die geforderte Enthaltsamkeit kann sowohl den sexuellen als auch den materiellen Bereich betreffen, so daß sich hier die paränetischen Themen überschneiden. Gemahnt wird nicht so sehr zur Enthaltsamkeit als solcher[400], sondern es werden verschiedene ihrer Konkretionen im Alltagsleben angesprochen, so etwa der übermäßige Speisen- oder Weingenuß und die Sucht nach Ziererei und erlesener Kleidung. Zu diesem thematischen Bereich kann auch die Erwähnung des Fastens gerechnet werden, das innerhalb der Reihen weniger ritueller Vollzug als vielmehr sittlich-moralische Haltung ist. Wenn auch dieser Zug der Paränese in den TestXII besonders herausgearbeitet ist, so entsprechen ihm doch ähnliche Mahnungen aus paränetischen Reihen anderer frühjüdischer Schriften[401].

Über diese genannten Schwerpunkte hinaus werden in den Reihen der TestXII noch weitere Verhaltensweisen aus dem zwischenmenschlichen Bereich erwähnt, so der Hochmut, der Neid, die Verleumdung, die List, die Lüge, die Eifersucht und der Streit. Alle diese Vergehen beziehen sich, wie auch die vier zuerst genannten Schwerpunktthemen, auf den alltäglichen Umgang der Menschen miteinander. Die Zusammenstellung solcher alltäglicher Verhaltensweisen ist charakteristisches Merkmal der katechismusartigen Reihen.

In diesem Zusammenhang stellt sich die Frage nach dem Verhältnis von ethisch-sittlichen und kultisch-rituellen Mahnungen. Wenn auch vor einer starren Trennung zwischen dem Rituellen und dem Sittlichen zu warnen ist, so ist doch nicht zu übersehen, daß die im engeren Sinne religiösen Verrichtungen innerhalb der paränetischen Reihen eine nur untergeordnete Rolle spielen. Bisweilen begegnen sie unvermittelt neben ethischen Mahnungen[402], oft fehlen sie ganz[403]. Auch die in der frühjüdischen Paränese so zentrale Warnung vor dem Götzendienst wird in den paränetischen Reihen der TestXII nirgends direkt ausgesprochen und klingt allenfalls in der Erwähnung der Ehen mit nichtisraelitischen Frauen (TestLev 14,6) unbetont an.

---

[400] Die Wortgruppe σωφροσύνη, σώφρων ist bis auf TestBenj 4,4 ausschließlich auf TestJos beschränkt.

[401] Vgl. etwa Josephus, Ap II 195. 204f., oder PseuPhok 36. 42−47.61.69.193f.

[402] So z. B. TestJud 18,5; TestIss 3,6.

[403] Aufschlußreich ist in diesem Zusammenhang die Sündenaufzählung TestLev 14,5f. Der speziellen Funktion des Stammes Levi entsprechend stehen im gesamten TestLev wie auch in unserer Reihe kultisch-priesterliche Motive im Vordergrund. Die den Priesternachkommen Levis in 14,5f. vorgeworfenen Vergehen beziehen sich dementsprechend auch vordergründig auf kultische Mißbräuche. Bei näherem Hinsehen zeigt sich aber, daß hier nur die allgemeinen Mahnungen vor der Unzucht und der Habgier in Angleichung an den Kontext als priesterliche Vergehen gestaltet worden sind.

Tabelle 5: Die in den paränetischen Reihen genannten konkreten Verhaltensweisen

	TestRub 2,1–3,6	TestLev 14,5f.	TestJud 18,2–6	TestIss 3,3–8	TestIss 4,1–7	TestIss 7,1–6	TestBenj 4,1–5	TestBenj 6,1–6	TestBenj 8,1f.	TestDan 5,5f.	TestGad 3,1–3	TestAss 2,1–10	TestAss 4,2–5
πορνεία	x	o	x	o	o	x		o	x	x		x	o
μοιχεία		o	o			o						x	x
πλεονεξία		x		o	x			o		x		x	
ἔλεος			x			o	x					x	x
ἀπληστία	x			o	x			o				o	o
κλοπή	x	x				o		o		x		x	
ὑπερηφανία	x	o	x					x		x	x		
ψεῦδος	x					x		o			o		
καταλαλία				x	o						x		
ζῆλος	x				x		x						
φθόνος							x		x		x		
δόλος						x		x					
μάχη	x							x					

x = wörtlich
o = der Sache nach

Andererseits finden sich in den Reihen keinerlei kultkritische Aussagen. Zudem ist, wie noch auszuführen sein wird, die gesamte geforderte Sittlichkeit der paränetischen Reihen auf die göttlichen Forderungen der Tora bezogen, zu denen — dies wird nirgends in Frage gestellt und ist daher als selbstverständlich vorauszusetzen — auch die den Gottesdienst im engeren Sinne betreffenden Gebote gehören. Nur sind diese offensichtlich bei der katechismusartigen Reihenparänese nicht primär im Blick. Diese wendet sich in besonderem Maße der Verwirklichung des Willens Gottes in den zwischenmenschlichen Beziehungen des Alltagslebens zu.

Zur Reihenform:

Es wurde bereits darauf verwiesen, daß die Reihenform der hier untersuchten Texte nicht die Kriterien einer Form im Sinne der Formgeschichte erfüllt. Dennoch ist es charakteristisch, daß jeweils mehrere Mahnungen aus verschiedenen Bereichen des alltäglichen Lebens zu Reihen zusammengestellt werden, wenn auch die literarische Gestaltung dieser Zusammenstellungen ausgesprochen vielfältig ist. Nicht die äußere Form oder die Gestaltung der Einzelaussagen ist das Verbindende, sondern die Art und Weise, verschiedene ethische Mahnungen zu einer in sich geschlossenen Einheit zusammenzustellen. Immerhin lassen sich aber doch häufig parallel gebaute Glieder solcher Reihen erkennen.

Die Gestaltung dieser Zusammenstellungen im einzelnen richtet sich oft nach ihrer Funktion im literarischen Kontext. Dabei kann es sich um einfache Aufzählungen in unverbundener Aneinanderreihung verschiedener Glieder handeln oder um eng aufeinander bezogene Aussagen, um beschreibende oder anklagende Reihen, um in der Ich-Form gehaltene bekenntnishafte Aussagen oder um theoretisch konstruierte Fallschilderungen[404].

Die einzelnen Glieder der Reihen sind meist indikativisch gestaltet. Am Anfang und/oder am Schluß stehen aber häufig Imperative als zusammenfassende und inhaltlich umfassende Ermahnungen. Auf diese Weise erhalten die Reihen einen Rahmen, der ihre Abgrenzung vom Kontext unterstreicht.

---

[404] Bisweilen ist die äußerlich erkennbare Reihenform ganz aufgegeben, und nur die Verbindung verschiedener ethischer Alltagsmahnungen zu einem geschlossenen paränetischen Abschnitt mit einheitlicher Intention macht diese Texte mit den katechismusartigen Reihen vergleichbar. Hierbei handelt es sich aber um Grenzfälle, die nur unter Vorbehalt der geprägten Tradition zuzurechnen sind. Die in erster Linie zur katechismusartigen Reihenparänese gehörenden Texte lassen deutlich eine straffe Struktur mit mehreren gleichartig gebauten Gliedern erkennen.

Zur Abgrenzung der Reihen vom Kontext:

Die katechismusartigen Reihen heben sich häufig so charakteristisch von ihrer Umgebung ab, daß sie als literarisch sekundär angesehen werden. In der Tat lassen sie sich oft ohne weiteres aus ihrem Zusammenhang herauslösen, besonders wenn man die innere Zusammengehörigkeit von allgemeinen und konkreten Mahnungen verkennt. Die Reihen konkreter Verhaltensweisen können dann leicht als nachträgliche Ergänzung und Interpretation der einleitenden umfassenden paränetischen Aussage erscheinen.

Jedoch entsteht auf diese Weise ein falsches Bild von der Paränese der TestXII. Sie unterscheidet gerade nicht prinzipiell zwischen konkreten Verhaltensweisen und abstrakten Haltungen. Jedes Verhalten läßt auf eine entsprechende Grundhaltung schließen, die Gesinnung realisiert sich in der Tat. In der Erkenntnis und Betonung dieses Zusammenhangs zeigt sich die paränetische Intention der TestXII. Die Verbindung von umfassenden und einzelne Verhaltensweisen betreffenden Mahnungen ist aber nicht Eigenleistung des Verfassers der TestXII. Sie gehört bereits zu den Merkmalen der geprägten paränetischen Tradition, der er sich bedient.

So ist die Abgrenzbarkeit der katechismusartigen Reihen vom Kontext nicht ein Hinweis auf sekundäre Einfügung, sondern Anzeichen dafür, daß sich der Verfasser der TestXII hier einer geprägten Tradition bedient. Die Unterschiedlichkeit der Reihen und ihre jeweils auf den Kontext bezogene Gestalt zeigen, daß dieser Vorgang nicht so vorzustellen ist, daß der Autor bis in den Wortlaut fixierte Texte in sein Werk aufgenommen hat, sondern daß er in geprägter Aussageweise aus einem Fonds ethischer Materialien Mahnungen zu einer Reihe zusammengestellt hat, die als ganze eine Lebensweise beschreibt, welche dem Willen Gottes wider- bzw. entspricht.

Diese Schlußfolgerung legt sich auch von daher nahe, daß in den Reihen neben auf den Kontext bezogenen Verhaltensweisen häufig auch solche Mahnungen erscheinen, die keine Beziehung zu den sonst in dem jeweiligen Testament verhandelten Gegenständen haben, wohl aber in Reihen aus anderen Testamenten wiederbegegnen. Hier zeigt sich, daß sich die Prägung der Tradition auch auf die Erwähnung bestimmter gängiger Standardthemen der Paränese erstreckt, die auch dann mit aufgezählt werden, wenn sie sich nicht aus dem Zusammenhang ergeben. Dies ist keineswegs ein mehr oder weniger unbewußter Vorgang! Die jeweils mitgenannten ethischen Mahnungen gehören zu den wesentlichen Forderungen der Paränese der Reihen. Durch ihre Hinzufügung soll zum Ausdruck gebracht werden, daß die göttliche Forderung das gesamte Verhalten des Menschen betrifft und nicht auf einzelne Tugenden oder Laster zu beschränken ist.

Zum Bezug der konkreten Verhaltensweisen zu den Forderungen
der Tora:

Wenn aber der Verfasser der TestXII in geprägter Weise aus einem
Fonds paränetischer Weisungen Verhaltensweisen zu Reihen zusammenstellt, die in umfassender Weise die göttliche Forderung nach einem seinem
Willen entsprechenden Lebenswandel zum Ausdruck bringen wollen, dann
ist zu fragen, in welcher Beziehung der Inhalt dieses Fonds zu den Geboten
der Tora steht. Da sich die inhaltlichen Schwerpunkte der Reihen der
TestXII mit denen der im ersten Hauptteil untersuchten Texte decken,
kann angenommen werden, daß sich hier eine ähnliche Beziehung der
Mahnungen zu den Toraforderungen herstellen läßt. Die Gebote der Tora
werden nicht wörtlich wiedergegeben, aber wesentliche durch sie geregelte
Lebensbereiche werden in den Reihen in sachlich entsprechender Weise angesprochen. Neben direkt aus der Tora herleitbaren Mahnungen stehen
solche, die den allgemein verbreiteten Grundsätzen antiker Sittlichkeit entstammen. Die inhaltlichen Schwerpunkte liegen im Bereich der Sexualethik, der Besitzvergehen und der Barmherzigkeit gegenüber sozial Benachteiligten. Die in den Reihen zusammengestellten konkreten Verhaltensweisen werden durch ihren Kontext bzw. durch rahmende Aussagen
als Forderungen des Gesetzes Gottes kenntlich gemacht. Somit sind die katechismusartigen Reihen Ausdruck einer interpretierenden Vergegenwärtigung der Tora.

Zur theologischen Bewertung der konkreten Mahnungen
als Ausdruck des Willens Gottes:

Diese Beziehung der katechismusartigen Reihen zu den Forderungen der
Tora entspricht ganz der die Paränese der TestXII auch sonst bestimmenden Mahnung zum Gesetzesgehorsam. Während innerhalb der Reihen
wie gezeigt indikativische Aussagen überwiegen, hat bei der Mahnung
zum Halten des Gesetzes der Imperativ seinen Platz[405]. Im Kontext sämtlicher besprochener Reihen lassen sich solche imperativischen Mahnungen
zum Gesetzesgehorsam nachweisen, wenngleich dabei nicht immer die Begriffe »Gesetz« oder »Gebot« verwendet werden[406]. Es hat sich gezeigt,

---

[405] Eine imperativische Mahnung zum Gesetzesgehorsam (mit νόμος bzw. ἐντολή) begegnet
TestLev 13,1; TestJud 13,1; 26,1; TestIss 5,1; TestSeb 5,1; TestDan 5,1; 6,10; TestGad 3,1;
TestAss 6,1.3; TestJos 19,6; TestBenj 3,1; 10,3.5. Vgl. auch TestSeb 10,2; TestNaph 3,2;
8,10; TestAss 7,5; TestJos 11,1; 18,1. Besonders häufig wird dabei der Imperativ von φυλάσσειν gebildet (TestJud 26,1; TestIss 5,1; TestSeb 5,1; TestDan 5,1; TestAss 6,3; TestJos 19,6;
TestBenj 3,1; 10,3.5.
[406] Dies geschieht bei den Reihen TestJud 18,2−6 (V. 2 f.: φυλάξασθε . . . ἀπὸ τῆς πορνείας καὶ
τῆς φιλαργυρίας . . . ὅτι ταῦτα ἀφιστᾷ νόμου θεοῦ); TestIss 4,1−7 (5,1: φυλάξατε οὖν νόμον θεοῦ);

daß auch die in diesem Zusammenhang verwendeten Wendungen »die Wahrheit tun«[407], »Gott fürchten«[408], »in Lauterkeit wandeln«[409], »eine gute Gesinnung haben«[410], »die Schlechtigkeit fliehen und der Güte anhangen«[411] der Sache nach die Forderung zum Gesetzesgehorsam beinhalten.

Somit ergibt sich: Die einzelnen in den Reihen geschilderten Verhaltensweisen erhalten ihre Bewertung nicht aus sich selbst, sondern indem sie bestimmten theologisch aussagekräftigen Allgemeinbegriffen zugeordnet werden. Damit wird aber ihr spezifischer Aussagegehalt nicht abgewertet. Indem die verwendeten Allgemeinbegriffe die umfassende Forderung zum Gesetzesgehorsam unterstreichen, werden die Einzelmahnungen als Konkretionen dieser Forderung hervorgehoben. Tun des Gesetzes bedeutet so auch Erfüllung seiner einzelnen ethischen Gebote. Die katechismusartigen Reihen sind demnach zusammenfassende Beschreibungen des Willens Gottes, der sich in den Forderungen der Tora manifestiert. Sie sind paränetische Aktualisierung der Tora.

Eine Reihe von charakteristischen Zügen deutet darauf hin, daß solche aktualisierende Gesetzesinterpretation einer erbaulich-unterweisenden Intention entspringt, wie sie bereits für die Texte des ersten Hauptteiles wahrscheinlich gemacht werden konnte. So stellt sich die Frage nach den Konkretionen der Toraforderungen im alltäglichen Leben naturgemäß, wenn bei der Gesetzesunterweisung zum Tun der Gebote gemahnt wird. Zumal unter den Lebensbedingungen einer veränderten Umwelt wird die Frage der Aktualität und Anwendbarkeit der überlieferten Tradition auf die gegenwärtigen Verhältnisse brisant. Die erbauliche Unterweisung in der Tora war gewissermaßen der ethische Elementarunterricht, in dem am ehesten solche aktualisierende Interpretation möglich und erforderlich war.

Angesichts der Fülle und der im Lauf der Zeit zur Unüberschaubarkeit angewachsenen Vielfalt der Torabestimmungen kommt auch die Auswahl einiger zentraler Forderungen, die recht verstanden eine ganze Reihe weiterer Konkretionsmöglichkeiten in sich tragen, einer unterweisenden Ziel-

---

TestDan 5,5 f. (5,1: φυλάξατε . . . τὰς ἐντολὰς τοῦ κυρίου καὶ τὸν νόμον αὐτοῦ τηρήσατε); TestGad 3,1−3 (V. 1: ποιεῖν . . . πάντα νόμον ὑψίστου).

[407] So in TestRub 3,9 (τὴν ἀλήθειαν ἀγαπήσατε); TestDan 5,2 (ἀλήθειαν φθέγγεσθε); TestGad 3,1 (ἀκούσατε . . . λόγους ἀληθείας, τοῦ ποιεῖν διακιοσύνην).

[408] Vgl. TestLev 13,1 (φοβεῖσθε τὸν κύριον); TestDan 6,1 (φοβήθητε τὸν κύριον).

[409] TestLev 13,1; TestIss 4,1 (πορεύεσθε ἐν ἁπλότητι); TestIss 5,1 (τὴν ἁπλότητα κτήσασθε, καὶ ἐν ἀκακίᾳ πορεύεσθε).

[410] TestBenj 4,1 (ἴδετε . . . τοῦ ἀγαθοῦ ἀνδρὸς τὸ τέλος. μιμήσασθε . . . ἐν ἀγαθῇ διανοίᾳ τὴν εὐσπλαγχνίαν αὐτοῦ); 6,1 (τὸ διαβούλιον τοῦ ἀγαθοῦ ἀνδρός).

[411] TestBenj 7,1 (φεύγετε τὴν κακίαν τοῦ Βελιάρ); 8,1 (ἀποδράσατε τὴν κακίαν . . . προσκολλᾶσθε τῇ ἀγαθότητι); TestAss 3,1 f. (τῇ ἀγαθότητι μόνῃ κολλήθητε . . . τὴν κακίαν ἀποδράσατε).

stellung entgegen. Gerade wenn die Forderung zur Erfüllung der ganzen Tora erhoben wurde, mußte in der Gesetzesunterweisung deutlich werden, wo solcher Toragehorsam anfing und welche Lebensbereiche in erster Linie davon betroffen waren. Die ständige Wiederholung von Mahnungen aus dem sexualethischen Bereich und dem Bereich des materiellen Besitzes sowie von Forderungen zur Barmherzigkeit gegenüber Bedürftigen setzt für die Unterweisung einprägsame Schwerpunkte. Ebenso dient die Zusammenstellung solcher zentraler Mahnungen zu kurzen und überschaubaren Reihen der Einprägsamkeit.

Daß es sich bei der katechismusartigen Gesetzesparänese um ethische Unterweisung für das alltägliche Leben handelt, geht daraus hervor, daß die kultisch-rituellen Gebote der Tora kaum eine Rolle spielen. Daß aber von einer von der Religiosität losgelösten Sittlichkeit keine Rede sein kann, beweisen die betonten Aussagen, die das konkrete Verhalten in den Horizont des Willens Gottes stellen. Gegenstand der Unterweisung war demnach auch das Wissen darum, daß »alle Sittlichkeit ihren Grund in Gott hat«[412].

---

[412] REINMUTH 1985, 42. Vgl. a.a.O., 41–47.

III. Katechismusartige Toravergegenwärtigung als Wesenszug der frühjüdischen Paränese

Die Untersuchung der Paränese der TestXII hat ergeben, daß sich ihr Verfasser einer charakteristischen paränetischen Form bedient, die wir als »katechismusartige Reihen für die Gesetzesparänese« bestimmt haben. Aufgrund der inhaltlichen und intentionalen Verwandtschaft mit den im ersten Hauptteil behandelten frühjüdischen Texten leiteten wir die These ab, daß diese Form der Paränese traditionell geprägt ist. Dafür soll nun anhand der Interpretation ausgewählter Texte, die einen Querschnitt durch die frühjüdische Literatur darstellen, der Nachweis geführt werden.

Die Auswahlkriterien für die zu besprechenden Texte ergeben sich aus der Fragestellung und aus den Ergebnissen der bisherigen Untersuchung[1]. Danach werden im folgenden reihenartige Zusammenstellungen konkreter Verhaltensweisen aus dem Bereich des Alltagslebens besprochen, die sich formal und inhaltlich in ihrem literarischen Zusammenhang als geschlossene Einheiten abgrenzen lassen.

Ein Problem stellt die Gliederung des auf diese Weise gewonnenen Quellenmaterials dar. Eine chronologische oder geographische Anordnung verbietet sich aufgrund der Unsicherheiten bei der präzisen Datierung und Lokalisierung sämtlicher herangezogener Schriften. Sie stünde auch im Widerspruch zur Fragestellung unserer Untersuchung, der es ja gerade um den Nachweis einer in der Breite der frühjüdischen Literatur belegten paränetischen Tradition geht[2]. Eine Gliederung anhand von Merk-

---

[1] Dies impliziert nicht notwendig einen Zirkelschluß, da es in unserer Untersuchung um den Nachweis *einer* charakteristischen Ausprägung, nicht jedoch um eine Gesamtdarstellung der frühjüdischen Paränese geht. Um diese eine Form präzise herauszuarbeiten, ist eine methodisch abgesicherte Auswahl unumgänglich. Daß dabei keine »reine Form« angestrebt wird, zeigt die Untersuchung selbst.

[2] Eine prinzipielle Beschränkung auf »das Judentum der westlichen Diaspora«, wie sie Fischer 1978, 1 f., vornimmt, ist zum einen angesichts der weitgehend ungeklärten Einleitungsfragen historisch nicht abgesichert und erweckt zum anderen den Eindruck, bestimmte Erscheinungen des Frühjudentums seien an bestimmte geographische Bereiche, und nur an diese, gebunden. Dies ist aber eine angesichts der ausgesprochen bruchstückhaften Quellenlage methodisch unzulässige Vereinfachung.

malen der zu besprechenden Reihen selbst würde deren Interpretation beeinflussen und z. T. die Ergebnisse bereits voraussetzen müssen.

So bleibt nur die Möglichkeit, die Texte entsprechend der literarischen
Gattungen der Schriften zu gruppieren, aus denen sie stammen. Auf diese
Weise ergibt sich die im folgenden durchgeführte Gliederung nach »apokalyptischen« Schriften (Sib, slHen, TestAbr, ApkAbr), Schriften, in denen
die Testament-Form Verwendung findet (Tob, Jub), lehrhaften Schriften
(Weish, IVMakk) und pseudepigraphischen Dichtungen (PsSal, Dramatiker-Gnomologion).

Freilich ist auch diese Einteilung problematisch. Eindeutige, allgemein
akzeptierte Definitionen der genannten literarischen Gattungen gibt es
bisher nicht. Besonders kompliziert ist eine Bestimmung der Gattung
»Apokalypse«[3]. Von den vier hier unter dem Stichwort »apokalyptisch«
angeführten Schriften kann nur eine (slHen) im engeren Sinne als Apokalypse angesehen werden, während die drei übrigen nur jeweils einzelne
Merkmale dieser Gattung aufweisen[4]. Die zweite Gruppe von Schriften ist
nicht aufgrund der Gattung des Gesamtwerkes, sondern entsprechend
einer in ihm verwendeten Teilgattung zusammengestellt. In der letzten
Gruppe stehen zwei Schriften nebeneinander, die außer ihrer Gestaltung als
pseudepigraphische Dichtung nicht viel gemeinsam haben.

Zu solchen in der Natur jeder Rubrizierung liegenden Inkonsequenzen
kommen zwei für die frühjüdische Literatur insgesamt wesentliche Er-
kenntnisse: 1. Die verschiedenen literarischen Gattungen beeinflussen und
durchdringen einander. »Apokalyptische« Schriften vermitteln umfangreiches paränetisches und »weisheitliches« Traditionsmaterial, lehrhafte Er-
bauungsschriften enthalten apokalyptische Passagen. Testamente und auch
verschiedene der PsSal gehen über in eschatologische Zukunftsansagen.
2. Bestimmte Wesensmerkmale der untersuchten Schriften sind nicht an
die literarische Gattung gebunden. Als durchgehendes charakteristisches
Merkmal aller im folgenden besprochenen Schriften wird sich ihre paränetische Intention und ihr Rückbezug auf die Tora erweisen. Darin liegt die
die verschiedenen literarischen Ausformungen übergreifende Einheitlichkeit der frühjüdischen Literatur; ihr sind die jeweils charakteristisch ausge-

---

[3] Vgl. dazu den Sammelband HELLHOLM 1983, der sich durchgängig, aber ohne eindeutiges
Ergebnis um eine Definition der Gattung Apokalypse bemüht (s. auch die Rezension von
HOLTZ 1986).

[4] Sib enthält zwar ausgiebig eschatologische Geschichtsdeutung und Gerichtsdrohung,
aber keinerlei Aussagen über den Vorgang der Offenbarungsübermittlung. TestAbr und
ApkAbr beschreiben dagegen ausführlich Himmelsreisen des Offenbarungsempfängers,
lassen dafür aber jede eschatologische Verkündigung über Geschichte oder politisches Zeitge-
schehen vermissen und sind stattdessen vielmehr an erzählenden und paränetischen Passagen
interessiert.

prägten Einzelzüge der verschiedenen Gattungen untergeordnet. Aus beiden Erkenntnissen ergibt sich, daß nicht die Suche nach der genau passenden literarischen Gattung, sondern die Frage nach der Intention und der Art und Weise ihrer Durchführung die Erforschung der frühjüdischen Literatur zu bestimmen hat.

So ist die im folgenden vorgenommene Gliederung im wesentlichen praktisch begründet. Damit läßt sie aber bereits ahnen, daß die nachzuweisende geprägte paränetische Tradition der katechismusartigen Toravergegenwärtigung nicht an bestimmte Gattungen gebunden ist, sondern in unterschiedlichsten Zusammenhängen Verwendung finden kann[5].

1. Paränetische Unterweisung in »apokalyptischen« Schriften

a) Sibyllinische Orakel

Einleitungsfragen:

Die Sibyllinischen Orakel[6] sind in ihrer heute vorliegenden Gestalt ein christliches Werk[7], das einer ursprünglich griechisch-heidnischen bzw. mesopotamischen Literaturgattung angehört[8] und in seinem mehrere Jahrhunderte währenden Entstehungsprozeß heidnische, jüdische und christliche Bestandteile miteinander verbunden hat[9]. Originalsprache ist Griechisch, worauf die Abfassung in (schlechten) Hexametern der späten attischen Sprache verweist[10].

---

[5] Den vier genannten Gruppen lassen sich auch die bereits untersuchten Texte zuordnen: Philo, Hyp, und Josephus, Ap, gehören zu den lehrhaften Schriften, PseuPhok zur pseudepigraphischen Dichtung, die verschiedenen Reihen der TestXII lassen sich auf die »apokalyptischen« (TestLev 14,5 f.; TestDan 5,5 f.), die Testamente enthaltenden (TestJud 18,2–6; TestIss 3,3–8; 7,1–6; TestBenj 4,1–5; 8,1; TestGad 3,1–3) und die lehrhaften Schriften (TestRub 2,1–3,6; TestIss 4,1–7; TestBenj 6,1–6; TestAss 2/4) verteilen, wobei sich freilich auch hier die Gattungen durchdringen (vgl. o. S. 153 ff.).

[6] Griechischer Text: Geffcken 1902; zitierte deutsche Übersetzungen: Kurfess 1951; Blass 1900, 184–217 (Prooemium nach Theophilus ad Autolycum II 36, Buch III ab V. 36); Riessler 1928, 1014–1045 (Buch III und IV).

[7] Besonders betont von Noack 1976, 168–174; vgl. Eissfeldt 1976, 835, der die Vereinigung verschiedenen sibyllinischen Gutes zu der christlichen Sammlung in das 6. Jh. n. Chr. datiert. Die Sib sind ausschließlich durch kirchliche Überlieferung in mittelalterlichen und späteren Handschriften erhalten, vgl. Geffcken 1902, IX–LVI.

[8] Vgl. Rzach, PRE 2. R. II 2, 2103–2183; Eissfeldt 1976, 834 f.; Blass 1900, 177 ff.; Collins 1974, 7–15; Noack 1976, 179.

[9] Eine Unterscheidung zwischen heidnischer, jüdischer oder christlicher Herkunft ist im einzelnen oft nicht möglich, vgl. Denis 1970, 118; Blass 1900, 182.

[10] Vgl. Rost 1971, 84; Charlesworth 1976, 185; Noack 1976, 178.

Die Bücher III, IV und V werden gewöhnlich als ursprünglich jüdisch angesehen[11] und weisen nur geringe, leicht erkennbare christliche Bearbeitung auf[12]. Ursprungsmilieu der jüdischen Sibyllistik dürfte das Diasporajudentum Ägyptens, vielleicht genauer: Alexandrias sein[13]. Bei der Datierung ist zwischen den Büchern III, IV und V zu unterscheiden[14]. III wird im allgemeinen in das 2. Jh. v. Chr. datiert[15], IV setzt man aufgrund der Anspielung an den Vesuv-Ausbruch im Jahre 79 n. Chr. (V. 184 f.) gegen Ende des 1. Jh. n. Chr. an[16], während bei V für das Endprodukt erst das 2. Jh. n. Chr. anzunehmen ist[17], obgleich, wie auch bei den beiden anderen Büchern, die in das Buch aufgenommenen Stücke durchaus älter sein können.

Über den (oder die) Verfasser der jüdischen Sib läßt sich nichts ermitteln, er tritt zwangsläufig hinter der mythischen Gestalt der Sibylle völlig zurück. Dennoch haben wir es mit einem Literaturprodukt, einer schriftstellerischen Kompilation zu tun. Das Orakelwesen ist in der jüdischen Sibyllistik zur literarischen Fiktion geworden[18]. In diesem Zusammenhang stellen sich die Fragen nach der Bedeutung des (heidnischen!) Pseudonyms, der damit verbundenen Absicht der Schrift und dem angesprochenen Leserkreis. Ist zwar die Orakelform in der frühjüdisch-hellenistischen Literatur singulär, so lassen sich die Sib doch aufgrund dessen, daß sich ihre Verfasser hinter der Maske einer heidnischen, in diesem Fall darüber hinaus noch mythischen Autorität verbergen, mit anderen frühjüdischen pseudonymen Schriften[19] vergleichen. Scheint sich für die meisten dieser pseud-

---

[11] Vgl. CHARLESWORTH 1976, 184; DENIS 1970, 111. 118 f.; ROST 1971, 85; EISSFELDT 1976, 835; BLASS 1900, 182 f.; COLLINS 1974b, 365.

[12] So DENIS 1970, 118 f.; CHARLESWORTH 1976, 185; GEFFCKEN 1902a, 14 ff.

[13] Für alexandrinische Herkunft treten ein: CHARLESWORTH 1976, 185; ROST 1971, 86; KURFESS 1964, 500; NIKIPROWETZKY 1970, 227 ff.; derselbe 1972, 58; SIMON 1983, 220 f. Für Ägypten allgemein: DENIS 1970, 122 (für III und V; IV: Kleinasien oder Palästina); EISSFELDT 1976, 835 f.; NOACK 1976, 180; COLLINS 1974, 48−53 (für III und V nicht in Alexandria, sondern eher im »Land des Onias«, der Militärkolonie von Leontopolis, vgl. auch derselbe 1974a, 10−17). Zu Sib IV s. Anm. 79.

[14] Vgl. zuletzt SIMON 1983, 222 ff.

[15] So CHARLESWORTH 1976, 184 f.; DENIS 1970, 120; ROST 1971, 85; EISSFELDT 1976, 835; BLASS 1900, 180; COLLINS 1974, 28−33; HENGEL 1972, 287 f. Anders NIKIPROWETZKY 1970, 195−206, der Sib III in das 1. Jh. v. Chr. rückt (vgl. derselbe 1972, 33).

[16] Vgl. CHARLESWORTH 1976, 185; DENIS 1970, 121; EISSFELDT 1976, 835; BLASS 1900, 183; KURFESS 1951, 302 f.; GEFFCKEN 1902a, 19 f.; NIKIPROWETZKY 1972, 30; COLLINS 1974b, 380; HENGEL 1972, 291.

[17] Vgl. DENIS 1970, 121; COLLINS 1974, 94; CHARLESWORTH 1976, 185; EISSFELDT 1976, 835 f.; HENGEL 1972, 291.

[18] Vgl. HENGEL 1972, 288: »Neu gegenüber den älteren Sammlungen sibyllinischer Weissagungen war, dass hier ein geschlossenes literarisches Werk mit einer festen Konzeption entstand.«

[19] Sie sind zusammengestellt bei WALTER 1983, 175−276.

epigraphischen Werke die Ansicht durchzusetzen, sie seien vorwiegend für den apologetisch-erbaulichen Eigenbedarf der jüdischen Diaspora konzipiert[20], so liegt die Sache bei den Sib dadurch etwas anders, daß hier einerseits heidnische Adressaten direkt genannt werden[21] und andererseits unter der Maske der Sibylle massiv gegen den heidnischen Götzendienst polemisiert wird. Besonders charakteristisch für die Götzendienstpolemik der Sib ist ihre Verwurzelung in der universalen eschatologischen Geschichtsdeutung[22]: Dem Volk des einen Gottes, das aus dem Gericht unversehrt hervorgeht[23], werden die ihrer Vernichtung entgegengehenden Götzendiener, also die Heiden gegenübergestellt. Diese eschatologische Perspektive der Gerichtsankündigung über die heidnischen Götzendiener hat aber eine paränetische Kehrseite: Die Schilderung der Taten der Götzendiener einerseits und der Glieder des Volkes des einen Gottes andererseits wird zum Paradigma für ungerechtes und gerechtes Verhalten, für ein Leben entgegen oder entsprechend dem Willen Gottes. Diese paränetische Seite der eschatologischen Verkündigung tritt in Sib stark in den Vordergrund. Sie hat in der Art und Weise ihrer Gestaltung zahlreiche und enge Parallelen in der frühjüdischen unterweisenden und erbaulichen Literatur. Von daher legt es sich nahe anzunehmen, daß die eschatologische Gerichtsverkündigung gegen die Heiden einer paränetischen Intention dient: Angesprochen werden besonders Juden der hellenistischen Diaspora, die in ständigem sowohl anknüpfendem als auch konkurrierendem Kontakt mit ihrer heidnischen Umwelt stehen. Treten in weiten Teilen der jüdisch-hellenistischen Literatur stärker die positiven Kontaktmöglichkeiten dieser Situation in den Vordergrund, so wollen die Sib mit aller Ernsthaftigkeit zu einem dem Willen Gottes entsprechenden Leben in *Abgrenzung* von der götzendienerischen und ethisch verwerflichen Lebenspraxis der Heiden ermahnen[24].

Dazu bedienen sie sich der auch in jüdischen Kreisen der Diaspora zu hoher Autorität gelangten Sehergestalt der Sibylle. Ihr werden in großem

---

[20] Vgl. die Diskussion der Frage bei WALTER 1983, 176—181 (s. o. S. 66—72).

[21] Vgl. etwa GEFFCKEN 1902, 234—240 (Register) s. v. Αἴγυπτος, Βαβυλῶν, 'Ρώμη, Heiden, Rom, Hellas.

[22] Vgl. dazu SIMON 1983, 224—228. Zum Verhältnis der Sib zu den Apokalypsen vgl. COLLINS 1983, 531.

[23] Vgl. III 29—45. 573—600; IV 24—48.

[24] Wieweit mit dieser Einschätzung den Heiden Unrecht getan wird, steht in den Sib bezeichnenderweise überhaupt nicht zur Debatte. Die hier nur grob umrissene Sicht der Dinge ist im einzelnen zu präzisieren. Einen Ansatz dazu bietet COLLINS 1974, der für die Bücher III und V unterschiedliche politische Verhältnisse als Hintergrund annimmt, denen eine jeweils etwas andere Haltung der Diasporajudenschaft ihrer heidnischen Umwelt gegenüber entspricht (vgl. a.a.O., 21—34. 57—71. 75—79). Aber auch er hält die Sib für maßgeblich an Juden gerichtet (vgl. a.a.O., 53ff.; derselbe 1974a, 17f.). So auch TCHERIKOVER 1956, 176. 181f. Anders jetzt wieder SIMON 1983, 219f. 232.

Umfang jüdische Traditionen und Vorstellungen zugeordnet[25], so daß sie fast als biblisch-jüdische Prophetin erscheint[26].

Sib III 36—45

Buch III der Sib[27] wird eingeleitet durch einen in seiner Herkunft umstrittenen Abschnitt (1—96)[28]. Gehen wir davon aus, daß Sib III 1—96 der ursprüngliche Beginn des jüdischen Sibyllenbuches ist, so läßt sich der Abschnitt folgendermaßen gliedern: Auf die einleitende Gottesanrede der Sibylle (1—5) folgt die Verkündigung des einen Schöpfergottes an die Menschen (6—28). Es schließt sich eine Anklagerede gegen diejenigen an, die vor diesem Schöpfergott keine Ehrfurcht haben, sondern an seiner Stelle seine Geschöpfe als Götzen verehren (29—34). Solche Menschen zeigen durch ihr Verhalten, daß sie den Willen Gottes und sein Gericht gänzlich vergessen haben (34—45). Mit der Ankündigung dieses Gerichtes beginnt die Sibylle ihr eigentliches Werk (46—96)[29].

Innerhalb dieses Einleitungsstückes von Sib III zählen VV. 36—45 die sittlichen Verfehlungen der götzendienerischen Menschen auf:

36   αἳ γένος αἱμοχαρὲς δόλιον κακὸν ἀσεβέων τε
      ψευδῶν διγλώσσων ἀνθρώπων καὶ κακοηθῶν
      λεκτροκλόπων εἰδωλολατρῶν δόλια φρονεόντων,
      οἷς κακὸν ἐν στέρνοισιν, ἔνι μεμανημένος οἶστρος,

---

[25] Z. B. die Mosetradition in III 248—260 und die messianischen Vorstellungen in III 657—795.

[26] Es sind die genuin heidnischen Traditionen der Sib eher den jüdischen ein- und untergeordnet als umgekehrt. Zur Herkunft der jüdischen Traditionen vgl. noch COLLINS 1974, 110 f., der eine »essential continuity with biblical Judaism, which holds together the various motifs and conceptions drawn from other sources« (a.a.O., 113) feststellt. Seiner Meinung nach sind die Sib nicht so sehr von der Apokalyptik als vielmehr von protoeschatologischen Texten der alttestamentlichen Prophetie her zu verstehen.

[27] Zur Einheitlichkeit von Sib III: Hatte noch GEFFCKEN 1902a, 13 f., zahlreiche heidnische, jüdische und christliche Quellen- bzw. Redaktionsschichten voneinander abgegrenzt, so unterscheidet COLLINS 1974, 21—28. 117 f., nur ein ursprüngliches Korpus aus dem 2. Jh. v. Chr., das VV. 97—349 und 489—829 umfaßt hat, von zwei größeren Hinzufügungen aus dem 1. Jh. v. Chr. sowie von dem an anderer Stelle beheimateten Stück 1—96 (s. dazu die folgende Anm.). Das ursprüngliche Korpus bestehe zwar aus verschiedenen kleineren Orakeln unterschiedlicher Herkunft, bilde aber in seiner literarisch fixierten Form von Anfang an eine Einheit. Vgl. auch CHARLESWORTH 1976, 185; DENIS 1970, 118; NIKIPROWETZKY 1970, 206 ff.

[28] Während BLASS 1900, 182. 184 ff., die VV. 1—35 durch das bei Theophilus ad Autolycum überlieferte Prooemium (II 36) ersetzte, trat GEFFCKEN 1902a, 16.69—75, für die Echtheit von Sib III 1—45 ein, ordnete den Abschnitt allerdings der christlichen Überarbeitungsschicht zu. Demgegenüber vertreten neuere Untersuchungen mit Recht jüdischen Ursprung der Passage, die in der Tat nichts enthält, was dieser Herkunft entgegenstehen könnte (vgl. KURFESS 1951, 287; derselbe 1964, 500; NIKIPROWETZKY 1970, 60—66; REINMUTH 1985, 31).

[29] Vgl. auch die Gliederung bei NIKIPROWETZKY 1970, 55.

40   αὐτοῖς ἁρπάζοντες, ἀναιδέα θυμὸν ἔχοντες·
        οὐδεὶς γὰρ πλουτῶν καὶ ἔχων ἄλλῳ μεταδώσει,
        ἀλλ' ἔσεται κακίη δεινὴ πάντεσσι βροτοῖσιν,
        πίστιν δ' οὐ σχήσουσιν ὅλως, χῆραί τε γυναῖκες
        στέρξουσιν κρυφίως ἄλλους πολλαὶ διὰ κέρδος,
45   οὐ σπάρτην κατέχουσι βίου ἀνδρῶν λελαχοῦσαι.

Zu einem γένος zusammengefaßt, werden die Angesprochenen durch eine katalogartige Reihe von Attributen beschrieben (36—40). Daran schließt sich eine ausgeführte Beschreibung zweier ausgewählter Verhaltensweisen: Habgier der Reichen, die nicht bereit sind, von ihrem Reichtum anderen abzugeben (41), sowie unzüchtiges Verhalten unverheirateter und verheirateter Frauen (43 ff.). Die Zusammenstellung dieser beiden Verhaltensweisen entspricht einer Tradition frühjüdischer Paränese, in der die beiden Hauptvergehen Unzucht und Habgier als Zusammenfassung eines gegen den im Gesetz gegebenen Willen Gottes gerichteten Verhaltens gelten[30]. Auch in solcher zusammenfassenden Funktion bleibt jedoch ihr Charakter als konkretes Einzelvergehen erhalten, so daß beide ohne weiteres in umfangreichere Reihen sittlicher Verfehlungen gleichrangig eingeordnet werden können. So geschieht es auch hier[31].

Mehrfach nimmt die Reihe auf Sexualvergehen Bezug: Ehebruch (38)[32], wilde Leidenschaft (39)[33], Unzucht (43 ff.)[34]. Außerdem kennzeichnen

---

[30] Vgl. REINMUTH 1985, 22—47, zu Sib III 36—45 vgl. a.a.O., 31 ff. In unserer Untersuchung begegnete diese Tradition bereits TestJud 18,3—5; TestLev 14,5 f. (s. o. S. 107), nach REINMUTH auch PseuPhok 3—6 (a.a.O., 29 ff.; s. dazu Anm. I 38.42).

[31] Gegenüber REINMUTH 1985, 32, der VV. 41 ff. als Begründung und Konkretion des »Lasterkatalogs« VV. 36—40 deutlich von diesem absetzt, möchte ich eher die Zusammengehörigkeit des ganzen Abschnittes 36—45 betonen. Dafür spricht, daß in beiden Hälften der Reihe allgemeine neben konkreten Aussagen stehen, daß Unzucht- und Habgiervergehen auch in V. 38 und 40 genannt werden, daß 36—40 kaum die Formmerkmale eines Lasterkataloges aufweisen, sondern bereits ab V. 39 die halbwegs straffe Form aneinandergereihter Genitive aufgegeben wird.

[32] Das Wort λεκτροκλόπος ist weder biblisch noch sonst (LIDDELL-SCOTT hat es nicht) bezeugt. Zu vergleichen wäre aber γαμοκλονία (Sib V 430; PseuPhok 3), auch PseuPhok 178 (μοιχικὰ λέκτρα). Ehebruch in Sib noch III 204.595.764; IV 33; V 146.166.430; sonst in Reihen: TestLev 14,6; TestIss 7,2; TestAss 2,8; 4,3; PseuPhok 177 f.; Josephus, Ap II 201.215; Philo, Hyp 7,1; TestAbr 12(B); PseuMenander (Philemon) 9; PsSal 8,10; Weish 14,24.26.

[33] Daß hier an sexuelle Leidenschaft zumindest auch gedacht ist, legt der Sprachgebrauch von IVMakk 2,3; 3,17; 2,4 (οἰστρηλασία) nahe. Anders die Belege aus dem paganen Bereich bei LIDDELL-SCOTT II 1210.

[34] REINMUTH 1985, 32, sieht in diesen Versen eine bemerkenswerte Verknüpfung der beiden Hauptvergehen Unzucht und Habgier, die durch διὰ κέρδος zum Ausdruck kommt. Aber vielleicht ist doch nur die »bezahlte« Hurerei gemeint, die dem Ehebruch an die Seite gestellt wird. Zu solcher geschäftlich organisierten πορνεία vgl. Sib V 388.

Arglist (36.38) und Lüge (37) das götzendienerische Geschlecht[35]. Schließlich werden ihm Raub, Zorn (40) und mangelnde Barmherzigkeit (41) vorgeworfen[36].

Typisch für paränetische Gebotsreihen sind auch die eingestreuten allgemeineren Aussagen (36a. 42 f.)[37]. Der Götzendienst wird innerhalb der Reihe nur beiläufig erwähnt. Er spielt auch sonst in paränetischen Reihen meist keine Rolle. Allerdings sind die in VV. 36—45 aufgezählten bösen Taten gerade diejenigen der Götzendiener, denen die Anklage von V. 29 an gilt[38].

So will die Reihe am Beispiel der Götzendiener exemplarisch das Verhalten derer kennzeichnen, die dem Willen und der Ordnung des Schöpfers entgegengesetzt sind und seinem Gericht verfallen werden. Damit richtet sich die Mahnung von V. 34 f.: Ihr vergeßt das Gericht des unsterblichen Retters, der Himmel und Erde geschaffen hat!, gegen jeden, der sich der genannten Vergehen schuldig macht, ob Heide oder Jude. Alle in der Reihe

---

[35] Das Nebeneinander von δόλιον und αἱμοχαρές erinnert an PseuPhok 4 (vgl. o. S. 17), so daß auch hier möglicherweise solche Arglist im Blick ist, die dem andern ans Leben geht. δόλος ist sehr häufig Bestandteil von paränetischen Gebotsreihen, vgl. zu TestXII o. S. 120, außerdem PseuPhok 43; Josephus, Ap II 200. 216; slHen 44,4; Weish 14,25; vgl. auch Sib III 191; PsSal 4,8.23; 12,1; Tob 14,10(א). Zu ψεῦδος vgl. Sib III 498 ff. sowie in Reihen außer TestXII (s. o. S. 95) PseuPhok 7.12; slHen 10,5; 46,2; Weish 14,28 (s. auch slHen 63,4; IV Makk 5,34; 13,18; PsSal 4,4; 12,1.3).

[36] ἁρπάζειν in Reihen: TestDan 5,7; TestAss 2,5; TestAbr 10(A); PsSal 8,11. Zu οὐδείς ... πλουτῶν ... ἄλλῳ μεταδώσει vgl. III 241—246, wo über das γένος δικαιοτάτων ἀνθρώπων (219) das genaue Gegenteil ausgesagt wird (s. u. S. 176); ähnlich die Mahnung PseuPhok 28: πλοῦτον ἔχων σὺν χεῖρα πενιχεύουσιν ὄρεξον. Zum Reichtum in Sib vgl. Nikiprowetzky 1970, 79 f. Zur Barmherzigkeitsforderung s. Anm. 112. 120.
Schwierig ist die Deutung von V. 40b. In LXX schwankt der Sinn von ἀναιδής zwischen allgemeiner und speziell sexueller Bedeutung. Letztere findet sich verstärkt in der »Weisheitsliteratur« (Prov 7,13; Sir 23,6; 26,11), ebenso TestJos 2,2 (dazu Hollander 1975, 51 mit Anm. 56, der das Wort als »originally erotic« bezeichnet und TestJos 2,2 das ägyptische Weib als πόρνη dargestellt findet). Damit wäre auch für Sib III 40 eine Deutung im Sinne der Unzucht möglich. Der Kontext spricht eher dagegen und rückt die Aussage in die Nähe von Besitzvergehen (in diesem Sinne in LXX Jes 56,11).
θυμός wird häufig mit ὀργή verbunden (TestDan 4,4; PsSal 2,23; 16,10; Weish 10,3), in TestDan auch mit ψεῦδος (Titel sowie 1,3; 2,1; 4,6 f.; 5,1; 6,8), nirgends aber mit Besitzvergehen. Vielleicht sollte man daher das Wort an unserer Stelle am besten als eine von mehreren inhaltlich nicht aufeinander bezogenen Einzelaussagen verstehen, die gemeinsam eine Reihe bilden (so auch TestAbr 10[A]: οὗτοί εἰσιν κλέπται, οἱ βουλόμενοι φόνον ἐργάζεσθαι καὶ κλέψαι καὶ θῦσαι καὶ ἀπολέσαι).

[37] Wendungen vom Wortstamm κακ- sind besonders häufig in den Reihen der Sib (vgl. III 188.235.380; V 162.167.386; s. auch IVMakk 2,16; Weish 14,22). ἀσέβεια steht auch in Sib III 184. Der positive Gegenbegriff zu ἀσεβής findet sich bei Reihen in Sib noch IV 26; III 213 (neben δίκαιος). 573.

[38] Vgl. dazu Nikiprowetzky 1970, 82 f. In ganz ähnlicher Weise ist in der Reihe Weish 14,22—27 der Götzendienst Ursprung der genannten Vergehen (vgl. auch slHen 10,6; TestRub 4,6; TestSim 5,3; TestBenj 10,10; Jub 20,7).

aufgezählten konkreten Verhaltensweisen sind in der sonstigen frühjüdischen Paränese häufig belegt. Die Zusammenstellung der Vergehen, die locker strukturierte Reihenform sowie die Weise der Verwendung der Reihe in ihrem Kontext sprechen dafür, daß Sib III 36—45 ein Beleg für die aus den TestXII bekannten katechismusartigen Gebotsreihen ist.

Die durch Sib III 36—45 vertretene Weise der Paränese ist nun nicht notwendig mit einer Polemik gegen die heidnischen Götzendiener verbunden. Sib III 235—245 zeigt, daß in ganz entsprechender Weise, nur unter umgekehrtem Vorzeichen, ein dem Willen Gottes angemessenes Verhalten beschrieben werden kann.

Sib III 235—245

Zwischen Unheilsweissagungen gegen verschiedene heidnische Völker ist in Sib III 211—294 ein umfangreiches Orakel über Israel eingeschoben. Es wird mit einer ausführlichen Ankündigung besonders hervorgehoben (212—217), in der das Volk Israel mit lobenden Prädikaten belegt wird: Das angekündigte Orakel gilt den »frommen Männern . . . welche um den großen salomonischen Tempel wohnen und die Nachkommen gerechter Männer sind« (213ff.). Die VV. 218—247 beschreiben dieses »Geschlecht der gerechtesten Menschen« (219). Es schließt sich eine knappe Darstellung des Exodusgeschehens und der Sinaigesetzgebung an (248—260), die übergeht in eine Ankündigung der Zerstörung Jerusalems und des babylonischen Exils (261—281). Den Abschluß bildet eine Heilsweissagung mit messianischen Aussagen und der Verheißung des wiederhergestellten Tempels (282—294).

Das Israel-Orakel ist in allen seinen Teilen bestimmt durch paränetische Aussagen und Stichworte. Sie klingen bereits in den lobenden Prädikaten über das Gottesvolk an[39]. Im Zusammenhang mit der Gesetzgebung auf dem Sinai wird betont, daß das Gesetz zu *tun* ist (258) und Ungehorsam ihm gegenüber Strafe zur Folge hat (259f.)[40]. Mit diesem Gedanken ist auch die Begründung gegeben für das unheilvolle Schicksal Jerusalems: ὅτι φρεσὶν οὐκ ἐπίθησας ἀθανάτοιο θεοῦ ἁγνῷ νόμῳ (275f.). Paränetischer Zielsetzung dient ebenso die Beschreibung der Taten des gerechten Volkes, indem sie die göttlichen Gesetzesforderungen konkretisiert und aktualisiert. Das geschieht fast ausschließlich in Form von Negationen ungerechter und gottloser Verhaltensweisen. So werden zunächst eine ganze

---

[39] V. 213: εὐσεβής, V. 214: δίκαιος, vgl. δικαιότατος in V. 219, V. 220: βουλή τ' ἀγαθὴ καλά τ' ἔργα, V. 233: ὁδούς τ' ἀγαθὰς καὶ ἔργα δίκαια, V. 234: δικαιοσύνην τ' ἀρετήν τε.

[40] Vgl. V. 246: πληροῦντες μεγάλοιο θεοῦ φάτιν.

Reihe von zum Götzendienst hinneigenden Praktiken (Astrologie, Geheimlehren, Wahrsagerei, Zauberei, Beschwörungen) aufgezählt (221–228) und als Abirrungen vom guten Weg und den gerechten Taten bezeichnet (233)[41].

Sodann folgt eine Reihe sittlicher Verhaltensweisen aus dem alltäglichen Leben:

235 κοὐ φιλοχρημοσύνην, ἥτις κακὰ μυρία τίκτει
θνητοῖς ἀνθρώποις, πόλεμον καὶ λιμὸν ἄπειρον.
τοῖσι δὲ μέτρα δίκαια πέλει κατ᾽ ἀγρούς τε πόλεις τε,
οὐδὲ κατ᾽ ἀλλήλων νυκτοκλοπίας τελέουσιν
οὐδ᾽ ἀγέλας ἐλάουσι βοῶν οἴων τε καὶ αἰγῶν
240 οὐδὲ ὅρους γαίης γείτων τοῦ γείτονος αἴρει
οὐδὲ πολὺ πλουτῶν τις ἀνὴρ τὸν ἐλάττονα λυπεῖ,
οὐδέ γε χήρας θλίβει μᾶλλον δ᾽ αὖτε βοηθεῖ
αἰεὶ ἐπαρκείων σίτῳ οἴνῳ καὶ ἐλαίῳ·
αἰεὶ δ᾽ ὄλβιος ἐν δήμῳ τοῖς μηδὲν ἔχουσιν,
245 ἀλλὰ πενιχρομένοισι, θέρους ἀπόμοιραν ἰάλλει

Gerahmt wird diese Reihe durch Aussagen, die das beschriebene Tun in den Zusammenhang der Erfüllung des Gotteswillens stellen (234: οἳ δὲ μεριμνῶσίν τε δικαιοσύνην τ᾽ ἀρετήν τε, 246: πληροῦντες μεγάλοιο θεοῦ φάτιν, ἔννομον ὕμνον). Die Habgier (φιλοχρημοσύνη, V. 235) steckt gewissermaßen den thematischen Rahmen ab, dem sich die übrigen genannten Vergehen zuordnen lassen[42]. Dabei handelt es sich vorwiegend um Besitzvergehen (gerechte Maße[43], Diebstahl[44], Grenzverrückung[45]) sowie um Weisungen zum Schutz der sozial Schwachen (Kränkung des Armen durch den Reichen[46], Bedrückung der Witwen[47], Unterstützung Bedürftiger mit Nahrung[48]).

Es zeigt sich damit, daß die katechismusartigen Gebotsreihen in strukturell gleicher Weise zur Beschreibung eines prinzipiell positiven oder negativen Verhaltens verwendet werden können. Maßstab für die Bewertung

---

[41] Vgl. weitere Belege u. S. 181 mit Anm. 68.

[42] Vgl. dazu Anm. 53.

[43] Eine der wenigen positiven Aussagen! Die Mahnung begegnet auch PseuPhok 14 f.; Josephus, Ap II 216; Philo, Hyp 7,8 (vgl. o. S. 45).

[44] Zu νυκτοκλοπία vgl. Sib III 380, auch IV 31 f. (weitere Belege für Diebstahl aus den paränetischen Reihen s. Anm. 60). In V. 239 ist das Vergehen näher als Viehdiebstahl bestimmt, vgl. TestJud 21,7.

[45] In Reihen noch TestIss 7,5; PseuPhok 35. Vgl. zum alttestamentlichen Hintergrund Dtn 19,14; 27,17; Hos 5,10; Prov 22,28; 23,10; Hi 24,2 (s. auch o. S. 53 f.).

[46] Vgl. Sib III 41 (s. Anm. 36) sowie III 189.

[47] Vgl. auch slHen 42,9 (s. u. S. 191 f. mit Anm. 119).

[48] Vgl. slHen 10,5; 42,8 (die Belege zu den sozialen Schutzgeboten aus paränetischen Reihen s. in Anm. 112).

des Verhaltens ist das Tun oder das Unterlassen derselben Vergehen. Diese werden durch den Kontext als Konkretionen der Forderungen des göttlichen Gesetzes erkennbar. Das Tun der Vergehen wird plakativ den götzendienerischen Heiden zugeordnet, das Unterlassen derselben dem frommen Gottesvolk. Damit dienen Götzendienerpolemik und Lobpreis des gerechten Gottesvolkes demselben paränetischen Ziel: der Warnung vor Übertretungen des göttlichen Gesetzes. Den Willen Gottes tun, heißt also, die in seinem Gesetz verbotenen Vergehen meiden[49].

Ebenso wie für die Beschreibung ungerechter oder gerechter Menschen finden paränetische Reihen in den Sib Verwendung bei der Schilderung ungerechter oder gerechter Zustände. Auch hierbei ist die Art der Paränese strukturell die gleiche. Das Vorhandensein bzw. Fehlen konkreter sittlicher Vergehen, die zu katechismusartigen Reihen zusammengestellt sind, charakterisiert den beschriebenen Zustand als gottlos bzw. gerecht.

Sib III 185–191

Sib III 175–191 enthält eine Weissagung über die Herrschaft Roms[50]. Diese Herrschaft ist charakterisiert durch Bedrückung (182.187), ungerechten Hochmut (183) und gottlose Gewalt (184)[51]. Konkret wird das sichtbar in sexueller Verirrung (185 f.)[52], Habgier und Gewinnsucht (187 ff.)[53], Haß und Arglist (191)[54]:

---

[49] Vgl. NIKIPROWETZKY 1970, 80: »Pour dresser un inventaire de leurs vertus, il suffit de prendre le contrepied des vices et des crimes dont la Sibylle accuse les impies«.

[50] Mit ἄλλης βασιληίδος . . . ἀρχὴ λευκὴ καὶ πολύκρανος ἀφ' ἑσπερίοιο θαλάσσης (175 f.) ist sicher Rom gemeint, wenngleich sich die Abfolge der Reiche Mazedonien (172), Rom (175 f.), Ägypten (193) kaum historisch einordnen läßt. Vgl. dazu GEFFCKEN 1902a, 6: »Der Stil der Sibyllistik ist Unordnung, das Zusammengehörige wird auseinandergerissen.«, sowie SIMON 1983, 224–228.

[51] Damit sind einige der Begriffe genannt, die in paränetischen Reihen das beschriebene negative Verhalten allgemein charakterisieren, vgl. ἀσέβεια in III 36 (s. Anm. 37); TestLev 14,6; Josephus, Ap II 217; Philo, Hyp 7,2; ἀδικία: Sib V 167; TestRub 3,6; TestAss 4,3; 2,5; Pseu Phok 21.37.51; Josephus, Ap II 217; Jub 7,20; Tob 4,5; ὑπερηφανία: TestRub 3,5; TestJud 18,3; TestGad 3,3 (s. o. S. 94 f.); Tob 4,13.

[52] Vgl. die Belege aus paränetischen Reihen zur Homosexualität in Anm. 63.

[53] Vgl. REINMUTH 1985, 32, für den unsere Stelle ein weiterer Beleg für die frühjüdische Tradition ist, in der Enthaltung von Unzucht und Habgier als Zusammenfassung des Gotteswillens gilt. Zur Habgier vgl. die Aussagen der Reihen von TestXII (s. o. S. 100) sowie Pseu Phok 42; IV Makk 2,8; Sib III 189. 235. 642. Reichtum aus ungerechtem Gewinn brandmarkt ähnlich TestJud 21,6; PseuPhok 5; slHen 10,5.

[54] Weitere Belege s. Anm. 35.

185 ἄρσην δ' ἄρσενι πλησιάσει στήσουσί τε παῖδας
186 αἰσχροῖς ἐν τεγέεσσι . . .
189 αἰσχροβίῳ φιλοχρημοσύνῃ, κακοκερδέι πλούτῳ
191 μῖσος δ' ἐξεγερεῖ καὶ πᾶς δόλος ἔσσεται αὐτοῖς.

Die Zusammenstellung der Verhaltensweisen ist, wie die Belege zeigen, typisch für die Paränese der frühjüdischen Literatur. Während die paränetischen Reihen der Sib sonst meist von Gerichtsaussagen umrahmt sind, fehlt eine entsprechende Aussage hier[55]. Die theologische Bewertung des in der Reihe beschriebenen Verhaltens geht jedoch aus der allgemeinen Charakterisierung der Zustände als gottlos und ungerecht (183 f.) hervor.

Sib III 377–380

Einige Motive aus den bisher behandelten paränetischen Reihen der Sib lassen sich auch in dem kurzen Heilsorakel Sib III 367–380 wiederfinden. Es handelt sich dabei um eine Weissagung friedlicher und ruhiger Zeiten für Asien und Europa, in denen sich Mensch und Tier glückseliger Lebensverhältnisse erfreuen kann (367–372). In dieser Zeit herrschen himmlische Gesetzlichleit (εὐνομία) und Gerechtigkeit (εὐδικία), Eintracht, Liebe, Treue, Gastlichkeit (373–376). Außerdem ist die Heilszeit gekennzeichnet durch das Fehlen »alles Schlechte(n)« (380).

Welche konkreten Übel dabei nicht zu finden sein werden, schildert die Reihe 377–380[56]:

377 ἠδέ τε δυσνομίη μῶμος φθόνος ὀργὴ ἄνοια
    φεύξετ' ἀπ' ἀνθρώπων πενίη· καὶ φεύξετ' ἀνάγκη
    καὶ φόνος οὐλόμεναί τ' ἔριδες, καὶ νείκεα λυγρά
380 καὶ νυκτοκλοπίαι καὶ πᾶν κακὸν ἤμασι κείνοις.

Eingerahmt durch die allgemeinen Bewertungen der Übel als δυσνομία und πᾶν κακόν, werden vorwiegend konkrete Verhaltensweisen aufgezählt. Zum auch sonst in paränetischen Reihen belegten Gut gehören dabei Neid[57], Zorn[58], Mord[59] und Diebstahl[60]. In V. 378 (πενίη, ἀνάγκη) klingen vielleicht die Schutzgebote für sozial Schwache an[61].

---

[55] Man könnte höchstens auf den allerdings unklaren V. 182b verweisen: . . . μέγα δ' ἔσσεται ἀνδράσι κείνοις πῶμ'.

[56] Zur Datierung des Orakels in die Zeit des mithradatischen Krieges (88 v. Chr.) vgl. GEFFCKEN 1902a, 8f. GEFFCKEN hält VV. 376–380 für jüdische Erweiterung eines ursprünglich griechisch-heidnischen Orakels.

[57] Vgl. TestGad 3,3 (4,5; 7,2); TestBenj 4,4; (7,2.5); 8,1 (vgl. dazu o. S. 131); Pseu Phok 70.72; Philo, Hyp 7,6; slHen 10,5; Tob 4,7.16; in Sib noch III 662.

[58] Vgl. TestGad 5,1; PseuPhok 57.64; slHen 44,2; PsSal 8,9 (vgl. dazu Anm. 277). S. auch Anm. 36.

Eine Anzahl weiterer Stücke aus Sib III, IV und V erweisen sich aufgrund inhaltlicher Übereinstimmungen mit katechismusartigen Gebotsreihen aus PseuPhok, Philo, Hyp, und Josephus, Ap II, als traditionell geprägt.

Sib V 386—393

In dem gegen Rom gerichteten Scheltspruch Sib V 386—393 werden eine Reihe von Sexualvergehen aufgezählt:

386   μητρολέται, παύσασθε θράσους τόλμης τε κακούργου,
       οἱ τὸ πάλαι παίδων κοίτην ἐπορίζετ' ἀνάγνως
       καὶ τέγεσιν πόρνας ἐστήσατε τὰς πάλαι ἁγνάς
       ὕβρεσι καὶ κολάσει κἀσχημοσύνῃ πολυμόχθῳ.
390   ἐν σοὶ γὰρ μήτηρ τέκνῳ ἐμίγη ἀθεμίστως,
       καὶ θυγάτηρ γενετῆρι ἑῷ συζεύξατο νύμφη·
       ἐν σοὶ καὶ βασιλεῖς στόμα δύσμορον ἐξεμίηναν,
393   ἐν σοὶ καὶ κτηνῶν εὗρον κοίτην κακοὶ ἄνδρες.

»Muttermörder« (V. 386) ist hier allgemeine Titulatur der Angeredeten und sprengt den Rahmen der geschlechtlichen Sünden[62]. Die genannten Sexualvergehen begegnen häufig in paränetischen Reihen[63]. Besonders auffällig sind die Parallelen zu PseuPhok, Philo, Hyp 7,1—9, und Josephus, Ap II 190—219. Die Zusammenstellung von Homosexualität, Hurerei, Tierschande und Blutschande in Sib V 386—393 erweist sich von dort her als traditionell. In geprägter Weise wird Lev 18,7—23 paränetisch vergegenwärtigt[64].

---

[59] Vgl. Sib IV 31; V 431; TestAbr 10(A).12(B); slHen 10,5; vgl. TestAss 2,7; 4,2; Weish 14,24.25; PseuMenander (Philemon) 10.

[60] νυκτοκλονία wie in Sib III 238. Vgl. Sib IV 31; TestRub 3,6; TestAss 2,5; TestLev 14,5; PseuPhok 18; Philo, Hyp 7.2.4; Apk Abr 24,6; TestAbr 10(A); slHen 10,5; PseuMenander (Philemon) 10; Weish 14,25 (vgl. auch zu ἁρπάζειν Anm. 36 sowie Josephus, Ap II 208 [ἅπτειν] und Philo, Hyp 7,6; Josephus, Ap II 216 [ἀναιρεῖν]).

[61] Vgl. o. zu Sib III 241—245, S. 176.

[62] Vielleicht klingt hier der Vorwurf, der sonst speziell gegen Nero erhoben wird (vgl. V 363.142.145; IV 121, zur Nerosage in Sib IV und V vgl. Geffcken 1902a, 25 f.), an.

[63] Homosexualität: PseuPhok 3.191.214; Josephus, Ap II 199. 215; Philo, Hyp 7,1; Apk Abr 24,7; slHen 10,4; Weish 14,26; in Sib noch III 185.596.764; IV 34; V 166.430.

Hurerei: PseuPhok 177 f.; Philo, Hyp 7,1; TestLev 14,5 f.; vgl. zum Thema Unzucht allgemein: Philo, Hyp 7,1; Josephus, Ap II 200; TestAbr 10(A); ApkAbr 24,5; slHen 10,4 f.; Jub 7,20 (20,3—6); Sib III 43 ff.; V 167; Tob 4,12; TestXII (s. o. S. 92 f.).

Blutschande: PseuPhok 179—183; Josephus, Ap II 200; PsSal 8,9.

Tierschande: PseuPhok 188; Philo, Hyp 7,7; Josephus, Ap II 213.

[64] Vgl. o. S. 26—31.

Bezeichnend für die paränetische Ausrichtung ist die Stellung der Reihe im Kontext. V. 386 setzt unvermittelt neu an, nachdem der vorige Abschnitt 361−385 mit einer Friedensweissagung für das »weise Volk« zum Abschluß gekommen ist. Entsprechend der Anrede in V. 394 (πανόδυρτε κακὴ πόλι) sowie der Anspielung auf den Vesta-Tempel (396) ist als Adressat der VV. 386−397 Rom vorausgesetzt. Aber bereits ab V. 397 scheint plötzlich und unvermittelt vom Jerusalemer Tempel die Rede zu sein, sicher jedenfalls ab V. 400. In den folgenden VV. 402−407 wird der dort gefeierte rechte Gottesdienst dem Götzendienst entgegengestellt. VV. 408−413 schließlich berichten von der Zerstörung Jerusalems und dem schnellen und unrühmlichen Ende des Zerstörers.

Einen klaren Gedankengang sucht man hier vergeblich. Der Abschnitt ist vielmehr auf möglichst eindrucksvolle paränetische Wirkung bei seinen (jüdischen) Lesern aus. Ihnen sollen zwei Grundgedanken vermittelt werden: 1. Sexuelle Entartung ist dem Gericht Gottes verfallen. 2. Gott hat auch über den Jerusalemer Tempel, in dem ihm auf rechte Weise Opfer dargebracht wurden, sein Gericht ergehen lassen. Daraus ergibt sich für die Leser der entscheidende dritte Gedanke: Auch den Gliedern des Gottesvolkes droht Gottes Gericht, wenn sie sich der genannten sexuellen Verfehlungen schuldig machen.

Sib V 165 ff.

Durchgängig gegen Rom gerichtet ist der Abschnitt Sib V 155−178[65]. Aber auch dieses Stück läßt sich als Teil einer an Juden gerichteten Paränese verstehen. Die Unheilsansage in V. 163 ff.[66] ist so allgemein gehalten, daß sie ohne weiteres auf Jerusalem übertragbar ist[67]. Ihre Begründung erfolgt wieder mit Hilfe einer Reihe von vorwiegend sexuellen Vergehen, die alle aus paränetischen Reihen bereits bekannt sind:

165   ... ὅτι φαρμακίην ἐπόθησας·
166   μοιχεῖαι παρά σοι καὶ παίδων μῖξις ἄθεσμος
167   θηλυγενὴς ἄδικός τε, κακὴ πόλι, δύσμορε πασῶν.

---

[65] In V. 159 trägt Rom den apokalyptischen Namen Babylon, wie sich aus V. 160 eindeutig ergibt (vgl. dazu HUNZINGER 1965, 74 ff.). Unbestreitbar ist der gegenüber Sib III schärfer antirömische Ton, für den eine Verschlechterung der Lage der Juden in der von Rom beherrschten Diaspora verantwortlich sein dürfte. Vgl. dazu COLLINS 1974, 79. 94 f.; NIKIPROWETZKY 1972, 65; KURFESS 1956, 229−231.

[66] V. 164 ist erklärende Glosse zu den schwer verständlichen VV. 162 f.

[67] Vgl. TestLev 15,1: διὰ ταῦτα ὁ ναός, ὃν ἂν ἐκλέξηται κύριος, ἔρημος ἔσται ἐν ἀκαθαρσίᾳ, καὶ ὑμεῖς αἰχμάλωτοι ἔσεσθε εἰς πάντα τὰ ἔθνη.

Einzige nichtsexuelle Sünde ist die Giftmischerei (V. 165). Die Warnung vor Zauberei und Giftmischerei hat, wenngleich sie kaum in unseren paränetischen Reihen vorkommt (vgl. aber TestRub 3,4; slHen 10,4), in der Paränese des Frühjudentums ihren Platz[68], und zwar vor allem aufgrund der kritischen Nähe solcher Praktiken zum Götzendienst. In ähnlicher Weise wird bereits in der Tora (Lev 19,26.31; 20,6.27; Dtn 18,10) vor der Magie gewarnt. Auch Ehebruch und Homosexualität[69] begegnen im Kontext dieser Toramahnung (vgl. Lev 18,20/20,10; 18,22/20,13). Demnach widerspricht das in der Reihe geschilderte Verhalten wesentlichen Forderungen des göttlichen Gesetzes. Die Parallelen der Reihe zu PseuPhok 177−191, Philo, Hyp 7, und Josephus, Ap II 190−219, weisen wieder auf geprägte paränetische Tradition. Als Grundaussage von Sib V 155−178 ergibt sich: Sittliche Vergehen, die den Forderungen der Tora entgegenstehen, haben Gottes Gericht zur Folge. Das wird das sündige Rom erleben, so wie es Jerusalem bereits erlebt hat.

Sib III 762−766

Ganz ähnliche Sünden nennt auch Sib III 762−766:

762 ἀλλὰ κατασπεύσαντες ἑὰς φρένας ἐν στήθεσσιν.
φεύγετε λατρείας ἀνόμους, τῷ ζῶντι λάτρευε·
μοιχείας πεφύλαξο καὶ ἄρσενος ἄκριτον εὐνήν·
765 τὴν δ' ἰδίαν γένναν παίδων τρέφε μηδὲ φόνευε·
766 ταῦτα γὰρ ἀθάνατος κεχολώσεται ὅς κεν ἁμάρτῃ.

Alle drei Vergehen haben Parallelen in der Philo, Hyp 7, Josephus, Ap II 190−219, und PseuPhok 177−191 zugrundeliegenden geprägten Tradition[70]. Somit belegt auch Sib III 764 f. die traditionelle interpretierende und aktualisierende Toravergegenwärtigung.

Die Verse sind diesmal als direkte Ermahnungen in Form von Imperativen gestaltet. An wen sich diese Imperative richten, ist weder aus den Mahnungen selbst noch aus dem Kontext eindeutig zu ermitteln[71]. Ganz

---

[68] Vgl. in Sib noch III 225−228; s. auch PseuPhok 149; Weish 12,4; 18,13; TestJud 23,1.

[69] Zum Ehebruch s. Anm. 32, zur Homosexualität und Unzucht s. Anm. 63.

[70] Ehebruch: PseuPhok 177 f.; Josephus, Ap II 201. 215; Philo, Hyp 7,1; Tötung Neugeborener: PseuPhok 184 f.; Josephus, Ap II 202; Philo, Hyp 7,7; Homosexualität: PseuPhok 191; Josephus, Ap II 199. 215; Philo, Hyp 7,1. Vgl. dazu o. S. 32−44.

[71] Die verschiedenen Textvarianten (Imperative im Plural oder Singular) helfen angesichts des sehr allgemeinen paränetischen Tones, der offenbar keine(n) konkret vorgestellten Adressaten im Blick hat, nicht weiter. Die Beobachtung von WILAMOWITZ (bei GEFFCKEN 1902, 87), daß 764−766 mit ihrer singularischen Form gut an 740 anschließen, reicht nicht aus, um deshalb für unsere Verse das in 732−740 angesprochene Hellas als Adressat vorauszusetzen.

unvermittelt erscheinen sie zwischen zwei ausführlichen eschatologischen Friedensweissagungen, nur notdürftig mit der vorangehenden durch die Drohung von V. 761 verbunden, mit der folgenden überhaupt nicht. So ist es hier besonders naheliegend, als Adressaten die Leser der jüdischen Sibyllenbücher vorzustellen. Auch angesichts des geschilderten und erhofften Friedensreiches sollen sie nicht vergessen, daß Voraussetzung für die Teilhabe an ihm ein Leben im Dienst und nach dem Gesetz des lebendigen Gottes ist[72].

Bei den im folgenden besprochenen Reihen handelt es sich jeweils um Aufzählungen von gerechten Taten, die das eschatologische Gottesvolk vollbringen wird. Der Sache nach aber sind diese gerechten Taten wieder weitgehend Negationen der »Sünden der Götzendiener«.

Sib III 594 ff.

Die kurze Reihe sittlicher Verhaltensweisen im Alltag, Sib III 592–596, ist Teil einer ausführlicheren Endzeitverkündigung (562–623). Diese beschreibt hauptsächlich das gerechte Gottesvolk (V. 573: εὐσεβέων ἀνδρῶν ἱερὸν γένος)[73], seinen rechten Gottesdienst (575–579), sein Leben in Frieden und Frömmigkeit (580–585), seine Unanfälligkeit gegenüber dem Götzendienst (586–590) sowie sein vorbildliches Leben im Alltag (591–596). Unvermittelt geht diese Schilderung dann in Polemik gegen die Heidenvölker über (597–600), denen Gottes Gericht angekündigt wird wegen ihrer Unsittlichkeit und ihres Götzendienstes (601–618). Am Ende steht eine Schilderung paradiesischer Zustände, die Gott den Menschen (ἀνθρώποισιν) zugedacht hat (619–623)[74].

Die Reihe der vorbildlichen Verhaltensweisen im Alltag wird eingeleitet mit der allmorgendlichen Reinigung der Hände (592), um so mit reinen Armen (591) den Unsterblichen ehren zu können (593 f.), sodann auch die Eltern (594)[75]. Außerdem wird besonders die sexuelle Reinheit betont:

---

[72] Vgl. 763.766!

[73] Den Kontrast bildet das vorher angesprochene Hellas (564), vgl. 568: ἀσεβῶν γένος . . . ἀνδρῶν. Der gleiche Gegensatz in IV 24–48 (s. Anm. 77).

[74] Zwar fehlt hier die Einschränkung auf die Frommen, sie ist aber durch den Kontext gegeben. Der Abschnitt insgesamt ist als Einheit anzusehen. Der unvermittelte Übergang von der Schilderung des gerechten Volkes zur Polemik gegen die Heidenvölker in V. 597 spricht nicht dagegen, sondern gerade dafür, ist doch die Gegenüberstellung des Gottesvolkes und der Völker der Götzendiener Thema des gesamten Stückes.

[75] Eng verwandt ist PseuPhok 8: πρῶτα θεὸν τιμᾶν, μετέπειτα δὲ σεῖο γονῆας, s. auch Philo, Hyp 7,2; Josephus, Ap II 206; Jub 7,20; Elternehrung allein auch TestDan 2,3; IV Makk 2,10; Tob 4,3 (vgl. dazu BERGER 1972, 278–290, sowie o. S. 18 f.). Diese Doppelmahnung ist also ein typisches »Reihengebot«.

594 . . . *μέγα δ' ἔξοχα πάντων*
595 *ἀνθρώπων ὁσίης εὐνῆς μεμνημένοι εἰσίν·*
596 *κοὐδὲ πρὸς ἀρσενικοὺς παῖδας μίγνυνται ἀνάγνως*

Die konkreten sittlichen Weisungen entsprechen somit den auch sonst in den paränetischen Reihen der Sib verwendeten Mahnungen[76]. Hier dienen sie dazu, das Verhalten des gerechten Gottesvolkes in Abgrenzung von dem der Götzendiener zu charakterisieren. Wer sich mit Recht zum Gottesvolk rechnen und damit der eschatologischen Verheißung teilhaftig werden will, hat diesem Maßstab zu entsprechen.

Sib IV 31–34

Der in dem eben besprochenen Stück schon hervorgetretene Gegensatz von Frommen und Gottlosen ist für Sib IV besonders charakteristisch[77]. Er bestimmt auch den Aufbau des ersten größeren Verkündigungsabschnittes der Sibylle, VV. 24–46. Dieser setzt ein mit einem Makarismus über diejenigen, die den großen Gott lieben (24 f.)[78]. Ihrer Frömmigkeit (25–30)[79] und ihrer Sittlichkeit (31–34) wird das gegenteilige Verhalten der »anderen Männer«[80] gegenübergestellt (35–40). Den Abschluß bildet die Ankündigung des Gerichtes Gottes, in dem die Gottlosen verurteilt werden, den Frommen aber Bleiben auf der kornspendenden Erde, Geist, Leben und Gnade Gottes zuteil werden wird (41–46)[81].

Die Sittlichkeit der Frommen wird durch eine Reihe von Negationen gottlosen Verhaltens definiert:

---

[76] Bei *ὁσίης εὐνῆς* könnte an Ehebruch gedacht sein. Das würde der Zusammenstellung von Ehebruch und Homosexualität in Sib III 764; IV 33 f.; V 166.430; PseuPhok 3; Philo, Hyp 7,1, entsprechen.

[77] Vgl. neben dem im folgenden behandelten Abschnitt noch 152–158.167–170. 184–190, jeweils unter den Stichworten *εὐσέβεια – ἀσέβεια (δυσσέβεια)*.

[78] Vgl. Kähler 1974, 153 f.

[79] Vgl. V. 26 *εὐσεβίησιν*. Streng genommen ist in VV. 27–30 die Abkehr nicht nur vom Götzendienst, sondern von *jedem* Tempelkult ausgesprochen. Dies steht im Widerspruch zu den positiven Aussagen über den rechten Tempeldienst in Sib III 290–294.575–579.657 f. 702 f.772–776; V 268.406 f. In Sib IV fehlen bezeichnenderweise solche eschatologischen Tempelaussagen. Die unterschiedliche Haltung zum Tempel ist das Hauptargument, mit dem Collins 1974b, 365–380, Sib IV einem von Sib III und V zu unterscheidenden Ursprungsmilieu zuordnen will. Dagegen betont Nikiprowetzky 1970, 230–248, die Gemeinsamkeiten aller drei jüdischen Sibyllenbücher. Hinsichtlich der Verwendung paränetischer Traditionen lassen sich keine Differenzen zwischen Sib IV einenrseits und Sib III und V andererseits aufweisen. Vgl. auch Simon 1983, 220 f.228–231.

[80] Diese werden nirgends in unserem Abschnitt als Heiden expressis verbis bezeichnet! Der Gegensatz liegt ganz auf der Ebene von Monotheismus und Sittlichkeit.

[81] Vgl. zum ganzen Kähler 1974, 153 f.

31   οὔτε φόνον ῥέξαντες ἀτάσθαλον οὔτε κλοπαῖον
    κέρδος ἀπεμπολέοντες, ἃ δὴ ῥίγιστα τέτυκται,
    οὐδ᾽ ἄρ᾽ ἐπ᾽ ἀλλοτρίῃ κοίτῃ πόθον αἰσχρὸν ἔχοντες
34   οὐδὲ ἐπ᾽ ἄρσενος ὕβριν ἀπεχθέα τε στυγερήν τε.

Daß diese Reihe den geprägten paränetischen Gebotsreihen zuzuordnen ist, zeigen zahlreiche Parallelen[82].

Sib V 430 f.

Inhaltlich eng mit dem vorangegangenen verwandt ist noch ein Abschnitt aus Sib V. VV. 414−433 enthalten eine messianische Weissagung[83]. In der »letzten Zeit der Heiligen« (432 f.) wird Gott einen »seligen Mann vom Himmelsgewölbe her« (414 f.) kommen lassen, der die Feinde unterwerfen (416−419) und die Gottesstadt wiederherstellen wird (420−425). So werden alle Gläubigen und Gerechten die Herrlichkeit Gottes schauen[84] und ihn preisen (426 ff.). Ihr Leben wird rein sein von schlimmen sittlichen Vergehen, frei von Furcht und voller gerechten Wettstreites (429 ff.).

Die drei aufgezählten sittlichen Vergehen entsprechen inhaltlich genau denen von Sib IV 31−34[85]:

430   οὐδὲ γαμοκλοπίαι καὶ παίδων Κύπρις ἄθεσμος,
431   οὐ φόνος οὐδὲ κυδοιμός . . .[86]

Die besprochenen Stücke belegen, daß die geprägte paränetische Tradition katechismusartiger Gebotsreihen in Sib reiche Verwendung gefunden hat. Die literarische Form des Orakels legt es nahe, daß solche geprägten Reihen vorwiegend in Zukunftsansagen entweder Sünden derer, die dem Gericht verfallen, oder gerechte Taten der Geretteten aufzählen (III 185−191; 377−380; 594 ff.; IV 31−34; V 430 f.). Jedoch dienen sie darüber

---

[82] φόνος: s. Anm. 59; κλοπαίον: s. Anm. 60; ἀλλοτρία κοίτη: vgl. die Belege zu Ehebruch, Anm. 32; ἄρσενος ὕβρις: s. Anm. 63. − V. 34 hält GEFFCKEN 1902, 93, für einen »ungeschickten Zusatz«. Der Vers fehlt in Ω, Clemens setzt ihn aber bereits voraus. Sollte er tatsächlich nachträglich eingefügt sein, dann bleibt die Passage trotzdem ein Beleg für die geprägte paränetische Tradition. Deren Ausstrahlung geht über die Grenzen der frühjüdischen Literatur hinaus. Schlägt sich in der Zusammenstellung Mord, Diebstahl, Ehebruch der Dekalog nieder? Vgl. u. Anm. 220.

[83] Daß 414 f. messianisch und nicht historisch zu deuten sind, zeigt der Inhalt der Weissagung.

[84] Vgl. Sib IV 30: λεύσουσι δ᾽ ἑνὸς θεοῦ εἰς μέγα κῦδος.

[85] Lediglich Diebstahl ist weggelassen und die Reihenfolge, die auch sonst ständig variiert, ist verändert.

[86] Zu γαμοκλονία vgl. Sib III 38 (λεκτροκλόπων).204 (κλεψίγαμοι). S. auch Anm. 32.

hinaus ebenso zur Beschreibung gerechten und zur Anklage ungerechten Verhaltens in der Gegenwart bzw. Vergangenheit (III 36—45; 235—245; V 386—393; 165 ff.). Einmal ist eine paränetische Reihe imperativisch gestaltet (III 762—766).

Bei aller unterschiedlichen Gestaltung im einzelnen läßt sich eine einheitliche paränetische Intention der Reihen konkreter Verhaltensweisen nachweisen. Sie wollen ein dem Willen Gottes entsprechendes bzw. entgegengesetztes Verhalten umfassend und einprägsam beschreiben. Die dabei genannten Verhaltensweisen entsprechen Torageboten, die gemäß der veränderten Situation der angesprochenen frühjüdischen Leser interpretiert und aktualisiert worden sind. Typisch ist die hervorgehobene Rolle der Sexualgebote.

Die katechismusartige Vergegenwärtigung der Toraforderungen in Sib unterstreicht die paränetische Ausrichtung der Schrift auf eine Leserschaft, die in den Reihen des Diasporajudentums zu suchen ist.

b) Slavischer Henoch

Einleitungsfragen:

Die slavische Henoch-Apokalypse[87] ist ein im Vergleich zur äthiopischen von der Forschung eher vernachlässigtes Zeugnis der umfangreichen jüdischen Henochtradition und -literatur[88]. Sie setzt zwar äthHen voraus, ist ihm gegenüber aber eine eigenständige Schrift[89]. In ihrer heutigen Gestalt ist sie ein christliches Werk, jedoch erweisen sich die christlichen Passagen leicht als Ergebnis späterer Bearbeitung einer ursprünglich jüdischen Vorlage[90]. Erhalten ist das Buch ausschließlich in slavischen Handschriften, die sich auf zwei im Umfang, kaum aber im Aufbau stark unter-

---

[87] Text: VAILLANT 1952; zitierte deutsche Übersetzung: BONWETSCH 1922 (Zählung nach BONWETSCH).

[88] Vgl. dazu ODEBERG, ThWNT 2, 553—557; CHARLESWORTH 1979, 315—323.

[89] Vgl. DENIS 1970, 29; ROST 1971, 83; EISSFELDT 1976, 843; SCHÜRER III 1909, 290; HENGEL 1972, 275; KÄHLER 1974, 141.

[90] Der Versuch VAILLANTS (1952, IV—XIII), für die von ihm für älter gehaltene Rez. B einen Judenchristen als Autor zu erweisen, ist nicht überzeugend. Selbst RUBINSTEIN 1962, 10—15, der ihm letztlich zustimmt, weist die meisten seiner Argumente zurück und läßt nur den christlichen Ursprung der Melchisedek-Passage gelten. Die Zugehörigkeit dieser Kpp., die BONWETSCH 1922, 107—121, als Anhang abdruckt und die nur in einem Teil der Handschriften bezeugt sind, zum ursprünglichen slHen ist jedoch sehr zweifelhaft. Vgl. noch das Urteil SCHÜRERS (III 1909, 292), der Rez. A für ursprünglich ansieht (!): »Im ganzen Buche findet sich nichts spezifisch Christliches, wohl aber manches, was nur bei einem jüdischen Verfasser verständlich ist.« S. auch ROST 1971, 84; EISSFELDT 1976, 844; CHARLES 1913, II 429; HENGEL 1972, 275; FISCHER 1978, 39 f.; COLLINS 1983, 533.

schiedliche Rezensionen verteilen[91]. Dahinter steht aber mit Sicherheit ein griechisches Original[92]. Konkrete Anhaltspunkte für eine Datierung und Lokalisierung finden sich nicht. Meist wird für das Original eine Entstehung im 1. Jh. n. Chr. angenommen[93].

Bei aller synkretistisch anmutenden Traditionsverarbeitung, besonders in den apokalyptischen Vorstellungen und den Schöpfungsaussagen[94], sprengen die Grundgedanken der Schrift doch nicht den Rahmen des Judentums der späthellenistischen Zeit. Die vielfältige Welt der himmlischen Wesen und Mächte ist deutlich der souveränen Herrschaft Gottes untergeordnet (33,7), die Engel sind reine Hilfskräfte Gottes, und die bösen Himmelskräfte haben keine Chance gegenüber seiner Herrschaft[95]. Gott erweist seine überlegene Macht durch seine Schöpfung aus dem Nichts (24–33). Diese Schöpfung ist gut (25,3; 26,3; 27,3). Der Mensch als bevorzugtes Geschöpf hat Anteil an der sichtbaren und der unsichtbaren Wesenheit und ist zum König der Erde eingesetzt (30,8–14). Er ist mit dem Willen ausge-

---

[91] Zur Rezensionsproblematik: Traditionell galt die kürzere Rez. B als Auszug aus der ursprünglichen Rez. A, die aber heute ebenfalls nur in bearbeiteter Form vorliegt (so BONWETSCH 1922, XIII; vgl. CHARLESWORTH 1976, 104; derselbe 1979, 316 ff.). Dagegen trat VAILLANT 1952, IV–VIII. XV–XXII, für die Priorität von B ein (zustimmend DENIS 1970, 28 f.; FISCHER 1978, 37 ff.; COLLINS 1983, 533 mit Anm. 9). Berechtigte Zweifel daran äußert KÄHLER 1974, Anm. 140 (»angesichts der in dem apokryphen Schrifttum verbreiteten Tendenz, eher zu streichen als zuzusetzen, sehr fraglich«). Daß die Erweiterungen der Rez. A erst auf der slavischen Sprachebene und im 13.–16. Jh. vorgenommen sind (so VAILLANT 1952, XV–XXII; zustimmend FISCHER 1978, 38 f.), halte ich für äußerst unwahrscheinlich. Rührten sie wirklich von einem christlichen Redaktor her, so müßte eine (christlich ausgerichtete!) Absicht dieser Bearbeitung erkennbar sein! Die Frage der Priorität der Rezensionen verliert an Bedeutung, wenn man beide, abgesehen von im Laufe der Überlieferung innerhalb der Kirche anzunehmenden leichten Veränderungen, als jüdische Wiedergaben eines verlorenen Originals ansieht. Die Erweiterungen von Rez. A sind jedenfalls kein Argument für späte Herkunft. Ich lege im folgenden Rez. A zugrunde und ziehe Rez. B im Bedarfsfall zum Vergleich heran.

[92] Darauf weist die Ableitung des Namens Adam von den Anfangsbuchstaben der vier Himmelsrichtungen, die nur im Griechischen möglich ist (30,13; das gleiche Wortspiel auch Sib III 24 ff.), sowie die Benutzung der LXX. Vgl. SCHÜRER III 1909, 290; DENIS 1970, 28; CHARLESWORTH 1976, 104; ROST 1971, 83; EISSFELDT 1976, 843; BONWETSCH 1922, V; HENGEL 1972, 275; FISCHER 1978, 40; COLLINS 1983, 534, Anm. 12. Für ein hebräisches Original lassen sich dagegen keine Beweise finden (so SCHÜRER III 1909, 293; BONWETSCH 1922, V; anders CHARLES 1913, II 428; ROST 1971, 83; DENIS 1970, 28 f.).

[93] Vgl. CHARLES 1913, II 429; SCHÜRER III 1909, 293; BONWETSCH 1922, XVIII; ROST 1971, 84; EISSFELDT 1976, 844; DENIS 1970, 29; CHARLESWORTH 1976, 104; HENGEL 1972, 275; FISCHER 1978, 41; COLLINS 1983, 534. Für die im Gefolge von CHARLES häufig vertretene Lokalisierung in Ägypten (so FISCHER 1978, 40 f.; COLLINS 1983, 533) lassen sich kaum positive Anhaltspunkte finden. Das kulturelle und religiöse Milieu von slHen entspricht genausogut dem wohl in Palästina entstandenen Jub und rät zur Vorsicht gegenüber zu starker Trennung zwischen jüdischer Diaspora und dem Mutterland (vgl. CHARLESWORTH 1976, 104).

[94] Vgl. HENGEL 1972, 275 f.

[95] In 30,2 ff. werden die heidnischen Götter zu von Gott geschaffenen Planeten degradiert.

stattet, zwischen zwei Wegen, Licht und Finsternis, zu wählen (30,15)[96], und hat die Pflicht, Gottes Gebote zu bewahren (31,1; 36,1; 65,5)[97]. Sein Tun hat er vor Gottes Gericht zu verantworten, wenn Gott ohne Ansehen der Person den Gerechten Lohn und den Bösen Strafe zukommen lassen wird (40,12f.; 42,2ff.; 45,1; 46,3; 52,15; 58,5; 60,4f.; 61,1ff.; 65,6; 66,7)[98].

Bereits bei den Schilderungen von Henochs Himmelsreise hat diese Gegenüberstellung von Gerechten und Sündern eine deutlich paränetische Tendenz[99], indem die Herrlichkeit des Ortes der Gerechten in strahlenden Farben ausgemalt und der Schrecken des Ortes der Ungerechten anschaulich vor Augen gestellt wird (Kpp. 8–10). Vollends offenbar wird diese Intention im letzten Hauptteil der Schrift (Kpp. 39–66), der drei umfangreiche Mahnreden Henochs an seine Nachkommen enthält[100].

slHen 10,4 ff.

Bereits in der ersten »Abschiedsrede« Henochs (Kp. 2) begegnet eine Reihe von Mahnungen, die sich aber ausschließlich mit dem rechten Opferdienst und der zu meidenden Götzenanbetung befassen[101]. Sodann dient auch die Schilderung der abgefallenen Engel (7,1–3; vgl. 18,1–6) paränetischen Zwecken: Diejenigen, die »nicht gehorchten dem Gebot des Herrn« (7,3), haben das »unermeßliche Gericht« (7,1) zu erwarten. Die »Gregoroi . . . mit ihrem Fürsten Satanael« trieben Unzucht mit den

---

[96] Vgl. zum Zwei-Wege-Schema in slHen WIBBING 1959, 40f.

[97] Vgl. u. den Exkurs »Das Gesetz in slHen«, S. 192 ff.

[98] Zu den Gerichtsvorstellungen in slHen (nur Rez. B) vgl. FISCHER 1978, 41–62, zur Anthropologie vgl. a.a.O., 62–70.

[99] Vgl. dazu COLLINS 1983, 535 ff. Zum Zusammenhang von Paränese und eschatologischer Gerichtsdrohung vgl. auch FISCHER 1978, 46 ff.

[100] slHen gehört nach COLLINS 1983, 531 ff., zur Gattung der Apokalypsen, zeigt aber auch einige Merkmale der Gattung Testament: die Abschiedssituation (2,1; 55,1–3; 57,1), die aufgrund der biblischen Vorlage (vgl. Gen 5,18–24) dem Umstand angepaßt ist, daß Henoch nicht stirbt, sondern zu Gott entrückt wird; die Versammlung der Nachkommen um den Patriarchen (1,10; 38,3; 57,1 f.); die Abschiedsreden an die Hinterbliebenen (Kpp. 2.39–55. 58–63.65 f.), dabei Verwendung der typischen Anrede »meine Kinder« (typisch für die Abschiedsreden von Testamenten auch der Wechsel von paränetischen und eschatologischen Passagen sowie die Wiederholungen); die Segnung der Nachkommen (56,1–57,2; 64,1–5); der Bericht von der Entrückung (Kp. 67). Von daher ist die beobachtete paränetische Intention der Schrift nicht überraschend. Andererseits dürfen die Besonderheiten nicht übersehen werden: Anstelle einer »Lebensbeichte« steht die mehr als die Hälfte des ganzen Buches ausmachende Schilderung der Himmelsreise (Kpp. 3–21) und der Gottesschau (Kpp. 21–38) Henochs (zum Vergleich: die Visionsschilderungen in TestLev machen etwa sechs von 19 Kpp. aus, in TestNaph zwei von neun!).

[101] Beides gehört zu den paränetischen Hauptthemen von slHen (Opfer: 42,6; 45,1; 59,2; 61,4; 62,1; 66,2; 68,5, Götzendienst: 10,6; 34,1f.; 66,2.5). Die genannten Stellen zeigen, daß von einer »Tendenz . . . den Opferbegriff zu spiritualisieren« (KÄHLER 1974, 143) keine Rede sein kann. Vgl. COLLINS 1983, 535. 537. 544; FISCHER 1978, 40.

Menschentöchtern, »und deshalb richtete sie Gott mit großem Gericht« (18,3−6)[102].

Die Beschreibung des dritten Himmels schließlich (Kp. 8 ff.) dient ganz der Gegenüberstellung gerechter und ungerechter Taten und des ihnen jeweils folgenden eschatologischen Schicksals[103]. Das Paradies, ein »überaus schöner Ort« (8,8), »ist den Gerechten bereitet«, die »abwenden ihre Augen von der Ungerechtigkeit«[104], die »wandeln ohne Tadel vor dem Angesicht des Herrn und ihm allein dienen« (9,1). Solch tadelloser und gerechter Wandel zeigt sich darin, daß sie ein gerechtes Gericht vollziehen[105], den Hungernden Brot geben, die Nackten bekleiden[106], die Gefallenen aufrichten und den Gekränkten und Waisen helfen[107].

Im Anschluß daran sieht Henoch einen »überaus schrecklichen Ort« voller Qual und Peinigung durch unbarmherzige Engel (10,1.3). Dies ist der Ort derjenigen,

4   die Gott verunehren, welche tun auf Erden Böses: widernatürliche Unzucht, welches ist Knabenschänderei in den hinteren Durchgang sodomitisch, Zaubereien, Beschwörungen, dämonische Magien, und welche sich rühmen mit ihren bösen Taten:

5   Diebstahl, Lügen, Verleumdungen, Neid, ungerechtem Gedenken, Unzucht, Totschlag, welche stehlen die Seelen der Menschen heimlich, unterdrückend die Armen und wegnehmend ihre Habe und selbst reich werden aus fremder Habe, indem sie ihnen Unrecht antun. Welche, vermögend zu sättigen, durch Hunger töteten die Darbenden, und vermögend zu bekleiden, auszogen die Nackenden.

6   Welche nicht erkannten ihren Schöpfer, sondern anbeteten leblose Götter . . .[108]

---

[102] Vgl. Jub 7,21. Sexualvergehen als Befleckung (18,5; vgl. auch Rez. B!) häufig in paränetischen Reihen (vgl. Anm. 225); ebenso »Vermischung« (18,6; TestLev 14,6; Josephus, Ap II 210; PsSal 2,13; Sib V 166; vgl. PseuPhok 214; Josephus, Ap II 199).

[103] Vgl. KÄHLER 1974, 142 f.; BERGER 1972, 372 f.; COLLINS 1983, 535 ff.; FISCHER 1978, 48 ff. (allerdings nur für Rez. B).

[104] Ungerechtigkeit in slHen mit unterschiedlicher konkreter Füllung noch 34,2; 49,1; 63,4; 66,1. ἀδικία steht in den paränetischen Reihen häufig als zusammenfassende allgemeine Mahnung, vgl. PseuPhok 21; Jub 7,20; PsSal 2,12; Tob 4,5 (s. auch TestDan 6,10; TestBenj 10,8; PsSal 3,7; 4,24; 9,4 f.; Tob 12,10 [‏א‎]).

[105] Vgl. in slHen noch 42,7.9; 46,2; 60,4. Gerecht zu richten, ist Eigenschaft Gottes (46,3; 44,5; 42,7; vgl. PsSal 2,18: ὁ θεὸς κριτὴς δίκαιος, καὶ οὐ θαυμάσει πρόσωπον, wörtlich entsprechend dem LXX-Hintergrund Ps 7,12; vgl. Jes 63,7; IIMakk 12,6). Gerechtes Richten der Menschen begegnet in Gebotsreihen Josephus, Ap II 207; PseuPhok 9 f.; vgl. PsSal 4,2.

[106] Die sogenannten Werke der Barmherzigkeit spielen in slHen eine hervorgehobene Rolle, vgl. 10,5 (dazu Anm. 112); 63,1−4; 42,8 (dazu Anm. 119).

[107] Auch der Schutz der Schwachen wird in slHen betont, vgl. 10,5; 42,9; 44,4; 51,1 f.; 52,2 (s. u. S. 191 f.).

[108] Text nach Rez. A. Rez. B ist bei der Aufzählung der Sünden wesentlich kürzer, vor

Aus dem Kontext ergibt sich, daß die zitierte Passage exemplarisch das Verhalten der Gottlosen im Kontrast zu dem der Gerechten darstellen will. Am Anfang und am Schluß der Reihe richtet sich der Blick auf das Gottesverhältnis, das in dem durch die konkreten Verhaltensweisen beschriebenen Tun zum Ausdruck kommt. Es besteht in Verunehrung und verfehlter Erkenntnis Gottes, die sich im Götzendienst realisiert[109]. Einen Hang zum Götzendienst haben auch die Zaubereien, Beschwörungen und dämonischen Magien (V. 4)[110]. Bei den moralischen Vergehen stehen wieder sexuelle Entartungen im Vordergrund: Unzucht und Homosexualität[111]. Außerdem liegt Betonung auf dem Verhalten gegenüber Schwachen und Bedürftigen[112]. Der Lasterkatalog, der in diese Reihe verschiedener Vergehen eingebaut ist[113], bietet weitere Sünden, die zum gängigen Material paränetischer Gebotsreihen gehören[114].

---

allem, weil der Lasterkatalog in V. 5 fehlt, ebenso alle Aussagen zu sexuellen Vergehen. Stattdessen hat sie die schwer deutbare Wendung »die lösen ein Joch bindend« (vgl. 34,1; 51,3). Es wäre denkbar, daß Rez. B die ursprüngliche Reihe treuer wiedergibt und in A passendes Material später eingefügt worden ist (so KÄHLER 1974, 143, Anm. 149). Allerdings ist der umgekehrte Vorgang einer Kürzung von A ebenso möglich. Jedenfalls beziehen beide Rezensionen ihr paränetisches Traditionsgut aus demselben Nährboden, wie die zahlreichen Parallelen aus der frühjüdischen Literatur zeigen (zur Rezensionsproblematik vgl. Anm. 91). FISCHER 1978, 48 ff., behandelt, wie in seiner gesamten Untersuchung, leider nur Rez. B.

[109] Das Motiv der falschen Gotteserkenntnis als Ursache des Götzendienstes und Anfang aller sittlichen Übel begegnet auch Weish 14,22−31 (s. u. S. 213 mit Anm. 213), vgl. besonders V. 22. Die meist weiter ausgeführte Warnung vor dem Götzendienst findet sich bei paränetischen Reihen auch Sib III 29−35.586−590.605 ff.763; IV 27 ff.; ApkAbr 25,1 f. (Jub 20,7 f.). Vgl. auch slHen 34,1 f.

[110] Weitere Belege in den Reihen o. S. 181 mit Anm. 68.

[111] Unzucht sowohl in V. 4 als auch im Lasterkatalog V. 5. Sie begegnet in slHen noch in der Zukunftsansage 34,2: »Und die ganze Erde wird sich verkehren durch Ungerechtigkeit und Vergewaltigungen und Unzuchtsünden und bösen Dienst.« (Rez. B: »Unzucht und Götzendienst«); vgl. auch das Vergehen der abgefallenen Engel, 18,5 (die Belege für Unzucht und Homosexualität aus den Reihen in Anm. 63).

[112] Vgl. Anm. 106 f. Zum Verhalten gegenüber den Armen vgl. in den Reihen PseuPhok 10.19.22.28.83; Philo, Hyp 7,6; TestXII (s. o. S. 108); Tob 4,7.16.21. Den alttestamentlichen Hintergrund zum Gebot, Hungernde zu speisen und Nackte zu bekleiden, bilden Ez 18,7.16; Jes 58,7; Hi 22,6 f.; 31,16−20. Zur Wendung »wegnehmend ihre Habe und selbst reich werden aus fremder Habe« vgl. TestAss 2,8; TestBenj 6,2; TestJud 21,6; PseuPhok 5.28; Sib III 41.189. 241−245 (Tob 12,8[ ]; Jub 23,21). Was mit »stehlen die Seelen der Menschen heimlich« konkret gemeint ist, bleibt unklar (vgl. auch slHen 60,1−4). Vielleicht ist an Menschenraub gedacht (vgl. dazu BERGER 1972, 329 f.), vielleicht an Versklavung (vgl. TestJud 21,6 f.; TestLev 6,10; Philo, Hyp 7,2), vielleicht, wenn »Seele« »Leben« bedeutet, an Mord.

[113] Zu slHen 10 im Vergleich mit den Lasterkatalogen vgl. VÖGTLE 1936, 96 ff.; KAMLAH 1964, 160 ff.

[114] Zum Diebstahl s. Anm. 60; zur Lüge s. Anm. 35, in slHen noch 46,2; 52,14; 63,4; zur Verleumdung vgl. TestIss 3,3; TestGad 5,4; TestAbr 12(B) ($\varkappa\alpha\tau\alpha\lambda\alpha\lambda\acute{\iota}\alpha$, $-\varepsilon\tilde{\iota}\nu$); TestIss 4,5; IV Makk 2,15 ($\beta\alpha\sigma\varkappa\alpha\nu\acute{\iota}\alpha$); TestBenj 6,4 ($\lambda o\iota\delta o\rho\acute{\iota}\alpha$); PsSal 12,1, in slHen noch 52,1 f.; 60,5; zum Neid s. Anm. 57; zum Totschlag s. Anm. 59, in slHen noch 60,2.

Somit ist die Reihe von Vergehen, für die im Himmel ein Ort der Qual und Peinigung bereitet ist, gespeist aus geprägten Zusammenstellungen typischer Verstöße gegen das Gesetz Gottes. Gerechtes oder gottloses Tun besteht demnach dem Inhalt nach in der Erfüllung oder der Ablehnung der Gesetzesforderungen[115]. Die besondere Eigenart von slHen 10,4ff. liegt in der Betonung des unbarmherzigen Verhaltens gegen die sozial Schwachen. Dabei sind Wendungen negativ formuliert, die positiv ausgedrückt den Typ des Gerechten beschreiben können. Ein Beispiel dafür ist die Reihe der Makarismen 42,6–14.

slHen 42,6–14

Der eigentliche paränetische Teil des slHen (Kpp. 39–66) besteht zum überwiegenden Teil aus drei langen Mahnreden Henochs an seine Nachkommen bzw. seine Hausgenossen (38,3) oder sein »Volk« (64,5). Mit ihnen erfüllt er den göttlichen Auftrag, den er am Schluß seiner Vision erhalten hat (36,1): »kund zu tun deinen Söhnen und allen deinen Hausgenossen alles von meinem Angesicht, damit sie hören das zu ihnen durch dich Geredete und lesen und erkennen, daß nicht ist ein anderer Gott außer mir, und sie sollen immer bewahren deine Gebote und sollen anfangen die Bücher deiner Handschrift zu lesen und zu beachten.« Ganz diesem Auftrag entsprechend berichtet Henoch zunächst von seiner Himmelsreise (39,1–42,5), geht aber bald über zu ausführlichen Belehrungen und Ermahnungen, deren Stoff das bei seiner Vision Gesehene und Gehörte weit übersteigt (42,6–66,7).

Innerhalb der ersten Mahnrede (42,6–55,3) ist ein besonders auffälliger Zug der Paränese die Verwendung von Makarismen[116]. Unmittelbar an die Schilderung des Paradieses, »wo bereitet ist die Ruhe den Gerechten«

---

[115] Die von FISCHER 1978, 49f., aufgestellte Alternative zwischen »partikularistisch-jüdischen Gesetzen wie Sabbat- und Beschneidungsgebot« und »den – den eigentlichen Kern der jüdischen Tora ausmachenden – Normen der Mitmenschlichkeit und des Gottgehorsams« als der inhaltlichen Norm für »das Ideal des gerechten Tuns« erweist sich also als unsachgemäß. Unbestritten zeigen »die Ethik und die Eschatologie des slHen eine universalistische Weite« (FISCHER 1978, 50; man übersehe aber nicht die Betonung der Opferbestimmungen, vgl. Anm. 101!), jedoch darf dies nicht gegen ihren inhaltlichen Bezug auf die Tora ausgespielt werden!

[116] 42,6–14; 44,4; 48,9; 52,1–14; vgl. auch 41,2; 66,7 (zum Makarismus vgl. HAUCK, ThWNT 4, 365–373; STRECKER, EWNT 2, 925–932, sowie umfassend KÄHLER 1974). 52,1–14 ist eine Doppelreihe mit jeweils entsprechendem Fluchwort (vgl. KÄHLER 1974, 146). Sie enthält u. a. Weisungen, die in paränetischen Reihen begegnen (Schmähung und Verlästerung des Nächsten: TestBenj 5,4; 6,4; Sib III 241; TestIss 3,4; TestGad 3,3; Unwahrhaftigkeit: s. Anm. 35), es überwiegen aber allgemeinere Aussagen, die schwer in das sonst begegnende Weisungsgut einzuordnen sind.

(42,3) und wo das eschatologische Freudenmahl gehalten werden wird (42,5), schließt sich eine Reihe von Makarismen an, die offenbar das irdische Verhalten derer beschreiben will (bzw. zu solchem Verhalten ermahnen will), die einst an diesem Mahl teilnehmen werden:

6 Selig ist, wer fürchtet den Namen des Herrn und vor seinem Angesicht immer dient und ordnet Gaben mit Furcht, Opfer des Lebens,
7 und das ganze Leben gerecht lebt und stirbt. Selig ist, wer ein gerechtes Gericht vollbringt, nicht wegen Lohnes, sondern der Gerechtigkeit, noch erhoffend hernach irgendwelche Dinge; hernach wird
8 ihm kommen ein Gericht ohne Ansehen der Person. Selig, wer bekleidet die Nackenden mit Gewand und den Hungernden gibt sein
9 Brot. Selig, wer richtet ein gerechtes Gericht der Waise und
10 Witwe und einem jeden Gekränkten hilft. Selig, wer umkehrt von dem veränderlichen (krummen?) Weg dieser eitlen Welt und geht auf
11 dem geraden Weg, der in jenes Leben ohne Ende führt. Selig, wer
12 säet gerechten Samen, weil er wird ernten siebenfältig. Selig, in wem ist Wahrheit, daß er rede Wahrheit zu seinem Nächsten.
13 Selig, welchem ist Barmherzigkeit in seinem Mund und Sanftmut in
14 seinem Herzen. Selig, die erkennen jedes Werk des Herrn, von Gott gemacht, und es preist, denn die Werke des Herrn sind gerecht, aber die Werke der Menschen die einen sind gut, aber die andern böse, und an den Werken werden die Künstler erkannt[117].

Die bereits durch den Kontext gegebene eschatologische Ausrichtung der Reihe wird auch bei ihren Aussagen selbst deutlich. Dazu dient der Hinweis auf Gottes Gericht ohne Ansehen der Person (V. 7) ebenso wie die Aussage über das Ziel des geraden Weges (V. 10) und über die siebenfältige Ernte (V. 11). Die Eigenart unserer Reihe besteht aber vor allem darin, daß hier das gerechte Verhalten ausschließlich mit *positiven* Formulierungen beschrieben wird. Das betrifft sowohl die verallgemeinernden und zusammenfassenden Aussagen, bei denen der Gedanke der Gerechtigkeit im Vordergrund steht[118], als auch die konkreten Verhaltensweisen. Dabei handelt es sich zum überwiegenden Teil um Weisungen, die den Schutz der Schwachen im Leben der Gemeinschaft sichern wollen: Nackte bekleiden,

---

[117] Vgl. KÄHLER 1974, 144f. Daß diese Reihe von Seligpreisungen Zeugnis für die christliche Herkunft des slHen sei, wie VAILLANT 1952, X, behauptet, ist schwerlich richtig (vgl. die überzeugende Kritik von RUBINSTEIN 1962, 11f.).

[118] V. 6: »wer . . . das ganze Leben gerecht lebt und stirbt«; V. 7: »nicht wegen Lohnes, sondern der Gerechtigkeit«; V. 11: »wer säet gerechten Samen«; V. 14: »die Werke des Herrn sind gerecht«. Vgl. zur Gegenüberstellung von Gerechten und Sündern in slHen o. S. 186 f., zur Ungerechtigkeit Anm. 104.

Hungernde speisen, Waisen und Witwen Recht verschaffen, Gekränkten helfen[119], Barmherzigkeit und Sanftmut üben[120]. Darüber hinaus werden noch Unbestechlichkeit im Gericht[121] und Wahrhaftigkeit gegenüber dem Nächsten gefordert[122].

Nach Form und Inhalt nimmt somit slHen 42,6−14 im Vergleich mit den übrigen paränetischen Reihen eine Sonderstellung ein. Ist sonst die Mahnung zur Barmherzigkeit gegenüber den Bedürftigen eine Weisung unter anderen, gleichberechtigten, so ist sie hier vorherrschend, so daß überhaupt nur noch zwei weitere Verhaltensweisen kurz erwähnt werden[123]. Dennoch ist die Aufnahme in unsere Untersuchung gerechtfertigt, da hier geprägtes paränetisches Gut zu einer Reihe zusammengestellt wird, um ein an der Forderung Gottes ausgerichtetes Leben umfassend zu beschreiben.

Exkurs: Das Gesetz in slHen

Es fällt auf, daß der Begriff Gesetz in slHen überhaupt nicht, das Wort Gebot nur fünf mal in bezeichnender Weise verwendet wird: 7,3 ist von dem Gebot (Sing.!) des Herrn die Rede, dem die abgefallenen Engel nicht gehorcht haben. 23,1 ff. schreibt Henoch nach dem Diktat des Erzengels Vrevoel 366 Bücher, dabei unter anderem auch »Gebote und Belehrungen«. 31,1 ist von der Schöpfung des Gartens Eden die Rede, in dem Adam »das Gebot« (Sing.!) bewahren soll. 36,1 ergeht die Aufforderung an Henoch, seinen Nachkommen seine (!) Gebote zu verkünden. 65,5 sind es sogar die Gebote des Menschen, die zu halten sind: »damit ein jeder Mensch wisse seine Werke, und damit niemand übertrete alle seine Gebote«. Diese auffälligen Formulierungen weisen darauf hin, daß hier bewußt ein Anachronismus vermieden wird, der sonst in der frühjüdischen

---

[119] Die beiden ersten Gebote finden sich noch öfter in slHen: 9,1; 63,1, ebenso der Schutz der Waise: 9,1; 51,1 (neben Witwe und Fremdling), sowie die Hilfe für den Gekränkten: 9,1; 44,4; 51,2. Vgl. den alttestamentlichen Hintergrund dieser Mahnungen: Ez 18,7.16; Jes 58,7; Hi 31,16−20; 22,7; Dtn 27,19; Jer 7,6; 22,3; Ez 22,7; Sach 7,10; Mal 3,5.

[120] Während die biblisch geprägten Formulierungen der Weisungen der vorigen Anm. so nicht in den frühjüdischen Gebotsreihen auftauchen, gehört die Barmherzigkeit zu ihrem Kernbestand, sei es in der speziellen Bedeutung von Almosen (PseuPhok 22 f. 28; Tob 4,7−11 [12,8 f.]; vgl. IV Makk 2,8; Sib III 245), sei es in dem auch hier vorliegenden weiteren Sinn (TestXII [s. o. S. 108]), wobei dann auch die konkreten Hilfeleistungen im Blick sind (Speisung Hungernder: TestIss 3,8; 7,5; Josephus, Ap II 211; Philo, Hyp 7,6; Sib III 243; Schutz der Witwen: Sib III 242).

[121] S. Anm. 105.

[122] S. Anm. 114.

[123] Vgl. Kähler 1974, 142: »Besonders deutlich zeigt sich gegenüber den atlichen Makarismen die Verschiebung zu den Themen der sozialen Gerechtigkeit.«

Literatur gängig ist: Das Gesetz wird in slHen nicht unreflektiert zurück-
verlängert in die Zeit vor Mose[124].

Anstelle des Begriffes Gesetz verwendet deshalb slHen verschiedene umschreibende Formulierungen, wenn er von der Forderung Gottes an die
Menschen sprechen will: 34,1 das Joch, das Gott den Menschen auferlegt
hat (vgl. 48,9), 55,3 »alles Wohlgefällige vor dem Angesicht des Herrn«,
52,9f. »Fundamente seiner Väter von Anbeginn«, »Festsetzungen seiner
Vorfahren und Väter«. Henoch ermahnt seine Nachkommen, Gott zu
fürchten (43,3; 48,7f.; 66,1), die »Zurechtweisungen eures Vaters« (39,1)
und »die Worte eures Vaters, so viel ich euch kund tue aus dem Mund des
Herrn« (47,1; vgl. 39,2.7) zu hören. Durch alle diese Formulierungen
sollen seine Mahnungen die Autorität erhalten, die ihnen als Geboten
Gottes zukommt, sie übernehmen die Funktion der Tora für die Zeit, in
der es noch keine Tora gibt!

Eine wichtige Rolle spielen in diesem Zusammenhang die Bücher und
Schriften, die Henoch im Himmel auf Gottes Befehl und nach dem Diktat
des Erzengels Vrevoel zu schreiben hat (22,11−23,4). Nach 23,1−4 enthalten sie vorwiegend Offenbarungswissen über die Geheimnisse der
Schöpfung, aber auch »Gebote und Belehrungen« sowie vor allem Auf-
zeichnungen über das Schicksal der Seelen der Menschen. Untersucht man
nun alle Erwähnungen dieser Bücher in slHen, so stellt sich heraus, daß
von ihnen in sehr verschiedener Weise die Rede ist, daß sich aber anhand
ihres eben genannten Inhaltes drei Gruppen der Belegstellen bilden lassen.
Einmal sind in den Büchern Henochs die Werke der einzelnen Menschen
verzeichnet, die sie vor Gottes Gericht zu verantworten haben werden
(35,2f.; 50,1; 52,15; 53,2f.; 66,7)[125]. Eine zweite Gruppe spricht von
Schriften, in denen die Werke Gottes, vor allem seine Schöpfungswerke
aufgeschrieben sind, aus denen die Menschen also Gott als den Schöpfer erkennen sollen (33,3. 5. 8f.; 40,2; 43,1; 47,2f.; 54; 68,2). Die dritte Gruppe
redet von den Büchern wie von Weisungen, die zu beachten, zu halten sind
(36,1; 47,3; 48,6−9; 65,5).

Dennoch läßt sich für alle diese Aussagen ein innerer Zusammenhang
aufdecken, der das Gesetzesverständnis des slHen und seine paränetische
Zielstellung erhellt. Die paränetische Bedeutung der häufigen Hinweise auf
Gottes Gericht und die dabei offenbar werdenden irdischen Werke der
Menschen wurde bereits betont (s. o. S. 186f.). Es besteht aber auch eine
Beziehung zwischen den Werken der Menschen und den Werken Gottes,
die besonders deutlich aus 10,6; 42,14, aber auch aus den Belegstellen der
zweiten oben zusammengestellten Gruppe hervorgeht: Die ausgiebigen

---

[124] Vgl. im Unterschied dazu die TestXII, s. Anm. II 97.
[125] Vgl. dazu FISCHER 1978, 43 ff.

Beschreibungen der Schöpfungsgeheimnisse haben paränetische Funktion. Sie sollen die gottgewollte Ordnung erkennen lassen, nach der sich nicht nur Gestirne, himmlische Wesen und alle Kreatur zu richten haben, sondern auch die Menschen in ihrem irdischen Lebenswandel[126]. In solcher Identifikation der Ordnung der Schöpfung mit dem das Verhalten des Menschen bestimmenden Gotteswillen drückt sich ein frühjüdisches Gesetzesverständnis aus, für das »die Übergabe des Gesetzes . . . nichts anderes mehr gewesen zu sein schien als die Enthüllung der alles umfassenden und bestimmenden göttlichen Ordnung«[127]. Dieses Gesetzesverständnis macht die Aussagen der dritten Gruppe verständlich, nach denen Bücher, die vorwiegend Offenbarungswissen über die Geheimnisse von Himmel und Erde enthalten, zu »bewahren« und zu »halten« sind. Damit tritt auch insgesamt der vorwiegend paränetische zweite Teil von slHen mit seinen umfangreichen Mahnreden in engere Beziehung zu dem überwiegend apokalyptischen ersten Teil. slHen ist also ein Zeugnis für den engen Zusammenhang von Eschatologie und Ethik[128].

c) *Testament Abrahams*

Einleitungsfragen:

Das TestAbr[129] ist in zwei Rezensionen überliefert, die nicht nur hinsichtlich des Umfanges, sondern auch im Aufbau der beiden gemeinsamen Passagen, in ihrem Sprachcharakter sowie hinsichtlich der aufgenom-

---

[126] Vgl. COLLINS 1983, 536: »The basis for human respect is that the Lord made man in his own likeness . . . An understanding of the order of the world is the first underpinning of Enoch's message.«, a.a.O., 537: »In short, the cosmology of the heavens has made provision for the judgment. Human destiny is built into the structure of the universe from creation. The eschatological judgment then is scarcely even a different theme from the order of creation. It is the crowning vindication of that order and the most important dimension of the works of creation viewed by Enoch.«

[127] LIMBECK 1971, 191. Vgl. a.a.O., 63−90; REINMUTH 1981, 87−93. Beide behandeln allerdings slHen nicht. Zu Henoch als Buchschreiber vgl. Jub 4,17−25, dazu die Anmerkungen von BERGER 1981, 343−346.

[128] Vgl. KÄHLER 1974, 147: »Fast durchgehende Begründung der Ethik in der Eschatologie und darin, daß eine Tat gegenüber dem Mitmenschen zugleich Gott bzw. seinem Mittler gilt.«; FISCHER 1978, 47: Im Unterschied zu den sogenannten Sätzen heiligen Rechts im Neuen Testament (Mk 8,38; Apk 22,18) »fordern einige Sätze im slHen im Vordersatz in imperativischer Form ein positives menschliches Verhalten und weisen im Nachsatz auf eine diesem Tun entsprechende eschatologische Belohnung hin. Diese imperativische Weise der Formulierung in slHen legt die Vermutung nahe, daß die ›Rechtssätze‹ im slHen deutlicher noch als jene des NT eine ausschließlich paränetische Funktion haben. Der Hinweis auf die eschatologische Belohnung dient nur dazu, der Paränese Nachdruck zu verleihen: Die Eschatologie dient der Paränese.«

[129] Text: JAMES 1892; zitierte deutsche Übersetzung: JANSSEN 1975, 205−254.

menen Traditionen und Vorstellungen stark voneinander abweichen[130]. Beide Formen weisen zwar leichte christliche Überarbeitungen auf, sind aber ursprünglich jüdisch[131]. Ob hinter dem doppelten Hauptstrom der griechischen Handschriftenüberlieferung ein semitisches Original steht, ist umstritten[132]. Jedenfalls ist die Schrift ein Zeugnis des von verschiedenen Vorstellungen und Motiven seiner Umwelt beeinflußten Judentums der Zeit etwa des 1. Jh. n. Chr.[133].

Die zahlreichen eschatologischen Motive und Schilderungen haben in der Gesamtanlage der Schrift dienende Funktion gegenüber den paränetischen Anliegen, die TestAbr zur Sprache bringt. Auf der Ebene der gesamten Schrift geht es um die Bewältigung von Sterben und Tod, dargestellt an der sich wandelnden Haltung Abrahams vom Protest gegen den Tod bis zu seiner Einwilligung[134]. Das paränetische Thema der Gerichtsszene (A 10–14 / B 8–12) ist dagegen das Erbarmen über die Sünder[135]. Darüber hinaus finden sich noch einige paränetische Nebenmotive, wie z. B. die Betonung der Gastfreundschaft Abrahams (A 1.4.20) und die

---

[130] Zur Rezensionsproblematik vgl. den Sammelband Nickelsburg 1976. Es stehen sich drei Positionen gegenüber: Nickelsburg 1976, 23–64.85–93, hält Rez. A für ursprünglich. Schmidt 1971, 119 ff., behauptet die Priorität von Rez. B (vgl. derselbe 1976, 65–83; zur Kritik Nickelsburg 1976, 13 ff.; Delcor 1973, 77; Mayer 1980, 231 f.). Delcor 1973, 5–15; Denis 1970, 36; Janssen 1975, 195, betrachten beide Rezensionen als voneinander unabhängige Wiedergaben einer gemeinsamen Vorlage, deren Aufbau und Erzählgang von Rez. A besser wiedergegeben wird, während Rez. B die Sprachgestalt des Originals treuer bewahrt hat (vgl. jetzt auch Collins 1983, 541 mit Anm. 44). Angesichts dieser Forschungslage kann über die ursprüngliche Gestalt von TestAbr kein endgültiges Urteil gefällt werden, und wir werden beide Rezensionen gleichberechtigt für unsere Untersuchung heranziehen müssen (vgl. Kraft 1976, 121–137).
[131] Vgl. Delcor 1973, 66–73; Charlesworth 1976, 70; Denis 1970, 35 f.; Janssen 1975, 199; Turner 1955, 220 f.; Collins 1983, 541.
[132] Dafür Denis 1970, 36; vorsichtig auch Turner 1955, 223; für Rez. B Schmidt 1971, 120; derselbe 1976, 80; Martin 1976, 99; dagegen Janssen 1975, 200; Delcor 1973, 33 f.; Collins 1983, 541.
[133] Die Parallelen von Rez. B zur iranischen Religion (über die Qumranschriften vermittelt) und von Rez. A zur ägyptischen (Totengericht) hat Schmidt 1971, 111–120, versucht, zur Lösung der Rezensionsfrage heranzuziehen, indem er B in Palästina und A in Ägypten ansetzt. Demgegenüber betont Janssen 1975, 200 f., mit Recht, daß die Beziehungen von TestAbr zu Qumran nur lose sind und ägyptische Einflüsse auf das Judentum sich auch für Palästina nachweisen lassen. Ägyptisch-therapeutischen Ursprung behauptet Delcor 1973, 69–72; dazu kritisch Nickelsburg 1976, 20. In der Datierung ist man sich weitgehend einig (vgl. Charlesworth 1976, 70; Denis 1970, 35 f.; Janssen 1975, 198; Schmidt 1976, 80; Delcor 1973, 76 f.; Collins 1983, 541), während die Lokalisierung zwischen Palästina (Janssen, für Rez. B Schmidt) und Ägypten (Denis, Delcor, Collins, für Rez. A Schmidt) schwankt.
[134] Vgl. dazu Janssen 1975, 197 f.; Nickelsburg 1976, 87.
[135] Besonders in Rez. A ist die ganze Szene darauf ausgerichtet, Abraham von seiner Unbarmherzigkeit zur Fürbitte für die Sünder zu bekehren. Vgl. Collins 1983, 542 f.

Schilderung einzelner der Strafe Gottes würdiger Vergehen in der Gerichtsszene (s. u.). So kann man TestAbr als paränetisches Erbauungsbuch bezeichnen, das reiches apokalyptisches Material verwendet hat[136].

TestAbr A 10 / B 12

TestAbr A 10—14 / B 8—12 schildern, wie Abraham vor seinem Tod vom Erzengel Michael zu einer Himmelsreise entrückt wird, um »die ganze Welt und alle Werke« Gottes zu sehen[137]. Nach Rez. A blickt Abraham zunächst auf die Erde und sieht, wie Menschen verschiedene Sünden begehen. Er ruft auf sie Gottes Strafe herab, die auch sogleich eintritt. Weil aber dadurch Abraham in die Gerichtsgewalt Gottes eingreift und sich nicht (wie Gott) der Sünder erbarmt, befiehlt eine Himmelsstimme dem Erzengel, die Himmelsreise abzubrechen und Abraham zum ersten Himmelstor zu führen, damit er dort »die Gerichtsentscheidungen und die Vergeltungen sehe« (A 10, James S. 88, Z. 24 f.). Die folgenden Kpp. schildern die Gerichtsstätte und den Gerichtsvorgang. Indem Abraham Zeuge einer göttlichen Gerichtsverhandlung wird, wandelt sich seine Unbarmherzigkeit in Fürbitte für die von ihm verfluchten Sünder (A 14, James 94, 19—26).

Nach Rez. B führt die Himmelsreise gleich[138] zu den Toren der Gerichtsstätte, wo Abraham, wie in Rez. A, Zeuge einer Verhandlung gegen eine sündige Frau wird, ohne daß dabei vom Erbarmen Gottes oder Abrahams über Sünder die Rede ist. Erst danach blickt Abraham vom Himmel auf die Erde, sieht Menschen sündigen, ruft auf sie mit Erfolg Gottes Strafe herab und wird schießlich, weil er sich der Sünder nicht erbarmt, auf die Erde zurückgebracht.

Uns interessieren speziell die konkreten Vergehen der Menschen, die Abraham vom Himmel aus erblickt (A 10, James 87, 28—88, 15 / B 12, James 116, 13—28). Offenbar werden damit typische Sünden zusammengestellt, die vor dem Gericht Gottes zu verantworten sind. Das geht in

---

[136] Vgl. COLLINS 1983, 541 f.: »The work as a whole is not an apocalypse in its dominant form, but the chariot ride, chaps. 10—15 in Rec A and 8—12 in Rec B, must be so classified.« Der Vergleich mit anderen »Testamenten« der frühjüdischen Literatur erbringt zwar gewisse Gemeinsamkeiten (paränetische Verwendung eschatologischer Vorstellungen!), zeigt aber vor allem die Besonderheit von TestAbr. Es fehlt die eigentliche Abschiedsrede an die Hinterbliebenen mit ihren Mahnungen zu einem gerechten Leben nach dem Vorbild des Patriarchen wie auch eine Lebensbeichte Abrahams (vgl. KOLENKOW 1976, 139—152; NICKELSBURG 1976, 88).

[137] A 9 (JAMES 87, 3 ff.). Vgl. B 7 (JAMES 112, 8 f.): »damit ich sehe die Werke, die der Herr, mein Gott, im Himmel und auf Erden geschaffen hat«.

[138] Also entgegen dem Wunsch Abrahams, die Werke Gottes im Himmel und auf Erden zu sehen, B 7 (JAMES 112, 8 f.)!

Rez. A daraus hervor, daß der spontanen Verurteilung der Sünder durch Abraham sogleich die Langmut Gottes und seine schließlichen »Gerichtsentscheidungen und die Vergeltungen« entgegengestellt werden (10, James 88, 22−25). Rez. B läßt Abraham nachträglich genau die Sünden sehen, deren die sündige Frau vorher in der himmlischen Gerichtsverhandlung angeklagt und wegen derer sie verurteilt worden war (10, James 114, 18 ff. 115, 3−7).

Als solche typischen Sünden nennt Rez. A Raubmord, Unzucht und Diebstahl[139]. Rez. B führt Ehebruch, Verleumdung und Mord an[140]. Alle genannten Vergehen gehören zu den häufig genannten Verhaltensweisen paränetischer Reihen, deren Zusammenstellung eine grundsätzlich gegen den Willen Gottes gerichtete Lebensweise charakterisiert[141]. In dieser Funktion sind sie, wie gezeigt, auch in TestAbr verwendet[142]. Man beachte dabei, daß der paränetische Hauptgedanke der Gerichtsszene nicht die Mahnung vor Unzucht, Mord und Diebstahl ist, sondern die Bekehrung von der Unbarmherzigkeit gegenüber Sündern zur Fürbitte für sie. Die Auswahl der konkreten Sünden ergibt sich also nicht aus dem Handlungsverlauf der Schrift[143]. Sie ist aber ebensowenig zufällig. Daß sich zwei der genannten Vergehen beider Rezensionen entsprechen, ist ein Hinweis darauf, daß hier typische Sünden in geprägter Weise zusammengestellt sind. Die zahlreichen Parallelen zu den Vergehen in paränetischen Gebotsreihen belegen dies.

---

[139] JAMES 88, 2−12: κλέπται, οἱ βουλόμενοι φόνον ἐργάζεσθαι καὶ κλέψαι καὶ θῦσαι καὶ ἀπολέσαι ... ἄνδρα μετὰ γυναικὸς εἰς ἀλλήλους πορνεύοντας ... ἀνθρώπους διορύσσοντας οἶκον καὶ ἁρπάζοντας ἀλλότρια πράγματα ...

[140] JAMES 116, 13−25: ἄνθρωπον μοιχεύοντα γυναῖκα ὕπανδρον ... ἀνθρώπους καταλαλοῦντας ἑταίρους ... ἀπερχομένους εἰς ἔρημον τόπον τοῦ ποιῆσαι φόνον.

[141] Vgl. zum Mord Anm. 59, zur Unzucht Anm. 63, zum Diebstahl Anm. 60, zum Ehebruch Anm. 32, zur Verleumdung Anm. 114.

[142] Sowohl JANSSEN 1975, 226, Anm. 164, als auch SCHMIDT 1976, 73 f., verweisen für die in Rez. A genannten Vergehen auf den Dekalog (5.−7. Gebot). SCHMIDT meint, auch hier spätere Bearbeitung der ursprünglichen Rez. B nachweisen zu können, indem der Verfasser von A die in B durch die Gerichtsszene (B 10, JAMES 115, 3−7) vorgegebenen Sünden durch Dekalogsünden ersetzt hat, da seine Gerichtsszene keine konkreten Vergehen enthielt. Dazu ist zu sagen, daß ein Dekalogeinfluß auf TestAbr zwar nicht auszuschließen ist, daß ein solcher aber wahrscheinlicher über die paränetischen Reihen vermittelt worden sein wird. Gegen direkte Beeinflussung spricht gerade in Rez. A die Ersetzung von μοιχεύειν durch πορνεύειν. Raub bzw. Diebstahl werden zweimal genannt. Die Reihenfolge der Vergehen kann kaum ein Argument sein, da sie gerade beim Dekalog im Frühjudentum sehr schwankt (vgl. o. S. 16 mit Anm. I 36).

[143] Das gilt im Prinzip auch für Rez. B, wenngleich dort die Sünden, die Abraham vom Himmel aus sieht, den Vergehen der sündigen Frau, deren Gerichtsverhandlung er erlebt, entsprechen. Aber auch diese Vergehen haben im übrigen Handlungsverlauf keine Anknüpfungspunkte.

d) Apokalypse Abrahams

Einleitungsfragen:

Die nur slavisch überlieferte ApkAbr[144] ist eine (durch Kp. 29 zu einer christlichen gewordene) usprünglich jüdische Schrift, die wahrscheinlich in Palästina in den letzten Jahrzehnten des ersten Jahrhunderts n. Chr. entstanden ist[145]. Man hat sie einerseits als haggadischen Midrasch zu Gen 15,9—17 (Opfer Abrahams) bezeichnet[146] und Parallelen zur jüdischen Mystik aufgewiesen[147], andererseits aufgrund gewisser dualistischer Züge in die Nähe der Qumranschriften gerückt[148]. Die charakteristischen Eigenheiten der Schrift können aber solche Zuordnungen kaum rechtfertigen und sind eher Zeugnis für die Vielfalt und die Rezeptionsfähigkeit der jüdischen Literatur in neutestamentlicher Zeit[149].

Der erste Teil von ApkAbr enthält eine haggadische Legende über Abrahams Abkehr vom Götzendienst. In Kp. 9 beginnt die eigentliche Apokalypse. Die Gottesstimme fordert Abraham auf, ein reines Opfer darzubringen (vgl. Gen 15,9) und kündigt ihm Visionen an. Bereits in dieser Ankündigung der Visionen wird ihre paränetische Tendenz deutlich: »Und ich werde dir kund tun, was in diesen Äonen geschehen wird denen, die das Böse und das Gerechte in dem Menschengeschlecht getan haben.« (9,10). Es folgt nun die Schilderung von Abrahams Opfer (10—14), sodann seine Entrückung in den Himmel (15f.), wo er den Thron Gottes schaut (17f.). Dann hat er eine Reihe weiterer Visionen, die jeweils in Dialogen mit der Himmelsstimme eine Deutung erfahren (19—29). Schließlich kehrt

---

[144] Slavischer Text: Philonenko-Sayar / Philonenko 1981, 5—117 (mir nicht zugänglich); zitierte deutsche Übersetzung: dieselben 1982, 421—454. Der slavische Text ist eine Übersetzung aus dem Griechischen. Dahinter ist ein semitisches Original anzunehmen, vgl. Philonenko-Sayar / Philonenko 1982, 417.

[145] Soweit reicht der Konsens in den Einleitungsfragen, vgl. Charlesworth 1976, 68f.; Denis 1970, 37f.; Turdeanu 1981, 201. 173f.; Philonenko-Sayar / Philonenko 1982, 417ff.; Rubinkiewicz 1979, 137. Philonenko-Sayar / Philonenko 1982, 417, stellen jedoch die christliche Herkunft von 29,3—11 in Frage.

[146] Charlesworth 1976, 68f.; Denis 1970, 37.

[147] Besonders bei Philonenko-Sayar / Philonenko 1982, 419.

[148] Philonenko-Sayar / Philonenko 1982, 418; Denis 1970, 38; kritisch dazu Rubinkiewicz 1979, 149f. Daß ApkAbr, ebenso wie die Qumranliteratur, keinen *kosmischen* Dualismus aufweist, zeigen u. a. die positiven Aussagen über die Schöpfung in der Vision 21,3—9. Nirgends ist von einem Gegengott die Rede, das Engelpaar Jaoel — Asasel ist deutlich dem Schöpfergott untergeordnet (vgl. 9,2f.; 10,4 u. ö.). Auch ein »strenger Determinismus« (so Philonenko-Sayar / Philonenko 1982, 418) ist kaum zu erweisen. Vgl. dazu Rubinkiewicz 1979, 150f.; ähnlich schon Bonwetsch 1897, 68: »Gottes Wollen und Walten schliesst den eigenen Willen des Menschen nicht aus«.

[149] Vgl. auch Turdeanu 1981, 144f., sowie Rubinkiewicz 1979, 151: »notre auteur ne s'éloigne pas des conceptions populaires dans le Judaisme du temps de Jésus-Christ«.

Abraham auf die Erde zurück und hört eine eschatologische Gerichtsandrohung (30–31).

Die Reihe der Visionen in Kpp. 19–29 zeigt eine gezielte und bedeutungsvolle Abfolge, in der sich die Geschichte Gottes mit seinem erwählten Volk widerspiegelt[150]:

19,3–9	Schau der oberen Himmelsstufen
21,3–9	Schau der Schöpfung in Himmel und Erde
23,3–6	Schau des Gartens Eden und des Sündenfalles
24,3–25,2	Schau der Sünden des auserwählten Volkes
27,1f.	Schau der Strafe für die Sünden (Tempelzerstörung)
29,3–5	Schau des leidenden Messias

Der Blick führt von der himmlisch-göttlichen Welt über die Schöpfung und den Sündenfall zu den »aktuellen« Vergehen der Menschen und ihrer »aktuellen« Bestrafung und richtet sich schließlich auf das Ende der Zeiten mit dem Gericht Gottes. Damit werden gegenwärtige Erfahrungen des jüdischen Trägerkreises der Schrift eingeordnet in den Zusammenhang des überkommenen Glaubens an den Gott ihres Stammvaters Abraham. Somit hilft ApkAbr zur Bewältigung einer den Glauben erschütternden Situation, indem Glaubenstradition aktualisiert wird. Zu dieser aufbauenden, stärkenden Funktion tritt die mahnende. Die bereits in der Ankündigung der Visionen (9,10) ausgesprochene Gegenüberstellung gerechter und böser (Taten der) Menschen zieht sich durch den gesamten zweiten Teil der Schrift[151]. Indem das Schicksal der Gerechten und der Gottlosen im Gericht Gottes verkündet wird (besonders in 27,6; 29,13–18), ergeht implizit die Mahnung an die Angesprochenen[152], gemäß dem Willen Gottes Gerechtigkeit zu tun (22,2; 21,8), die Gebote zu erfüllen und sich schlechter Taten zu enthalten (27,6).

ApkAbr 24,5–8

Während die positive Mahnung zu Gerechtigkeit und Gebotsgehorsam umfassend und pauschal ergeht, wird das gesetzlose Verhalten in der

---

[150] Die Visionen sind jeweils eingeleitet durch den Befehl der Himmelsstimme, zu schauen. Auf sie folgt immer ein deutendes Gespräch zwischen Abraham und der Himmelsstimme. Diese strukturellen Übereinstimmungen rechtfertigen es, die im folgenden genannten sechs Visionen zusammenzufassen und von den übrigen Visionen der ApkAbr (15,5–7; 17,1–3; 18,1–11), die dieser Struktur nicht entsprechen, abzugrenzen. Rubinkiewicz 1979, 144ff., übergeht diesen Unterschied und kommt daher zu einer anderen Gliederung.

[151] Vgl. 13,9f.; 14,4; 17,13f.; 21,8f.; 23,8–11; 27,6; 29,14–18. Diese Gegenüberstellung entspricht dem Kontrastschema bei Sib, PsSal, Weish und slHen.

[152] Im Blick sind hier zweifellos ausschließlich die »Nachkommen Abrahams«; allein um deren Verhalten geht es der Schrift.

vierten Vision (24,3–25,2) durch eine Reihe konkreter Vergehen, die im übrigen Buch keinen Anknüpfungspunkt haben, näher bestimmt:

5 Da sah ich die Unzucht und diejenigen, die sie begehren, und ihre (der Unzucht) Befleckung und ihre (derer, die sie begehren) Eifersucht und das Feuer ihres Verderbens in den Untergründen der Erde.
6 Da sah ich den Diebstahl und diejenigen, die danach streben, und die
7 Festsetzung ihrer (Vergeltung).   Da sah ich nackte Männer, Stirn an Stirn, und ihre Schmach und den Schaden, den sie ihren Freuden
8 verursachen und ihre Vergeltung.   Da sah ich die Begierde und in ihrer Hand das Haupt jeder Gesetzlosigkeit.

Zu Beginn dieser Vision schaut Abraham Adam und Eva sowie »den durch den Feind gesetzlos gewordenen Kain (und) den getöteten Abel, den Tod, der ihm von dem Gesetzlosen zuteil und an ihm verübt wurde« (V. 4). Die damit in Erinnerung gerufenen Ereignisse der biblischen Urgeschichte (Gen 3 f.) werden zum Ausgangspunkt für die Schilderung der Sünden der Nachkommen Abrahams in den letzten Tagen (24,1 f.), die schließlich die Katastrophe der Zerstörung Jerusalems heraufbeschwören (Kp. 27)[153]. Dabei handelt es sich um Vergehen, die auch sonst in der frühjüdischen Literatur als typische Sünden dem Willen Gottes gegenübergestellt werden: Unzucht[154], Diebstahl[155], Homosexualität[156] und Begierde, die als »Haupt jeder Gesetzlosigkeit« bezeichnet wird[157]. Es folgt eine ausführliche Be-

---

[153] Der Brudermord des Kain gehört also zu diesem Ausgangspunkt, nicht zu den Vergehen »in den letzten Tagen«. V. 5 setzt deutlich neu ein und steht parallel zu den folgenden VV. 6–25,1. Somit kann der Mord nicht der Reihe von Vergehen zugerechnet werden. Auch in 25,8 geht es nicht um den Mord an sich, sondern um »geopferte Jünglinge« (V. 2), also um eine besonders verabscheuungswürdige Form des Götzendienstes (vgl. dazu Anm. 219). Damit ist der Vermutung eine wesentliche Stütze entzogen, ApkAbr 24 gebe in freier Form das 6., 7., 8. und 10. Gebot des Dekalogs wieder (Philonenko-Sayar / Philonenko 1982, 446). Auch Begierde in V. 8 kann nicht ohne weiteres als Wiedergabe des 9./10. Gebotes gewertet werden (s. u. Anm. 157).

[154] Hier nicht im übertragenen Sinn als Ausdruck für Idolatrie zu verstehen, sondern im sexuellen Sinn (gegen Rubinkiewicz 1979, 148; auch gegen seine Gliederung von 24,4–25,6 in sieben Sünden richtet sich das in der vorigen Anm. Gesagte). Das legen die Wörter Befleckung, begehren und Eifersucht nahe. Zur Befleckung im sexuellen Sinn s. Anm. 225.

[155] Neben Sexualvergehen in paränetischen Reihen besonders häufig, vgl. Anm. 60.

[156] Die Deutung von V. 7 ist allerdings schwierig. Rubinkiewicz 1979, 149, will hier eine Anspielung auf die Einführung griechischer Sitten unter Antiochus IV. Epiphanes und auf »opérations chirurgicales pour cacher la circoncision« finden. Gehen wir davon aus, daß die Zusammenstellung der Vergehen in ApkAbr 24 traditionell geprägt ist, was die zahlreichen Parallelen nahelegen, so ist eine solche zeitgeschichtliche Fixierung nicht erforderlich. Homosexualität hat einen festen Platz in paränetischen Reihen, s. Anm. 63.

[157] Dies entspricht frühjüdischer Tradition, die, ausgehend vom 9./10. Dekaloggebot, die Gesetzesforderungen in dem absoluten Verbot des Begehrens zusammenfassen kann (vgl. u. zu IVMakk 2,5 f. S. 219 mit Anm. 252).

schreibung des Götzendienstes, die dann auch den deutenden Dialog über die Vision bestimmt (25,1—26,5). Daß dabei die übrigen Vergehen der Reihe keine Rolle mehr spielen, ist ein weiteres Indiz dafür, daß es sich um eine traditionelle Zusammenstellung handelt, die en bloc in einen literarischen Zusammenhang eingebaut werden kann, ohne diesen weiter zu beeinflussen.

2. Paränetische Unterweisung in Testament-Form

a) Tobit

Einleitungsfragen:

Das in der LXX überlieferte Buch Tobit[158] ist in drei griechischen Rezensionen erhalten, die auf ein semitisches Original zurückgehen[159]. Diese wahrscheinlich aramäische Urschrift ist in vormakkabäischer Zeit anzusetzen und dürfte irgendwo in der jüdischen Diaspora entstanden sein[160]. Gegenüber jüngeren Versuchen, verschiedene in dem uns heute vorliegenden Buch eng miteinander verschlungene literarische Schichten zu eruieren, ist unter Hinweis auf die formale und inhaltliche Vielfalt paränetischer Schriften des Frühjudentums die Annahme literarischer Einheitlichkeit der Schrift aufrecht zu erhalten[161].

---

[158] Zitierte deutsche Übersetzung: LÖHR 1900, 136—147.

[159] So EISSFELDT 1976, 792; ROST 1971, 45; ZINK 1963, 41; THOMAS 1972, 464.470f.; SCHUMPP 1933, XLV ff.; MILLER 1940, 14 f. Die Annahme eines semitischen Originals ist durch die in Qumran gefundenen aramäischen und hebräischen Fragmente der Schrift erwiesen. Zum Verhältnis der griechischen Rezensionen zueinander vgl. jetzt ausführlich HANHART 1984, 11—48. Zwar dürfte die Textform des Sianiticus gegenüber den anderen Rezensionen die Priorität haben, jedoch »zeigen sie Texte mehr oder weniger stark hervortretende Spuren freier Textbearbeitung« (SCHUMPP 1933, XLII). Da alle diese Veränderungen bereits auf einer sehr frühen Überlieferungsstufe vorgenommen wurden, darf sich die Untersuchung nicht auf einen »ursprünglichen« Text beschränken, sondern muß die selbständigen Aussagen aller Textformen berücksichtigen.

[160] Bei der Datierung herrscht weitgehend Einigkeit (EISSFELDT 1976, 793: vormakkabäisch; ROST 1971, 46; SCHUMPP 1933, XLIX: um 200; MILLER 1940, 23: 3.Jh. v. Chr.), nicht allerdings bei der Lokalisierung (EISSFELDT 1976, 793: östliche Diaspora; ROST 1971, 46: Ägypten oder westliches Syrien; MILLER 1940, 23: Palästina; SCHUMPP 1933, LI: überall möglich).

[161] In der jüngsten Monographie zu Tob von DESELAERS 1982 führt m. E. die Vernachlässigung der Frage nach den Eigentümlichkeiten der paränetischen Literatur des Frühjudentums zu einer verhängnisvollen Verselbständigung der literarkritischen Methode. Aufgrund einiger in diesem Zusammenhang fragwürdiger Kriterien (a.a.O., 21 ff.) zerschneidet D. das Buch in z. T. nur aus einem Wort bestehende Bruchstücke, die er dann zu einer Grundschicht und drei Erweiterungsschichten zusammensetzt (a.a.O., 21—56). Für jede auf diese Weise rekonstruierte Überlieferungsstufe postuliert er eine genau bestimmte Entstehungszeit, einen Her-

Diese Vielfalt macht auch eine Gattungsbestimmung schwierig. Das Buch enthält zahlreiche gesetzliche Bestimmungen[162], zeigt enge Beziehungen zu biblischen Traditionen[163], nimmt außerbiblischen legendarisch-märchenhaften Stoff auf[164] und trägt stark novellistische oder auch romanhafte Züge[165]. Hinter einer solchen Kombination verschiedener literarischer Formen und Traditionen verbirgt sich eine einheitliche Intention.

Alle Elemente des Tobitbuches tragen dazu bei, das Idealbild eines frommen und gerechten jüdischen Mannes zu zeichnen. Dies geschieht durch Beschreibung, Erzählung und Ermahnung. So entsteht das Bild vom Leben eines Juden der Diaspora, der, fest verwurzelt in seiner Tradition, dem in der Mosetora niedergelegten göttlichen Lebensgesetz, durchaus Anteil nimmt am Handel und Wandel seiner nichtjüdischen Umwelt und deren geistigem und kulturellem Leben. Aus diesem Bild spricht Selbstbewußtsein und Stolz auf den Zusammenhalt und die gemeinsame Traditionsverwurzelung der Juden. Dem korrespondiert das Bestreben, sich von der nichtjüdischen Umwelt abzugrenzen. Aus solcher Abgrenzungstendenz ist die Sorge um die Erhaltung dieses Zusammenhaltes und

---

kunftsort und ein eigenes theologisches Profil. So sollen die vier Schichten in einem Zeitraum von ca. 60 Jahren (von der Mitte des 3. Jh. bis um 185 v. Chr.) zu dem heute vorliegenden Buch zusammengewachsen sein, wobei die »Grunderzählung« an der Residenz des ptolemäischen Königs in Alexandria, die 1. Erweiterungsschicht in einer jerusalemer Weisheitsschule, die 2. wiederum in Alexandria und schließlich die 3. wieder in jerusalemer Priesterkreisen zu lokalisieren sei (a.a.O., 320. 342. 423. 450. 500). Es verwundert bei solchem Vorgehen nicht, daß auf jeder Überlieferungsstufe eine sauber herausgearbeitete theologische Tendenz in einer ihr genau entsprechenden Form vorgetragen wird (vgl. das »Schlusswort«, a.a.O., 501–515). Jedoch muten die so rekonstruierten Grund- und Erweiterungsschichten im Vergleich zur formalen und inhaltlichen Vielfalt des heute vorliegenden Tob eher steril (und nicht gerade paränetisch ansprechend) an und erwecken zudem den Eindruck, als ob bestimmte Vorstellungen ausschließlich zu bestimmter Zeit an eng umgrenzten Orten beheimatet gewesen wären.

Auch RUPPERT 1976, 232–237, nimmt verschiedene redaktionelle Schichten von Tob an, zu deren letzter die Achikar-Notizen gehören sollen. Für literarische Einheitlichkeit treten ROST 1971, 46, und SCHUMPP 1933, XLIII, ein.

[162] Vgl. dazu GAMBERONI 1977, 227–242; SCHÜRER III 1909, 243; EISSFELDT 1976, 792; ZINK 1963, 45 ff.

[163] Vgl. ZINK 1963, 40–49 (a.a.O., 42: »Tobit evidences the strong influence of Biblical writings, not only in his thought, but also in his very stil and imagery.«); RUPPERT 1976, 232–237; SCHUMPP 1933, LX f.

[164] Vgl. DESELAERS 1982, 280–308; EISSFELDT 1976, 791 f.; MILLER 1940, 13.

[165] Vgl. DESELAERS 1982, 278. Seine Gattungsbestimmung der »Grunderzählung« als »Lehrerzählung, die sich in der literarischen Form des Romans in entscheidenden Ansätzen realisiert und einen überraschenden Beziehungsreichtum zu biblischen Traditionen aufweist«, kann durchaus für das gesamte Buch übernommen werden, wenn man dabei die von DESELAERS auf die »Erweiterungsschichten« ausgelagerten weisheitlichen und eschatologischen Züge (vgl. a.a.O., 512 ff.) im Auge behält.

der Traditionsverwurzelung herauszuhören, sie hat aber keine aggressive Spitze gegen die heidnische Umwelt wie Sib oder Jub[166].

Das Idealbild des frommen und gerechten Tobit wird zum Vorbild für die Leser des Buches. In dem Lebensrückblick Tobits (Kp. 1 ff.) kann der Leser sich mit dem gerechten Familienvater und Ehemann identifizieren, bei den Mahnreden (4,3−21; 12,6−10; 14,9 ff.) soll er sich in die Rolle des Angesprochenen versetzen. So verbinden sich Unterweisung und Ermahnung, Unterweisung über die Verhaltensweisen und Haltungen, die zu einem gerechten Leben entsprechend der jüdischen Tradition gehören, Ermahnung zum dieser Tradition entsprechenden rechten Tun im Alltag[167].

Tob 4,3−18

In der Abschiedsrede des Tobit an seinen Sohn, der zu einer großen Reise aufbricht (4,3−21), läßt sich die herausgestellte Verknüpfung von Unterweisung und Ermahnung besonders deutlich beobachten. Sie kommt bereits in dem Vorgang selbst, den Weisungen des Vaters für den Sohn, zum Ausdruck[168]. Die Ermahnung richtet sich darauf, alle Tage Gottes zu gedenken, seine Gebote nicht zu übertreten, Gerechtigkeit zu üben und nicht auf den Wegen der Ungerechtigkeit zu wandeln (V. 5)[169].

---

[166] Zum soziologischen und historischen Hintergrund von Tob vgl. DESELAERS 1982, 314−319. 342. 504 f. 510; GAMBERONI 1977, 241.

[167] Vgl. zur Intention von Tob auch EISSFELDT 1976, 792 (»geradezu Muster jüdischer Frömmigkeit«); RUPPERT 1976, 237; SCHUMPP 1933, XII: »Der Verfasser verfolgt mit seiner Erzählung ganz offenkundig erbauliche Zwecke, er will seinen Volksgenossen, vorab denen in der Zerstreuung ein Muster vorführen der Gesetzestreue und vollkommenen Gerechtigkeit.«; MILLER 1940, 2 f.; DESELAERS 1982, 342. 501−510.

[168] Vgl. dazu o. S. 65 f. 91 f. mit Anm. II 97 sowie u. S. 218. Tob 4,3−21 entspricht weitgehend der Gattung Testament (s. auch HULTGÅRD II 1982, 65). Vgl. die Abschiedssituation (4,2 f.), das Rufen des Kindes (mehr Nachkommen gab es nach 1,9; 2,1 offenbar nicht) und die Anrede »Kind« (V. 3 f.), die Zusammenstellung allgemeiner und konkreter Mahnungen zu einer Abschiedsrede (4,3−19). Natürlich ist die Gattung den Gegebenheiten der Erzählung angepaßt. So steht die Lebensbeichte bereits 1,3−13, braucht deshalb also innerhalb des Testamentes nicht wiederholt zu werden. Auch ist die Sterbesituation nur eine potentielle, da ja zunächst noch die ganze Reiseerzählung folgt. Dadurch spannt sich ein erzählerischer Bogen zu der zweiten Abschiedsrede Tobits, 14,3−11. Dort erst findet sich auch die für die Testamente wesentliche Zukunftsschau (14,4−8).

[169] καὶ πάσας τὰς ἡμέρας σου, παιδίον, τοῦ κυρίου μνημόνευε, καὶ μὴ θελήσῃς ἁμαρτεῖν καὶ παραβῆναι τὰς ἐντολὰς αὐτοῦ. δικαιοσύνας ποίει πάσας τὰς ἡμέρας τῆς ζωῆς σου καὶ μὴ πορευθῇς ταῖς ὁδοῖς τῆς ἀδικίας (א). Der Sinaiticus hat VV. 6−18 eine große Lakune (nach HANHART 1984, 17, Anm. 2 »sicher ... sekundär und wahrscheinlich ... Fehler eines Abschreibers«), läßt also die ganze Reihe der Einzelmahnungen aus und setzt die allgemeinen Mahnungen fort: καὶ πᾶσιν τοῖς ποιοῦσιν δικαιοσύνην, δώσει κύριος αὐτοῖς βουλὴν ἀγαθήν ... καὶ νῦν, παιδίον, μνημόνευε τὰς ἐντολὰς ταύτας, καὶ μὴ ἐξαλειφθήτωσαν ἐκ τῆς καρδίας σου. Ab V. 20 entsprechen sich die Hand-

Die Unterweisung besteht darin, zu zeigen, welche konkreten Verhaltensweisen zu einem solchen Leben in Gerechtigkeit und nach dem Willen Gottes gehören[170]. Aus der Abschiedsrede lassen sich folgende Einzelmahnungen isolieren:

3　ἐὰν ἀποθάνω θάψον με, καὶ μὴ ὑπερίδῃς τὴν μητέρα σου· τίμα αὐτὴν πάσας τὰς ἡμέρας τῆς ζωῆς σου, καὶ ποίει τὸ ἀρεστὸν αὐτῇ καὶ μὴ λυπήσῃς αὐτήν.

4　. . . ὅταν ἀποθάνῃ, θάψον αὐτὴν παρ' ἐμοὶ ἐν ἑνὶ τάφῳ.

7　ἐκ τῶν ὑπαρχόντων σοι ποίει ἐλεημοσύνην, καὶ μὴ φθονεσάτω σου ὁ ὀφθαλμὸς ἐν τῷ ποιεῖν σε ἐλεημοσύνην· καὶ μὴ ἀποστρέψῃς τὸ πρόσωπόν σου ἀπὸ παντὸς πτωχοῦ, καὶ ἀπὸ σοῦ οὐ μὴ ἀποστραφῇ τὸ πρόσωπον τοῦ θεοῦ.

12　πρόσεχε σεαυτῷ, παιδίον, ἀπὸ πάσης πορνείας, καὶ γυναῖκα πρῶτον λάβε ἀπὸ τοῦ σπέρματος τῶν πατέρων σου· μὴ λάβῃς γυναῖκα ἀλλοτρίαν ἣ οὐκ ἔστιν ἐκ τῆς φυλῆς τοῦ πατρός σου . . .

13　καὶ νῦν, παιδίον, ἀγάπα τοὺς ἀδελφούς σου, καὶ μὴ ὑπερηφανεύου τῇ καρδίᾳ σου ἀπὸ τῶν ἀδελφῶν σου καὶ τῶν υἱῶν καὶ θυγατέρων τοῦ λαοῦ σου, λαβεῖν σεαυτῷ ἐξ αὐτῶν γυναῖκα. διότι ἐν τῇ ὑπερηφανίᾳ ἀπωλία καὶ ἀκαταστασία πολλή, καὶ ἐν τῇ ἀχρειότητι ἐλάττωσις καὶ ἔνδεια μεγάλη . . .

14　μισθὸς παντὸς ἀνθρώπου ὃς ἐὰν ἐργάσηται παρὰ σοὶ μὴ αὐλισθήτω, ἀλλὰ ἀπόδος αὐτῷ παραυτίκα . . .

15　καὶ ὃ μισεῖς μηδενὶ ποιήσῃς. οἶνον εἰς μέθην μὴ πίῃς, καὶ μὴ πορευθήτω

16　μετὰ σοῦ μέθη ἐν τῇ ὁδῷ σου.　ἐκ τοῦ ἄρτου σου δίδου πεινῶντι, καὶ ἐκ τῶν ἱματίων σου τοῖς γυμνοῖς . . .

17　ἔκχεον τοὺς ἄρτους σου ἐπὶ τὸν τάφον τῶν δικαίων, καὶ μὴ δῷς τοῖς ἁμαρτωλοῖς.

18　συμβουλίαν παρὰ παντὸς φρονίμου ζήτησον, καὶ μὴ καταφρονήσῃς ἐπὶ πάσης συμβουλίας χρησίμης. (B)

Das in dieser Reihe enthaltene konkrete Weisungsgut stimmt weitgehend überein mit dem der bisher untersuchten Gebotsreihen: Elternehrung, Barmherzigkeit, Neid, Unzucht, Bruderliebe, Hochmut, Verweigerung des Lohnes, Goldene Regel, Trunkenheit, Verachtung[171]. Es fällt aber auf,

---

schriften wieder. Die altlateinische Übersetzung, die von ℵ abhängt, füllt die Lakune nach B auf.

Ähnliche Wendungen finden sich in der zweiten Abschiedsrede Tobits (vgl. 14,9) und in der Mahnrede des Erzengels Raphael (vgl. 12,8f.). Zu δικαιοσύνη vgl. auch 1,3; 13,6; zu ἐντολή vgl. 1,8 (ℵ); 3,4f.; zu νόμος vgl. 1,8 (ℵ); 6,13(BA); 7,12(BA). 13(ℵ); 14,9(BA); zu ἀδικία vgl. 12,8.10(ℵ); 13,5; 14,7(ℵ). 11(ℵ). Auch ὁδός hat eine enge Beziehung zur Tora, vgl. DESELAERS 1982, 346, ebenso ἀλήθεια, vgl. SCHUMPP 1933, 84.

[170] Den Zusammenhang zwischen theologisch begründeter Mahnung und Unterweisung im Tun des Gesetzes sieht auch DESELAERS 1982, 390: »Die Gebote des Tobit haben nach seinem Verständnis göttliche Autorität! Damit ist der Vater der Träger der Tradition als Lehrer des Gesetzes und in der Erziehung zum Leben.«

[171] Die Belege für Unzucht (s. Anm. 63), Schutz der Bedürftigen (s. Anm. 112. 120), Neid (s. Anm. 57), Elternehrung (s. Anm. 75), Hochmut (s. Anm. 51) wurden bereits genannt. Zur

wie eng diese Weisungen mit dem Kontext des ganzen Buches, und zwar sowohl mit anderen paränetischen Abschnitten als auch mit Erzählmotiven sowie mit dem in ihnen durchscheinenden soziologischen und religiösen Hintergrund verknüpft sind. So ist die Mahnung zur Barmherzigkeit und zur Unterstützung sozial Schwacher immer wiederkehrendes paränetisches Thema der Schrift[172]. Auch die Erwähnung des Neides ist diesem Thema untergeordnet. Die Mahnung, die Mutter zu ehren, ist angehängt an die Aufforderung, den Vater zu begraben, wenn er gestorben ist[173]. Diese Aufforderung wird in der zweiten Abschiedsrede in Bezug auf Vater und Mutter wiederholt (14,10). Aus ihr spricht die in Tob mehrfach betonte soziale und religiöse Verpflichtung der Kinder den Eltern gegenüber. Auf diese Weise soll der Zusammenhalt der Familie und damit die Erhaltung der durch sie vermittelten jüdischen Tradition im Leben unter den Bedingungen der Diaspora gestärkt werden (vgl. 3,10; 5,1; 6,15; 10).

In den Horizont der Erhaltung des innerjüdischen Zusammenhaltes in der Diaspora sind auch die Weisungen aus dem sexualethischen Bereich gestellt. Unzucht ist hier verstanden als Heirat einer nichtjüdischen Frau[174]! In verschiedenen Wendungen wird die Mahnung ausgesprochen, eine Frau aus dem eigenen Volk zu nehmen. Die ganze Reiseerzählung ist Illustration dieser Mahnung (Kpp. 6—9)[175]. Auch Bruderliebe und Enthaltung von Hochmut zeigen sich darin, daß man sich nicht über die Stammesgenossen erhebt und aus ihrer Mitte seine Frau nimmt.

Es scheint demnach, als wäre die Mahnrede so entstanden, daß verschiedene sich aus der Erzählung ergebende Verhaltensweisen zu einer geschlossenen Mahnrede zusammengestellt wurden. Die Einzelweisungen, die keinerlei Beziehung zu ihrem Kontext aufweisen (Verweigerung des Lohnes, Trunkenheit) zeigen aber, daß der Entstehungsprozeß der Mahnrede umgekehrt verlaufen ist: Eine geprägte Zusammenstellung typischer Verhaltensweisen, in denen sich das vorbildliche Leben entsprechend den Ge-

---

Nächstenliebe vgl. Jub 7,20; TestXII (s. o. S. 122 ff. mit Anm. II 259); zur Lohnverweigerung vgl. PseuPhok 19 (Torahintergrund ist Lev 19,13); zur Trunkenheit vgl. TestIss 7,3 (s. o. S. 119 f.); zur goldenen Regel vgl. slHen 61,1; Philo, Hyp 7,6 (s. Anm. I 123. 182).

[172] Vgl. außer 4,7—11.16f. auch die Mahnreden 14,2.9(‍א).10f.; 12,8f.; außerdem noch 1,3.16; 2,14; 7,7(‍א); 9,6(‍א). S. dazu DESELAERS 1982, 348—358.373.384f., Anm. 20. ἐλεημοσύνη ist bis auf zwei Stellen (3,2; 13,6) in Tob stets als Eigenschaft bzw. Tat des Menschen gemeint, während das Verb ἐλεεῖν und das Substantiv ἔλεος ausschließlich in Bezug auf Gott gebraucht werden. Wichtig ist in unserem Zusammenhang der Gedanke, daß die ἐλεημοσύνη nicht auf vereinzelte Handlungen beschränkt ist, sondern eine Grundhaltung des solidarischen Handelns beschreibt (DESELAERS 1982, 534).

[173] Zur Forderung der Totenbestattung vgl. 1,17f.; 2,7; 12,12f.; 14,10.12f. Vgl. dazu STRACK / BILLERBECK IV/1 1954, 578—592.

[174] So auch DESELAERS 1982, 386, Anm. 26. Vgl. Jub 20,4; 25,1—7.

[175] Zur Endogamie vgl. SCHUMPP 1933, 89f.; MILLER 1940, 59f. S. auch o. S. 101.

boten und dem Willen Gottes realisiert, ist Grundlage der Mahnrede 4,3—21. Diese paränetische Tradition bestimmt aber nicht nur die Abschiedsrede Tobits, sondern auch zahlreiche Züge der Erzählung und die Haltung des ganzen Buches. Umgekehrt beeinflussen die Erzählung und der paränetische Gehalt des Tobitbuches die Formulierung der einzelnen Weisungen der Mahnrede. Die Verknüpfung der geprägten paränetischen Zusammenstellung mit der Tobiterzählung geschah bereits während der Entstehung des Tobitbuches selbst und durch dessen Verfasser. Es handelt sich also nicht um eine literarisch abzuhebende Bearbeitung.

So ist Tob 4,3—21 ein wichtiger Beleg für den Sitz im Leben der katechismusartigen Gebotsreihen. Solche Reihen sind in der paränetischen Unterweisung des Frühjudentums beheimatet und dienen dazu, ein dem Willen Gottes entsprechendes oder ihm widersprechendes Leben typisch und anschaulich zu beschreiben. Auf diese Weise halten sie die spezifisch jüdische Tradition lebendig und aktualisieren sie gleichzeitig für das alltägliche Leben unter den Bedingungen einer veränderten, weitgehend von fremden Traditionen geprägten Umwelt.

b) Jubiläenbuch

Einleitungsfragen:

Das Jub[176] ist vollständig nur in Äthiopisch überliefert, geht aber auf ein hebräisches Original zurück, von dessen griechischer Übersetzung die äthiopische (und darüber hinaus die lateinische und syrische) abhängig ist[177]. Aufgrund zeitgeschichtlicher Anspielungen auf die Makkabäerkämpfe sowie aus dem Vergleich mit der Qumran-Literatur ergibt sich als wahrscheinliche Entstehungszeit der hebräischen Urschrift der Zeitraum kurz nach dem Ausbruch des Makkabäeraufstandes (Mitte 2. Jh. v. Chr.)[178]. Jub ist wesentlich durch essenisches Gedankengut geprägt,

---

[176] Äthiopischer Text: CHARLES 1895; griechische Fragmente bei DENIS 1970a, 70—102; zitierte deutsche Übersetzung: BERGER 1981, 312—556.

[177] Zu den Überlieferungsverhältnissen im einzelnen vgl. BERGER 1981, 285—294; VANDERKAM 1977, 6—15; ROST 1971, 98 f.; DENIS 1970, 157 f.; LITTMANN 1900, 35. Seit in Qumran zahlreiche Fragmente des hebr. Jub gefunden worden sind (s. die Übersicht bei BERGER 1981, 286), ist die Frage der Ursprache entschieden. VANDERKAM 1977, 18—95, hat gezeigt, daß ÄthJub eine außerordentlich zuverlässige Wiedergabe des durch die Qumran-Fragmente repräsentierten Originals ist. Es läßt sich auch auf der griechischen Zwischenstufe der Überlieferung kein direkter Einfluß der LXX nachweisen (VANDERKAM 1977, 113—116; BERGER 1981, 287, Anm. 4). Die griechische Übersetzung datiert BERGER 1981, 289, Anm. 9, vor 70 n. Chr.

[178] VANDERKAM 1977, 207—284; ähnlich BERGER 1981, 300; MÜNCHOW 1981, 43. Durch die Untersuchung VANDERKAMs dürfte die vorher verbreitete Datierung um 100 v. Chr. (ROST 1971, 100; EISSFELDT 1976, 824; DENIS 1970, 161 f.; TESTUZ 1960, 39) widerlegt sein. DAVEN-

weist allerdings noch nicht die für die Qumrangemeinde typischen Züge auf, so daß man das Werk als essenisch-vorqumranisch bezeichnen kann[179].

Bei der Bestimmung der literarischen Gattung ist davon auszugehen, daß Jub einerseits in gewollter Abhängigkeit zum Pentateuch (vor allem Gen und Ex) steht und zum anderen besonders viel gesetzlichen Traditionsstoff in das durch die biblische Vorlage vorgegebene Gerüst einbaut. Solcher gleichermaßen freie wie gebundene Umgang mit dem Traditionsstoff ist kennzeichnend für eine Literaturform, die sich später im rabbinischen Midrasch typisch ausprägt. Charakterisiert man also Jub als haggadisch-halachischen Midrasch zu Gen 1 bis Ex 12[180], so darf man dabei nicht die Züge übersehen, die durch eine solche Gattungsbestimmung nicht abgedeckt werden. Dazu gehören apokalyptische und chronologische Aussagen, Kalendertraditionen und paränetische Reden (Testamente!).

Die enge Verbindung von apokalyptischem und paränetischem Anliegen kommt anschaulich in der Tradition von den »Tafeln des Himmels« zum Ausdruck. Sie enthalten neben Offenbarungsgut über Ereignisse vergangener und künftiger Geschichte und für das Gericht aufzubewahrenden Angaben über die Taten der Menschen zahlreiche gesetzliche Bestimmungen kultischer, kalendarischer und sittlicher Art[181].

Auch die Patriarchenerzählungen haben eine paränetische Tendenz, einerseits indem sie immer wieder auf die Tafeln verweisen[182], andererseits indem das Erzählte beispielhaft ein den Forderungen der Tafeln ent- oder widersprechendes Verhalten beschreibt[183].

Vorwiegend der Paränese dienen schließlich die zahlreichen Mahnreden der Patriarchen, die in etwa den Abschiedsreden der Jakob-Söhne in den TestXII entsprechen. Ihr jeweiliger eschatologischer Ausblick ist der parä-

---

PORT 1971, 10−18, datiert ähnlich wie VANDERKAM, unterscheidet jedoch innerhalb dieses zeitlich engen Rahmens drei literarische Schichten. Dagegen mit Recht MÜNCHOW 1981, 43; für literarische Einheitlichkeit auch schon LITTMANN 1900, 38.

[179] Vgl. VANDERKAM 1977, 255−283; BERGER 1981, 295−298; TESTUZ 1960, 33.179−195. 197; ROST 1971, 100; EISSFELDT 1976, 823; DENIS 1970, 161; CHARLESWORTH 1976, 143; V.D. OSTEN-SACKEN 1969, 197−200. Mit der rabbinischen Halacha vergleicht FINKELSTEIN 1923, 39−61, Jub, das danach gegenüber dem Rabbinismus eine ältere Traditionsstufe der Gesetzesbestimmungen widerspiegelt.

[180] So EISSFELDT 1976, 822; LITTMANN 1900, 37; BERGER 1981, 285.

[181] Vgl. TESTUZ 1960, 54; MÜNCHOW 1981, 45f. In ähnlicher Weise sind paränetische und eschatologische Intention in slHen verbunden, vgl. o. S. 192ff.

[182] Die Belege bei MÜNCHOW 1981, 47.

[183] MÜNCHOW 1981, 48: »Die Vätergeschichte ist ihrem Ursprung nach ein Paradigma für Gehorsam und Ungehorsam den Gesetzen der Tafeln des Himmels gegenüber.«, vgl. a.a.O., 49f.; BERGER 1981, 279.

netischen Intention eingeordnet, indem er auf das dem menschlichen Tun entsprechende Gericht Gottes verweist[184].

Das Gesetzesverständnis von Jub entspricht dem weiten Gesetzesbegriff des Frühjudentums, der neben kultischen und sittlichen Geboten auch die Ordnung von Schöpfung, Zeit (Kalenderfragen!) und Geschichte umschließt und so den umfassenden Bundeswillen Gottes manifestiert[185]. In der Paränese von Jub spiegelt sich die Situation der frühjüdischen Kreise wider, in denen die Schrift entstanden ist. Es ist die Situation der kulturellen und religiösen Bedrohung durch den Hellenismus, der Jub durch betonte Abgrenzung gegenüber den Heiden begegnet. Deshalb werden gerade spezifisch jüdische Gebote wie der Sabbat, die Speise- und Reinheitsvorschriften, das Verbot der Mischehe und die Kalenderordnung mit besonderem Nachdruck versehen[186]. Dies schließt aber nicht aus, daß in der konkreten Gebotsparänese[187] Traditionen Verwendung finden können, die an sich einen wenig exklusiven Charakter haben und in anderen Zusammenhängen einer entgegengesetzten, auf Anknüpfung an die nichtjüdische Umwelt bedachten Tendenz dienstbar gemacht sind.

Jub 7,20

Die Abschiedsrede des Noah (Jub 7,20—39) weist eine Reihe von Gemeinsamkeiten mit den Abschiedsreden der TestXII auf[188]. Allerdings ist sie, wie es typisch ist für Jub (vgl. die Abschiedsreden Abrahams, Jub 20—23), eng mit dem weiteren Kontext der Gesamterzählung verbunden,

---

[184] MÜNCHOW 1981, 51: »Die Abschiedsrede bringt . . . die für die Apokalyptik wesentliche Verbindung von ethischer und eschatologischer Belehrung deutlich zum Ausdruck.«, vgl. a.a.O., 53. Nach BERGER 1981, 298, ist das ganze Buch »wie die paränetischen Abschnitte in den Testamenten der Erzväter . . . zeigen — als Mahnrede gedacht«.

[185] Vgl. LIMBECK 1971, 72—84; MÜNCHOW 1981, 57. 61f.; TESTUZ 1960, 116—119. Die Begriffe »Gesetz« und »Gebot« begegnen in Jub häufig und sind austauschbar (s. dazu MÜNCHOW 1981, 57 mit Anm. 69).

[186] Vgl. BERGER 1981, 279—285; MÜNCHOW 1981, 58. Zum zeitgeschichtlichen Hintergrund dieser streng exklusiven Haltung vgl. BERGER 1981, 279. 298ff. In der Diaspora kam, wie z. B. die Sib zeigen, dieselbe Abgrenzungstendenz auf andere Weise zum Ausdruck, nämlich in der Verschärfung der apokalyptischen Gerichtsdrohung gegenüber den Heiden (s. o. S. 170f.).

[187] Zur materialen Ethik von Jub vgl. TESTUZ 1960, 101—116; FINKELSTEIN 1923, 54—61; MÜNCHOW 1981, 57ff.; LIMBECK 1971, 82ff.

[188] V. 20: Versammlung der Nachkommen um den sterbenden Patriarchen, V. 39: angedeutete Sterbesituation, lose Verknüpfung von Ermahnungen, Zukunftsanweisungen und Erzählungen vergangenen Geschehens mit jeweils paränetischer Tendenz.

so daß es unmöglich ist, eine ursprüngliche, in sich geschlossene und isoliert lebensfähige Abschiedsrede zu rekonstruieren[189].

Noahs Mahnrede an seine Kinder beginnt mit dem Verweis auf »die
Ordnungen und alles Gebot« und der Aufforderung, »daß sie Gerechtigkeit täten« (V. 20)[190]. Nach solcher »Überschrift für die folgende Paränese«[191] wird diese durch eine kurze Reihe konkreter Verhaltensweisen eingeleitet. Es folgt ein Rückblick auf die Sünden der »Wächter«, die sich mit
den »Töchtern der Menschen« verbanden, und auf die darauf folgenden
Vergehen der Geschlechter vor der Sintflut (21−25). In V. 26 wendet sich
Noah wieder direkt an seine Nachkommen, die begonnen haben, »auf dem
Weg des Verderbens . . . zu gehen«, was sich daran zeigt, daß sie untereinander uneins und aufeinander eifersüchtig werden. So fürchtet er, daß sie
nach seinem Tode »Menschenblut auf der Erde vergießen« werden (V. 27).
Damit ist der Übergang geschaffen zu einer ausgeführten Paränese zum
Thema Blutvergießen, die sich vorwiegend mit rituellen Speisevorschriften befaßt (VV. 28−33). Es schließt sich wieder eine allgemeine Aufforderung zum Tun von Ordnung und Gerechtigkeit an (V. 34), die mit
der Wendung »damit ihr gepflanzt werdet in Gerechtigkeit auf dem Antlitz
der ganzen Erde« überleitet zu einer weiteren ausgeführten Paränese über
verschiedene landwirtschaftliche Gesetzesbestimmungen (V. 35 ff.). Den
Abschluß bildet eine Berufung Noahs auf die Mahnungen Henochs an
dessen Nachkommen (V. 38 f.).

Noahs Ermahnung, Gerechtigkeit zu tun, wird ausgeführt durch eine
Reihe konkreter Verhaltensweisen (V. 20):

daß sie die Scham ihres Fleisches bedeckten und daß sie den segneten, der
sie geschaffen, und daß sie Vater und Mutter ehrten und daß sie ein jeder
den Nächsten liebten und daß er bewahre seine Seele vor Unzucht und Unreinheit und vor aller Ungerechtigkeit.

Damit ist auf kurze, einprägsame Weise zusammengefaßt, wie sich ein
Leben gemäß der Ordnungen und Gebote Gottes, ein Leben in Gerechtig-

---

[189] Der Wechsel in die 1. Pers. in V. 26 ist kein Hinweis auf eine eingearbeitete literarische
Vorlage, sondern die syntaktisch zwar inkonsequente, inhaltlich aber sachgemäße Fortsetzung der in der 3. Pers. (V. 20) begonnenen Rede Noahs an seine Kinder (vgl. BERGER 1981,
365).

[190] S. auch V. 34: »tut Ordnung und Gerechtigkeit«, V. 26: »in Gerechtigkeit wandeln«,
V. 37: »Und im fünften Jahr macht eine Erlassung davon, damit ihr es erlaßt in Gerechtigkeit,
und ihr werdet gerecht sein! Und es wird in Ordnung sein all eure Pflanzung.« Ähnliche allgemeine Mahnungen finden sich auch bei den übrigen Mahnreden des Jub (vgl. zum Tun der
Gerechtigkeit 20,2.9; 22,10; 36,3; zum Halten der Gebote 20,7; 21,5.23; 22,16). Solche kata-
logartigen Zusammenstellungen verschiedener Begriffe, die alle auf den umfassenden Gotteswillen bezogen sind, sind für Jub typisch, vgl. MÜNCHOW 1981, 57 mit Anm. 69.

[191] BERGER 1981, 364; vgl. MÜNCHOW 1981, 51: »›Kurzformel‹ für die verschiedenen thematischen Bereiche dieser Paränese«.

keit im Alltag realisieren läßt. Zwar stehen die meisten der aufgezählten
Mahnungen in Verbindung zu weiteren paränetischen Einzelaussagen des
Kontextes[192], aber ihre Zusammenstellung und ihre straffe, parallele Formulierung ermöglicht auch ein vom Kontext unabhängiges Verständnis.
In dieser Gestalt steht die Reihe den übrigen bisher untersuchten frühjüdischen Gebotsreihen nahe. Das wird auch durch den inhaltlichen Vergleich
der Einzelmahnungen bestätigt. Elternehrung neben der Gottesverehrung[193], Nächstenliebe[194], Enthaltung von Unzucht, Unreinheit und Ungerechtigkeit[195] gehören zum gängigen paränetischen Material der
Reihen[196].

Dadurch, daß die aufgezählten Verhaltensweisen als Konkretionen der
umfassenden Forderung, »die Ordnungen und alles Gebot« zu respek-
tieren, dargestellt werden, wird das so beschriebene Tun als Erfüllung des
Gotteswillens theologisch qualifiziert. Indem die Söhne Noahs die konkreten Weisungen ihres Vaters (die mit den konkreten Forderungen der
Tora sachlich identisch sind!) befolgen, verhalten sie sich der von Gott ge-

---

[192] Die erste Mahnung bezieht sich auf die gerade erzählte Geschichte von dem trunkenen
Noah, den Ham nackt sah (7,6−10). Zur Ehrung von Vater und Mutter vgl. 35,1.4.13
(29,15−20). Der Nächstenliebe widerspricht die Eifersucht und die Trennung vom Nächsten
(7,26; vgl. 20,2; 36,4.8f.). Unzucht, Unreinheit und Ungerechtigkeit werden durch den »Geschichtsrückblick« (VV. 21−25) illustriert (vgl. Unzucht in V. 21, Unreinheit, Unrecht, Ungerechtigkeit in V. 23).

[193] Vgl. Anm. 75.

[194] Tob 4,13; TestXII (s. o. S. 122ff.).

[195] Unzucht und Unreinheit erscheinen als stehende Redewendung häufig in Jub (9,15;
16,5; 20,3.6; 23,14; 41,16f. 23−26; 50,5); unter Unzucht fallen Blutschande (16,5.8; 33,10.12;
41,25f.), Ehebruch (39,6) und Mischehe (20,4; 25,1−7); letztere kann ebenfalls als Unreinheit
bezeichnet werden (30,1−16); Unreinheit neben den bereits genannten Stellen noch 1,9;
3,8.10f.; 4,22; 11,17; 21,5.21.23; 22,14.16; 23,17.21; 33,13f.19f.; 35,14). Eine ähnlich hervorgehobene Rolle spielen Unzucht und Unreinheit in PsSal (s. Anm. 282). Belege für Unzucht
in den Gebotsreihen in Anm. 63. Ungerechtigkeit in Jub noch 23,16; 35,13; 36,11.15.

[196] Weitere Reihen konkreter Weisungen für das Leben im Alltag nach dem Willen Gottes
in ähnlicher Geschlossenheit wie in Jub 7,20 finden sich in Jub nicht. Zu vergleichen wäre allenfalls der erste Teil der Abschiedsrede Abrahams (20,1ff.). Auch hier stehen allgemeine
Mahnungen am Beginn: »und er gebot ihnen, daß sie den Weg des Herrn bewahrten, daß sie
Gerechtigkeit täten . . .« (V. 2). Es folgen einige Einzelweisungen: »daß ein jeder seinen
Nächsten liebe und daß sie unter allen Menschen so seien, wie sie untereinander einer zum andern sich verhalten . . . daß sie beschnitten ihre Söhne . . . daß wir uns hüteten vor aller Unzucht und Unreinheit . . .« (V. 2f.). Eingeschoben in diese kleine Reihe sind weitere allge-
meine Mahnungen: »Recht und Gerechtigkeit zu tun auf der Erde« (V. 2), »daß sie nicht ab-
wichen nach rechts und nach links von allen Wegen, die uns der Herr geboten hat« (V. 3).
Daran schließt sich eine ausgeführte Paränese zum Verbot der als Unzucht zu wertenden
Mischehe (V. 4ff.) sowie eine Warnung vor dem Götzendienst (V. 7f.), dem der rechte Gottesdienst gegenübergestellt wird (V. 9). Mit dem Segen Abrahams schließt die Abschiedsrede
(V. 9f.).

wirkten und bewahrten Ordnung der Schöpfung und des Bundes mit Israel entsprechend[197].

3. Paränetische Unterweisung in lehrhafter Form

a) Weisheit Salomos

Einleitungsfragen:

Die »Weisheit Salomos«[198] ist eine von Anfang an griechisch verfaßte Schrift[199], die aus dem Milieu der hellenistisch-jüdischen Diaspora Ägyptens bzw. genauer Alexandrias hervorgegangen ist[200]. Sie kann als das Werk *eines*[201] in der griechischen Sprache, Kultur und Philosophie nicht unbewanderten Juden angesehen werden. Diese hellenistische Bildung des Verfassers ist aber ganz seiner Verwurzelung im vom Alten Testament bestimmten jüdischen Glauben ein- und untergeordnet. Das zeigt sich in

---

[197] Vgl. LIMBECK 1971, 81: »Weil Israel der von Gott gewollten und angebotenen Gemeinschaft in Gottes Ordnung begegnete, deshalb konnte Israel – nach dem Verständnis des Jubiläenbuches – in diese Gemeinschaft nur dann eingehen, wenn es sich nun auch seinerseits auf diese Ordnung einließ«. Vgl. a.a.O., 84: »Überzeugt von der Menschenfreundlichkeit Gottes . . . verstand der Verfasser des Jubiläenbuches auch die von Gott gewirkte Ordnung, die sich im Gesetz offenbart, als Teil des göttlichen Heilswirkens. Das Gesetz zu bewahren, bedeutete deshalb für ihn, die Gemeinschaft aufzunehmen und zu realisieren, die Gott dem Menschen angeboten hatte.«

[198] Text nach der LXX-Ausgabe SWETE II 1930, 604–643; zitierte deutsche Übersetzung: GEORGI 1980, 402–471.

[199] So die verbreitetste Ansicht, vgl. z. B. ROST 1971, 42; SIEGFRIED 1900, 476; FICHTNER 1938, 6; WINSTON 1981, 17 f.

[200] Die meisten Autoren lokalisieren sie dort und datieren sie in das 1. Jh. v. Chr. (so SIEGFRIED 1900, 479; ROST 1971, 43; EISSFELDT 1976, 815; FICHTNER 1938, 8; derselbe 1937, 122 ff.). Aus sprachlichen Gründen hält WINSTON 1981, 22 f., eine Entstehung der Weish erst ab der 1. Hälfte des 1. Jh. n. Chr. für möglich. OFFERHAUS 1981, 270, nimmt eine Entstehung vor den ersten blutigen Judenverfolgungen unter Ptolemaios II. Soter, also um die Wende vom zweiten zum ersten Jh. v. Chr. an. In der Datierung trifft er sich mit GEORGI 1980, 395 f., nicht allerdings in der Lokalisierung. GEORGI ist zwar zuzustimmen, daß nur wenig in Weish eine Entstehung in Alexandria positiv belegt. Allerdings findet sich erst recht nichts, was diese ausschließt.

[201] Dagegen will GEORGI 1980, 393 f., unsere Schrift als »Schulprodukt . . . das in einem kollektiven Prozeß gewachsen und gestaltet ist« verstehen und der frühen Gnosis zuordnen. Jedoch fehlen in Weish alle für eine solche Zuordnung konstitutiven Züge (dualistisches Gottesbild, kosmogonischer Entwurf, konsequente Abwertung der irdischen Welt, der Gedanke der Erlösung als Selbstfindung). Für literarische Einheitlichkeit des ganzen Buches, allerdings bei Annahme der Verarbeitung verschiedener Traditionen, treten ein: SIEGFRIED 1900, 479; ROST 1971, 43 (zwei verschiedene Entstehungsperioden im Leben des einen Verfassers); EISSFELDT 1976, 816; FICHTNER 1938, 7; derselbe 1937, 116 f.; RICKEN 1968, 57; LARCHER 1969, 103; WINSTON 1981, 12 ff.; OFFERHAUS 1981, 3.146 f.259.

seinem Gottesbild[202] wie in dem ständigen Rekurs auf die Geschichte des Gottesvolkes. Es wird sich auch für die konkrete Paränese erweisen[203].

Explizite Werbung für den jüdischen Glauben findet sich in Weish nirgends[204]. Die zahlreichen biblischen Bezüge und Anspielungen, die als solche nur von dem verstanden werden können, der bereits Kenntnis vom Judentum *hat*, lassen darauf schließen, daß es sich bei den Angesprochenen um Juden handelt. Diese Annahme bestätigt sich, wenn wir nach der Intention der Schrift fragen. Man kann sie als parakletisch im Doppelsinn des Trostes und der Ermahnung bezeichnen. Trost und Stärkung will sie den in äußerer und innerer Bedrängnis durch den Hellenismus stehenden Juden vermitteln, indem sie an das große Erbe jüdischen Gottesglaubens in der Geschichte erinnert und an das sich darin aussprechende Vertrauen auf Gott, den Schöpfer und Ordner der Welt[205]. Mahnen will sie dazu, dieses Erbe angesichts der Anfechtungen durch die nichtjüdische Umwelt nicht leichtfertig aufzugeben, die eigene jüdische Identität also in Frömmigkeit und Sittlichkeit zu wahren[206].

Der Unterstreichung dieser Mahnung dient die scharfe Gegenüberstellung von Gottlosen und Gerechten[207] in eschatologischen Gerichtsaus-

---

[202] Vgl. dazu EISING 1959, 398; WIBBING 1959, 29 f.

[203] Zum Verhältnis von hellenistischem und biblisch-jüdischem Gut in Weish vgl. die umfangreichen Untersuchungen von LARCHER 1969, 85—178 (Weish und die bibl.-jüd. Lit.). 179—236 (Weish und die hellenistische Lit.); s. auch DES PLACES 1969, 536—542; GILBERT 1973, 157—173; RICKEN 1968, 70—74; VÖGTLE 1936, 98 ff.; WIBBING 1959, 29 f. Es lassen sich keine direkten nichtjüdischen Vorlagen in Weish nachweisen. Der hellenistische Einschlag ist hauptsächlich auf die sprachliche und motivische Oberfläche beschränkt (vgl. FICHTNER 1938, 8). Zur biblischen Verwurzelung der meisten Aussagen von Weish 13—16 vgl. RICKEN 1968, 54—85; GILBERT 1973, 264 ff.; ZINK 1963, 61; ZIENER 1957, 138—151. Stärkere Betonung auf den philosophischen Hintergrund (Mittel-Platonismus) legt WINSTON 1981, 25—58; vgl. auch a.a.O., 63 f.

[204] Vgl. GEORGI 1981, 391. Direkte AT-Zitate gibt es nicht. Selbst implizite Zitate sind nicht häufig (vgl. LARCHER 1969, 101 f.; ZINK 1963, 58—72).

[205] Vgl. ähnlich HENGEL 1972, 282.

[206] Bei der Bestimmung von Intention und Adressatenkreis urteilen ähnlich SIEGFRIED 1900, 477; OFFERHAUS 1981, 239. 243; WINSTON 1981, 63. Zur Funktion der Polemik gegen den Götzendienst in Weish vgl. OFFERHAUS 1981, 246: »Damit will er also nicht einfach Heiden von der Überlegenheit der monotheistischen Religion des Judentums überzeugen, sondern eher schon Juden vor dem Abfall zum Götzendienst bewahren und letztlich die ihrer Religion entfremdeten Landsleute zum Glauben der Väter zurückführen. Er erreicht dies, indem er seine Leser an ihr jüdisches Erbe erinnert, d. h. auf ihr Wissen um die Macht Gottes und ihre Zugehörigkeit zu ihm anspricht, sie gleichzeitig aber auch darauf hinweist, daß ihr Abfall Sünde bedeutet. «

[207] Die δίκαιοι und die ἀσεβεῖ stehen sich direkt gegenüber in 1,16/3,1; 3,10; 4,3/4,7; 4,16; 5,14 f.; 10,6.20; 11,9/11,14; 12,9; 16,16.18/16,17. Aussagen über das Gericht Gottes durchziehen ebenfalls das ganze Buch, vgl. gleich zu Beginn 1,3.6.8 f. sowie die ausführlich geschilderte Gerichtsszene 4,19—5,23. Auch die im dritten Teil aufgezählten Plagen über die Ägypter sind als eschatologische Strafen gestaltet.

sagen[208]. Auch diese eschatologischen Passagen sind jedoch der unterweisenden Intention, dem »Unterricht über die Weisheit, d. h. die Gerechtigkeit« untergeordnet[209].

Weish 14,24 ff.

Die Kpp. 13–15 gehören zum dritten Hauptteil der Weish (10–19), der in einem lehrhaften Geschichtsrückblick, vorwiegend auf das Exodusereignis, den Zusammenhang vom Tun der Menschen und dem Gericht Gottes herausstellen will[210]. In diese »eine einzige große kompositorische Einheit«[211] ist, in Anknüpfung an die Darstellung der Tierplage zur Strafe für den Tierkult der Ägypter, ein längerer Abschnitt eingeschaltet, der Ursprung, Praxis und Folgen des Götzendienstes behandelt[212]. An zentraler Stelle werden dabei die Folgen der verfehlten Gotteserkenntnis und der darin begründeten Götzenanbetung (14,22 f.)[213] genannt, nämlich eine Reihe unsittlicher Verhaltensweisen (V. 24 f.), gefolgt von einer Beschreibung der götzendienerischen Praxis und der ihr folgenden Strafe Gottes, die ebenfalls noch einige konkrete moralische Vergehen erwähnt (VV. 27–31)[214].

---

[208] Nach FICHTNER 1937, 124, bedient sich der Verfasser der Weish der literarischen Form des »apokalyptischen Weisheitsbuches«; vgl. derselbe 1938, 8: »apokalyptisierendes Weisheitsbuch«.

[209] FICHTNER 1937, 127, mit ausdrücklichem Hinweis auf Kpp. 13 ff. Den unterweisenden Charakter unserer Schrift betont auch OFFERHAUS 1981, 23–27, indem er sie der hellenistischen Gattung des »Protreptikos« zuordnet. Vgl. auch HENGEL 1972, 280 (»protreptikosartige[n] Lehrschrift«), sowie WINSTON 1981, 18–20.

[210] LARCHER 1969, 103, bezeichnet Kpp. 11–19 als »un midrash qui a des racines palestiniennes, mais se trouve repris d'une façon originale par un juif fortement hellénisé«.

[211] OFFERHAUS 1981, 192.

[212] Dieser »Exkurs über den Götzendienst« ist sachlich mit seinem Kontext verzahnt, so daß er nicht als ursprünglich selbständig angesehen werden kann. Der Verfasser hat allerdings verschiedene Traditionen verarbeitet (so auch OFFERHAUS 1981, 146 f.; RICKEN 1968, 85 f.). Zu den Gliederungsvorschlägen für die Einschaltung vgl. die Zusammenstellung bei GILBERT 1973, 245–252. Festzuhalten ist, daß der Abschnitt in zwei Teile zerfällt, deren erster, kürzerer (13,1–9) den Kult der Naturelemente betrifft, während der zweite, längere (13,10–15,19) sich mit dem Kult der Götzenbilder beschäftigt. Letzterer weist eine konzentrische Struktur auf, deren Mitte der Abschnitt über den Ursprung und die Folgen des Götzendienstes (14,12–31) bildet. Vgl. die entsprechenden Analysen bei WRIGHT 1967, 180; GILBERT 1973, 254; OFFERHAUS 1981, 146–154; WINSTON 1981, 10 ff.

[213] Vgl. GILBERT 1973, 161; RICKEN 1968, 70. Zum Zusammenhang von falscher Gotteserkenntnis und Unsittlichkeit in der frühjüdischen Paränese vgl. REINMUTH 1985, 41–47; NISSEN 1974, 161 f.

[214] Den Begriff »Lasterkatalog« (WIBBING 1959, 29 f.) möchte ich vermeiden, da in unserem Zusammenhang sämtliche Vergehen der VV. 22–27 (und darüber hinaus auch die VV. 28–31) interessieren, aber nur V. 25 f. die Form eines Kataloges hat. Es handelt sich also um eine paränetische Reihe, in die katalogartiges Material aufgenommen wurde (vgl. ähnlich in slHen 10,4 ff.).

24 οὔτε βίους οὔτε γάμους καθαροὺς ἔτι φυλάσσουσιν, ἕτερος δ᾽ ἕτερον ἢ λοχῶν
25 ἀναιρεῖ, ἢ νοθεύων ὀδύνᾳ. πάντα δ᾽ ἐπιμὶξ ἔχει αἷμα καὶ φόνος, κλοπὴ καὶ
26 δόλος, φθορά, ἀπιστία, τάραχος, ἐπιορκία, θόρυβος ἀγαθῶν, χάριτος
ἀμνησία, ψυχῶν μιασμός, γενέσεως ἐναλλαγή, γάμων ἀταξία, μοιχεία καὶ
ἀσέλγεια.

Die Reihe konkreter unsittlicher Taten wird gerahmt durch die verallgemeinernden Aussagen über den Götzendienst (V. 22.27), die das Thema
der gesamten Einschaltung auf einen Satz bringen: Götzendienst ist Ursache aller Übel. Ein Großteil der genannten Vergehen ist bereits aus anderen Reihen vertraut. Wieder finden sich mehrere Aussagen zu Sexualvergehen (Ehebruch[215], Homosexualität[216], Schändung[217], Ausschweifung[218]),
darüber hinaus Tötungsdelikte[219], Diebstahl[220], Arglist[221], Veruntreuung[222], Aufruhr[223], Meineid[224]. Dazu kommen einzelne Aussagen, die

---

[215] V. 26: μοιχεία. Vgl. auch V. 24: οὔτε γάμους καθαρούς . . . φυλάσσουσιν, νοθεύων ὀδύνᾳ,
V. 26: γάμων ἀταξία. Die Belege aus den paränetischen Reihen in Anm. 32.

[216] V. 26: γενέσεως ἐναλλαγή (vgl. Anm. 63).

[217] Was konkret mit φθορά (V. 25) gemeint ist, ist schwer zu bestimmen. Im paganen Bereich kann das Wort verschiedene Bedeutungen haben, die von der Grundbedeutung »Vernichtung« abzuleiten sind (vgl. LIDDELL-SCOTT II 1930). Die wenigen LXX-Belege können
den Sinn unserer Stelle nicht erhellen. Auszugehen ist von Weish 14,12, wo φθορὰ ζωῆς im
identischen Parallelismus membrorum mit ἀρχή . . . πορνείας steht. Daraus ergibt sich eine
Übersetzung des Wortes mit »Schändung« bzw. »Verführung«. Für ein solches Verständnis
lassen sich sowohl in der paganen Literatur (LIDDELL-SCOTT II 1930 unter 4. seduction) als
auch im frühjüdischen Bereich Belege finden, die von der moralischen Bedeutung des Verbs
φθείρειν, διαφθείρειν bzw. von dem Substantiv φθορεύς (»Verführer«) abgeleitet sind. Dieser
taucht besonders in den Lasterkatalogen bei Philo (s. dazu WIBBING 1959, 26–29; VÖGTLE
1936, 107–111) auf (SpecLeg IV 89; Decal 168; Jos 84; Conf 48), vgl. außerdem φθορά neben
μοιχεία Det 102. Auch in den TestXII ist die Wortgruppe in sexueller Bedeutung belegt, vgl.
TestLev 17,11 (Lasterkatalog): παιδοφθόρος und TestSim 5,4: ἐν πορνείᾳ φθαρήσονται. S. zum
ganzen HARDER, ThWNT 9, 94–106. Anders GEORGI 1980, 454, der mit »Korruption« übersetzt.

[218] Die Verbindung von ἀσέλγεια mit μοιχεία könnte auch hier an sexuelle Zügellosigkeit
denken lassen, vgl. in diesem Sinne TestLev 17,11; Philo, VitMos I 305; SpecLeg III 23 (Jub
25, 7). In LXX findet sich das Wort nur noch in IIIMakk 2,26.

[219] Bereits in τεκνοφόνους (V. 23) anklingend, wenngleich dabei wohl eher an den Götzendienst, speziell an das Kinderopfer gedacht sein dürfte (vgl. in Weish noch 12,5 f. sowie Jub
1,11; 30,10). Das Vergehen hat einen alttestamentlichen Hintergrund (s. o. S. 37). Eindeutig
auf Mord gehen aber V. 24 (ἕτερος δ᾽ ἕτερον ἢ λοχῶν ἀναιρεῖ) und V. 25 (αἷμα καὶ φόνος). Weitere
Belege in Anm. 59.

[220] κλοπή neben φόνος (V. 25) auch TestAbr 10(A); Sib IV 31; vgl. PseuMenander (Philemon) 10 (κλέπτοντα καὶ σφάττοντα). Dekaloganspielung? Weitere Belege zum Diebstahl in
Anm. 60.

[221] Zu δόλος (V. 25) vgl. 1,5; 4,11. In 14,30 ist die Arglist eng mit dem Meineid verbunden.
Die Belege aus den Reihen s. Anm. 35.

[222] Das Wort ἀπιστία (V. 25) kommt in LXX außer hier nur noch in IVMakk 12,4 (א für
A ἀπείθεια) vor, ist aber bei Philo häufig; vgl. bes. Decal 172. 84 (Untreue im Zusammenhang
des Gebotes gegen das Falschzeugnis; s. dazu Weish 14,25: ἐπιορκία!); Sacr 22 (Treulosigkeit

schwer durch konkrete Vergehen näher zu bestimmen sind: Beunruhigung der Guten, Vergessen der Wohltat, Befleckung der Seelen (V. 26)[225].

Fragen wir zusammenfassend nach dem Ursprung des in der paränetischen Reihe verwendeten Materials, so ergibt sich ein differenziertes Bild. Es fiel auf, daß der Wortgebrauch unseres Abschnittes häufig weniger aus der LXX als vielmehr aus hellenistischer Sprachtradition zu erklären war, die bei Philo besonders deutlich belegt ist[226]. Dieser Eindruck wird verstärkt durch eine Reihe nichtbiblischer, aus der kynisch-stoischen Diatribe stammender Motive (vgl. die Gegenüberstellung von Krieg und Frieden in V. 22, die euhemeristischen Passagen in VV. 15−20 oder auch die Form des Lasterkataloges in V. 25 f.)[227]. Andererseits haben aber die meisten der aufgezählten konkreten Vergehen enge Parallelen in den katechismusartigen Reihen und damit Bezug zur Tora. Der Verfasser der Weish bezieht also den materialen Gehalt seiner Paränese aus dem vom Pentateuch gespeisten Fonds frühjüdischer ethischer Weisungen[228]. Er kleidet aber diese Mahnungen in die Sprache und die Vorstellungswelt seiner Umgebung und kann so wesentliche Inhalte der biblischen Tradition für die Situation der im Hellenismus lebenden und durch ihn bedrängten Juden der Diaspora lebendig werden lassen[229].

Daß dabei der biblische Gehalt in hellenistische Formen gegossen wird, und nicht umgekehrt hellenistische Gedanken mit biblischen Motiven illustriert werden, zeigt der direkt an die Reihe anschließende kleine Abschnitt

---

als Teil eines Lasterkataloges); SpecLeg IV 32; Imm 101 (Veruntreuung anvertrauten Gutes). Letzte Bedeutung hat gute Parallelen in den paränetischen Reihen, vgl. Philo, Hyp 7,6; Josephus, Ap II 208.216; PseuPhok 13 (dazu o. S. 52).

[223] * τάραχος (ταραχή)* steht in LXX häufig für den eschatologischen Schrecken. Belegt ist aber auch die Bedeutung »Verschwörung«, »Aufruhr« (Ps 30,21; Sir 40,5; IIIMakk 3,8.24; Prov 6,14; 26,21), die bei Philo im Vordergrund steht.

[224] Der Meineid wird in dem auf die Reihe folgenden zusammenfassenden Abschnitt (VV. 28−31) als Hauptsünde neben den Götzendienst gestellt. Gerade ihm folgt die Strafe, allerdings nicht aufgrund der Macht der beschworenen Götter, sondern aufgrund des gegen die Sünde gerichteten Gerichtes Gottes (V. 31). Daß hier Gottes Gericht über die Übertreter seines Gesetzes gemeint ist, legen die verwendeten Begriffe δίκη, ἁμαρτάνειν, ἄδικος, παράβασις nahe. Meineid in Reihen noch PseuPhok 16 f.; TestAss 2,6; PsSal 8,10 (4,4).

[225] *μιασμός, μιαίνειν* begegnet in paränetischen Reihen entweder auf sexuelle Vergehen (TestLev 14,6; TestIss 4,4; TestBenj 8,2 f. [vgl. dazu o. S. 117 mit Anm. II 222]; PseuPhok 177 [ApkAbr 24,5; Jub 20,6]; PsSal 8,12 [vgl. Anm. 282]) oder auf Verunreinigung durch Götzendienst (Sib V 392; vgl. IVMakk 5,36; 7,6; PsSal 2,3; 8,22) bezogen.

[226] Zum Verhältnis von Weish zu Philo vgl. Winston 1981, 59−63.

[227] Vgl. dazu Gilbert 1973, 164 ff.; Ricken 1968, 69.

[228] Ob allerdings eine so direkte (über Hos 4,2 vermittelte) Beziehung unserer Stelle zum Dekalog vorliegt, wie Gilbert 1973, 165−171, betont, scheint mir fraglich. Der Dekalog war nur eine der Quellen des paränetischen Gutes der Reihen, und der Vermittlungsweg dieses Gutes ist eher traditionsgeschichtlich als literarisch vorzustellen.

[229] Vgl. ähnlich Hengel 1972, 282.

VV. 28−32. Bezeichnenderweise wird gerade das alttestamentliche Verbot des Meineides herausgegriffen[230], als Ausdruck grundsätzlicher Übertretung des Gesetzes dem Götzendienst an die Seite gestellt und der Strafe Gottes im Gericht anheimgestellt.

So mahnt unsere Reihe zu einem Leben nach den Maßstäben des göttlichen Gesetzes im Unterschied zu den Götzendienern, die wegen ihrer Verfehlungen im Gericht Gottes ihre Strafe erhalten werden.

b) IV Makkabäer

Einleitungsfragen:

Das sogenannte 4. Makkabäerbuch[231] ist eine in jeder Hinsicht von den übrigen drei Makkabäerbüchern abzusetzende, von vornherein griechisch geschriebene jüdisch-hellenistische Erbauungsschrift. Es entstammt dem für fremde kulturelle Einflüsse offenen aber dennoch fest in den eigenen Traditionen stehenden Judentum der griechisch sprechenden Diaspora und dürfte etwa im 1. Jh. n. Chr. entstanden sein[232]. Verfasser ist ein mit einer gewissen griechischen Bildung ausgestatteter Jude. Der durchgängig jüdische Charakter seiner Schrift[233] kommt in der zentralen Bedeutung des Gesetzes für den gesamten Gedankengang zum Ausdruck und ist auch ersichtlich an der Rolle, die die LXX in ihr spielt[234]. Um sein Anliegen, anhand der Erzählung vom Martyrium des Priesters Eleasar sowie einer frommen Mutter und ihrer sieben Söhne den jüdischen Gesetzesgehorsam zu preisen, wirkungsvoll zum Ausdruck zu bringen, bedient sich der Verfasser der

---

[230] Vgl. abgesehen vom Dekalog Lev 5,22; 19,12; Ψ 23,4; Jes 48,1; Jer 5,2.7; Sach 5,3 f.; Mal 3,5.

[231] Text: LXX (Swete III 1930, 729−762); zitierte deutsche Übersetzung: Deissmann 1900, 152−177.

[232] So Charlesworth 1976, 151; Rost 1971, 82; Breitenstein 1976, 175; Fischer 1978, 85 f.; Redditt 1983, 267 ff.; etwas anders Deissmann 1900, 150 (zwischen Pompejus und Vespasian); Eissfeldt 1976, 833 (1. Hälfte des 1. Jh. v. Chr., aber auch 100−150 Jahre später möglich); Dupont-Sommer 1939, 78 (1. Hälfte des 2. Jh. n. Chr.). Als Entstehungsort wurde häufig Alexandria angenommen (Charlesworth, Deissmann, Rost, Eissfeldt) ohne daß z. B. die kleinasiatische oder syrische Diaspora ausgeschlossen werden könnte. Im Zusammenhang mit der These von einem in Antiochia beheimateten Märtyrerfest für die Makkabäer (s. Anm. 236) wird in jüngeren Untersuchungen Antiochia als Entstehungsort bevorzugt (Breitenstein, Dupont-Sommer, Redditt).

[233] Vgl. Deissmann 1900, 151: »alles Stoische ist nur angelernt und anempfunden«; Eissfeldt 1976, 832: »griechische Form und jüdischer Gehalt«; ähnlich Breitenstein 1976, 133. 148; Renehan 1972, 231; Fischer 1978, 105; Redditt 1983, 262.

[234] Es finden sich allein acht z. T. wörtliche Zitate (2,5; 17,19; 18,14−19) sowie zahlreiche Bezugnahmen auf Erzählungen des Pentateuch und des Danielbuches.

Sprache[235], der Literaturformen[236] und der popularphilosophischen Be-
grifflichkeit[237] seiner griechischen Umwelt. So stehen die Begriffe Vernunft (λογισμός)[238], Philosophie[239], Tugend (ἀρετή) stets in enger Verbindung mit der Frömmigkeit (εὐσέβεια)[240], diese aber wiederum mit dem Gesetz (νόμος)[241]. Gehorsam gegenüber dem Gesetz ist die in zahllosen Variationen wiederholte Hauptforderung und damit das durchgängige Thema
des IV Makk[242]! Daß es sich dabei um das mosaische Gesetz, die Tora handelt, geht einerseits aus direkten Zitaten oder sachlichen Übereinstimmungen mit Pentateuchgeboten, andererseits aus der Rückführung des Gesetzes auf Gott als Gesetzgeber hervor[243].

---

[235] Vgl. BREITENSTEIN 1976, 31–90. Nach B. zeigt die Syntax von IV Makk die »literarischen Ambitionen« des Verfassers. »Er ist von der einfachen Volkssprache, wie sie uns in
grossen Teilen des NT oder bei Epiktet begegnet, in dieser Beziehung weit entfernt.« (a.a.O.,
51).

[236] Die literarische Gattung von IV Makk wird häufig von der Diatribe hergeleitet (vgl.
DEISSMANN 1900, 151; CHARLESWORTH 1976, 151; ROST 1971, 80 f.; EISSFELDT 1976, 832).
Diese Zuordnung wird aber dem besonders im zweiten Teil (Kpp. 4–18) hervortretenden
rhetorischen Stil der Schrift nicht genügend gerecht (vgl. BREITENSTEIN 1976, 91–130. 162).
Deshalb setzt man sie heute mehr mit der im Hellenismus verbreiteten Gattung der Preis-
oder Gedenkrede in Verbindung (vgl. LEBRAM 1974, 83. 96; DUPONT-SOMMER 1939, 11 ff.
67 ff.; FISCHER 1978, 85 f.; REDDITT 1983, 263 f.). DUPONT-SOMMER hält IV Makk für die tatsächlich gehaltene Gedenkrede bei einem Märtyrerfest am Ort der Gräber der makkabäischen
Märtyrer in Antiochia (zustimmend FISCHER 1978, 86). Wahrscheinlicher ist jedoch, daß hier
eine rhetorische Form aufgenommen wurde und dem Anliegen des Verfassers entsprechend
literarische Verarbeitung fand (so schon DEISSMANN 1900, 150 f.).

[237] Zum philosophischen Hintergrund vgl. RENEHAN 1972, 223–238.

[238] In IV Makk 75×!

[239] Die Wortgruppe 12× in IV Makk, sonst in der ganzen LXX nur noch Dan 1,20. Vgl.
DUPONT-SOMMER 1939, 13: »le mot de φιλοσοφία désignait fort bien tout l'ensemble des
croyances religieuses et spirituelles«.

[240] εὐσέβεια in IV Makk 47× (in der übrigen LXX noch 12×), εὐσεβής 11×, εὐσεβῶς 1×, εὐ-
σεβεῖν 5×. Die Verbindung von Frömmigkeit und Philosophie bringt IV Makk am knappsten
zum Ausdruck in dem terminus ὁ εὐσεβὴς λογισμός (1,1.7; 6,31; 7,16; 13,1; 15,23; 16,1; 18,2;
vgl. τῆς εὐσεβείας λογισμός 7,4.24; 16,4; s. auch 13,26).

[241] εὐσέβεια im Sinne von Gesetzesgehorsam 5,18.31; 6,22; 7,18; 9,6 f. 23. 29 f.; 11,20; 12,11;
14,6; 15,1 ff.12.14; 16,13 f.17; 17,7. Vgl. BREITENSTEIN 1976, 169. 171: »Die Vernunft basiert
also auf der Frömmigkeit, und diese besteht . . . einzig und allein im Gesetzesgehorsam.«
(vgl. auch DUPONT-SOMMER 1939, 33–36; FISCHER 1978, 105; REDDITT 1983, 259).

[242] νόμος 38× in IV Makk. Gehorsam gegenüber dem Gesetz: 2,8.9.23; 4,23; 5,16–21.29.
33 ff.; 6,18; 7,7 f.15; 9,2; 11,5.12; 15,9; 18,1; vgl. die verschiedenen Ausdrücke für den Kampf
um das Gesetz: 6,21.30; 9,15; 11,27; 13,13; 15,29.32; 16,16, sowie das Sterben für das Gesetz:
6,27.30; 13,9.13; 15,10.

[243] REDDITT 1983, 250, nennt als eindeutige Belege dafür, daß νόμος den Pentateuch meint:
1,34; 2,5 f.9; 9,2; 18,10. Gott erscheint als Gesetzgeber: 2,23; 5,18.25; 11,5 (vgl. auch den
Ausdruck θεῖος νόμος 5,16; 6,21; 9,15; 11,27 und νόμος θεοῦ 13,22). Das Gesetz untersagt
(ἀπαγορεύει 1,34), sagt (λέγει 2,5), gebietet (κρατεῖ 2,10; ἐπικρατεῖ 2,11; κυριεύει 2,12), weist zu-
recht (ἀπελέγχων 2,11) und verdammt (8,25). Es bezieht sich inhaltlich auf verschiedene sitt-

Im Zusammenhang unserer Untersuchung von Bedeutung sind die Aussagen, die das Gesetz mit der Erziehung und Unterweisung in Verbindung bringen[244]. Weisheit und Erkenntnis göttlicher und menschlicher Dinge wird nach 1,16 f. bestimmt als »die durch das Gesetz erlangte Bildung, durch die wir das Göttliche in würdiger und das Menschliche in fördernder Weise erlernen«[245]. 13,22 nennt als eine der Ursachen der Innigkeit der Bruderliebe das gemeinsame Aufwachsen der Geschwister »unter täglichem Zusammensein, unter den übrigen Bildungseinflüssen und bei uns unter der Übung im Gesetze Gottes«[246]. Der Abschnitt 18,10−19 gibt näheren Einblick in solche Übung im Gesetz unter väterlicher Anleitung.

Mit dem Gesetz als der bereits in der Schöpfung angelegten und durch die göttlichen Gebote geschützten Lebensordnung Gottes für Mensch und Natur steht auch die Vernunft und alle fromme Philosophie im Einklang, mehr noch, die durch das Gesetz belehrte Vernunft verhilft dazu, diese Lebensordnung im Leben des Einzelnen zu verwirklichen[247]. Die erzählerische Situation des Martyriums einzelner herausragender Personen stellt einen Extremfall dar für eine Haltung, die auch für weniger extreme Situationen vorbildlich sein soll. Die Darstellung von Extremen, der pathetische Stil, die ständige Wiederholung der relativ schlichten Grundaussage − alles typische Züge der Erbauungsliteratur − dienen zur Veranschaulichung, Unterstreichung und Einschärfung der paränetischen Grundaussage. Auf diese Weise will IV Makk, ähnlich wie Weish, Tob, Sib, das Traditionsbewußtsein der in nichtjüdischer Umwelt lebenden Juden stärken. Seine geistigen Anleihen bei griechischer Philosophie und Literatur sind Zeugnis von der Offenheit des Diasporajudentums für fremde kulturelle Einflüsse. Diese Offenheit hilft dazu, die überlieferten Traditionen zu aktualisieren und sie so davor zu schützen, unter veränderten Verhältnissen als veraltet verworfen zu werden.

---

liche Verhaltensweisen (s. u.) sowie, vorgegeben durch den erzählerischen Anlaß, auf Speisevorschriften (1,34; 5,19 f. 25. 36; 7,6). In 18,8 dürfte auch auf Sexualgebote angespielt sein (vgl. DEISSMANN 1900, 175 f.).

[244] Eine solche Verbindung liegt bereits in dem Ausdruck ὁ πάτριος νόμος (4,23; 5,33; 16,16; vgl. πάτριος θεσμός 8,7; πατρία εὐσέβεια 9,29; πάτρια ἐντολαί 9,1), insofern als hier implizit die Funktion der Väter, die Söhne im Gesetz zu unterweisen, enthalten ist, vgl. 18,10−19 (s. u.).

[245] Vgl. zur Sache DUPONT-SOMMER 1939, 36; REDDITT 1983, 260. Vgl. auch 5,34: παιδευτὰ νόμε.

[246] ἐν νόμῳ θεοῦ ἀσκήσεως. Vgl. 13,24: νόμῳ παιδευθέντες.

[247] Vgl. ähnlich REDDITT 1983, 252. 254; zum Verhältnis von Gesetz und Natur in IV Makk s. a.a.O., 257.

IV Makk 2,4—16

Der Abschnitt IV Makk 2,4—16 gehört zum ersten Hauptteil der Schrift, der »philosophische(n) Betrachtung des Lehrsatzes« (1,13—3,18)[248]. Die These, daß »die Vernunft Selbstherrin der Triebe ist« (1,13), wird nach einigen theoretischen Begriffsbestimmungen (1,15—27) zunächst dadurch belegt, daß die Besonnenheit (σωφροσύνη) die Begierden beherrscht (1,30—35). Als konkretes Beispiel werden Speisevorschriften der Tora angeführt (1,34), sodann wird auf das vorbildliche Verhalten Josephs (ὁ σώφρων) verwiesen, der »obschon ein Jüngling in voller Reife für den Verkehr . . . durch die Vernunft die Brunst der Triebe« entkräftete (2,1 ff.)[249]. Es schließt sich eine Reihe weiterer Begierden an, über die die Vernunft bzw. das Gesetz[250] herrscht (2,4—16). Die Verbindung zwischen dem Beispiel Josephs und dieser Reihe bildet ein wörtliches, bei der Aufzählung der Güter des Nächsten leicht gekürztes Zitat des letzten Dekaloggebotes:

5 οὐκ ἐπιθυμήσεις τὴν γυναῖκα τοῦ πλησίον σου, οὐδὲ ὅσα τῷ πλησίον σού ἐστιν.[251]

Dabei wird ausdrücklich darauf verwiesen, »daß das Gesetz es ist, das den Ausspruch getan hat«, wodurch dieses Argument besondere Überzeugungskraft bekomme (V. 6). Indem V. 6 das letzte Dekaloggebot ganz ohne Objekte anführt (καίτοι ὅτε μὴ ἐπιθυμεῖν εἴρηκεν ἡμᾶς ὁ νόμος), wird dieses verabsolutiert und in seiner Bedeutung ausgeweitet. Es kann so zum umfassenden Ausdruck für die Forderung des göttlichen Gesetzes werden[252].

Die in VV. 7 ff. aufgezählten Begierden, über die »die Vernunft im

---

[248] So die Überschrift bei DEISSMANN 1900, 153.

[249] σωφροσύνη gehört zu den zentralen Tugenden in IV Makk (1,3.6.18.30 f.; 5,23; vgl. σώφρων 1,35; 2,16.18.23; 3,17.19; 7,23; 15,10). Joseph als Vorbild der σωφροσύνη ist im Frühjudentum traditionell, vgl. JosAs 4,9; Josephus, Ant II 48.50.69; Philo, Jos 40.57.87 (dazu HOLLANDER 1975, 64 f.). σωφροσύνη ist das paränetische Hauptmotiv von TestJos (Titel; 4,1 f.; 6,7; 9,2 f.; 10,2 f.). Die Bedeutung ist, wie auch IV Makk zeigt, nicht auf den sexuellen Bereich beschränkt, vgl. PseuPhok 76; Josephus, Ap II 195.204.

[250] Beide Ausdrücke werden synonym verwendet, vgl. νόμος in VV. 5.6.8.9.10.13, λογισμός in VV. 4.6.7.9.13.15.

[251] Vgl. Ex 20,17 / Dtn 5,21. ἐπιθυμεῖν in IV Makk nur 2,5 f. und 1,34, jeweils in Bezug auf Pentateuchgebote. Dagegen begegnet das Substantiv relativ häufig, und zwar in offenbar reflektierter Verwendung: Der Plural bezeichnet einen abstrakten Sammelbegriff, der zum Vokabular der Hauptthese gehört (1,31.32; 2,1.4.6; 5,23), der Singular meint die konkrete Gier nach Essen und Trinken (1,3; 3,2.11.12.16; Ausnahme: 1,22). Eine sexuelle Bedeutung ist nur in 2,1 gegeben, und zwar erst durch die Näherbestimmung: πρὸς τὴν τοῦ κάλλους μετουσίαν.

[252] Vgl. 2,4: πᾶσα ἐπιθυμία. Diese ausgeweitete Bedeutung des 9./10. Dekaloggebotes ist auch bei Philo, Decal 142.150.173, belegt. VitAd 19 wird die Begierde Anfang aller Sünde genannt, ApkAbr 24,8 Haupt jeder Gesetzlosigkeit. Vgl. im NT Röm 7,7.

stande ist . . . zu herrschen«, werden in V. 6 als »die der Gerechtigkeit hindernd entgegenstehenden Triebe« bezeichnet:

7   ἐπεὶ τίνα τρόπον μονοφάγος τις ὢν τὸ ἦθος, καὶ γαστρίμαργος καὶ μέθυσος με-
8   ταπαιδεύεται, εἰ μὴ δῆλον ὅτι κύριός ἐστιν τῶν παθῶν ὁ λογισμός; αὐτίκα
     γοῦν τῷ νόμῳ πολιτευόμενος, κᾶν φιλάργυρός τις εἴη, βιάζεται τὸν ἑαυτοῦ
     τρόπον, τοῖς δεομένοις δανίζων χωρὶς τόκων, καὶ τὸ δάνιον τῶν ἑβδομάδων
9   ἐνστασῶν χρεοκοπούμενος. κᾶν φειδωλός τις ᾖ, ὑπὸ τοῦ νόμου κρατεῖται
     διὰ τὸν λογισμόν, μήτε ἐπικαρπούμενος τοὺς ἀμήτους, μήτε ἐπιρωγολογού-
     μενος τοὺς ἀμπελῶνας·

Die hier erwähnten konkreten Verhaltensweisen (Prasserei[253], Geldgier[254], Unterstützung der Bedürftigen[255]) gehören zum traditionellen Weisungsgut frühjüdischer Gesetzesparänese.

Es folgt ein Abschnitt, der die zwischenmenschlichen Beziehungen anspricht, die durch das Gesetz bestimmt werden:

10   ὁ γὰρ νόμος καὶ τῆς πρὸς γονεῖς εὐνοίας κρατεῖ, μὴ καταπροδιδοὺς τὴν ἀρετὴν
11   δι' αὐτούς· καὶ τῆς πρὸς γαμετῆς φιλίας ἐπικρατεῖ, διὰ παρανομίαν αὐτὴν
12   ἀπελέγχων· καὶ τῆς τέκνων φιλίας κυριεύει, διὰ κακίαν αὐτῶν κολάζων· καὶ
13   τῆς φίλων συνηθείας δεσπόζει, διὰ πονηρίας αὐτοὺς ἐξελέγχων. καὶ μὴ
      νομίσητε παράδοξον εἶναι, ὅπου καὶ ἔχθραν ὁ λογισμὸς ἐπικρατεῖν δύναται
14   διὰ τὸν νόμον, μηδὲ δενδροτομῶν τὰ ἥμερα τῶν πολεμίων φυτά, τὰ δὲ τῶν
      ἐχθρῶν τοῖς ἀπολέσασιν διασῴζων, καὶ τὰ πεπτωκότα συνεγείρων.

In ganz ähnlicher Weise sind in der Gesetzesepitome bei Josephus, Ap II 190–219, die Gesetzesbestimmungen denselben Lebensbereichen zugeordnet (Eltern: 206, Ehe: 199–201, Kinder: 202.204, Freunde: 207, Feinde: 211f.). Selbst die speziellen Bestimmungen zum Verhalten gegenüber Feinden haben dort ihre Parallele (Schutz der Obstbäume: 212, Schutz des Viehs der Feinde: 213). Zwar ist die gemeinsame Grundlage für IV Makk und Josephus, Ap II 190–219, die Tora, auf die sich ja beide ausdrücklich beziehen. Jedoch legt die Art der Zusammenstellung von Torageboten und ihre Kombination mit weiterem nicht auf die Tora zurückgehenden paränetischen Material (vgl. VV. 7.15) die Annahme einer engeren traditions-

---

[253] Vgl. TestIss 7,3; TestBenj 6,3; PseuPhok 61.122; Josephus, Ap II 204; Tob 4,15. Zu μονοφάγος vgl. TestIss 7,5: οὐκ ἔφαγον μόνος (s. auch Hi 31,17).

[254] S. Anm. 53.

[255] Zinsverbot und Verbot der Nachlese gehen direkt auf die Tora zurück (Ex 22,25; Lev 25,35ff.; Dtn 23,19f.; 15,1ff.; Lev 19,9f.), entsprechen aber intentional der in den paränetischen Reihen häufig hervortretenden Tendenz zum Schutz der Schwachen (s. Anm. 112. 120). Zum Zinsverbot vgl. auch Josephus, Ap II 208; PseuPhok 83.

geschichtlichen Beziehung der frühjüdischen Texte untereinander nahe. IV Makk 2,4−16 ist den katechismusartigen Gesetzeszusammenfassungen bei Josephus, Ap II 190−219; Philo, Hyp 7,1−9, an die Seite zu stellen. Die deutlich selbständige Gestaltung des weitgehend parallelen Stoffes in IV Makk zeigt, daß keine literarische, sondern eine traditionsgeschichtliche Beziehung vorliegt. Der Verfasser des IV Makk schöpft aus demselben Fonds frühjüdischer ethischer Weisungen, der aus dem Vergleich von PseuPhok, Josephus, Ap II 190−219, und Philo, Hyp 7,1−9, erschlossen werden konnte[256].

Eine katalogartige Aufzählung nennt anschließend die »roheren Triebe«, über die die Vernunft herrscht:

15 φιλαρχίας καὶ κενοδοξίας καὶ ἀλαζονίας καὶ μεγαλαυχίας καὶ βασκανίας.[257]

Schließlich leitet die Erwähnung der Erregung (θυμός, V. 16) über zu zwei weiteren Beispielen aus biblischen Erzählungen, die illustrieren sollen, wie die Vernunft über die Erregungen (θυμῶν, V. 20) siegt (2,17−20)[258].

Den Abschluß dieses Gedankenganges und einen Höhepunkt des gesamten ersten Hauptteiles bildet der Hinweis auf den theologischen Grund der These von 1,13: »War es doch Gott, der bei der Schöpfung des Menschen dessen Triebe und Stimmungen um ihn her pflanzte, der jedoch über sie alle den hehren Herrscher Verstand durch die Sinne auf den Thron setzte und ihm ein Gesetz gab, dessen Befolgung ihm eine Königsherrschaft voll Besonnenheit, Gerechtigkeit, Güte und Mannhaftigkeit verhieß.« (2,21 ff.). In diesem Satz sind wie in einer Kurzformel alle wichtigen Begriffe und Grundgedanken des IV Makk zusammengefaßt: Gott, der Schöpfer und Gesetzgeber, der Mensch als Teil der Schöpfung und Befolger des Gesetzes, sein Leben entsprechend dem göttlichen Willen und den menschlichen Tugenden.

Die hier näher besprochene Reihe konkreter Verhaltensweisen dient im Kontext von IV Makk 1−3 zur Illustration der These, daß die vom Gesetz bestimmte Vernunft die Triebe und Leidenschaften beherrscht. Sie dient

---

[256] Vgl. dazu o. S. 42 ff. Natürlich finden sich paränetische Aussagen zu den IV Makk 2,10−14 genannten Lebensbereichen auch in den übrigen behandelten Reihen (zum Verhalten gegenüber Eltern s. Anm. 75, zur Ehe und Sexualität s. Anm. 32. 63). Auch diese beziehen, wie gezeigt wurde, ihr konkretes Weisungsgut aus dem Fonds frühjüdischer ethischer Weisungen. Es bestehen aber graduelle Unterschiede in der Nähe des Verwandtschaftsverhältnisses zwischen den Gesetzeszusammenfassungen bei Philo, Hyp, und Josephus, Ap, PseuPhok und IV Makk 2 einerseits und den übrigen in Teil II und III unserer Untersuchung besprochenen paränetischen Reihen andererseits. Vgl. dazu u. S. 235−239.

[257] Von diesen Begriffen begegnete bisher in den Gebotsreihen nur βασκανία (TestIss 4,5; vgl. 3,3; s. o. S. 115).

[258] θυμός in IV Makk noch 1,4.24; 3,3. Vgl. in Gebotsreihen TestDan 5,1; PseuPhok 63; TestAbr 10(A); Sib III 40 (s. Anm. 36).

im Gesamtzusammenhang der Schrift darüber hinaus auch der exemplari-
schen Zusammenstellung alltäglicher Verhaltensweisen und damit der
Konkretion der Ermahnung und Ermunterung zum Gesetzesgehorsam.
Dies entspricht der Intention der geprägten paränetischen Gebotsreihen,
der einprägsamen, katechismusartigen Zusammenfassung des im jüdischen
Gesetz zum Ausdruck kommenden Gotteswillens.

4. Paränetische Unterweisung in Form pseudepigraphischer Dichtung

a) Psalmen Salomos

Einleitungsfragen:

Die PsSal[259] sind eine ursprünglich hebräisch verfaßte, aber nur in griechischer und davon abhängiger syrischer Übersetzung überlieferte[260]
Schrift, die in Palästina, wahrscheinlich in Jerusalem, um die Mitte des
1. Jh. v. Chr. entstanden ist[261]. Umstritten ist die Einordnung der Sammlung[262] in die verschiedenen Gruppierungen oder Strömungen des Judentums Palästinas. Einerseits wird sie als Zeugnis des frühen Pharisäismus
gewertet[263], andererseits in Abgrenzung von den Pharisäern mit den Qumranschriften in Verbindung gebracht[264]. Wer diese beiden Zuordnungen
vermeiden will, rechnet die PsSal zu einer frühen eschatologischen Bewe-
gung des 1. Jh. v. Chr.[265]. Die in unserem Zusammenhang interessierenden

---

[259] Griechischer Text: v. GEBHARDT 1895 (vgl. auch die LXX-Ausgaben); zitierte deutsche
Übersetzung: HOLM-NIELSEN 1977, 62–109.
[260] Die syrische Übersetzung ist nicht vom hebräischen Original aus gemacht, vgl. die allgemein akzeptierte Zurückweisung der anderslautenden These von KUHN 1937 durch BEG-
RICH 1939, 131–164.
[261] In diesem Sinne DENIS 1970, 63ff.; CHARLESWORTH 1976, 195; ROST 1971, 89f.; EISS-
FELDT 1976, 826–831; KITTEL 1900, 127ff.; HOLM-NIELSEN 1977, 51; WRIGHT 1972, 136. Die
griechische Übersetzung wird von DENIS 1970, 63, am Ende des 1. Jh. v. Chr., von HOLM-
NIELSEN 1977, 54, im 1. Jh. n. Chr. angesetzt.
[262] Ob es sich dabei um eine Zusammenstellung von Psalmen eines oder mehrerer Verfasser handelt, ist unerheblich, da die Unterschiede keineswegs so gravierend sind, daß man
voneinander unterscheidbare literarische Schichten eruieren könnte. Damit erübrigt sich (jedenfalls für unsere Untersuchung) eine literarkritische Analyse, wie sie SCHÜPPHAUS 1977,
138–153, versucht. Mehrere Verfasser nehmen auch EISSFELDT 1976, 830, und HOLM-NIELSEN
1977, 58f., an.
[263] So mit Betonung SCHÜPPHAUS 1977, 131–137; vgl. auch DENIS 1970, 64; ROST 1971, 90;
KITTEL 1900, 128; vorsichtig auch HOLM-NIELSEN 1977, 51; NISSEN 1974, 22.
[264] So VON SCHOEPS 1951, 322–336; O'DELL 1961, 241–257; abwägend auch WRIGHT
1972, 139ff.; EISSFELDT 1976, 831. Einen stilistischen und gattungsmäßigen Vergleich der
PsSal mit den Hodajot hat HOLM-NIELSEN 1968, 112–131, durchgeführt.
[265] So WRIGHT 1972, 139–141; O'DELL 1961, 250f.

paränetischen Aussagen sind jedoch nicht an spezifische Vorstellungen einzelner Strömungen oder Parteien des palästinischen Judentums gebunden. Insofern wird ihre Aussagekraft als Zeugnis für die Art der frühjüdischen Paränese bei einer eventuellen Herkunft aus einer Sondergruppe eher verstärkt als gemindert[266].

Sowohl stilistisch als auch hinsichtlich des Wortschatzes stehen die PsSal in der Nachfolge der alttestamentlichen Psalmendichtung[267]. Ihr Gedankengut entspricht aber eher dem der frühjüdischen Literatur, und zwar sowohl in den eschatologischen als auch in den paränetischen Passagen. Die Psalmendichtung ist hier zur literarischen Form geworden. Wir haben keine Sammlung von Kultgesängen der Gemeinde, sondern ein Erbauungsbuch vor uns[268]. Hervorstechend ist der eindringlich ermahnende, reflektierende, belehrende und tröstende Ton der Sammlung. Er weist auf den Sitz im Leben dieser Psalmen in Paränese und Unterweisung[269]. Dafür ist auch die (bereits in den Sib zu beobachtende) Gegenüberstellung von gesetzestreuen Frommen auf der einen und vom Gesetz abweichenden Gottlosen auf der anderen Seite charakteristisch[270].

PsSal 8,9–13

In PsSal 8 spiegeln sich die Ereignisse um die Eroberung Jerusalems durch Pompejus im Jahre 63 v. Chr. wider[271]. Er setzt ein mit der Erinnerung des Beters an Kriegslärm und Drangsal (V. 1 f.). Sie führt ihn zu einer Reflexion über das Gericht Gottes (VV. 3–8). Als Ursache dieses Gerichtes erkennt er die Sünden Jerusalems (VV. 9–13). Dann berichtet er von der Strafe Gottes, der Eroberung der Stadt (VV. 14–21). Daran schließt sich ein Lobpreis über Gottes gerechtes Gericht (VV. 22–26). Der Psalm endet

---

[266] Als eine solche kommt am ehesten der Pharisäismus in Betracht, besonders wenn man seine für das palästinische Judentum insgesamt typischen und vorherrschenden Züge betont; vgl. NISSEN 1974, 18–22.

[267] Vgl. HOLM-NIELSEN 1977, 55 ff.

[268] Vgl. den ähnlichen Vorgang bei den Sib, bei denen freilich zu der Transformation auf die literarische Ebene noch die von der nichtjüdischen auf die jüdische Religion kommt.

[269] Ähnlich HOLM-NIELSEN 1977, 51: »Vor allem aber haben sie Bedeutung als Erbauungsliteratur für Trost und Ermahnung gehabt, und man kann sich sehr gut vorstellen, daß sie in der religiösen Erziehung und Ausbildung verwendet worden sind.« Vgl. SCHÜPPHAUS 1977, 150; KÄHLER 1974, 127.

[270] Vgl. ROST 1971, 90: »Inhaltlich schildern sie den gesetzestreuen Frommen und den vom Gesetz weichenden Übeltäter sowie deren Schicksale«, sowie KÄHLER 1974, 127 f.

[271] Vgl. auch PsSal 1; 2; 17.

mit einer vertrauensvollen Bitte um Gottes Barmherzigkeit (VV. 27–34)[272].

Der skizzierte Aufbau zeigt, daß die im Hintergrund stehenden historischen Ereignisse nur Teil einer umfassenden religiösen Aussage sind: Thema dieses Psalms ist Gottes gerechtes Gericht[273]. Gottes Gericht über Jerusalem ist ein gerechtes, weil es über die Sünden seiner Bewohner ergeht (V. 8)[274]. Diese Sünden übersteigen noch die der Heiden (V. 13)[275] und sind Ausdruck der Gesetzlosigkeit des Volkes (V. 9)[276], die in einer Reihe von unsittlichen Verhaltensweisen sichtbar wird:

9   *ἐν καταγαίοις κρυφίοις αἱ παρανομίαι αὐτῶν ἐν παροργισμῷ·*[277]
      υἱὸς μετὰ μητρὸς καὶ πατὴρ μετὰ θυγατρὸς συνεφύροντο.

10   *ἐμοιχῶντο ἕκαστος τὴν γυναῖκα τοῦ πλησίον αὐτοῦ.*
      συνέθεντο αὐτοῖς συνθήκας μετὰ ὅρκου περὶ τούτων.

11   *τὰ ἅγια τοῦ θεοῦ διηρπάζοσαν,*
      ὡς μὴ ὄντος κληρονόμου λυτρουμένου.

12   *ἐπατοῦσαν τὸ θυσιαστήριον κυρίου ἀπὸ πάσης ἀκαθαρσίας*
      καὶ ἐν ἀφέδρῳ αἵματος ἐμίαναν τὰς θυσίας ὡς κρέα βέβηλα.

Genannt sind vor allem Sexualvergehen und Vergehen gegen die Heiligkeit des Tempels: Blutschande (V. 9b)[278], Ehebruch (V. 10a)[279], damit zusam-

---

[272] Der Verfasser versteht es, verschiedene Stilmittel einer geschlossenen Gesamtaussage dienstbar zu machen: Weckruf (1 f.), Reflexion (3–8), Aufzählung (9–13), Bericht (14–21), Lobpreis (22–26), Bittgebet (27–34).

[273] Vgl. die Häufung der Wörter *κρίνειν* (3.24.26), *κρῖμα* (7.8.23.25.32.34), *δικαιοσύνη* (24.25.26), *δίκαιος* (8), *δικαιοῦν* (7.23.26). Eine ähnliche Häufung dieser Vokabeln zeigen PsSal 2 und 17, die unserem Psalm insgesamt besonders nahe stehen.

[274] Sünden Jerusalems als Ursache für Gottes Gericht auch 1,7; 2,7.16f.; 17.5.20 jeweils mit *ἁμαρτία*. Vgl. auch 9,2.

[275] So auch 1,8; 17,14f.; 2,9 (vgl. die Erwähnung der *βδελύγματα ἐθνῶν* in TestJud 23,2; TestDan 5,5). Im Gegensatz zu PsSal 2 und 17, in denen Gottes Gericht auch und schließlich vor allem gegen die Sünden der heidnischen Eroberer gerichtet ist, spricht PsSal 8 ausschließlich vom Gericht über Jerusalem.

[276] Zu *παρανομία* vgl. 4,1.12; 17,20; *παράνομος*: 4,9.11.19.23; 12,1.3 f.; 14,6; *ἀνομία*: 1,8; 2,3.12; 9,2; 15,8.10; *ἄνομος*: 17,11.18; in ähnlicher Bedeutung auch *ἀδικία*: 2,12 (neben *παρανομία*); 3,7 (neben *παράπτωμα*).

[277] *ἐν παροργισμῷ* ist schwierig zu deuten. Es kann, von der Bedeutung des Verbs ausgehend, meinen: zur Erregung (Gottes?). Das erwägt HOLM-NIELSEN 1977, 79. Das Substantiv, das nur in LXX und NT belegt ist (vgl. LIDDELL-SCOTT II 1343), könnte aber auch synonym mit *ὀργή* gebraucht sein (vgl. z. B. LXX: IVReg 19,3; Jer 21,5[A]). Dann wäre hier schon ein erstes Vergehen angedeutet, das auch sonst in paränetischen Reihen begegnet (TestGad 5,1; Sib III 377). Allerdings ist der Kontext unserer Stelle zu wenig konkret, um eine solche Deutung zu stützen. – Zu *ἐν καταγαίοις κρυφίοις* vgl. 1,7: *αἱ ἁμαρτίαι αὐτῶν ἐν ἀποκρύφοις*, sowie 4,4: *ἐν ἀποκρύφοις ἁμαρτάνει.*

[278] Belege aus paränetischen Reihen in Anm. 63.

[279] Vgl. 4,4f.; 16,7 (s. Anm. 32).

menhängende eidliche Absprache (V. 10b)[280], Tempelraub (V. 11)[281] sowie Verunreinigung des Opferaltars (V. 12)[282]. Die Gesetzlosigkeit der Bewohner Jerusalems wird demnach mit Hilfe einer Reihe konkreter Vergehen beschrieben, die sich aufgrund zahlreicher Parallelen sowohl bezüglich einzelner Sünden als auch hinsichtlich der Art und Absicht ihrer Zusammenstellung als traditionell geprägt erweist. Typisch ist wieder die hervorgehobene Bedeutung sexueller Vergehen. Der Grundgedanke des Psalms: Über das sündige Tun ergeht Gottes gerechtes Gericht!, impliziert die Mahnung, sich der aufgezählten gesetzlosen Taten zu enthalten, um so zu den Gerechten zu gehören, die Gottes Gericht nicht zu fürchten brauchen. Den gesetzlosen Taten werden nicht expressis verbis positive Gesetzesforderungen entgegengehalten. Allein die Verwendung geprägter katechismusartiger Gebotsreihen, die ihrerseits die Toraforderungen aktualisiert zur Sprache bringen, zur Beschreibung gesetzlosen Verhaltens rechtfertigt es, auch PsSal 8,9—13 als paränetische Vergegenwärtigung der Tora zu interpretieren.

Anhangsweise sei noch auf zwei weitere Stücke verwiesen, in denen Gesetzlosigkeit konkret als unsittliches Verhalten charakterisiert wird. PsSal 4,2—5 beschreibt den Heuchler, der sich unter die Frommen mischt, in Wahrheit aber durch seine Gesetzlosigkeiten (*παρανομίαι*, V. 1) den Gott Israels erzürnt[283]. Während er heuchlerisch andere verurteilt, ist er selbst vielerlei Sünden schuldig (V. 2f.):

4   *οἱ ὀφθαλμοὶ αὐτοῦ ἐπὶ πᾶσαν γυναῖκα ἄνευ διαστολῆς,*
       ἡ γλῶσσα αὐτοῦ ψευδὴς ἐν συναλλάγματι μεθ' ὅρκου.

5   *ἐν νυκτὶ καὶ ἐν ἀποκρύφοις ἁμαρτάνει ὡς οὐχ ὁρώμενος,*
       ἐν ὀφθαλμοῖς αὐτοῦ λαλεῖ πάσῃ γυναικὶ ἐν συνταγῇ κακίας·

---

[280] Daß es sich um *Falsch*eid handelt, wird hier nicht ausdrücklich gesagt, legt sich aber von 4,4 her nahe und gibt dem Vers 8,10b erst einen Sinn. Zum Meineid s. Anm. 224.

[281] Vgl. in paränetischen Reihen Philo, Hyp 7,2.4; TestLev 14,5, wo, ähnlich wie in PsSal 8,9ff., Unzucht und Vergehen gegen den Tempel zusammengestellt sind (s. o. S. 99—102).

[282] *ἀκαθαρσία, μιαίνειν, βέβηλος* sind Begriffe, die innerhalb der für unsere Untersuchung herangezogenen Schriften vorwiegend und besonders häufig in den TestXII (s. o. S. 101, 117), Jub (s. Anm. 195) und PsSal vorkommen. Für PsSal vgl. neben unserer Stelle *ἀκαθαρσία*: 8,20.22; 17,45; *βέβηλος*: 1,8; 2,3.13; 4,1; 8,21; 17,45; *μιαίνειν*: 2,3.13; 8,22 (zu *μιαίνειν* s. Anm. 225). Zum Verhältnis von PsSal zu TestXII vgl. HULTGÅRD I 1977, 116—121, der zwar historisch-literarische Beziehungen ablehnt, aber ein »rapprochement . . . dans les grandes lignes« zugesteht (a.a.O., 120). Ob in PsSal 8,12 mit *πᾶσα ἀκαθαρσία* auch Sexualvergehen gemeint sind, ist nicht beweisbar. Jedenfalls ist V. 12b *ἄφεδρος* LXX-terminus technicus für die weibliche Regel (Wiedergabe von נִדָּה , vgl. HATCH-REDPATH I 182), und auch der Gebrauch von *βέβηλος* und *μιαίνειν* im Sinne von Unzucht in 2,11ff. spricht für eine solche Deutung.

[283] Diese Beschreibung ist traditionell und bedient sich geprägter paränetischer Tradition, läßt also eine historische Fixierung nicht zu. In diesem Sinne auch HOLM-NIELSEN 1977, 69, und SCHÜPPHAUS 1977, 34.112, Anm. 336.

Unzüchtige Begierde, Lüge und Meineid sind also sichtbarer Ausdruck gesetzlosen Verhaltens[284].

Schließlich wird in PsSal 12 der Gesetzlose[285] mit Hilfe verschiedener sogenannter Zungensünden beschrieben:

1   κύριε, ῥῦσαι τὴν ψυχήν μου ἀπὸ ἀνδρὸς παρανόμου καὶ πονηροῦ,
     ἀπὸ γλώσσης παρανόμου καὶ ψιθύρου
     καὶ λαλούσης ψευδῆ καὶ δόλια.

Auch diese Zusammenstellung ist traditionell geprägt, wie die Parallelen aus der frühjüdischen Literatur zeigen[286].

Exkurs: Zur Rolle des Gesetzes in den PsSal

Fragt man gegenüber den genannten rein negativen Konkretionen des Gesetzesverständnisses nach dem positiven Inhalt des Gesetzes in den PsSal, so ist der Befund bemerkenswert: νόμος im Sinne von Tora kommt nur einmal vor (14,2), ἐντολή überhaupt nicht! Zwar wird dem παράνομος bzw. ἄνομος und dem ἁμαρτωλός der δίκαιος[287] und der ὅσιος[288] gegenübergestellt[289], aber dessen Verhalten ist dabei kaum im Blick. Von ihm wird höchstens allgemein ausgesagt, daß in seinem Haus nicht Sünde auf Sünde wohnt (3,6) und daß er gerechte Werke tut (9,3). Ansonsten ist mehr von seinen der Vergebung bedürftigen Verfehlungen die Rede (3,5.7 f.;. 13,7−10) als von seinen Guttaten. Einzige konkrete positive Verhaltensweise ist das Lobpreisen (3,1 ff.; 10,6; 15,3).

Darin machen auch die Psalmen keine Ausnahme, in denen Sünder und Gerechte beschreibend gegenübergestellt werden (3; 13; 14). Das jeweilige Verhalten wird nur durch allgemeine Begriffe charakterisiert[290], darüber hinaus ist vor allem das eschatologische Schicksal beider Gruppen im Blick.

---

[284] Auch ψεῦδος gehört zum ständigen Repertoire der paränetischen Gebotsreihen, s. Anm. 35. Zum Meineid s. Anm. 224, zur Sünde mit den Augen vgl. TestIss 7,2; TestBenj 6,3 (dazu o. S. 119 mit Anm. II 234).

[285] In den sechs Versen kommt 6× παράνομος bzw. παρανομία vor!

[286] Die gleichen Vergehen werden TestBenj 6,4 zusammengestellt, Verleumdung und Lüge slHen 10,5, Arglist und Lüge Sib III 36 f. Vgl. zu δόλος noch PsSal 4,8.23 sowie die Belege in paränetischen Reihen, Anm. 35. Zur Verleumdung s. Anm. 114, zur Lüge s. Anm. 35. Auf die im Hintergrund stehenden Traditionsbezüge zu den alttestamentlichen Psalmen verweist SCHÜPPHAUS 1977, 112, Anm. 336.

[287] 2,34 f.; 3,3.4.5.6.7.11; 4,8; 9,7; 10,3; 13,6.7.8.9.11; 14,9; 15,7; 16,15.

[288] 2,36; 3,8; 4,1.6.8; 8,23.34; 9,3; 10,6; 12,4.6; 13,10.12; 14,3.10; 15,3.7; 17,16.

[289] Die Belege für ἄνομος, παράνομος s. Anm. 276. ἁμαρτωλός im Gegenüber zu den Gerechten: 1,1; 2,16.34 f.; 4,8.23; 12,6; 13,5−8.11; 14,6; 15,13; 16,5; 17,23.25.

[290] ἁμαρτία: 3,10; 14,6; παράπτωμα: 3,7; 13,5.10; ἀδικία: 3,7; ἐπιθυμία: 14,7; vgl. auch die einzige Erwähnung der Tora in 14,1 f.

Von diesem Befund her scheint das Urteil von Schüpphaus verständlich, der zur Bedeutung des Gesetzes in den PsSal schreibt: »Weil es aber für den Menschen in erster Linie auf sein Grundverhältnis zu dem Gott Israels ankommt, spielt die Erfüllung bestimmter Gebote und Satzungen, der Gehorsam gegenüber einem festumrissenen Gesetz nicht die entscheidende Rolle . . . die Orientierung an einer gesetzlichen Norm steht nicht im eigentlichen Blickpunkt.«[291] Aufgrund unserer Untersuchung muß diese Einschätzung aber ergänzt und modifiziert werden. Wenn, wie sich gezeigt hat, in der frühjüdischen Literatur das Gesetz konkretisiert und aktualisiert wird in geprägten Reihen von Verhaltensweisen, die Gebotserfüllungen bzw. -übertretungen darstellen, so steht das Verhältnis (genauer: das Verhalten) zum Gesetz auch in den PsSal an zentraler Stelle. Das kommt besonders deutlich in PsSal 8 zum Ausdruck, wo die (konkret aufgezählten) Sünden Jerusalems als Ursache und Auslöser für Gottes Gericht an entscheidender Stelle des Gedankenganges, ja, der gesamten dahinter stehenden eschatologischen Konzeption stehen. Auch die PsSal 1, 2, 4 und 17 vertreten diese Konzeption. Das »Grundverhältnis zu dem Gott Israels« ist konkret das Grund*verhalten* zu seinem Gesetz. Daß dabei der Gesetzesinhalt fast ausschließlich negativ bestimmt wird, hat viele Parallelen in der frühjüdischen Literatur. Bereits die Tora selbst bedient sich weitgehend solcher Negationen, so z. B. in der zweiten Dekaloghälfte. Diese Negationsreihen waren besonders gut für eine anschauliche paränetische Unterweisung geeignet. Sie konnten prägnant zum Ausdruck bringen, daß Gesetzerfüllung darin bestand, konkrete Laster zu meiden.

b) *Dramatiker-Gnomologion*

Einleitungsfragen:

Im Zusammenhang mit verschiedenen Fragmenten, die griechischen Dichtern zugeschrieben sind, überliefern PseuJustin (De Monarchia), Clemens Alexandrinus und Eusebius ein weitgehend identisches Stück, das PseuJustin dem attischen Komödiendichter Philemon unterschiebt, während Clemens und Euseb den Menandros als Autor nennen[292]. Ein Vergleich der Übereinstimmungen und Unterschiede zwischen den drei Belegen ergibt, daß Euseb direkt von Clemens abhängig ist, Clemens und PseuJustin jedoch auf eine gemeinsame verlorene Quelle zurückgehen. Bezieht man die übrigen angeblichen Zitate griechischer Dichter in die Unter-

---

[291] SCHÜPPHAUS 1977, 122.
[292] Die Fragmente sind übersichtlich zusammengestellt bei DENIS 1970a, 161–174; deutsche Übersetzung: WALTER 1983, 261–276 (Zählung und Zitierung nach WALTER).

suchung ein, so läßt sich als eine solche von beiden unabhängig benutzte Quelle ein jüdisches Gnomologion gefälschter Dramatikerverse rekonstruieren[293].

Die Gnomologie war eine besonders für die Zwecke des Elementarunterrichtes und der rhetorischen Ausbildung beliebte hellenistische Literaturgattung[294]. Diese Form stellte ein jüdischer Autor in den Dienst seines Gottesglaubens, indem er anhand von angeblichen Aussagen griechischer Autoritäten die biblisch-jüdischen Grundgedanken von dem einem Gott, seiner Schöpfung, seinen ethischen Forderungen und seiner eschatologischen Macht zu stützen versuchte[295]. Man mag seine Absicht apologetisch nennen, solange man darunter nicht eine nach außen, an Heiden gerichtete Verteidigungsschrift des jüdischen Glaubens assoziiert. Denn Heiden dürften als Adressaten ausgeschlossen sein, da sie sich kaum mit (angesichts der Popularität und Bekanntheit der Werke der herangezogenen Dichter[296]) leicht als Fälschung zu erkennenden Dichterversen hätten für das Judentum erwärmen können. Apologetisch ist das Gnomologion höchstens nach innen, gegenüber Zweifeln innerhalb der Diasporajudenschaft an dem eigenen Überlieferungsgut angesichts einer als überlegen

---

[293] Eine gemeinsame jüdische Quelle nahmen bereits SCHÜRER III 1909, 596; BOUSSET / GRESSMANN 1926, 25 f., an, identifizierten sie aber fälschlicherweise mit der bei Josephus, Ant I 159, und Clemens Alexandrinus, Strom V 113,1, erwähnten Schrift des Hekataios »Über Abraham und die Ägypter« (PseuHekataios II); noch in diesem Sinne DENIS 1970, 237 f.; vgl. auch HENGEL 1972, 294 ff. Licht in die dunkle Überlieferungsgeschichte der Fragmente brachten die eingehenden Untersuchungen von WALTER 1964, 172−201; derselbe 1983, 244−260. WALTER grenzt das zu rekonstruierende Gnomologion einerseits von PseuHekataios II, andererseits von den sogenannten Siebenerversen und von PseuOrpheus ab (1964, 177 f. 196 f. 200 f.). Ebenso setzt er es ab von den »echten« Menandros-Euripides-Versen bei Pseu-Justin, De Mon 5 (1983, 245). So bleiben übrig »nur die in Mon. 2−4 und bei Clemens zitierten Fälschungen auf die Namen Aischylos, Sophokles (2 mal), Euripides, Diphilos, Menandros und Philemon als eine ursprünglich zusammenhängende, apologetischen Zwecken dienende Abhandlung in Form eines Gnomologions von fingierten Versen« (1964, 186 f.; vgl. 1983, 247).
Herkunft und Entstehungszeit lassen sich nur aufgrund allgemeiner Erwägungen über den Charakter des Werkes vermuten. Dabei legt sich eine Entstehung im 1. Jh. v. Chr. in Alexandria nahe, vgl. WALTER 1964, 201; derselbe 1983, 254; KÜCHLER 1979, 239. Abfolge, thematische Konzeption und weitgehend auch der Wortlaut des Gnomologions sind bei PseuJustin treuer bewahrt als bei Clemens, der stärker seine eigenen Aussageabsichten einfließen läßt. So setzt er Zitate gern in Beziehung zu alttestamentlichen Versen. Dagegen sind die Dichternamen bei Clemens zuverlässiger überliefert, vgl. WALTER 1983, 246. 249 mit Anm. 28.

[294] Vgl. WALTER 1983, 248.

[295] Zum Aufbau des in sich geschlossenen und bei PseuJustin »einigermaßen unverändert« vorliegenden Werkes s. WALTER 1983, 248 ff.; ähnlich schon BOUSSET / GRESSMANN 1926, 25; KÜCHLER 1979, 239.

[296] Vgl. WALTER 1983, 251 mit Anm. 36.

empfundenen griechischen Kulturwelt. Während z. B. die Sib in einer ähnlichen Lage den Weg der Abgrenzung und der eschatologischen Gerichtsankündigung gegenüber allem heidnischen Wesen wählen, stellt sich der
Autor der Gnomologie in ganz anderer Weise der kulturellen Herausforde-
rung seiner Umwelt. Er betont gerade das Verbindende zwischen jüdischer
Tradition und griechischer Kultur, indem er nachweist, daß die wesentlichen Inhalte ersterer auch in letzterer selbst zum Ausdruck kommen. Solches Vorgehen setzt voraus, daß der »Fälscher«[297] sowohl über griechisches
als auch über biblisch-jüdisches Bildungsgut verfügt. Er erweist sich als
gleichermaßen vertraut mit den Werken der klassischen Dichtung wie mit
der Septuaginta[298].

So ist das Dramatiker-Gnomologion Zeugnis eines Judentums, das
»nicht gewillt ist, sich aus dem geistigen und kulturellen Kontext der es
umgebenden Menschheit auszuschließen und sich dagegen abzukap-
seln«[299]. Diese kulturelle »Assimilation« ist offenbar möglich, ohne daß
zentrale jüdische Glaubensinhalte aufgegeben werden müssen. Sie führt
sogar zu einer Konzentration auf den Kernbestand jüdischer Identität, der
in für die Unterweisung praktikabler Form der Diasporagemeinde angeboten wird[300].

PseuMenander (Philemon) 9—15

Das Menandros(Philemon)-Fragment steht ganz im Dienst der Paränese[301]. PseuJustin führt es mit den Worten ein, »daß Gott sich nicht durch
Trankopfer oder Räucherwerk von Übeltätern geneigt stimmen läßt, vielmehr einem jeden nach gleichem Maß Strafen zuteilt«[302]. Der Skopus des
Abschnittes, der »Ersatz von Opfern durch Rechtschaffenheit«[303], entspricht einer biblisch-jüdischen Tradition[304].

---

[297] Vgl. zum Problem der Pseudepigraphie HENGEL 1972, 229—308; WALTER 1983, 251 f.

[298] WALTER 1983, 250 f.

[299] WALTER 1983, 252.

[300] Vgl. WALTER 1983, 252: »in knappster Form, geradezu katechismusartig« ist damit zusammengestellt, »welche Inhalte ein hellenistischer Jude für unverzichtbar und auch dem
Denken der nichtjüdischen Gebildeten integrierbar ansah«. Zum ganzen vgl. die analoge Problematik bei PseuPhok (s. o. S. 67—72).

[301] DENIS 1970a, 169 f.; WALTER 1983, 267 ff. Ausführlich auch REINMUTH 1985, 28 f.

[302] Die bei PseuJustin überlieferten Überleitungen zu den Fragmenten dürften bereits auf
das Gnomologion zurückgehen, vgl. WALTER 1983, 249.

[303] REINMUTH 1985, 29.

[304] Vgl. die schon von Clemens herangezogenen Stellen Jes 1,11.16; 58,9; Ps 4,6. Die jüdische Tradition belegt REINMUTH 1985, 29 mit Anm. 133. Daß es im Frühjudentum auch andere Stimmen gibt, zeigen slHen (vgl. o. S. 187 mit Anm. 101) und Tob 1,6 ff.

Die allgemeiner gehaltenen positiven Forderungen nach Rechtschaffenheit (V. 8: χρήσιμος), gerechten Werken (V. 17: ἔργα δίκαια, vgl. V. 20: δίκαιος), »Glanz im Herzen« (V. 21: λαμπρὸς ὢν . . . τῇ καρδίᾳ) werden durch negative Aussagen kontrastiert: ungerechte Werke (V. 17: ἔργα ἄδικα), »Glanz mit Gewändern« (V. 21: λαμπρὸς ὢν ταῖς χλαμύσιν). Vor allem wird aber Rechtschaffenheit als Enthaltung von konkreten Vergehen beschrieben:

9   μὴ παρθένους φθείροντα καὶ μοιχώμενον,
10 κλέπτοντα καὶ σφάττοντα χρημάτων χάριν·
    τἀλλότρια βλέποντα, κἀπιθυμοῦντα
    ἤτοι γυναικὸς πολυτελοῦς ἢ δώματος
    ἢ κτήσεως παιδός τε παιδίσκης θ᾽ ἁπλῶς,
    ἵππων, βοῶν τὸ σύνολον ἢ κτηνῶν. τί δή;
15 μηδὲ βελόνης ἔναμμα ἐπιθυμήσῃς, [Πάμ]φιλε·[305]

Die genannten Vergehen weisen ihrem Inhalt nach auf die zweite Dekaloghälfte, wenngleich die Formulierung kaum Anklänge an den Dekalog zeigt[306]. Genannt sind die Verbote des Ehebruchs, des Diebstahls, des Mordes und des Begehrens fremden Besitzes, darüber hinaus noch die nicht eigens im Dekalog erwähnte Unzucht (V. 9). Es handelt sich dabei durchweg um Vergehen, die zum Bestand der paränetischen Reihen gehören[307].

Zu beachten ist, daß das in der Reihe beschriebene Verhalten ausdrücklich dem Willen und dem Urteil Gottes gegenübergestellt wird: ὁ γὰρ θεὸς

---

[305] Die VV. 11–14 sind bei Clemens nicht zitiert. WALTER 1983, 268, hält sie für einen späteren Einschub nach Ex 20,17 / Dtn 5,21. Immerhin ist zu bedenken, daß das Gnomologion in der Regel bei PseuJustin zuverlässiger überliefert ist, während Clemens die Zitate stärker seiner eigenen Aussage unterordnet und mit Bibelzitaten verknüpft (s. Anm. 293). So könnte er auch hier, um den von ihm durch einen kommentierenden Einschub nach V. 16 besonders hervorgehobenen Gedanken, daß Gott nahe ist und nichts vor ihm verborgen bleibt, klarer herauszustellen, die Aufzählung der vielen verschiedenen Arten des Begehrens gekürzt haben. V. 15 ist jedenfalls schwerlich nur »drastisches Beispiel für das in Vers 10 verbotene Besitzverlangen« (WALTER 1983, 268), sondern eher das Endglied einer vom Größeren zum Geringeren fortschreitenden Reihe begehrter Güter (VV. 11–15).
[306] Immerhin dürfte wenigstens das zweimal verwendete ἐπιθυμεῖν (V. 11.15) das 9./10. Dekaloggebot anklingen lassen (vgl. vor allem ἐπιθυμήσῃς in V. 15!).
[307] Ehebruch: s. Anm. 32; Diebstahl: s. Anm. 60; Mord: s. Anm. 59; Unzucht: s. Anm. 63.

βλέπει σε πλησίον παρών, ὃς ἔργοις δικαίοις ἥδεται κοὐκ ἀδίκοις[308] (16 f.; vgl. 24).
Somit erscheint die Rechtschaffenheit, die sich in der Enthaltung von den
genannten Vergehen zeigt, als der klare Gotteswille[309].

---

[308] Text nach PseuJustin, De Mon 4 (v. Otto1879, 142). Clemens hat, um ein Bibelzitat
einfügen zu können (Ps 4,6), leicht geändert.

[309] Vgl. Reinmuth 1985, 29. Verwiesen sei noch auf zwei weitere paränetische Passagen
des Dramatiker-Gnomologions. Das zweite Philemon-Fragment (Denis 1970a, 168 f.; vgl.
Walter 1983, 265 ff.) behandelt das göttliche Gericht über die Taten der Menschen. Dieje-
nigen, die auf Erden in Luxus leben (V. 2), rauben, stehlen, plündern, Aufruhr anrichten
(V. 7), sollen nicht wähnen, mit ihrem Tun vor Gott verborgen bleiben zu können (V. 12 ff.).
Denn »Es gibt ein Auge der Gerechtigkeit (*δίκης ὀφθαλμός*), das alles sieht!« (V. 5). »Auch im
Hades gibt's noch ein Gericht (*κρίσις*), das Gott, der Herrscher aller Dinge, halten wird«
(V. 8 f.).
Das zweite Sophokles-Fragment (Denis 1970a, 167 f.; Walter 1983, 264 f.) schildert die
endzeitliche Feuerkatastrophe. In dieser Zeit »(wandern) zwei Stämme zum Hades, ein
(Stamm) der Gerechten, der andere der Ungerechten«. Walter hält die beiden Verse für eine
Glosse, die im Archetypus am Rand stand und bei PseuJustin und Clemens an verschiedenen
Stellen eingeschoben wurde, wobei die Verse »weder dort noch hier recht passen« (1983,
265). Die Gegenüberstellung von Gerechten und Ungerechten beim Gericht ist jedenfalls typisch für die frühjüdische Paränese, gleich, ob diese Aussage im Sophokles-Fragment ursprünglich oder später hinzugekommen ist.

Zusammenfassung

Der Aufbau der vorliegenden Untersuchung macht es möglich, die Ergebnisse des dritten Hauptteiles im Rahmen der Gesamtzusammenfassung darzustellen, denn dieser hatte vorwiegend die Funktion, die in den beiden ersten Teilen nachgewiesene katechismusartige Gesetzesparänese in der Breite der frühjüdischen Literatur zu belegen. Der Fragestellung unserer Arbeit entsprechend (s. die Einleitung) hat sich die Auswertung der exegetischen Ergebnisse auf drei Problemkreise zu konzentrieren. Es ist zunächst nach dem materialen Gehalt der hier untersuchten frühjüdischen Paränese zu fragen. Sodann ist ihre traditionelle Prägung und ihre unterweisende und ermahnende Intention darzustellen. Schließlich ist ihre theologische Funktion als Ausdruck des Gotteswillens zu bestimmen.

1. Zum materialen Gehalt der frühjüdischen Paränese

Die Fülle der im Laufe der Untersuchung besprochenen Texte erlaubt es, repräsentative Aussagen über inhaltliche Schwerpunkte der frühjüdischen Paränese zu machen. An erster Stelle der konkreten Mahnungen steht der Bereich der Sexualethik. Gewarnt wird vor Unzucht, Ehebruch, Homosexualität und sexuellen Pervertierungen (Blutschande, Tierschande). Die Warnung vor dem Ehebruch begegnet häufig in Aussagen über die Gestaltung des Familienlebens im Zusammenhang mit weiteren Mahnungen zum Verhältnis von Eltern und Kindern zueinander (Ehrung der Eltern bzw. des Alters, Schutz der Nachkommenschaft, Erziehung). Insgesamt zeigt die Sexualethik einen Zug zum Ideal der Enthaltsamkeit, wenngleich sie der Sicherung der Nachkommenschaft im Rahmen der Familie positiv gegenübersteht. Die Enthaltsamkeitsforderung ist andererseits nicht auf den sexuellen Bereich beschränkt, sondern wendet sich ebenso gegen Prasserei und Trunksucht.

Ein zweites wichtiges Thema der Mahnung ist die Forderung der Barmherzigkeit gegenüber Schwachen und Benachteiligten innerhalb der sozialen Gemeinschaft. Sie reicht vom Mitleid mit Notleidenden über Almosen, Versorgung mit Nahrung und Kleidung und Weggeleit bis hin zum Schutz der Rechtlosen (Waisen, Witwen, Fremde) im Bereich der Rechtspflege. Gegenstück zu solchen positiven Barmherzigkeitsforderungen ist oft die Warnung vor Habgier und ungerecht erworbenem Reichtum. Diese kann aber auch unabhängig davon ergehen und ist dann dem Bereich der Besitzvergehen zuzuordnen. Hier werden besonders häufig Raub und Diebstahl genannt, darüber hinaus Übervorteilung, Veruntreuung anvertrauten Gutes, Betrug mit Maß und Gewicht, Verrückung der Ackergrenze, Vorenthaltung des Lohnes.

Weitere konkrete Mahnungen lassen sich dem Stichwort Wahrhaftigkeit zuordnen (Lüge, Verleumdung, Meineid, Arglist). Schließlich begegnen verschiedene Verhaltensweisen im Umgang mit dem Nächsten (Zorn, Neid, Haß, Hochmut, Streit). Im Vergleich dazu spielen Tötungsvergehen eine relativ unbedeutende Rolle.

Die aufgezählten Verhaltensweisen entstammen durchweg dem Alltagsmilieu. Gegenüber der Fülle solcher sittlicher Mahnungen treten Weisungen aus dem kultischen Bereich deutlich zurück, ohne daß sie völlig fehlen oder gar durch kultkritische Aussagen ersetzt würden. Kultische und sittliche Mahnungen bilden keine Alternative, und es läßt sich auch keine Tendenz zur Spiritualisierung des Kultus nachweisen. Das deutliche Übergewicht der Ethik im engeren Sinne erklärt sich vielmehr aus der Funktion der hier untersuchten Reihen. Sie dienen primär zur Zusammenstellung der wesentlichen im Alltag zu praktizierenden Verhaltensweisen. Dementsprechend finden sich bisweilen auch Aussagen zur alltäglichen Frömmigkeit (Lobpreis, Gebet, Reinigung der Hände).

Die Warnung vor dem Götzendienst (bzw. diesem zuzuordnenden Praktiken wie Zauberei, Wahrsagerei, Giftmischerei) kann innerhalb der paränetischen Reihen begegnen, ist aber für sie nicht konstitutiv. Sie bildet jedenfalls keinen inhaltlichen Schwerpunkt. Allerdings wird der Götzendienst mehrfach als Ursache, zusammenfassender Ausdruck oder Folge unsittlichen Verhaltens bezeichnet. Solche umfassend wertenden Aussagen über den Götzendienst ergeben sich jedoch jeweils aus dem Kontext, in den eine Weisungsreihe eingebaut ist, nicht aus ihrem Inhalt selbst.

Die in den katechismusartigen Reihen zusammengestellten konkreten sittlichen Mahnungen sind Ausdruck der Forderungen der Tora. Dies ergibt sich sowohl aus ihrem Inhalt als auch aus der Art und Weise ihrer Verwendung im jeweiligen literarischen Kontext sowie aus zahlreichen rahmenden Formulierungen, die ausdrücklich einen Bezug des in den Reihen beschriebenen Verhaltens zum mosaischen Gesetz herstellen. Jedoch werden nur selten spezielle Passagen des Pentateuch expressis verbis wiedergegeben. In der Regel werden die Mahnungen allgemein auf das Gesetz als ganzes bezogen, durchgängig lassen sie sich der Sache nach Gesetzesforderungen zuordnen.

Aufgrund des inhaltlichen Vergleiches ergibt sich eine besondere Nähe der Reihen zu relativ wenigen Überlieferungskomplexen des Pentateuch. Es handelt sich dabei um Passagen, die, ähnlich wie die frühjüdischen Reihen, vorwiegend sittliche Weisungen in loser Aneinanderreihung enthalten (Lev 19; 18/20; Dekalog; Dtn 27). Diese alttestamentlichen Gebotsreihen weisen bereits ähnliche Tendenzen auf wie die hier untersuchten frühjüdischen Texte. Es überwiegen sittliche Mahnungen gegenüber kultischen, die exklusiv israelitischen Gebote fehlen weitgehend, das Ethos hat einen übernationalen Charakter, im Mittelpunkt stehen sexualethische Mahnungen, die Forderung der Barmherzigkeit, Besitzvergehen und Mahnungen aus dem zwischenmenschlichen Bereich. Der Bezug der paränetischen Reihen der frühjüdischen Literatur auf Forderungen der Tora tritt noch deutlicher hervor, wenn man die Zusammenstellung von konkreten Toramahnungen zu prägnanten, überschaubaren und das Wesentliche zusammenfassenden Reihen durch das gesamte Alte Testament hindurch verfolgt. Ein solcher Vergleich, der neben den erwähnten Pentateuch-Reihen etwa Jer 7,9; Hos 4,2; Ez 18,5−17; 22,6−12.23−31; Mal 3,5; Ps 15; 24,3 ff.; Jes 33,14 ff.; Ps 50; Hi 24; 31 umfassen müßte, kann jedoch im Rahmen dieser Untersuchung nicht mehr im einzelnen durchgeführt werden.

Sind die konkreten Mahnungen der katechismusartigen Reihen des Frühjudentums somit Ausdruck der Forderungen der Tora, so sind sie doch nicht deren unveränderte Wiedergabe. In den über vierzig in dieser Untersuchung besprochenen Texten findet sich nur ein einziges wörtliches LXX-Zitat (IV Makk 2,5 = Ex 20,17)! Sonst ist die Wiedergabe sowohl im Blick auf die Formulierung als auch hinsichtlich des wiederzugebenden Inhaltes ausgesprochen frei. Die auf diese Weise entstehenden Differenzen zwischen der ursprünglichen Form eines Toragebotes und seiner Gestalt im Zusammenhang einer katechismusartigen Reihe sind für den Charakter der frühjüdischen Paränese aufschlußreich.

So ist die Art der Wiedergabe einer Toramahnung häufig durch den Kontext der frühjüdischen Schrift bestimmt, wohingegen die Zusammenstellung verschiedener konkreter Weisungen über diesen hinausgeht. Daran wird ersichtlich, daß die Inhalte der Paränese wesentlich vorgegeben sind, die Art und Weise ihrer Gestaltung im einzelnen aber der speziellen Intention des frühjüdischen Autors überlassen ist. Dadurch weisen die Reihen mitunter spezifische Akzentuierungen auf, die auf die besondere Situation ihres Verfasser- oder Adressatenkreises schließen lassen. Das materiale Weisungsgut kann solchen Akzentuierungen angepaßt werden. Beispielsweise sind in TestLev 14,5 f. traditionelle Vergehen wie Unzucht, Raub und Habgier auf die Situation der Priesterschaft (angesprochen sind die Levi-Söhne!) bezogen und daher als Befleckung des Heiligtums und Tempelraub bezeichnet. In Tob 4,3−18 steht ein Großteil der konkreten

Mahnungen im Zusammenhang mit der das ganze Buch durchziehenden Situation der Traditionsbewahrung und der Erhaltung des Zusammenhaltes der Familien- und Volksgemeinschaft. Unzucht wird dementsprechend hier näher bestimmt als Heirat einer nichtjüdischen Frau.

Insgesamt spiegeln die sexualethischen, die sozialethischen und die Mahnungen aus dem Bereich des Gemeinschaftsethos die Situation einer gegenüber dem Pentateuch veränderten Lebensweise und Lebensumwelt wider. Es ist die Situation frühjüdischer Gemeinden in einer hellenistisch geprägten Umwelt. Dadurch, daß die konkreten Forderungen der Tora auf diese Situation bezogen werden, wird es möglich, an der überlieferten Glaubenstradition festzuhalten.

Außer in den bereits genannten Akzentuierungen zeigt sich solche aktualisierende Interpretation auch in der Kombination von Gesetzesforderungen mit gemeinantikem Weisungsgut. Dieses ursprünglich nichtjüdische Gut wird innerhalb der paränetischen Reihen meist wie selbstverständlich unter die »mosaischen« Mahnungen gemischt und damit ihrer Autorität unterstellt. Auch wo, wie bei Philo, der hellenistische Hintergrund solcher Mahnungen explizit zum Ausdruck kommt, sind sie dennoch nur zeitgemäße Ausdrucksformen von Sachanliegen der Tora. Freilich ist die Frage der genetischen Herkunft einzelner ethischer Weisungen oft kaum zu entscheiden. Sie wird auch der Eigenart der konkreten Alltagsparänese nicht gerecht, die sich ja auf Situationen richtet, die häufig kaum oder wenig durch die spezifische religiös-kulturelle Tradition einer Gemeinschaft bestimmt sind. Entscheidend ist aber, daß solche »internationalen« Verhaltensregeln in den katechismusartigen Gebotsreihen als Ausdruck der Forderung des göttlichen Gesetzes erscheinen. Solange sich in der Tora inhaltliche Anknüpfungspunkte für sie finden lassen, können sie sachgemäß als Vergegenwärtigung des »mosaischen« Gesetzes angesehen werden. Dies ist durchgängig der Fall.

2. Die katechismusartige Gesetzesparänese

Die soeben beschriebene Art und Weise der Vergegenwärtigung der Forderungen der Tora in der frühjüdischen Literatur konnte aufgrund der Exegese ausgewählter Texte als traditionell geprägt erwiesen werden. Der Beweis dafür wurde im ersten Hauptteil zunächst dadurch geführt, daß die auffälligen Übereinstimmungen in speziellen Einzelmahnungen zwischen den Gesetzeszusammenfassungen bei Philo, Hyp 7,1–9, Josephus, Ap II 190–219, und der paränetischen Sentenzensammlung PseuPhok (speziell 2–41.177–191) auf die Abhängigkeit aller drei Texte von einem ihnen gemeinsam zugrundeliegenden Fonds frühjüdischer ethischer Weisungen zurückgeführt werden konnten. Die Übereinstimmungen der drei zunächst untersuchten Texte lassen darauf schließen, daß die Mahnungen dieses Fonds sentenzenartig formuliert waren. Sie behandelten besonders sexual-ethische Fragen, und zwar in Aufnahme und interpretierender Aktualisie-rung der Sexualgebote aus Lev 18/20, darüber hinaus den Bereich des all-täglichen Umganges miteinander in Familie und sozialer Gemeinschaft (Schutz des Besitzes, Unterstützung Notleidender, Verhalten zu Freunden und Fremden). Der Fonds konnte als Materialsammlung für die Paränese dienen. Verfasser paränetischer Schriften konnten sich seiner Sentenzen in freier Auswahl bedienen und die Formulierung der jeweiligen konkreten Weisungen ihrer Aussageabsicht anpassen.

Die gemeinsame traditionsgeschichtliche Vorstufe der im ersten Teil be-sprochenen Texte ist nicht als literarische Quelle anzusehen, sondern als flexible Sammlung konkreter sittlicher Weisungen der Tora und mit ihnen verwandter frühjüdischer und gemeinantiker Mahnungen. Aus methodi-schen Gründen verbietet es sich daher, einen »Urtext« zu rekonstruieren. Es ist fraglich, ob es einen einzigen, inhaltlich und formal fest umrissenen Fonds überhaupt je gegeben hat. Die Existenz geprägter katechismusar-tiger Weisungsreihen ist wesentlich an ihre paränetische Funktion ge-bunden. Überall wo bei der konkreten Gesetzesparänese die Forderung der Tora situationsbezogen zur Sprache kommen sollte, griff man auf die Möglichkeit zurück, aus ihren wesentlichsten Einzelgeboten katechismus-artige Reihen zu bilden. Die so gebildeten Reihen gleichen sich zwar nicht wie ein Ei dem andern, entsprechen sich aber doch in der Struktur und den entscheidenden inhaltlichen Merkmalen. Voraussetzung dafür waren die Existenz einer autoritativen inhaltlichen Grundlage von sittlichen Wei-sungen, die Fähigkeit zur Umgestaltung solcher Weisungen in situations-bezogene paränetische Mahnungen sowie der Bedarf an prägnanten, in-haltlich umfassenden Zusammenstellungen konkreter Verhaltensweisen. Alle drei Voraussetzungen waren im Frühjudentum gegeben.

So stehen die Gesetzeszusammenfassungen bei Philo, Josephus und PseuPhok zwar nicht in einer traditionsgeschichtlich eindeutig fixierbaren Linie, sind aber dennoch traditionell geprägt. Die Prägung kann sich bis-weilen bis ins Detail der Wiedergabe einzelner Toragebote bzw. ihrer Kombination erstrecken, gestattet aber ebenso Auslassungen, Umstel-lungen, voneinander unabhängige Formulierungen und Akzentsetzungen. Wenn auch eine solche Verwandtschaft in Sache und Anliegen nur schwer methodisch exakt zu fassen ist, erklärt sie doch am ehesten die spezifischen Übereinstimmungen und Unterschiede der drei Texte.

Nur wenige der im zweiten und dritten Teil unserer Untersuchung her-angezogenen Texte konnten dem durch Philo, Josephus und PseuPhok re-präsentierten Fonds aufgrund ähnlicher spezifischer Übereinstimmungen direkt zugeordnet werden (IVMakk 2,5−16; Sib V 386−393.165ff.; III 762−766.594ff.). Jedoch sind sie alle im Hinblick auf die Art und Weise der Bildung paränetischer Reihen aus einem Fonds ethischer Weisungen, die in Beziehung zu den Forderungen der Tora stehen, untereinander und mit den Texten des ersten Teiles verwandt. Die katechismusartige Gesetzesparänese der TestXII ist bereits zusammenfassend dargestellt worden (s. o. S. 158−166). Die Interpretation einer Reihe von Texten aus weiteren frühjüdischen Schriften hat die Gemeinsamkeiten im einzelnen aufgezeigt. Es entsprechen sich die wesentlichen thematischen Bereiche, in gleicher Weise sind die Mahnungen auf Forderungen der Tora bezogen, die Reihen konkreter Verhaltensweisen lassen sich ebenso unabhängig von ihrem Kontext betrachten und gehen inhaltlich über diesen hinaus, sie dienen ebenso der erbaulichen Unterweisung.

Abgesehen von diesen grundlegenden Gemeinsamkeiten ist die inhaltliche und formale Gestaltung im einzelnen, ähnlich wie bei den Reihen der TestXII, sehr unterschiedlich und vom jeweiligen Kontext der Schrift abhängig. So sind die katechismusartigen Reihen teils als eschatologische Gerichtsanklage formuliert (Sib III 36−45; V 386−393. 165ff.; PsSal 8,9−13), teils als Beschreibung der Gerechten (Sib III 235−245. 594ff.; IV 31−34; slHen 42,6−14) bzw. Ungerechten (slHen 10,4ff.; PsSal 4,4f.; 12,1) oder als Schilderung gerechter (Sib III 377−380; V 430f.) bzw. ungerechter Zustände (Sib III 185−191), teils als testamentarische (Tob 4,3−18; Jub 7,20) oder allgemeine Ermahnungen (Sib III 762−766; PseuMenander [Philemon] 9−15), teils als Visionsschilderungen (TestAbr 10 [A] / 12 [B]; ApkAbr 24,5−8; slHen 10,4ff.), teils als lehrhafte Ausführungen (Weish 14,24ff.; IVMakk 2,5−16). Aufgrund dieser Fülle ganz verschiedener Verwendungs- und Gestaltungsweisen sind die oben genannten grundsätzlichen Übereinstimmungen um so bemerkenswerter. Letztere sind nur zu erklären mit der Annahme, daß die Bildung von paränetischen Reihen konkreter Verhaltensweisen traditionell vorgegeben und geprägt ist. Die prinzipielle Möglichkeit dieser Annahme ist durch den Nachweis des Fonds ethischer Weisungen, der Philo, Josephus und PseuPhok zugrundeliegt und an dem auch IVMakk 2,5−16 und Sib III 594ff.762−766; V 165ff.386−393 partizipieren, erwiesen. Die Texte des dritten Hauptteiles unserer Untersuchung belegen die Verbreitung solcher traditionell geprägter Gesetzesparänese im Frühjudentum.

Die damit in ihren Grundzügen beschriebene reihenartige Gesetzesparänese der frühjüdischen Literatur steht im Dienst unterweisender und erbaulicher Intention. Hinweise darauf bietet häufig schon der paränetische Charakter der Schriften im ganzen, aus denen die Reihen entnommen wurden. Dies ist bei der Besprechung der jeweiligen Einleitungsfragen herausgestellt worden. Die unterweisende Absicht ergibt sich zudem oft aus den rahmenden Aussagen der Reihen. Besonders deutlich ist das bei den testamentartigen Mahnreden (TestXII; Tob 4,3—18; Jub 7,20), den katechismusartigen Gesetzeszusammenfassungen (Philo, Hyp 7,1—9; Josephus, Ap II 190—219) sowie den lehrhaften Ausführungen (Weish 14,24 ff.; IV Makk 2,5—16). Die Rahmenaussagen erheben die umfassende Forderung zum Gehorsam gegenüber dem in der Tora manifesten Willen Gottes, die Einzelweisungen der paränetischen Reihen belehren darüber, in welchen konkreten Verhaltensweisen sich solcher Toragehorsam realisiert. Aber auch die eschatologischen Gegenüberstellungen gerechter und ungerechter Menschen, Zustände oder Handlungen haben neben erbaulicher und ermahnender auch belehrende Funktion, indem sie prägnant zum Ausdruck bringen, worin Gerechtigkeit bzw. Ungerechtigkeit im Alltag besteht.

Typisch für solche Gegenüberstellungen wie für die paränetischen Reihen insgesamt ist, daß auch die Beschreibung gerechter Taten weitgehend mit Hilfe von Vergehen in negierter Formulierung geschieht. Positive Ermahnungen sind demgegenüber sehr viel seltener und meist auf den Bereich der Barmherzigkeit gegenüber Schwachen und Bedürftigen beschränkt, finden sich darüber hinaus aber vorwiegend in den rahmenden allgemeinen Mahnungen (Wahrheit, Gerechtigkeit, Tun des Gesetzes, Gottesfurcht, Lauterkeit, Liebe).

Für die paränetische Unterweisung über Konkretionen des Toragehorsams im täglichen Leben war die Reihenform besonders geeignet. Sie stellte einen überschaubaren und memorierbaren Grundkanon von Verhaltensweisen zur Verfügung, der weitgehend variabel und je nach Bedarf erweiterungsfähig war. Die konkreten Weisungen setzten keine tiefgehende Vorbildung voraus und waren dem einfachen »Mann auf der Straße«, für den sie ja bestimmt waren, ohne weiteres einsichtig. Trotz ihrer überschaubaren Kürze konnten sie als Zusammenstellung von Mahnungen aus verschiedenen Lebensbereichen umfassend die Forderung des göttlichen Gesetzes vermitteln und situationsbezogen zum Ausdruck bringen. So ermöglichten sie der breiten Masse der jüdischen Bevölkerung ein Leben entsprechend dem Auftrag ihrer Glaubensüberlieferung, das Gesetz Gottes im Alltag zu tun.

Die durch die hier vorgeführten paränetisch-erbaulichen Schriften der frühjüdischen Literatur repräsentierte Form der Unterweisung geschah demnach weniger in institutionalisierten Formen schulischer Ausbildung. Wir haben es mehr mit ethischer Elementarunterweisung zu tun. In erster Linie waren für diese Art der Gesetzesunterweisung vermutlich die Oberhäupter der jüdischen Familie zuständig, entsprechend dem Gebot der Tora, Dtn 11,18—21. Die erbauliche und ermahnende Unterweisung der katechismusartigen Reihen war aber nicht auf die Unterrichtung der Jugend beschränkt. Sie wandte sich ebenso an erwachsene Juden, die im familiären, beruflichen und öffentlichen Leben ständig vor Entscheidungssituationen standen, die eine Lösung entsprechend den Maßstäben des Gesetzes verlangten. Besonders in einer gegenüber den biblischen Verhältnissen veränderten Umwelt, die zunehmend durch hellenistische Lebensformen bestimmt wurde, war für denjenigen, der seiner kulturellen und religiösen Tradition treu bleiben wollte, Hilfestellung bei der Suche nach einem den göttlichen Forderungen entsprechenden Tun nötig. Diese Situation, die besonders ausgeprägt in der Diaspora gegeben war, spiegelt sich in den besprochenen frühjüdischen Schriften oft deutlich wider. In sie hinein ist die katechismusartige Vergegenwärtigung der Gesetzesforderungen gerichtet.

3. Leben nach dem Willen Gottes

Das in den katechismusartigen Reihen beschriebene konkrete Verhalten ist Ausdruck des in der Tora manifesten fordernden Gotteswillens. Dies ergibt sich zum einen aus der inhaltlichen Identität der Weisungen der Reihen mit Geboten der Tora. Darüber hinaus bringen aber die rahmenden Aussagen der frühjüdischen Reihen auf verschiedene Weise die Verankerung der sittlichen Mahnungen in der Forderung des göttlichen Gesetzes zum Ausdruck.

Philo und Josephus stellen ihre Gesetzeszusammenfassungen ausdrücklich unter die Autorität des Mosegesetzes. Auch IV Makk 2,5–16 bezieht sich explizit (und sogar zitierend) auf den Pentateuch, betont aber darüber hinaus auch besonders die grundsätzliche Forderung zum Gesetzesgehorsam. Diese findet sich ebenso im Kontext der Reihen Sib III 235–245; Tob 4,3–18; Jub 7,20. Besonders auffällig ist die ständig wiederholte Aufforderung, Gesetz und Gebote Gottes zu bewahren, in TestXII, da in der fiktiven Situation, in der die Mahnreden der Jakobssöhne an ihre Nachkommen ergehen, das mosaische Gesetz noch gar nicht existiert. In slHen ist dieser Anachronismus offenbar bewußt vermieden. Dennoch durchzieht die Mahnung zum Gesetzesgehorsam implizit die gesamte Schrift, indem die Ermahnungen Henochs an seine Nachkommen sowie seine »Schriften« die Funktion der Tora für die Zeit vor Mose übernehmen. Darüber hinaus kommt die theologische Bewertung der in den Reihen genannten Verhaltensweisen als Ausdruck der Gottesforderungen in slHen dadurch zum Ausdruck, daß in eschatologischen Aussagen die Gerechten den Ungerechten exemplarisch gegenübergestellt werden. Beide Gruppen haben ihr konkretes Tun vor Gottes Gericht zu verantworten. Gott wird ohne Ansehen der Person den Gerechten Lohn und den Ungerechten Strafe zukommen lassen. Diese eschatologische Gegenüberstellung bestimmt auch den Kontext der Reihen Sib III 594 ff.; IV 31—34; V 165 ff. 386—393. 430 f.; TestAbr 10 (A) / 12 (B); ApkAbr 24,3—5; Weish 14,24 ff.; PsSal 8,9—13. In den TestXII kommt der Bezug zum Gesetz häufig auch dadurch zum Tragen, daß die Gebotsreihen gerahmt werden durch allgemeinere Mahnungen zum Tun der Gerechtigkeit, Wahrheit, Lauterkeit, Liebe. Es ließ sich zeigen, daß alle diese Begriffe sachlich in Beziehung zu den Gesetzesforderungen stehen. Ähnliche rahmende Aussagen finden sich bei PseuMenander (Philemon) 9—13 (Rechtschaffenheit); Jub 7,20; Tob 4,3—18; ApkAbr 24,3—5; slHen 42,6—14; Sib III 235—245. 377—380 (Gerechtigkeit). Umgekehrt kann auch die umfassende negative Charakterisierung der Verhaltensweisen als ungerecht (Sib III 185—191) oder gesetzlos (PsSal 8,9—13) eine solche theologische Bewertung enthalten.

Somit beziehen also die katechismusartigen Reihen die Autorität und den Anspruch auf Verbindlichkeit für ihre Einzelweisungen daraus, daß sie den in der Tora offenbarten Willen Gottes repräsentieren. Daraus ergibt sich, daß das geforderte Leben entsprechend dem Willen Gottes in der Enthaltung von den genannten Vergehen und der Ausführung der aufgezählten Guttaten besteht.

Daß eine solche normative Paränese nicht zur geschichtslosen Übertragung veralteter ethischer Anschauungen führt, setzt voraus, daß die Einzelmahnungen bei aller intentionalen und sachlichen Bindung an die vorgegebenen Toragebote in der Gestaltung variabel und anpassungsfähig gehalten werden. Die Untersuchung der paränetischen Reihen im einzelnen hat zahlreiche Beispiele für eine solche vergegenwärtigende Interpretation der Gesetzesforderungen vorgeführt.

Indem so das Gesetz zur positiven Norm für das Handeln im Alltag wird, wird die geforderte Sittlichkeit als Leben nach dem Willen Gottes theologisch qualifiziert. Der Bezug der Weisungen der katechismusartigen Gebotsreihen auf die Alltagssituation ermöglicht es jedem einzelnen, der göttlichen Forderung, das Gesetz zu tun, zu entsprechen. Sein konkretes Verhalten entsprechend oder entgegen der Forderung des Gotteswillens erhält eschatologische Relevanz. Er ist aufgefordert, seinen Lebenswandel nach der im Gesetz offenbarten göttlichen Ordnung zu gestalten. In dieser Ordnung ist Gott seinem Volk gemeinschaftsstiftend gegenübergetreten. Wer sich nach ihr richtet, wird auch im eschatologischen Gericht zur Gemeinschaft der Gerechten gehören. Der Mensch hat jedoch die Möglichkeit, durch sein den Geboten entgegengesetztes Verhalten die durch Gott gestiftete Gemeinschaft von sich aus zu zerbrechen.

Die katechismusartige Vergegenwärtigung der Gesetzesforderungen vermittelt ermahnende und ermutigende Unterweisung über die Verwirklichung der zentralen Aussage jüdischer Religion: das Leben nach dem Willen Gottes.

Schluß

Ziel der vorliegenden Untersuchung war es, einen Beitrag zur Erhellung einer wesentlichen Voraussetzung des Urchristentums und der neutestamentlichen Literatur zu leisten, indem sie nach der Bedeutung der Mose-Tora im Frühjudentum fragte. Aus methodischen Gründen empfahl es sich, auf einen expliziten Vergleich frühjüdischer und neutestamentlicher Texte zu verzichten und stattdessen zunächst das sich in den untersuchten frühjüdischen Quellen niederschlagende Gesetzesverständnis für sich darzustellen. Daß dieses jedoch für das Neue Testament von ausschlaggebender Bedeutung war, ergibt sich aus einem für die Geschichte des Urchristentums grundlegenden Gesichtspunkt: Die Glieder der ersten christlichen Gemeinden standen weitgehend vor ihrer Zuwendung zum Christusglauben offenbar in Beziehung zur jüdischen Synagogengemeinde, sei es als deren vollwertige Mitglieder, sei es als »Randsiedler«, die sich innerlich dem geistigen und religiösen Milieu der Synagoge verbunden fühlten, ohne doch den offenen Übertritt zum Judentum zu vollziehen. Neutestamentlicher Glaube und neutestamentliche Frömmigkeit sind daher wesentlich bestimmt durch die religiöse Gedankenwelt und die Lebensäußerungen der Synagoge.

Nur auf diesem Hintergrund können auch die sich in allen literarischen Schichten des Neuen Testaments niederschlagenden Auseinandersetzungen um Geltung und Funktion des jüdischen Gesetzes für die Christusgläubigen sachgemäß verstanden und eingeordnet werden. Deshalb ist es für die Interpretation der entsprechenden neutestamentlichen Aussagen von Bedeutung, zu wissen, welchen Stellenwert die Tora im täglichen Leben der gewöhnlichen Glieder frühjüdischer Gemeinden einnahm und inwieweit ihre Forderungen dem einzelnen gegenwärtig vor Augen standen.

Die Frage nach Gestalt und materialem Gehalt der Gesetzesforderung sowie nach ihrem Sitz im Leben innerhalb des Frühjudentums, kurz, die Frage: Was verstand das gewöhnliche Glied der Synagogengemeinde unter dem Gesetz?, läßt sich aufgrund der Ergebnisse der vorliegenden Untersuchung folgendermaßen beantworten: Das Gesetz ist Ausdruck des Gotteswillens für die praktische Lebensführung. Es ist Ermöglichungsgrund und Gestaltungsprinzip für ein Leben in der Gottesbeziehung. Dieser Gotteswille ist in der Tora grundlegend zum Ausdruck gebracht. Die umfassende Forderung zum Toragehorsam wird realisiert durch die innere Ausrichtung der konkreten Lebensentscheidungen an den inhaltlichen Forderungen der Tora. Diese werden nicht als in ihrem ursprünglichen Wortlaut fixierte, sondern als situationsbezogene, für aktualisierende Interpretation offene ethische Normen angesehen.

In den katechismusartigen Weisungsreihen der frühjüdischen Literatur
schlägt sich ein Gesetzesverständnis nieder, das den entscheidenden Bereich der Realisierung der Toraforderung im Alltagsleben sieht. Der
fromme Jude ist aufgefordert, sich in seinen täglichen Verrichtungen von
den in der Tora niedergelegten Weisungen der heilsamen, Leben ermögli-
chenden und schützenden Ordnung Gottes leiten zu lassen. Die Tora ist zu
tun! Das ist die Quintessenz der katechismusartigen Gesetzesparänese des
Frühjudentums. Wohl ist damit keineswegs ein »Prinzip starrer Gesetzlich-
keit« aufgerichtet, und die Umformung und Aktualisierung von Einzelgeboten des Pentateuch zu umfassenden ethischen Richtlinien kann gerade
nicht kasuistisch genannt werden. Die Tora ist heilschaffende Gabe, von
Gott im Bundesschluß seinem erwählten Volk verliehen! Jedoch in diesem
Bundesschluß ist die Verpflichtung der Erwählten zum Gehorsam impliziert. Gerade in den Verrichtungen des täglichen Lebens ist dieser Gehorsamsforderung nachzukommen. Im Übertreten konkreter Toraforderungen vollzieht sich dagegen Abkehr von Gott.

Die untersuchte katechismusartige Gesetzesparänese des Frühjudentums
gehört zu den Voraussetzungen des Neuen Testaments. Sie vermittelt ein
Bild davon, auf welches Vorverständnis die neutestamentliche Paränese bei
den von der Synagoge her kommenden Gliedern der christlichen Gemeinden stieß.

Literaturverzeichnis

Vorbemerkung

Sämtliche Abkürzungen richten sich nach S. Schwerdtner, Theologische Realenzyklopädie. Abkürzungsverzeichnis, Berlin/New York 1976.
Artikel aus den Nachschlagewerken BHH, Exegetisches Wörterbuch zum Neuen Testament, hg. v. H. Balz / G. Schneider, 3 Bde., Stuttgart 1980–1983 (EWNT), PRE, RAC, THAT, ThWAT, ThWNT werden mit Autornamen zitiert, erscheinen aber nicht im Literaturverzeichnis.

Hilfsmittel

GESENIUS, W.: Hebräisches und Aramäisches Handwörterbuch über das Alte Testament, bearbeitet von F. Buhl, unveränderter Neudruck der 1915 erschienenen 17. Aufl., Berlin/Göttingen/Heidelberg 1962.

KOEHLER, L. / BAUMGARTNER, W. U. A.: Hebräisches und Aramäisches Lexikon zum Alten Testament (Lieferungen I–III), Leiden 1967 ff.

LIDDELL, H. G. / SCOTT, R.: A Greek – English Lexicon. A New Edition Revised and Augmented throughout by H. S. Jones / R. McKenzie, 2 Bde., Oxford^9 1940.

MOULTON, J. H. / MILLIGAN, G.: The Vocabulary of the Greek Testament Illustrated from the Papyri and Other Non-Literary Sources, London^2 1949.

HATCH, E. / REDPATH, H. A.: A Concordance to the Septuagint and the Other Greek Versions of the Old Testament (including the Apocryphal Books), 2 Bde., Graz 1954.

DELLING, G. / MASER, M.: Bibliographie zur jüdisch-hellenistischen und intertestamentarischen Literatur 1900–1970, 2., überarbeitete und bis 1970 fortgeführte Aufl. (TU 106^2), Berlin 1975.

Textausgaben und Übersetzungen

ELLIGER, K. / RUDOLPH, W. (Hrsg.): Biblia Hebraica Stuttgartensia, Stuttgart 1968–1976.

SWETE, H. B.: The Old Testament in Greek According to the Septuagint, 3 Bde., Cambridge$^{3/4}$ 1925–1930.

ALAND, K. U.A. (Hrsg.): Novum Testamentum Graece, Stuttgart^{26} 1979.

BARTHÉLEMY, D. / MILIK, J. T.: Discoveries in the Judean Desert I. Qumran Cave I, Oxford 1935.

CHARLES, R. H. (Hrsg.): The Apocrypha and Pseudepigrapha of the Old Testament in English with Introductions and Critical and Explanatory Notes to the Several Books, 2 Bde., Oxford 1913.

DENIS, A.-M.: Fragmenta Pseudepigraphorum quae supersunt Graeca una cum Historicorum et auctorum Iudaeorum Hellenistarum Fragmentis collegit et ordinavit (PVTG 3), Leiden 1970 a.

KAUTZSCH, E. (Hrsg.): Die Apokryphen und Pseudepigraphen des Alten Testaments, I. Die Apokryphen des Alten Testaments, II. Die Pseudepigraphen des Alten Testaments, Tübingen 1900.

KÜMMEL, W. G. u.a. (Hrsg.): Jüdische Schriften aus hellenistisch-römischer Zeit, 5 Bde. (in Einzellieferungen), Gütersloh 1973 ff.

RIESSLER, P.: Altjüdisches Schrifttum außerhalb der Bibel, Augsburg 1928.

BECKER, J.: Die Testamente der Zwölf Patriarchen, in: Kümmel III 15–163, 1974 (^{2}1980).

BERGER, K.: Das Buch der Jubiläen, in: Kümmel II 273–575, 1981.

BLASS, F.: Die Sibyllinischen Orakel (Prooemium und Buch III–V.), in: Kautzsch II 177–217, 1900.

BONWETSCH, N.: Die Bücher der Geheimnisse Henochs. Das sogenannte slavische Henochbuch (TU 44,2), Leipzig 1922.

CHARLES, R. H.: Mashafa Kufālē or the Ethiopic Version of the Hebrew Book of Jubilees, Oxford 1895.

–, The Greek Versions of the Testaments of the Twelve Patriarchs edited from nine Mss. together with the Variants of the Armenian and Slavonic Versions and some Hebrew Fragments, Oxford 1908.

CLEMENTZ, H.: Des Flavius Josephus kleinere Schriften (Selbstbiographie – Gegen Apion – Über die Makkabäer), Halle o. J.

–, Des Flavius Josephus Jüdische Altertümer, 2 Bde., Berlin 1923.

COHN, L. / HEINEMANN, I. / ADLER, M. / THEILER, W.: Die Werke Philos von Alexandria in deutscher Übersetzung, 7 Bde., Breslau/Berlin 1909–1964.

COHN, L. / WENDLAND, P.: Philonis Alexandrini Opera quae supersunt, 7 Bde., Berlin 1896–1930.

DEISSMANN, A.: Das vierte Makkabäerbuch, in: Kautzsch II 149–177, 1900.

VON GEBHARDT, O.: Die Psalmen Salomo's zum ersten Male mit Benutzung der Athoshandschriften und des Codex Casanatensis (TU 13,2), Leipzig 1895.

GEFFCKEN, J.: Die Oracula Sibyllina (GCS 8), Leipzig 1902.

GEORGI, D.: Weisheit Salomos, in: Kümmel III 389–478, 1980.

HOLM-NIELSEN, S.: Die Psalmen Salomos, in: Kümmel IV 49–112, 1977.

VAN DER HORST, P. W.: The Sentences of Pseudo-Phocylides with Introduction and Commentary (SVTP 4), Leiden 1978.

JAMES, M. R.: The Testament of Abraham. The Greek Text now First Edited with an Introduction and Notes (TaS 2,2), Cambridge 1892.

JANSSEN, E.: Testament Abrahams, in: Kümmel III 193–256, 1975.

DE JONGE, M., u.a.: The Testaments of the Twelve Patriarchs. A Critical Edition of the Greek Text (PVTG 1,2), Leiden 1978.

KITTEL, R.: Die Psalmen Salomos, in: Kautzsch II 127–148, 1900.

KURFESS, A.: Sibyllinische Weissagungen. Urtext und Übersetzung, München 1951.

LITTMANN, E.: Das Buch der Jubiläen, in: Kautzsch II 31–119, 1900.

LÖHR, M.: Das Buch Tobit, in: Kautzsch I 135–147, 1900.

MICHEL, O. / BAUERNFEIND, O.: Flavius Josephus. De Bello Judaico / Der Jüdische Krieg. Griechisch und Deutsch, 3 Bde., München 1962−1969.

MRAS, K.: Eusebius Werke. Achter Band. Die Praeparatio Evangelica, I (GCS 43,1), Berlin 1954.

NIESE, B.: Flavii Iosephi Opera, 7 Bde., Berlin 1885−1895.

VON OTTO, J. C. TH.: Iustini Philosophi et Martyris Opera quae feruntur omnia, II. Opera Iustini Addubitata (CorpAp 3,2), Jena³ 1879.

PHILONENKO-SAYAR, B. / PHILONENKO, M.: L'Apocalypse d'Abraham. Introduction, texte slave, traduction et notes, Sem. 31, 5−117, 1981.

−, Die Apokalypse Abrahams, in: Kümmel V 413−460, 1982.

SCHNAPP, F.: Die Testamente der 12 Patriarchen, der Söhne Jakobs, in: Kautzsch II 458−506, 1900.

SIEGFRIED, K.: Die Weisheit Salomos, in: Kautzsch I 476−507, 1900.

STÄHLIN, O.: Clemens Alexandrinus. Zweiter Band. Stromata Buch I−VI (GCS 52), Berlin³ 1960.

VAILLANT, A.: Le Livre des secrets d'Hénoch, texte slave et traduction française (Textes publiés par l'Institut d'Études slaves 4), Paris 1952.

WALTER, N.: Pseudepigraphische jüdisch-hellenistische Dichtung: Pseudo-Phokylides, Pseudo-Orpheus, Gefälschte Verse auf Namen griechischer Dichter, in: Kümmel IV 173−278, 1983.

YOUNG, D.: Theognis / Ps.-Pythagoras − Ps.-Phocylides − Chares − Anonymi Avlodia − Fragmentum Teliambicum (Bibliotheca Scriptorum Graecorum et Romanorum Teubneriana), Leipzig² 1971.

Sekundärliteratur

AALEN, S.: Die Begriffe ›Licht‹ und ›Finsternis‹ im Alten Testament, im Spätjudentum und im Rabbinismus (SNVAO.HF 1), Oslo 1951.

ALT, A.: Zu den samaritanischen Dekaloginschriften, VT 2, 273−276, 1952.

AMSTUTZ, J.: ΑΠΛΟΤΗΣ. Eine begriffsgeschichtliche Studie zum jüdisch-christlichen Griechisch (Theoph. 19), Bonn 1968.

ASCHERMANN, H.: Die paränetischen Formen der »Testamente der zwölf Patriarchen« und ihr Nachwirken in der frühchristlichen Mahnung, Diss. Theol. Berlin (masch.) 1955.

BARTSCH, H.-W.: Traditionsgeschichtliches zur »goldenen Regel« und zum Aposteldekret, ZNW 75, 128−132, 1984.

BECKER, J.: Untersuchungen zur Entstehungsgeschichte der Testamente der Zwölf Patriarchen (AGJU 8), Leiden 1970.

BEER, G.: Exodus (HAT 3), Tübingen 1939.

BEGRICH, J.: Der Text der Psalmen Salomos, ZNW 38, 131−164, 1939.

BERGER, K.: Die Gesetzesauslegung Jesu. Ihr historischer Hintergrund im Judentum und im Alten Testament, I. Markus und Parallelen (WMANT 40), Neukirchen-Vluyn 1972.

BERGMAN, J.: Discours d'Adieu − Testament − Discours posthume. Testaments juifs et enseignements égyptiens, in: Sagesse et Religion. Colloque de Strasbourg (octobre 1976), Paris, 21−50, 1979.

BERNAYS, J.: Gesammelte Abhandlungen, hrsg. v. H. Usener, I, Berlin 1885. Darin enthalten:

– Über das phokylideische Gedicht. Ein Beitrag zur hellenistischen Literatur, 192–261.

– Philon's Hypothetika und die Verwünschungen des Buzyges in Athen, 262–282.

BERTRAM, G.: »Hochmut« und verwandte Begriffe im griechischen und hebräischen Alten Testament, WO 3, 32–43, 1964.

BÖCHER, O.: Der johanneische Dualismus im Zusammenhang des nachbiblischen Judentums, Gütersloh 1965.

BONWETSCH, G. N.: Die Apokalypse Abrahams. Das Testament der vierzig Märtyrer (SGTK 1,1), Leipzig 1897.

BOUSSET, W. / GRESSMANN, H.: Die Religion des Judentums im späthellenistischen Zeitalter (HNT 21), Tübingen 1926.

BOWMAN, J. / TALMON, S.: Samaritan Decalogue Inscriptions, BJRL 33, 211–236, 1951.

BRAUN, F.-M.: Les Testaments des XII Patriarches et le problème de leur origine, RB 67, 516–549, 1960.

BREITENSTEIN, U.: Beobachtungen zu Sprache, Stil und Gedankengut des Vierten Makkabäerbuchs, Basel/Stuttgart 1976.

BULTMANN, R.: Untersuchungen zum Johannesevangelium, ZNW 27, 113–163, 1928.

BURCHARD, CH.: Zur armenischen Überlieferung der Testamente der zwölf Patriarchen, in: Ch. Burchard / J. Jervell / J. Thomas, Studien zu den Testamenten der Zwölf Patriarchen. Drei Aufsätze hrsg. v. W. Eltester (BZNW 36), Berlin, 1–29, 1969.

–, Das doppelte Liebesgebot in der frühen christlichen Überlieferung, in: Der Ruf Jesu und die Antwort der Gemeinde (FS Jeremias, hrsg. v. E. Lohse u.a.), Göttingen, 39–62, 1970.

CARRINGTON, P.: The Primitive Christian Catechism. A Study in the Epistles, Cambridge 1940.

CHARLESWORTH, J. H.: The Pseudepigrapha and Modern Research (SCSt 7), Missoula 1976.

–, Reflections on the SNTS Pseudepigrapha Seminar at Duke on the Testaments of the Twelve Patriarchs, NTS 23, 296–304, 1977.

–, The SNTS Pseudepigrapha Seminars at Tübingen and Paris on the Books of Enoch, NTS 25, 315–323, 1979.

COHN, L.: Einteilung und Chronologie der Schriften Philos (separater Abdruck aus Ph.S 7, 387–435), Leipzig 1899.

COLLINS, J. J.: The Sibylline Oracles of Egyptian Judaism (SBLDS 13), Missoula 1974.

–, The Provenance of the Third Sibylline Oracle, BIJS 2, 1–18, 1974 a.

–, The Place of the Fourth Sibyl in the Development of the Jewish Sibyllina, JJS 25, 365–380, 1974 b.

–, The Genre Apocalypse in Hellenistic Judaism, in: Hellholm 531–548, 1983.

CONZELMANN, H.: Heiden – Juden – Christen. Auseinandersetzungen in der Literatur der hellenistisch-römischen Zeit (BHTh 62), Tübingen 1981.

COUARD, L.: Die religiösen und sittlichen Anschauungen der alttestamentlichen Apokryphen und Pseudepigraphen, Gütersloh 1907.

CROUCH, J. E.: The Origin and Intention of the Colossian Haustafel (FRLANT 109), Göttingen 1972.

DABELSTEIN, R.: Die Beurteilung der ›Heiden‹ bei Paulus (Beiträge zur biblischen Exegese und Theologie 14), Frankfurt/Bern/Cirenster/U.K. 1981.

DAVENPORT, G. L.: The eschatology of the Book of Jubilees (StPB 20), Leiden 1971.

DELCOR, M.: Le Testament d'Abraham: Introduction, traduction du texte grec et commentaire de la recension grecque longue suivie de la traduction des testaments d'Abraham, d'Isaac et de Jacob d'apres les versions orientales (SVTP 2), Leiden 1973.

DELLING, G.: Perspektiven zur Erforschung des hellenistischen Judentums, HUCA 45, 133–176, 1974.

DENIS, A.-M.: Introduction aux Pseudépigraphes Grecs d'Ancien Testament (SVTP 1), Leiden 1970.

DESELAERS, P.: Das Buch Tobit: Studien zu seiner Entstehung, Komposition und Theologie (OBO 43), Freiburg/Göttingen 1982.

DES PLACES, E.: Le Livre de la Sagesse et les influences grecques, Bib. 50, 536–542, 1969.

DEXINGER, F.: Das Garizimgebot im Dekalog der Samaritaner, in: Studien zum Pentateuch (FS Kornfeld, hrsg. v. G. Braulik), Wien/Freiburg/Basel, 111–133, 1977.

DIHLE, A.: Die Goldene Regel. Eine Einführung in die Geschichte der antiken und frühchristlichen Vulgärethik, Göttingen 1962.

DUPONT-SOMMER, A.: Le quatrième Livre des Machabées. Introduction, traduction et notes (BEHE.H 274), Paris 1939.

EISING, H.: Der Weisheitslehrer und die Götterbilder, Bib. 40, 393–408, 1959.

EISSFELDT, O.: Einleitung in das Alte Testament unter Einschluß der Apokryphen und Pseudepigraphen sowie der apokryphen- und pseudepigraphenartigen Qumrān-Schriften, Tübingen[4] 1976.

ELLIGER, K.: Leviticus (HAT 4), Tübingen 1966.

FICHTNER, J.: Die Stellung der Sapientia Salomonis in der Literatur- und Geistesgeschichte ihrer Zeit, ZNW 36, 113–132, 1937.

–, Weisheit Salomos (HAT 2.R., 6), Tübingen 1938.

FIEDLER, M. J.: Δικαιοσύνη in der diaspora-jüdischen und intertestamentarischen Literatur, JSJ 1, 120–143, 1970.

FINKELSTEIN, L.: The Book of Jubilees and the rabbinic Halaka, HThR 16, 39–61, 1923.

FISCHER, U.: Eschatologie und Jenseitserwartung im hellenistischen Diasporajudentum (BZNW 44), Berlin/New York 1978.

FRIEDRICH, J.: Gott im Bruder? Eine methodenkritische Untersuchung von Redaktion, Überlieferung und Tradition in Mt 25, 31–46 (CThM 7), Stuttgart 1977.

FULLER, R. H.: Das Doppelgebot der Liebe. Ein Testfall für die Echtheitskriterien der Worte Jesu, in: Jesus Christus in Historie und Theologie (FS Conzelmann, hrsg. v. G. Strecker), Tübingen, 317–329, 1975.

GAMBERONI, J.: Das »Gesetz des Mose« im Buch Tobias, in: Studien zum Pentateuch (FS Kornfeld, hrsg. v. G. Braulik), Wien/Freiburg/Basel, 227–242, 1977.

GAMMIE, J. G.: Spatial and Ethical Dualism in Jewish Wisdom and Apocalyptic Literature, JBL 93, 356–385, 1974.

GEFFCKEN, J.: Komposition und Entstehungszeit der Oracula Sibyllina (TU 23,1), Leipzig 1902a.

GILBERT, M.: La critique des dieux dans le livre de la Sagesse (Sg 13–15) (AnBib 53), Rom 1973.

GOODENOUGH, E. R.: An Introduction to Philo Judaeus, Oxford[2] 1962.

HANHART, R.: Text und Textgeschichte des Buches Tobit (MSU 17), Göttingen 1984.

HAUPT, D.: Das Testament des Levi. Untersuchungen zu seiner Entstehung und Überlieferungsgeschichte, Diss. Theol. Halle (masch.) 1969.

HEINEMANN, I.: Über die Einzelgesetze Buch I–IV, übersetzt von I. Heinemann, in: Cohn/Heinemann 1909–1964, II 3–312, 1910.

–, Die Lehre vom ungeschriebenen Gesetz im jüdischen Schrifttum, HUCA 4, 149–171, 1927.

–, Philons griechische und jüdische Bildung. Kulturvergleichende Untersuchungen zu Philons Darstellung der jüdischen Gesetze, Breslau 1932.

HELLHOLM, D. (Hrsg.): Apocalypticism in the Mediterranean World and the Near East. Proceedings of the International Colloquium on Apocalypticism, Uppsala, August 12–17, 1979, Tübingen 1983.

HENGEL, M.: Anonymität, Pseudepigraphie und »literarische Fälschung« in der jüdisch-hellenistischen Literatur, in: Pseudepigrapha I (Entretiens sur l'Antiquité classique publiés par O. Reverdin, Tome XVIII), Vandœuvres-Genève, 229–308, 1972.

–, Judentum und Hellenismus. Studien zu ihrer Begegnung unter besonderer Berücksichtigung Palästinas bis zur Mitte des 2. Jh. v. Chr. (WUNT 10), Tübingen² 1973.

HOLLANDER, H. W.: The Ethical Character of the Patriarch Joseph: A Study in the Ethics of the Testaments of the XII Patriarchs, in: Studies on the Testament of Joseph, hrsg. v. G. W. E. Nickelsburg (SCSt 5), Missoula, 47–104, 1975.

HOLM-NIELSEN, S.: Erwägungen zu dem Verhältnis zwischen den Hodajot und den Psalmen Salomos, in: Bibel und Qumran (FS Bardtke, hrsg. v. S. Wagner), Berlin, 112–131, 1968.

HOLTZ, T.: Zur Frage der inhaltlichen Weisungen bei Paulus, ThLZ 106, 385–400, 1981.

–, Rezension zu Hellholm 1983, ThLZ 111, 591–594, 1986.

VAN DER HORST, P. W.: Pseudo-Phocylides and the New Testament, ZNW 69, 187–202, 1978a.

HOSSFELD, F.-L.: Der Dekalog. Seine späten Fassungen, die originale Komposition und seine Vorstufen (OBO 45), Freiburg/Göttingen 1982.

HULTGÅRD, A.: L'eschatologie des Testaments des Douze Patriarches, I. Interprétation des textes, II. Composition de l'ouvrage, textes et traductions (HR[U] 6/7), Uppsala 1977/1982.

HUNZINGER, C. H.: Babylon als Deckname für Rom und die Datierung des 1. Petrusbriefs, in: Gottes Wort und Gottes Land (FS Hertzberg, hrsg. v. H. Reventlow), Göttingen, 67–77, 1965.

HUPPENBAUER, H. W.: Der Mensch zwischen zwei Welten. Der Dualismus der Texte von Qumran (Höhle I) und der Damaskusfragmente. Ein Beitrag zur Vorgeschichte des Evangeliums (AThANT 34), Zürich 1959.

JENSEN, J.: Does porneia mean Fornication? A Critique of Bruce Malina, NT 20, 161–184, 1978.

JEPSEN, A.: Beiträge zur Auslegung und Geschichte des Dekalogs, ZAW 79, 277–304, 1967.

DE JONGE, H. J.: Die Textüberlieferung der Testamente der Zwölf Patriarchen, in: M. de Jonge 1975, 45–62, 1975.

–, The Earliest Traceable Stage of the Textual Tradition of the Testaments of the Twelve Patriarchs, in: M. de Jonge 1975, 63–86, 1975a.

DE JONGE, M.: The Testaments of the Twelve Patriarchs. A Study of their Text, Composition and Origin, Assen 1953.

–, The Testaments of the Twelve Patriarchs and the New Testament, in: Studia Evangelica, hrsg. v. K. Aland u.a. (TU 73), Berlin, 546–556, 1959.

–, (Hrsg.): Studies on the Testaments of the Twelve Patriarchs. Text and Interpretation (SVTP 3), Leiden 1975. Darin enthalten:
- The Greek Testaments of the Twelve Patriarchs and the Armenian Version, 120–139.
- Textual Criticism and the Analysis of the Composition of the Testament of Zebulun, 144–160.
- The New Editio Maior, 174–179.
- The Interpretation of the Testaments of the Twelve Patriarchs in Recent Years, 183–192.
- Christian Influence in the Testaments of the Twelve Patriarchs, 193–246.
- Notes on Testament of Levi II–VII, 247–260.
- Testament Issachar als »typisches« Testament. Einige Bemerkungen zu zwei neuen Übersetzungen der Testamente der Zwölf Patriarchen, 291–316.

–, The Main Issues in the Study of the Testaments of the Twelve Patriarchs, NTS 26, 508–524, 1980.

JOHNSON, L. T.: The Use of Leviticus 19 in the Letter of James, JBL 101, 391–401, 1982.

KÄHLER, CH.: Studien zur Form- und Traditionsgeschichte der biblischen Makarismen, Diss. Theol. Jena (masch.) 1974.

KAMLAH, E.: Die Form der katalogischen Paränese im Neuen Testament (WUNT 7), Tübingen 1964.

–, Frömmigkeit und Tugend. Die Gesetzesapologie des Josephus in c Ap 2, 145–295, in: Josephus-Studien (FS Michel, hrsg. v. O. Betz u.a.), Göttingen, 220–232, 1974.

KEE, H. C.: The Ethical Dimensions of the Testaments of the XII as a Clue to Provenance, NTS 24, 259–270, 1978.

KLAAR, E.: Πλεονεξία, -έκτης, -εκτεῖν, ThZ 10, 395–397, 1954.

KLEIN, G.: Der älteste christliche Katechismus und die jüdische Propaganda-Literatur, Berlin 1909.

KOLENKOW, A. B.: The Narratives of the TJ and the Organization of the Testaments of the XII Patriarchs (TP), in: Studies on the Testament of Joseph, hrsg. v. G. W. E. Nickelsburg (SCSt 5), Missoula, 37–45, 1975.

–, The Genre Testament and the Testament of Abraham, in: Nickelsburg 139–152, 1976.

KOSMALA, H.: Hebräer – Essener – Christen. Studien zur Vorgeschichte der frühchristlichen Verkündigung (StPB 1), Leiden 1959.

KRAFT, R. A.: Reassessing the »Recensional Problem« in Testament of Abraham, in: Nickelsburg 121–137, 1976.

KÜCHLER, M.: Frühjüdische Weisheitstraditionen. Zum Fortgang weisheitlichen Denkens im Bereich des frühjüdischen Jahweglaubens (OBO 26), Freiburg/Göttingen 1979.

KUHN, K. G.: Die älteste Textgestalt der Psalmen Salomos insbesondere auf Grund der syrischen Übersetzung neu untersucht (BWANT 73), Stuttgart 1937.

KURFESS, A.: Zum V. Buch der Oracula Sibyllina, RMP 99, 225–241, 1956.

–, Christliche Sibyllinen, in: E. Hennecke / W. Schneemelcher (Hrsg.), Neutestamentliche Apokryphen in deutscher Übersetzung, II. Apostolisches, Apokalypsen und Verwandtes, Tübingen, 498–528, 1964.

LARCHER, CH.: Études sur le Livre de la Sagesse, Paris 1969.
LEBRAM, J. CH. H.: Die literarische Form des vierten Makkabäerbuches, VigChr 28, 81–96, 1974.
LIMBECK, M.: Die Ordnung des Heils. Untersuchungen zum Gesetzesverständnis des Frühjudentums, Düsseldorf 1971.

MALINA, B.: Does Porneia mean Fornication?, NT 14, 10–17, 1972.
MARTIN, R. A.: Syntax Criticism of the Testament of Abraham, in: Nickelsburg 95–120, 1976.
MAYER, G.: Zur jüdisch-hellenistischen Literatur, ThR 45, 226–244, 1980.
MILLER, A.: Das Buch Tobias übersetzt und erklärt (HSAT 4,3[1]), Bonn 1940.
MOORE, G. F.: Judaism in the First Centuries of the Christian Era. The Age of the Tannaim, 3 Bde., Cambridge 1927/1930.
MÜLLER, G.: Der Dekalog im Neuen Testament. Vor-Erwägungen zu einer unerledigten Aufgabe, ThZ 38, 79–97, 1982.
MÜNCHOW, CH.: Ethik und Eschatologie. Ein Beitrag zum Verständnis der frühjüdischen Apokalyptik mit einem Ausblick auf das Neue Testament, Berlin 1981.
MUNCH, P. A.: The Spirits in the Testaments of the Twelve Patriarchs, AcOr 13, 257–263, 1935.

NICKELSBURG, G. W. E. (Hrsg.): Studies on the Testament of Abraham (SCSt 6), Missoula 1976. Darin enthalten:
– Review of Literature, 9–22.
– Eschatology in the Testament of Abraham. A Study of the Judgment Scenes in the Two Recensions, 23–64.
– Structure and Message in the Testament of Abraham, 85–93.
NIKIPROWETZKY, V.: La Troisième Sibylle (EtJ 9), Paris 1970.
–, Réflexions sur quelques problèmes du quatrième et du cinquième livre des Oracles Sibyllins, HUCA 43, 29–76, 1972.
NISSEN, A.: Gott und der Nächste im antiken Judentum. Untersuchungen zum Doppelgebot der Liebe (WUNT 15), Tübingen 1974.
NOACK, B.: Der zeitgeschichtliche Hintergrund der Oracula Sibyllina, in: Theologie aus dem Norden, hrsg. v. A. Fuchs (Studien zum Neuen Testament und seiner Umwelt 2), Linz, 167–190, 1976.
VON NORDHEIM, E.: Die Lehre der Alten, I. Das Testament als Literaturgattung im Judentum der hellenistisch-römischen Zeit (ALGHL 13), Leiden 1980.

O'DELL, J.: The Religious Background of the Psalms of Solomon (Re-evaluated in the light of the Qumran Texts), RdQ 3, 241–257, 1961.
OFFERHAUS, U.: Komposition und Intention der Sapientia Salomonis, Diss. Theol. Bonn 1981.
VON DER OSTEN-SACKEN, P.: Gott und Belial. Traditionsgeschichtliche Untersuchungen zum Dualismus in den Texten aus Qumran (StUNT 6), Göttingen 1969.
OTZEN, B.: Die neugefundenen hebräischen Sektenschriften und die Testamente der zwölf Patriarchen, StTh 7, 125–157, 1954.

PHILONENKO, M.: Les Interpolations chrétiennes des Testaments des Douze Patriarches et les Manuscrits de Qumrân (Cahiers de la RHPhR 35), Paris 1960.

von Rad, G.: Die Vorgeschichte der Gattung von 1. Kor. 13,4—7, in: derselbe, Gesammelte Studien zum Alten Testament (TB 8), München, 281—296, 1958.

Redditt, P. L.: The Concept of Nomos in Fourth Maccabees, CBQ 45, 249—270, 1983.

Reicke, B.: Die zehn Worte in Geschichte und Gegenwart (BGBE 13), Tübingen 1973.

Reinmuth, E.: Geist und Gesetz. Studien zu Voraussetzungen und Inhalt der paulinischen Paränese (ThA 44), Berlin 1985.

Renehan, R.: The Greek Philosophic Background of Fourth Maccabees, RMP 115, 223—238, 1972.

Rengstorf, K. H.: Herkunft und Sinn der Patriarchen-Reden in den Testamenten der Zwölf Patriarchen, in: La littérature juive entre Tenach et Mishna, hrsg. v. W. C. van Unnik (RechBib 9), Leiden, 29—47, 1974.

Graf Reventlow, H.: Das Heiligkeitsgesetz formgeschichtlich untersucht (WMANT 6), Neukirchen-Vluyn 1961.

Ricken, F.: Gab es eine hellenistische Vorlage für Weish 13—15?, Bib. 49, 54—86, 1968.

Riesner, R.: Jesus als Lehrer. Eine Untersuchung zum Ursprung der Evangelien-Überlieferung (WUNT 2. R., 7), Tübingen 1981.

Rost, L.: Einleitung in die alttestamentlichen Apokryphen und Pseudepigraphen einschließlich der großen Qumran-Handschriften, Heidelberg 1971.

Rubinkiewicz, R.: La vision de l'histoire dans l'Apocalypse d'Abraham, ANRW II 19,1, 137—151, 1979.

Rubinstein, A.: Observations on the Slavonic book of Enoch, JJS 13, 1—21, 1962.

Ruppert, L.: Zur Funktion der Achikar-Notizen im Buch Tobias, BZ 20, 232—237, 1976.

Schmidt, F.: Le Testament d'Abraham. Introduction, édition de la recension courte, traduction et notes, 2 Bde., Diss. Strasbourg (masch.) 1971.

–, The Two Recensions of the Testament of Abraham: In Which Direction did the Transformation Take Place?, in: Nickelsburg 65—83, 1976.

Schneider, H.: Der Dekalog in den Phylakterien von Qumrân, BZ 3, 18—31, 1959.

Schoeps, H.-J.: Handelt es sich wirklich um ebionitische Dokumente?, ZRGG 3, 322—336, 1951.

Schrage, W.: Zur Ethik der neutestamentlichen Haustafeln, NTS 21, 1—22, 1975.

Schüpphaus, J.: Die Psalmen Salomos. Ein Zeugnis Jerusalemer Theologie und Frömmigkeit in der Mitte des vorchristlichen Jahrhunderts (ALGHL 7), Leiden 1977.

Schürer, E.: Geschichte des jüdischen Volkes im Zeitalter Jesu Christi, III. Das Judentum in der Zerstreuung und die jüdische Literatur, Leipzig[4] 1909.

Schumpp, M. M.: Das Buch Tobias (EHAT 11), Münster 1933.

Seeberg, A.: Der Katechismus der Urchristenheit, Leipzig 1903.

–, Das Evangelium Christi, Leipzig 1905.

–, Die beiden Wege und das Aposteldekret, Leipzig 1906.

–, Die Didache des Judentums und der Urchristenheit, Leipzig 1908.

Selwyn, E. G.: The First Epistle of St. Peter. The Greek Text with Introduction, Notes and Essays, London 1958.

Simon, M.: Sur quelques aspects des Oracles Sibyllins juifs, in: Hellholm 219—233, 1983.

Slingerland, H. D.: The Testaments of the Twelve Patriarchs. A Critical History of Research (SBLMS 21), Missoula 1977.

Spicq, C.: Notes de Lexicographie néo-testamentaire (OBO 22), Fribourg/Göttingen 1978.

Stamm, J. J.: Dreißig Jahre Dekalogforschung, ThR 27, 189–239. 281–305, 1961.

Steuernagel, C.: Übersetzung und Erklärung der Bücher Deuteronomium und Josua und Allgemeine Einleitung in den Hexateuch (HK 1,3), Göttingen 1900.

Strack, H. L. / Billerbeck, P.: Kommentar zum Neuen Testament aus Talmud und Midrasch, 6 Bde., München 1922–1963.

Tcherikover, V.: Jewish Apologetic Literature Reconsidered, Eos 48, 169–193 (= Symbolae Raphaeli Taubenschlag dedicatae, III, Vratislaviae – Warsaviae 1957, Ossolineum) 1956.

Testuz, M.: Les idées Religieuses du Livre des Jubilés, Genève/Paris 1960.

Thomas, J.: Aktuelles im Zeugnis der zwölf Väter, in: Ch. Burchard / J. Jervell / J. Thomas, Studien zu den Testamenten der Zwölf Patriarchen. Drei Aufsätze hrsg. v. W. Eltester (BZNW 36), Berlin, 62–150, 1969.

Thomas, J. D.: The Greek Text of Tobit, JBL 91, 463–471, 1972.

Thyen, H.: Der Stil der Jüdisch-Hellenistischen Homilie (FRLANT 65), Göttingen 1955.

Turdeanu, É.: Apocryphes slaves et roumains de l'Ancien Testament (SVTP 5), Leiden 1981. Darin enthalten:
– L'»Apocalypse d'Abraham« en slave, 173–200.
– Le »Testament d'Abraham« en slave et en roumain, 201–238.
– Les »Testaments des Douze Patriarches« en slave, 239–275.

Turner, N.: The ›Testament of Abraham‹: Problems in Biblical Greek, NTS 1, 219–233, 1955.

VanderKam, J. C.: Textual and Historical Studies in the Book of Jubilees (HSM 14), Missoula 1977.

Vermes, G.: The Decalogue and the Minim, in: derselbe, Post-Biblical Jewish Studies (SJLA 8), Leiden, 169–177, 1975.

–, A Summary of the Law by Flavius Josephus, NT 24, 289–303, 1982.

Vögtle, A.: Die Tugend- und Lasterkataloge im Neuen Testament exegetisch, religions- und formgeschichtlich untersucht (NTA 16, 4/5), Münster 1936.

Vokes, F. E.: The Ten Commandments in the New Testament and in First Century Judaism, in: Studia Evangelica Vol. V, hrsg. v. F. L. Cross (TU 103), Berlin, 146–154, 1968.

Walter, N.: Der Thoraausleger Aristobulos. Untersuchungen zu seinen Fragmenten und zu pseudepigraphischen Resten der jüdisch-hellenistischen Literatur (TU 86), Berlin 1964.

Wendland, P.: Die Therapeuten und die philonische Schrift vom beschaulichen Leben, JCPh.S. 22, 693–770, 1896.

Wibbing, S.: Die Tugend- und Lasterkataloge im Neuen Testament und ihre Traditionsgeschichte unter besonderer Berücksichtigung der Qumran-Texte (BZNW 25), Berlin 1959.

Wikenhauser, A.: Die Liebeswerke in dem Gerichtsgemälde Mt 25, 31–46, BZ 20, 366–377, 1932.

Winston, D.: The Wisdom of Solomon. A New Translation with Introduction and Commentary (AncB 43), New York² 1981.

Wright, A. G.: The Structure of the Book of Wisdom, Bib. 48, 165–184, 1967.

Wright, R.: The Psalms of Solomon, the Pharisees, and the Essenes, in: 1972 Proceedings, hrsg. v. R. A. Kraft (SCSt 2), Missoula, 136–154, 1972.

Würthwein, E.: Der Text des Alten Testaments. Eine Einführung in die Biblia Hebraica, Stuttgart[4] 1973.

Ziener, G.: Die Verwendung der Schrift im Buch der Weisheit, TThZ 66, 138–152, 1957.

Zink, J. K.: The Use of the Old Testament in the Apocrypha, Diss. Ph. Duke (masch.) 1963.

Sachregister*

Abtreibung s. Sicherung der Nachkommen-
schaft
Almosen 23f., 174, 192, *204f.*
vgl. *ἐλεημοσύνη*
Alter 19, 40, 46f.
anvertrautes Gut s. Veruntreuung
Armut s. Schutz der Schwachen
Ausschweifung s. Prasserei

Barmherzigkeit (Mitleid) *108*, 120f., *130*,
150, 191f.
vgl. *ἔλεος, εὐσπλαγχνία, οἰκτιρμός,
στενάζειν*
Befleckung (Verunreinigung) 101, *117*, 200,
209f., *224f.*
vgl. *μιαίνειν, βεβηλοῦν, ἀκαθαρσία*
Begierde 48, *116f.*, 200, *219f.*, 230
vgl. *ἐπιθυμία*
Begräbnis s. Leichenbestattung
Beliar (Satan) 88ff., 92, 129, 146ff., 157
vgl. *Βελιάρ, σατανᾶς*
Beschneidung s. rituelle Weisungen
Beschwörung s. Zauberei
Besitzvergehen s. Diebstahl
Bestechlichkeit 41f., 46, 48, *96*
vgl. *δωροληψία*
Blutschande *27f.*, 36, 40, 45, 51, *179*, 210,
224
Bosheit (Schlechtigkeit) *114f.*, *134*, 146ff.,
149f., 178, 188, 191
vgl. *πονηρός, κακός*

Bruderhaß s. Haß
Bruderliebe s. Liebe

Depositum s. Veruntreuung
Diebstahl (Besitzvergehen) 14f., 17f., 22f.,
34, 38, 40ff., 45, 48, *95f.*, 99f., 139, 174,
176, *178f.*, 188, 197, 200, 214, 230f.
vgl. *κλέπτειν, ἁρπάζειν, γρίπισμα*

Ehe (Ehebruch) *16f.*, 28, 34f., 38, 40ff., 45,
48, 51, *119*, *173*, 181, 197, 210, 214, 220,
224, 230
vgl. *μοιχεία, γάμος*
Eltern *18f.*, 34, 38, 40ff., 46, 48, *182*, 204f.,
209f., 220
vgl. *γονεῖς*
Empfängnisverhütung s. Sicherung der
Nachkommenschaft
Enthaltsamkeit 41, 93, *115ff.*, 120, 133, *151*,
160, 219, 221
vgl. *σωφροσύνη*

Falschzeugnis s. Meineid
Fasten 120, *151*
vgl. *νηστεύειν*
Feinde 41f., 47, 51, 220
Fremde 24f., 41, 46f., 51
Freundesgeheimnis s. Geheimnis

Gebet s. rituelle Weisungen
Gefallsucht *94*, 117, 230f.
vgl. *ἀρέσκεια*

---

* Die Register wollen in erster Linie das in der Untersuchung verarbeitete paränetische
Quellenmaterial erschließen helfen.

Sachregister und *griechisches Wortregister* ergänzen einander. An den im *Sachregister* ausge-
zeichneten Stellen wird das betreffende Stichwort am ausführlichsten in der frühjüdischen Literatur belegt. Das *griechische Wortregister* beschränkt sich im wesentlichen auf für die Paränese
relevante Wörter, verzeichnet diese aber vollständig.

Die Auszeichnungen im *Stellenregister* geben an, wo die betreffenden Textpassagen ausführlicher besprochen sind.

Alle Angaben beziehen sich auf Text und Anmerkungen gleichermaßen.

Geheimnis 38, 41 f., 48 f., 52
Geist *86–91,* 129, 146 ff., 156 f.
  vgl. *πνεῦμα*
Geldgier s. Habgier
Gelübde s. rituelle Weisungen
Gerechtigkeit (Rechtschaffenheit) 131,
  142, 157, 175, 187, 190 f., 199, 203 f.,
  209 f., 212 f., 220 f., 230 f., 237 f., 239 f.
  vgl. *δικαιοσύνη*
Gericht 14 f., 19, *21ff.,* 40 ff., 46, 48, *188,*
  191 f.
  vgl. *κρίνειν, δίκη*
Gesinnung (Herz, Seele) 113, 118, *128 ff.,*
  132, 136, 157
  vgl. *διαβούλιον, διάνοια, καρδία, νοῦς,*
  ψυχή
Gewichte s. Maße
Götzendienst 18, 47, 92, 99, 160, 171 f.,
  174, 176 f., 181 ff., 187, 189, 198, 201,
  213 f., 216
  vgl. *εἰδωλολατρεῖν*
Goldene Regel 35, 48 f., 52, 204
Gottesfurcht 18 f., *122ff.,* 142, 157, 182,
  191, 193
  vgl. *φόβος*
Grabschändung s. Leichenbestattung
Grenzverrückung *53 f., 121,* 176
  vgl. *ὅριον*
Güte *128 f.,* 134, 146–150, 156 f.
  vgl. *ἀγαθός, καλός*

Habgier (Geldgier, Übervorteilung) 17,
  41, 45, 63, 93, 96, *100,* 104, 107, 116 ff.,
  120, 132, 139, 173, *176 f.,* 220
  vgl. *πλεονεξία, φιλαργυρία, φιλοχρημοσύνη*
Haß (Bruderhaß) 90, *135,* 140, *142 f.,* 177
  vgl. *μῖσος*
Herz s. Gesinnung
Hochmut *94 f.,* 100, 107, 139, 144, *177,*
  204 f.
  vgl. *ὑπερηφανία, ἐπαίρεσθαι, καταφρό-*
  νησις, ὕβρις
Homosexualität 16 f., 28, *30,* 34, 36, 38,
  40 f., 45, 48, 51, 99, *179,* 181, 188 f.,
  200, 214
  vgl. *ἄρσην, Κύπρις, παιδοφθόρος*

Kastration s. Sicherung der Nachkommenschaft
Kindesaussetzung s. Sicherung der Nachkommenschaft
Kriegsgefangene s. Sklaven

Lauterkeit 110, *113,* 116, 118, 157
  vgl. *ἁπλότης*
Leichenbestattung (Begräbnis, Grabschändung) 35, 40 ff., 46 ff., 51 f., 205
Liebe (Nächsten-, Bruderliebe) 41, 80,
  82 f., 116, *122 ff.,* 131, 134 f., 157,
  204 f., 209 f.
  vgl. *ἀγάπη*
List 17, *120,* 133, *174,* 177, 214
  vgl. *δόλος*
Lüge *18, 95,* 120, 133, *174,* 188 f., 226
  vgl. *ψεῦδος*

Magie s. Zauberei
Maße (Gewichte) *23,* 37 f., 41, 45, 48, *176*
  vgl. *μέτρα*
Meineid (Falschzeugnis) 19, *23,* 47, 151,
  214 f., 216, 226
  vgl. *ὅρκος, ψευδομαρτυρεῖν*
Mischehe 101, 138 f., 160, 205, 208, 210
  vgl. *μῖξις*
Mißgunst s. Verleumdung
Mitleid s. Barmherzigkeit

Nächstenliebe s. Liebe
Neid *131,* 135, 143, *178,* 188, 204 f.
  vgl. *φθόνος*

Opfer s. Tempel

Prasserei (Ausschweifung, Unersättlichkeit) 41, *93,* 117 f., 132 f., 151 f., *220*
  vgl. *ἀπληστία, ἀσέλγεια, ἀσωτία, μονο-*
  φάγος, φιληδονία
Priester s. Tempel
Prostitution s. Unzucht

Rechtschaffenheit s. Gerechtigkeit
Reichtum 21, *131 f.,* 173, 176, 188 f.
  vgl. *πλοῦτος*
Reinigung s. rituelle Weisungen
rituelle Weisungen (Reinigung, Gebet,
  Gelübde, Beschneidung) 13 f., 33 f., 38,
  40 ff., 45 f., 72, 108, 160 ff., 182, 208 ff.,
  217 f.

Sabbat 32, 40, 47, 65 f., 72, 208
Satan s. Beliar
Schlechtigkeit s. Bosheit
Schutz der Schwachen 14 f., 21, *23 f.,*
  35, 40 ff., 47 ff., 51, 55 f., *116,* 121, *176,*
  178, *188–192,* 205, 220
  vgl. *πένης, πτωχός, θλίβειν, ἀσθενής*

Seele s. Gesinnung
Sexualethik s. Unzucht
Sicherung der Nachkommenschaft
(Abtreibung, Empfängnisverhütung,
Kastration, Kindesaussetzung) *28f.,*
35–38, 40ff., 47f., 51f., 181
Sklaven (Kriegsgefangene, Versklavung)
34f., 37f., 41f., 47f., 189
Sodomie (Tierschande) 28, *30,* 35, *37f.,*
41, 45, 52, 99, *179*
Streit *93,* 134
vgl. μάχη

Tempel (Opfer, Priester) 40, 42, 97–101,
108, 160, 175, 180, 187, 190f., 198, 225,
229
vgl. ἱερός, θυσία
Tempelraub 34, 96, 99, 225
Tierschande s. Sodomie
Tierschutz 35, 38, 41f., 46f., 220
töten 15, *17,* 47, *151,* 174, *178f.,* 188, 197,
214, 230
vgl. φόνος, ἀναιρεῖν
Trunkenheit (Wein) *119f.,* 152, 204f., 210
vgl. οἶνος, μέθη

Übervorteilung s. Prasserei
Unersättlichkeit s. Prasserei
Ungerechtigkeit 17f., *95,* 187f., 203,
209f., 237–240
vgl. ἀδικία
Unzucht (Prostitution, Vergewaltigung)
14–17, *27,* 34, 38, 41f., 45, 48, 63f.,
87, 90, *92ff.,* 101, 104, *107,* 115ff.,

119f., 135, 138f., 173, 177, *179,* 182f.,
187ff., 197, 200, 204f., 209f., 214,
226, 230
vgl. πορνεία, φθορά

Verfolgung der Gerechten 100, 108, 131,
143
Vergewaltigung s. Unzucht
Verirrung (Verführung) *89f.,* 119f., 122,
129, 146, 148, 157
vgl. πλάνη
Verleumdung (Mißgunst) *115,* 118, 134,
143, *188f.,* 197
vgl. καταλαλία, βασκανία, λοιδορία,
συκοφαντία, ψέγειν
Versklavung s. Sklaven
Verunreinigung s. Befleckung
Veruntreuung (anvertrautes Gut,
Depositum) 22f., 35, 38, 41f., 47ff.,
52, 214
vgl. παρθεσία

Wahrheit 90f., *122,* 134, 142f., 146f.,
157, 191f.
vgl. ἀλήθεια
Wein s. Trunkenheit

Zauberei (Beschwörung, Magie) 94, 176,
181, 188f.
vgl. μαγγανεία
Zins 41f., 45, *220*
Zorn *117f.,* 131, 174, *178,* 224
vgl. ζῆλος, θυμός, ὀργή

Griechisches Wortregister

ἀγάπη (ἀγαπᾶν)
89, 119, 122, 123, 128, 129, 131, 133, 134,
135, 141, 142, 165, 204

ἀγαθός (ἀγαθοσύνη, ἀγαθοποιεῖν, ἀγαθότης)
106, 112, 116, 127, 128, 129, 130, 131,
132, 134, 149, 150, 165, 175, 203, 214

ἀδικία (ἀδικεῖν, ἄδικος, ἀδίκως)
17, 18, 21, 23, 88, 91, 95, 96, 100, 142,
150, 177, 180, 188, 203, 204, 215, 224,
226, 230, 231

ἄθεσμος
30, 180, 184

αἷμα (αἱμοχαρής)
17, 172, 174, 214, 224

αἰσχροκερδία : κέρδος

αἰσχρός (αἰσχρορρημονεῖν, αἰσχύνειν, αἰσχυντός)
30, 34, 120, 178, 184

ἀκαθαρσία : καθαρός

ἀκακία : κακός

(ὑπ)ἀκούειν
88, 105, 106, 108, 138, 141, 165

ἀλήθεια (ἀληθινός)
89, 92, 95, 100, 106, 118, 119, 122, 123,
132, 134, 141, 142, 143, 147, 150, 165, 204

ἀλλότριος
17, 138, 184, 197, 204, 230

ἄλογα
30, 35

ἄλοχος
27, 28, 29

ἁμαρτάνειν (ἁμαρτωλός, ἐξαμαρτάνειν,
συνεξαμαρτάνειν)
120, 128, 138, 139, 203, 204, 215, 224,
225, 226

ἀναιρεῖν
52, 151, 179, 214

ἀνδρεία (ἀνδρεῖος)
94, 107, 128, 131

ἀνομία (ἀνομεῖν, ἄνομος, ἀνόμημα)
89, 99, 106, 138, 142, 151, 181, 224, 226

ἀπέχεσθαι
17, 93

ἀπιστία : πίστις

ἀπληστία
89, 91, 93, 107, 116, 117, 118, 120, 133,
152, 161

ἀπλότης (ἀπλοῦς)
109, 110, 112, 113, 115, 116, 118, 119,
129, 132, 165

ἀποπλάνησις : πλάνη

ἀρέσκεια
88, 91, 94

ἀρετή
175, 217, 220

ἁρπάζειν (διαρπάζειν, ἁρπαγή)
34, 96, 138, 139, 150, 173, 174, 179, 197,
224

ἄρρην (ἀρσενικός)
16, 29, 178, 181, 183, 184

ἀσέβεια (ἀσεβής)
98, 99, 172, 174, 177, 182, 183, 212

ἀσέλγεια (ἀσελγής)
99, 101, 214

ἀσθενής
128, 130

ἀσωτία (ἄσωτος)
89, 93, 152

βασκανία (βάσκανος)
112, 114, 115, 116, 118, 189, 221

βδέλυγμα (βδελύσσειν)
100, 138, 141, 224

βεβηλοῦν (βέβηλος)
99, 100, 101, 224, 225

Βελιάρ
88, 89, 132, 134, 146, 165

βουλή (βούλησις, βούλεσθαι, βουλεύεσθαι)
40, 128, 174, 175, 197

γάμος (γαμετή, γαμοκλοπία, γαμοκλοπεῖν,
κλεψίγαμος)
16, 173, 184, 214, 220

γαστήρ (γαστρίμαργος)
28, 91, 93, 133, 220

γλώσσῃ (δίγλωσσος)
132, 134, 172, 225, 226

γονεῖς
  18, 27, 182, 220
γρίπισμα
  91, 96
γυνή
  28, 30, 99, 101, 112, 115, 118, 119, 120,
  132, 134, 135, 138, 173, 197, 204, 219,
  224, 225, 230

διαβούλιον (συμβουλία)
  106, 116, 118, 128, 129, 132, 165, 204
διάνοια
  127, 128, 129, 132, 134, 165
διαρπάζειν : ἁρπάζειν
διαστροφή (διαστρέφειν)
  100, 116, 117, 119, 143
δίγλωσσος : γλῶσση
δικαιοσύνη (δίκαιος, δικαίωμα, δικαιοπραγία,
  εὐδικία)
  21, 22, 23, 39, 99, 100, 104, 106, 128,
  131, 138, 141, 142, 143, 150, 165, 174,
  175, 176, 178, 188, 203, 204, 212, 224,
  226, 230, 231
δίκη (δικάζειν)
  21, 215, 231
δόλος (δόλιος)
  17, 37, 93, 118, 120, 132, 133, 161, 172,
  174, 178, 214, 226
δόξα (δοξάζειν)
  128, 132, 133
δουλοῦν
  37, 52
δωροληψία
  91, 96

ἔθνη
  99, 101, 114, 138, 180, 224
ἔθος
  34, 52, 53, 54, 57, 66
εἰδωλολατρεῖν
  99, 172
ἐκμιαίνειν : μιαίνειν
ἔλεος (ἐλεεῖν, ἐλεήμων, ἐλεημοσύνη)
  106, 108, 116, 120, 123, 128, 130, 131,
  143, 150, 161, 204, 205
ἐμπαθῶς : πάθος
ἐννοεῖν : νοῦς
ἐντολή
  71, 99, 103, 104, 105, 106, 116, 120,
  128, 140, 142, 143, 150, 164, 165, 203,
  204, 218, 226
ἐξαμαρτάνειν : ἁμαρτάνειν

ἐπαίρεσθαι
  95, 100, 139
ἐπιθυμία (ἐπιθυμεῖν, ἐπιθύμημα)
  88, 89, 93, 96, 100, 114, 116, 117, 118,
  119, 120, 132, 152, 219, 226, 230
ἐπιορκία : ὅρκος
ἐσθής
  94, 116, 117
εὐδικία : δικαιοσύνη
εὐλογία
  106, 108, 132
εὐνή
  28, 30, 181, 183
εὐσέβεια (εὐσεβής)
  40, 41, 100, 106, 108, 119, 122, 143,
  175, 182, 183, 217, 218
εὐσπλαγχνία (εὔσπλαγχνος, σπλαγχνίζειν)
  108, 123, 127, 130, 131, 165

ζῆλος (ζηλοῦν)
  88, 91, 95, 116, 117, 118, 128, 131, 133,
  143, 150, 151, 161

ἡδονή
  36, 112, 115, 116, 131, 132, 133

θηλύς (θηλυγενής)
  94, 116, 117, 180
θλίβειν
  23, 24, 112, 116, 130, 176
θυγάτηρ
  99, 101, 179, 204, 224
θυμός (θύειν)
  88, 93, 95, 118, 134, 151, 173, 174, 197,
  221
θυσία (θυσιάζειν, θυσιαστήριον)
  98, 99, 100, 101, 106, 108, 224

ἱερός (ἱερεύς, ἱερωσύνη)
  100, 101, 112, 182
ἰσχύς
  107, 112, 116, 119

καθαρός (καθαρίζειν, καθαρεύειν, καθαίρειν,
  ἀκαθαρσία)
  98, 99, 128, 129, 132, 134, 180, 214,
  224, 225
κακοκερδής : κέρδος
κακός (κακία, ἀκακία, κακόηθος, κακοῦργος)
  21, 113, 118, 128, 131, 134, 138, 141,
  149, 150, 157, 165, 172, 173, 174, 176,
  178, 179, 180, 220, 225

κάλλος
94, 116, 117, 219
καλός
22, 149, 150, 175
καρδία
91, 107, 112, 113, 116, 118, 129, 134,
203, 204, 230
καταλαλία (καταλαλεῖν)
112, 115, 141, 143, 161, 189, 197
καταφρόνησις (καταφρονεῖν)
95, 99, 100, 204
καυχᾶσθαι
91, 107
κέρδος (αἰσχροκερδία, κακοκερδής)
89, 152, 173, 178, 184
κλέπτειν (κλοπή, κλοπαῖον, νυκτοκλοπία)
18, 91, 96, 99, 150, 161, 174, 176, 178,
179, 184, 197, 214, 230
κλεψίγαμος : γάμος
κοίτη
179, 184
κρίνειν (κρίσις, κριτής)
21, 23, 188, 224, 231
κτῆνος (κτηνοφθόρος)
99, 179, 230
Κύπρις
16, 30, 184

λέκτρον (λέχος, λεκτροκλόπος)
27, 30, 40, 172, 173, 184
λοιδορία (λοίδορος)
93, 115, 130, 132, 134, 144, 189

μαγγανεία
88, 91, 94
μαρτυρία ψευδή : ψευδομαρτυρεῖν
μάχη (μάχιμος)
88, 91, 93, 99, 120, 132, 134, 143, 161
μέθη (μέθυσος, μεθύσκειν)
119, 120, 204, 220
μεῖξις : μῖξις
μεταδιδόναι
119, 121, 123, 173, 174
μετεωρισμός (μετεωρίζεσθαι)
118, 119, 131, 133
μέτρα
22, 23, 176
μήτηρ
18, 27, 179, 204, 224
μιαίνειν (ἐκμιαίνειν, μιασμός)
17, 27, 98, 99, 100, 101, 116, 117, 129,
134, 179, 214, 215, 224, 225

μῖξις (μεῖξις, μιγνύναι)
27, 99, 101, 179, 180, 183
μισθός
23, 24, 204
μῖσος (μισεῖν, μισαδελφία)
88, 93, 100, 118, 123, 131, 134, 135,
141, 142, 143, 150, 151, 178, 204
μοιχεία (μοιχεύειν, μοιχικός, μοιχαλίς,
μοιχός)
16, 27, 99, 101, 151, 161, 173, 180, 181,
197, 214, 224, 230
μονοφάγος (φάγειν μόνος)
119, 121, 220
μόχθος (μοχθεῖν, πολύμοχθος)
23, 24, 106, 179

νεότης (νεώτερος, νεωτερισμός)
91, 107
νηστεύειν
93, 133, 151
νόμος (νόμιμος, εὐνομία, δυσνομία)
30, 32, 34, 35, 38, 39, 40, 44, 52, 53, 54,
57, 61, 66, 71, 92, 100, 104, 105, 106,
107, 128, 140, 141, 142, 150, 151, 157,
164, 165, 175, 178, 204, 217, 218, 219,
220, 226
νοῦς (ἐννοεῖν)
112, 116, 117, 118, 119, 120, 129
νυκτοκλοπία : κλέπτειν

ὁδός (ὁδηγεῖν)
23, 51, 119, 132, 145, 150, 175, 203, 204
οἰκτιρμός (οἰκτίρειν)
121, 130, 150
οἶνος
118, 119, 120, 176, 204
ὀργή (παροργισμός)
118, 119, 143, 174, 178, 224
ὅριον (ὅρος)
54, 119, 121, 176
ὅρκος (ἐπιορκία, ἐπιορκεῖν, ψεύδορκος)
19, 23, 151, 214, 224, 225
ὅσιος
17, 130, 183, 226
ὀφθαλμός
112, 115, 116, 118, 119, 128, 131, 133,
204, 225, 231

πάθος (πάσχειν, ἐμπαθῶς, συμπαθεῖν, συμπάσχειν)
34, 107, 117, 121, 128, 131, 132, 133,
220

παιδοφθόρος
99, 101, 214
παῖς (παιδίον, παιδίσκη)
27, 178, 179, 180, 181, 183, 184, 203,
204, 230
παράβασις (παραβαίνειν, ὑπερβαίνειν)
30, 54, 66, 120, 121, 143, 203, 215
παρανομία (παρανομεῖν, παράνομος)
98, 99, 120, 220, 224, 225, 226
παρθένος
98, 99, 119, 230
παρθεσία (παρα[κατα]θήκη)
22, 23, 52
παροργισμός : ὀργή
πατήρ (πάτριος)
18, 27, 66, 105, 106, 112, 204, 218, 224
πένης (πενίη, πενία, πενιτεύειν, πενιχρός)
21, 23, 24, 25, 112, 116, 121, 128, 130,
132, 134, 150, 174, 176, 178
περιεργία (περιεργεία, περιεργάζεσθαι,
περίεργος)
91, 94, 106, 112, 114, 123
πίστις (πιστεύειν, ἀπιστία)
22, 52, 128, 131, 173, 214
πλάνη (πλανᾶσθαι, ἀποπλάνησις)
51, 88, 89, 115, 116, 118, 119, 120, 122,
131, 132, 133, 138, 141
πλεονεξία (πλεονεκτεῖν, πλεονέκτης)
93, 95, 96, 99, 100, 107, 116, 117, 118,
123, 132, 138, 139, 143, 150, 151, 152, 161
πλησίον
18, 21, 24, 96, 100, 106, 108, 112, 116,
117, 118, 120, 121, 123, 131, 133, 135,
219, 224, 231
πλοῦτος (πλουτεῖν)
17, 18, 96, 100, 128, 131, 132, 134, 173,
174, 176, 178
πνεῦμα
88, 89, 90, 91, 93, 95, 101, 115, 116,
118, 120, 128, 129, 130, 131, 132, 133,
134, 135, 138, 139, 141, 142, 146
ποθεῖν (πόθος)
96, 100, 117, 118, 120, 123, 180, 184
πολιτεία (πολιτεύειν)
32, 42, 50, 220
πολύμοχθος : μόχθος
πονηρός (πονηρία)
89, 112, 114, 115, 116, 123, 134, 138,
139, 146, 147, 149, 150, 152, 220, 226
πορεύεσθαι
105, 107, 112, 113, 115, 116, 134, 138,
150, 165, 203, 204

πορισμός
112, 116, 118
πορνεία (πορνεύειν, πόρνη, ἐκπορνεύειν
88, 91, 92, 93, 94, 95, 96, 99, 101, 106,
107, 116, 117, 118, 119, 120, 132, 133,
134, 135, 138, 139, 151, 161, 164, 173,
174, 179, 197, 204, 214
πρόσωπον
19, 21, 118, 188, 204
πτωχός
21, 23, 24, 116, 119, 121, 130, 204

σατανᾶς
91, 138, 146
σπέρμα
35, 36, 37, 204
σπλαγχνίζειν : εὐσπλαγχνία
συκοφαντία (συκοφαντεῖν)
18, 115, 120, 143
συμβουλία : διαβούλιον
συμπαθεῖν (συμπάσχειν) : πάθος
συνεξαμαρτάνειν : ἁμαρτάνειν
συστενάζειν
119, 120, 121
σωφροσύνη (σώφρων)
128, 131, 133, 151, 160, 219

τάραχος (ταραχή, ταράσσειν)
118, 132, 214, 215
τέκνον
27, 88, 106, 119, 127, 134, 140, 141,
220
(δια)τηρεῖν
22, 105, 140, 165
τιμᾶν (τιμή, ἀτιμία)
18, 27, 123, 132, 133, 182, 204
τρυφή (τρυφᾶν)
93, 117, 131, 133
τυφλός (τύφλωσις, τυφλοῦν)
23, 51, 106, 118, 141

ὕβρις (ὑβρίζειν)
30, 95, 107, 114, 118, 120, 132, 143,
144, 179, 184
ὑπερβαίνειν : παραβαίνειν
ὑπερηφανία (ὑπερηφανεύειν, ὑπερήφανος)
88, 91, 94, 95, 99, 100, 106, 107, 114,
138, 139, 141, 144, 161, 177, 204

φάγειν μόνος : μονοφάγος
φθόνος (φθονεῖν, φθονερός)
88, 93, 112, 118, 128, 131, 133, 134,
135, 141, 143, 161, 178, 204

φθορά (φθορεύς, [δια]φθείρειν)
28, 36, 40, 214, 230
φιλαργυρία (φιλάργυρος)
99, 100, 106, 107, 164, 220
φιληδονία
91, 96, 100, 116, 131, 132, 133
φιλοχρημοσύνη
176, 178
φόβος (φοβεῖσθαι)
19, 122, 128, 131, 141, 142, 143,
165
φόνος (φονεύειν)
17, 135, 174, 178, 181, 184, 197, 214
φυλάσσειν (φυλάττειν)
22, 40, 105, 106, 131, 140, 150, 164,
165, 181, 214
φύσις (φυσικός)
29, 30, 36, 91, 118

χάρις
21, 36, 128, 129, 131, 214, 230
χῆρα
173, 176
χρυσίον
116, 132

ψέγειν
95, 112, 115, 141, 143
ψευδομαρτυρεῖν (μαρτυρία ψευδή)
19, 21
ψεύδορκος : ὅρκος
ψεῦδος (ψεύδειν, ψευδής)
18, 88, 91, 93, 95, 118, 120, 132, 133,
143, 161, 172, 174, 225, 226
ψυχή
66, 106, 116, 118, 120, 128, 129, 131,
132, 134, 141, 150, 152, 214, 226

Stellenregister (Auswahl)

Septuaginta

Genesis

5,18−24	187
15,9−17	198
15,9	198

Exodus

20,2−17	12f., 15, 234
20,7	23
20,12	18
20,13	16
20,16	19, 22
20,17	219, 230, 234
21,14	17
21,15ff.	46
21,16	48
21,22f.	29, 37
22,6−14	23, 52
22,15	45
22,18	30, 35, 37, 45
22,20	25, 46
22,24	45
22,25	220
23,4f.	46
23,8	46
23,9	25, 46

Levitikus

5,20−26	23, 52
5,22	216
15,18	45
18	*12, 14f., 26−31, 63f.,* 234, 236
18,7−23	36f., 179
18,7−18	36, 45, 51
18,7	28, 36
18,8	27f., 36
18,9	28, 36
18,10−17	36
18,12f.	28

18,15	28, 104
18,16	28
18,18	36
18,19	28, 30, 36, 52
18,20	17, 28, 45, 51, 181
18,21	29, 37, 52, 56
18,22	17, 28, 30, 36, 45, 51, 181
18,23	28, 30, 35, 37, 41, 45, 52
19	*12−15, 20−26, 60f.,* 234
19,2f.	18f., 46
19,9f.	51, 220
19,11	18, 23, 45
19,12	19, 23, 216
19,13	18, 23f., 45
19,14	24, 51
19,15f.	21f., 46
19,16	17
19,18	60
19,26	181
19,29	27
19,31	181
19,32	19, 46
19,33f.	25, 46, 51
19,35f.	23, 45
20	12, *14f., 26−31, 63f.,* 234, 236
20,2−5	37
20,6	181
20,9	46
20,10	17, 28, 45, 51, 181
20,11−21	45
20,11f.	27f., 51, 104
20,13	17, 28, 30, 45, 51, 181
20,14	51
20,15f.	28, 30, 35, 37, 45, 52
20,17	28, 51
20,18	28, 30
20,19ff.	28, 51

20,21	28	27,20−23	45
20,27	181	27,20	27, 31
22,24	35	27,21	30 f., 35, 37, 45
24,22	25	27,22	31
25,17	24	27,24	17, 26
25,35 ff.	45, 220	27,25	46
		28,54.56	115

Numeri

15,37 ff.	62	*IV Regum (2. Könige)*	
19,11−20	46, 51	19,3	224
30,2−17	46	21,2	138

Deuteronomium

Tobit

4,2	54	1,17 f.	52
4,9	54	2,3−7	52
5,6−21	12 f., 15, 234	*4,3−21*	*203−206,* 234, 237−240
5,16	18	4,3 f.	52
5,17 ff.	16, 20	4,15	52
5,17	16	4,16	121
5,21	219, 230	12,6−10	203
6,4 ff.	62	14,9 ff.	203
6,6−9	54	14,10	52, 205
6,20−25	54	14,12 f.	52
10,19	25		
11,13 ff.	62	*II Makkabäer*	
11,18−21	54, 65, 238	12,6	188
13,1	54		
15,1 ff.	220	*III Makkabäer*	
16,19	46	2,26	214
18,9	138	3,8.24	215
18,10	181		
19,14	53, 121, 176	*IV Makkabäer*	
20,19 f.	51	1,13−3,18	219, 221
21,18−21	46	1,13	221
22,1 ff.	46	1,16 f.	218
22,6	43, 46	1,26	115
22,23−29	45	2,3	173
23,1	27	*2,4−16*	*219−222,* 237 ff.
23,2	36	2,4	173
23,19 f.	220	2,5	61, 234
23,20 f.	45	2,15	115
23,22 f.	46	2,17−20	221
24,7	48	2,21 ff.	221
24,17	25	3,17	173
24,19−22	51	12,4	214
25,13−16	45	13,22	218
27,15−26	12, 14 f., 234	18,10−19	218
27,15 f.	18		
27,16	26, 46	*Psalmen*	
27,17	26, 53, 121, 176	4,6	229, 231
27,18	24, 26, 51	7,12	188
27,19	26, 192	15	234

24,3 ff.	234	40,5	215
24,4	216	41,22	114
30,21	215		
50,18 f.	17, 234	*Psalmen Salomos*	
106,35	101	1,7	224
		2,18	188
Proverbien		3,1−8	226
6,14	215	*4,2−5*	*225f.*
7,13	174	4,4 f.	224 f., 237
11,13	52	8	223 f., 227
14,16	101	*8,9−13*	*223ff.*, 237, 240
15,25	121	9,3	226
22,28	121	10,6	226
23,2	93	*12,1*	*226*, 237
23,10	121, 176	13,7−10	226
25,8 ff.	52	14,2	226
26,21	215	15,3	226
28,22	115		
		Hosea	
Hiob		4,2	17 f., 234
20,15	18	5,10	121, 176
22,6 f.	121, 189, 192		
24	234	*Amos*	
24,2	121, 176	5,26	37
24,14 ff.	17		
31	234	*Sacharja*	
31,1	119	5,3 f.	216
31,16−20	121, 189, 192	7,10	192
31,17	121, 220		
31,32	25	*Maleachi*	
		3,5	192, 216, 234
Weisheit Salomos			
14,12	214	*Jesaja*	
14,15−20	215	1,11.16	229
14,22−31	174, 189, 213	33,14 ff.	234
14,22	215	48,1	216
14,24ff.	61, *213−216*, 237 f., 240	56,11	174
14,25	52	58,7	25, 121, 189, 192
14,28−32	216	58,9	229
14,30	214	63,7	188
Sirach		*Jeremia*	
14,8	115	5,2.7	216
18,18	115	7,6	192
19,2	120	7,9	17 f., 234
22,22	52	21,5	224
23,4 f.	119	22,3	192
23,6	174		
23,22 f.	119	*Ezechiel*	
26,9	119	18,5−17	234
26,11	174	18,7.16	121, 189, 192
27,16−21	52	22,6−12.	
37,29 ff.	93	23−31	234
		22,7	192

Josephus

Ant

III 89–92	61 f.
III 92	16
III 102–286	42
III 262	42, 46
III 274	28, 36
IV 194	42
IV 196–301	42, 51
IV 207	34
IV 211	66
IV 225	54
IV 230	38
IV 245	27
IV 261	36
IV 276	51
IV 285 ff.	52

Ap

I 60	66
II 145–189	44
II 146	41
II 147	39
II 151–189	39
II 163–228	32
II 171–178	65
II 175	39 f., 66
II 178	66
II 184	40
II 190–219	28, 31, 38, *39 ff.,* 42, 44, 55, 179, 181, 220 f., 235, 238
II 190–198	39 f.

II 190	40, 44
II 199–208	39 f.
II 199–201	51, 220
II 199	30, 36, 40, 42, 45, 47, 52
II 200	40, 42, 45, 47
II 201	40, 42, 45, 47
II 202	28 f., 40 ff., 47 f., 52, 220
II 203	40, 45
II 204	40, 66, 220
II 205	41, 46 f., 51
II 206	19, 41, 46 f., 220
II 207	41 f., 46 ff., 52, 220
II 208	41 f., 45, 47 f., 52, 215, 220
II 209–214	39, 41
II 209 f.	41, 46 f.
II 211	41 f., 47 f., 51 f., 55, 220
II 212	41, 47, 220
II 213	30, 35, 41 ff., 45 ff., 52, 220
II 215–219	39
II 215 ff.	41, 48
II 215	30, 34, 45
II 216	42, 45, 48, 52, 215
II 217	46
II 270 f.	35
II 273	40

Bell

II 161	29

Vit

8 f.	66

Philo

Abr

5	54
137	36
275 f.	54

Conf

48	214

Decal

36	16
51	16
84	214
106–120	38
121–131	38

121	16
135 ff.	38
142	119
150	119
154–174	61
165 ff.	34, 38
168	16, 214
171	38, 52
172	214
173	119

Det

101 f.	38
102	36, 214

Hyp
5,11	32
6,1−9	32
6,10	32
7,1−9	28, 31, *32−38,* 44, 179, 181, 221, 235, 238
7,1 f.	34, 48
7,1	30, 33 f., 37, 40, 44 f.
7,2	45 f., 225
7,3 ff.	33, 46
7,3	34, 42, 46
7,4	34, 225
7,6	34 f., 42, 45, 47 f., 52, 54, 215
7,7	28 ff., 35−38, 41 f., 45, 47 f., 52
7,8	38, 42, 45, 48, 52
7,9	33, 38, 42 ff., 46 f.
7,10−20	32, 40, 66
7,10	32
7,11	32, 40, 66
7,14	32

Imm
101	215

Jos
43	36
84	214

LegGai
115	66
210	66

Sacr
22	214

SpecLeg
I 204	96
II 9−38	38
II 49 f.	38
II 50	37
II 61−64	66
II 122	38

II 223−248	38
II 224−241	19
II 237 ff.	19
III 8−11	38
III 8	16
III 11−50	27 f., 35 f.
III 23	214
III 32−36	36 ff., 52
III 32−36	36 ff., 52
III 37−42	37 f.
III 39	36
III 41 f.	36, 38, 52
III 43−50	37 f.
III 51	38
III 65−78	38
III 108−119	29
III 108 f.	37 f.
III 110−119	37
III 181−204	38
IV 1−29	38
IV 13−19	38
IV 30−38	38, 52
IV 32	215
IV 89	214
IV 136−150	54
IV 149 f.	53 f.
IV 193 f.	38
IV 223	38

Virt
96	38
110−115	38
116−120	38
121−124	38
125−147	38
131 ff.	38

VitCont
59−62	37
62	36

VitMos
I 28	36
I 305	214

Testamente der XII Patriarchen

TestRub
1,6	117
1,10	93, 120, 151
2−3	86 ff.
2,1	153

2,2	156
3,3−6	*91−97,* 153−157, 161, 169
3,3	133
3,3	133
3,4	181

3,5	117
3,6	18, 100
3,8	122
3,9	165
4,6−11	92
5,1−7	94
5,1	120
5,3	93
5,5	120
6,4	122

TestSim

2,4	93
2,7	93, 118, 151
3,4	151
4,4	88, 128, 130 f.
4,5	131
4.8	118
5,2	122
5,3	92, 148
5,4	92, 214

TestLev

2,3	88 f.
3,2 f.	89
5,4	150
6,10	96
7,3	117
9,9−14	101 f.
9,9	93, 101, 117
13,1	165
13,5	142
14−15	97 f.
14,1	134
14,5 f.	93, 97, *99−102,* 107, 153−156, 160 f., 169, 234
14,5	96, 225
14,6	117, 160
15,1	180
16,1 f.	100
16,1	101 f., 117
16,2	100, 108, 131, 143
17,11	93, 95, 99−102, 214
18,4	146
19,1	148

TestJud

10,5	104
11,1	107
12,3	94,104
13,1	104
13,2 f.	94, 107
13,3	93 f.

13,5 ff.	120
14,1	119
14,2	93
14,6.8	120
14,7 f.	120
15,4	120, 151
15,5 f.	94
16,1−4	120
16,1	152
16,3	107, 120, 143
17,1	94
18	102 ff.
18,2−6	102 ff., *106−109,* 116, 153, 155 f., 161, 169
18,2 f.	100, 164
18,3	95
18,4	134
18,5	143
20,1	90, 147
20,5	90
21,6 f.	96, 132, 177
21,8	100
21,9	108, 131
23,2	138, 224

TestIss

2,3	116
3−7	109 ff., 125
3,3−8	110, *112−116,* 153−156, 161, 169
3,3	112
3,4	112
3,5	132
4,1	116, 157, 165
4,2−5	111, *116 ff.,* 129, 155, 161, 169
4,2	93, 132
4,4 f.	112
4,5	93, 112
4,6	113, 116
5,1	113, 164 f.
5,2	108, 116, 122 f.
6,1	93, 147 f.
7,1−6	111, *118−124,* 153−156, 161, 169
7,2	133
7,3	96, 100, 117
7,4	133
7,5 f.	108
7,5	116, 120
7,6	122
7,7	157

TestSeb
Titel   108, 130
1,7   151
2,7   151
5,1   122

TestDan
1,3   134, 147, 150
1,4   128
1,6   133
1,7   151
2,1 f.   147
2,2   118
2,3   108, 131
2,4   118
3,4   132
4,7   118, 148
5,1   148, 165
5,2   165
5,3   122
5,4−13   137 f.
5,5−7   *138 ff.,* 153−156, 161, 169
5,5   134, 224
5,6   93, 95
5,7   96
6,1   165
6,5   91
6,8   147

TestNaph
2,6   148
3,1   100, 148
8,4 ff.   150

TestGad
2,1   151
2,4   100, 151
3−7   140
3,1−3   *141−144,* 153, 155, 161,
            169
3,1   122, 147, 165
3,2   108, 115, 131
3,3   95, 131
4,2   123
4,5   143
4,7   90, 147
5,1   118, 143, 147
5,4 f.   142 f.
6,2   151
6,3   120
6,5   52
7,1−6   143

7,2   131
7,4   131 f.
7,6   132

TestAss
1,3−6,6   114 f.
1,3   145
1,5 f.   145, 150, 156
2,1−10   90, 129, *149−152,*
            153−157, 161, 169
2,5   96, 121
2,6   108, 121, 143
2,8   93, 132
3,1 f.   134, 165
4,2−5   129, *149−152,* 153−157,
            161, 169
4,3   93, 143
4,4   93
5,2   146
5,4   147
6,1   122
6,3   150
6,4   91
6,5 f.   90 f.
7,5   150

TestJos
1,3   147
2,2   174
3,4   151
3,5   120
3,9   120
4,1   120
4,8   151
9,2   133
10,1   151
11,1   122
17,8   133
20,2   146

TestBenj
1,4   151
3,1−5   129
3,1   128
3,3 ff.   122 f., 133
3,4   89
3,5   122
4−8   125 f., 135 ff.
4,1−5   126 f., *127−131,* 155 f., 161,
            169
4,1   157, 165
4,4   117, 132 f.

4,6 f.	132
5,1	96, 130, 152
5,4	130
6,1−6	126, *131−134,* 155 f., 161, 169
6,1	90, 128, 157, 165
6,2 f.	93, 117
6,2	96, 100
6,4	93, 120
6,5 f.	129

6,7	129, 148
7,1 f.	135
7,1	134, 165
8,1 f.	127, *134 f.,* 155, 161, 169
8,1	131, 165
8,2 f.	117
8,2	88, 129
10,3	122, 128, 142
10,10	92
11,1 f.	96

Weitere frühjüdische Schriften

Pseudo-Phokylides

1	71
3−8	10 ff., *15−20,* 25, 235
3	16 f.
4	17, 174
5	17 f., 177
6	17 f.
7	18
8	18 f., 182
9−41	10 ff., *20−26,* 235
9−12	19, 21 f.
13 ff.	22 f.
13	42, 52, 215
16 f.	19, 23
19	23 f.
20	42
22	23 f.
23	24
24	23 ff.
28	24, 174
35	121
39 ff.	25
54	71
83	220
84 f.	43
99	42
147 f.	68
177−194	10 ff., *26−31,* 181, 235
184−187	42
199 f.	42
220 ff.	19

Sibyllinische Orakel

III 1−96	172
III 24 ff.	186
III 36−45	*172−175,* 185, 237
III 175−191	177
III 183 f.	178

III 185−191	*177 f.,* 184, 237, 240
III 211−294	175 f.
III 234	176
III 235−245	*176 f.,* 185, 237, 239 f.
III 240	121
III 241−246	174
III 246	175 f.
III 367−380	178
III 377−380	*178,* 184, 237, 240
III 562−623	181
III 593 f.	19
III 594 ff.	*182 f.,* 184, 237, 240
III 761	182
III 762−766	*181 f.,* 185, 237
IV 24−46	183
IV 30	184
IV 31−34	61, *184,* 237, 249
IV 31	214
V 155−178	180
V 165 ff.	*180 f.,* 185, 237, 240
V 184 f.	170
V 361−413	180
V 386−393	*179 f.,* 185, 237, 240
V 388	173
V 414−433	184
V 430 f.	*184,* 237, 240

Slavischer Henoch

7,3	187, 192
9,1	188
10,1.3	188
10,4 ff.	*188 ff.,* 237
10,4	181
10,5	18, 177, 188
10,6	193
18,3−6	187 f.
23,1−4	192 f.
25,3	186

26,3	186
27,3	186
30,8−14	186
30,13	186
30,15	187
31,1	187, 192
33,7	186
34,1	193
36,1	187, 190, 192
39,1	193
42,5	191
42,6−14	*190ff.*, 237, 240
42,8	188
42,14	193
47,1	193
52,1−14	190
52,9f.	193
55,3	193
61,1	52
63,1−4	188
65,5	187, 192

Testament Abrahams

A 9	196
A 10−14	195f.
A 10	17, 61, 174, *196f.*, 214, 237, 240
B 7	196
B 8−12	195f.
B 12	*196f.*, 237, 240

Apokalypse Abrahams

9,10	198f.
19,3−9	199
21,3−6	199
21,8	199
22,2	199
23,3−6	199
24,1f.	200
24,3−25,2	199
24,5−8	61, *199ff.*, 237, 240
24,8	219
25,1−26,5	201
27	200

27,1f.	199
27,6	199
29,3ff.	199
29,13−18	199

Jubiläenbuch

7,6−10	210
7,20−39	208f.
7,20	*208−211*, 237−240
7,21−25	210
7,26	210
20,1ff.	210
25,7	214
35,1.4.13	210

Pseudo-Menander (Philemon)

8	230
9−15	61, *230*, 237, 240
10	214
16f.	231
17	230
20f.	230

Pseudo-Philemon

1−20	231

Pseudo-Sophokles

1−11	231

Aristeasbrief

152	28
207	52

Griechischer Baruch

4,17	17, 61
8,5	17, 61
13,4	17, 61

Syrischer Baruch

57,2	54

Liber Antiquitatum (Pseudo-Philo)

11,6−13	62
11,10f.	16

Vita Adae

19	219

Neues Testament

Matthäus

5,21−33	16, 63
15,4	63
19,18	16, 63

Markus

7,10	63
10,19	16, 63

Lukas
18,20　　　16, 63

Apostelgeschichte
7,43　　　　37
19,19　　　114

Römer
2,21 f.　　　63

7,7　　　　　63
7,9　　　　　219
13,9　　　　16, 63

Epheser
6,2 f.　　　　63

Jakobus
2,11　　　　　16, 63

Christliche Schriften

Aristides, Apol.
15,3 ff.　　　63

Barnabasbrief
15,1　　　　　63
18,1–21,6　　145
20,1　　　　　16, 63

Justin, Dial.
93　　　　　　16, 63

Theophilus, Ad Autol.
II 35　　　　16, 63
II 36　　　　169
III 9　　　　16, 63

Clemens von Alexandrien
Strom.
VI 133–148　63
VI 146,3　　16
VI 147,2　　16
Quis Div.
Salv. 4　　　16, 63

Eusebius von Cäsarea
HE II 18,6　32 f., 67
II 18,7　　32
PE VIII 6 f.　32
VIII 10　33
VIII 11　32

Autorenregister

Aalen, S. 147
Alt, A. 62
Amstutz, J. 113, 115
Aschermann, H. 78, 83−86, 103f., 110f., 126f., 141, 145, 148f., 154

Bacht, H. 113
Balz, H. 121
Bammel, E. 121
Barthélemy, D. / Milik, J. T. 62
Bartsch, H.-W. 35
Becker, J. 61, 73−80, 82, 84−87, 92, 97−104, 109f., 112f., 117, 123f., 126f., 133, 135, 137−141, 143, 145, 149, 152
Beer, G. 13ff.
Begrich, J. 222
Behm, J. 151
Berger, K. 8, 18−21, 23, 27, 35, 60−64, 95f., 116, 119, 123, 151, 182, 188f., 194, 206−209
Bergman, J. 78
Bernays, J. 5, 7, 15, 18, 20−24, 32, 55f., 60, 68
Bertram, G. 94f.
Blaß, F. 169f., 172
Böcher, O. 89f., 92, 142, 145−149, 151
Bonwetsch, G. N. 185f., 198
Bousset, W. / Greßmann, H. 228
Braun, F.-M. 83ff.
Braun, H. 89
Breitenstein, U. 216f.
Büchsel, F. 116f.
Bultmann, R. 108, 122
Burchard, Ch. 74, 123

Carrington, P. 61
Charles, R. H. 74, 101, 135, 185f., 206
Charlesworth, J. H. 5, 73, 110, 169f., 172, 185f., 195, 198, 207, 216f., 222
Cohn, L. 32f.
Collins, J. J. 169−172, 180, 183, 185−188, 194ff.

Conzelmann, H. 33, 40, 69, 95
Couard, L. 89f.
Crouch, J. E. 16, 21, 26, 32, 34f., 40, 42f., 45, 48ff., 53, 55, 61, 66, 68

Dabelstein, R. 92, 100
Davenport, G. L. 206f.
Deißmann, A. 216−219
Deißner, K. 119
Delcor, M. 195
Delling, G. 22, 33, 40, 64, 66f., 69, 94, 100, 115, 119
Denis, A.-M. 5, 73, 85, 169f., 185f., 195, 198, 206f., 222, 227ff., 231
Deselaers, P. 201−205
Des Places, E. 212
Dexinger, F. 16, 62f.
Dihle, A. 35
Dupont-Sommer, A. 216ff.

Eising, H. 212
Eißfeldt, O. 14, 84f., 169f., 185f., 201ff., 206f., 211, 216f., 222
Elliger, K. 13ff.

Fichtner, J. 211ff.
Fiedler, M. J. 142
Finkelstein, L. 207f.
Fischer, U. 5, 167, 185−190, 193f., 216f.
Förster, W. 89, 138, 152
Friedrich, J. 121
Fuller, R. H. 122

Gamberoni, J. 202f.
Gammie, J. G. 148
v. Gebhardt, O. 222
Geffcken, J. 169−172, 177ff., 181, 184
Georgi, D. 211f., 214
Gilbert, M. 212f., 215
Goodenough, E. R. 32
Grundmann, W. 134
Gutbrod, W. 53

Hanhart, R. 201, 203
Harder, G. 114, 214
Hauck, F. 92, 101, 117, 119, 132, 190
Haupt, D. 76, 98f., 101f.
Heinemann, I. 29, 32, 34, 36, 48, 53f.
Hellholm, D. 168
Hengel, M. 5, 12, 64, 66, 69, 71, 80, 83, 85,
   170, 185f., 212f., 215, 228f.
Hollander, H. W. 78, 128, 174, 219
Holm-Nielsen, S. 222f., 225
Holtz, T. 2, 168
v. d. Horst, P. W. 5−9, 12, 16−30, 35, 40,
   43, 57, 60, 68, 70f.
Hossfeldt, F.-L. 13, 62
Hübner, H. 62f., 116, 122
Hultgård, A. 74−87, 89f., 97−104, 113,
   126, 128, 137f., 141, 145, 149, 203, 225
Hunzinger, C. H. 115, 180
Huppenbauer, H. W. 146f.

James, M. R. 194, 196f.
Janssen, E. 194f., 197
Jensen, J. 92
Jepsen, A. 62
deJonge, H. J. 74f., 96, 112
deJonge, M. 74−78, 80f., 83ff., 87, 99,
   101, 110, 112f., 115, 137f.
Johnson, L. T. 21, 23

Kähler, Ch. 183, 185−192, 194, 223
Kamlah, E. 39, 43f., 47, 71, 189
Kasch, W. 132
Kee, H. C. 85
Kittel, G. 115
Kittel, R. 222
Klaar, E. 100
Klein, G. 68
Köster, H. 130
Kolenkow, A. B. 77, 196
Kosmala, H. 122
Kraft, R. A. 195
Kretzer, A. 114
Küchler, M. 5−8, 21f., 25, 32f., 35, 37−40,
   42−53, 55, 57ff., 67ff., 71, 85f., 103,
   126f., 228
Kuhn, K. G. 222
Kurfess, A. 169f., 172, 180

Larcher, Ch. 211ff.
Lattke, M. 134
Lebram, J. Ch. H. 217
Limbeck, M. 95, 194, 208, 211

Littmann, E. 206f.
Löhr, M. 201

Malina, B. 92
Martin, R. A. 195
Mayer, G. 195
Merklein, H. 121, 132
Michaelis, W. 145
Michel, O. 142
Miller, A. 201ff., 205
Moore, G. F. 151
Müller, G. 61, 63
Münchow, Ch. 206−209
Munch, P. A. 90

Nickelsburg, G. W. E. 195f.
Nikiprowetzky, V. 170, 172, 174, 177, 180,
   183
Nissen, A. 35, 60, 69, 72, 80, 84ff., 108,
   123f., 142, 213, 222f.
Noack, B. 169f.
v. Nordheim, E. 77f., 82f., 87, 92, 103,
   109, 126f., 137f., 149

Oberlinner, L. 120
Odeberg, H. 185
O'Dell, J. 222
Offerhaus, U. 211ff.
v. d. Osten-Sacken, P. 90f., 146, 149, 207
v. Otto, J. C. Th. 231
Otzen, B. 85, 89f., 149

Perlitt, L. 13
Philonenko, M. 85, 198, 200
Philonenko-Sayar, B. 198, 200
Plümacher, E. 119
Preisker, H. 96, 119

v. Rad, G. 110, 154
Redditt, P. L. 216ff.
Reicke, B. 16, 18
Reinmuth, E. 17, 22, 63, 72, 88, 91f., 100,
   103f., 107f., 129, 132, 159, 166, 173f.,
   177, 194, 213, 229, 231
Renehan, R. 216f.
Rengstorf, K. H. 77f., 83, 128
Reventlow, H. Graf 14
Ricken, F. 211ff., 215
Riesner, R. 62, 64, 66, 83
Rost, L. 169f., 185f., 201f., 206f., 211,
   216f., 222f.
Rubinkiewicz, R. 198ff.

Rubinstein, A. 185, 191
Ruppert, L. 202 f.
Rzach, A. 169

Sauer, G. 117
Schmidt, F. 195, 197
Schnapp, F. 133
Schneider, H. 62
Schneider, J. 121, 151
Schoeps, H.-J. 222
Schrage, W. 26
Schramm, T. 113
Schrenk, G. 95
Schüpphaus, J. 222 f., 225 ff.
Schürer, E. 32 f., 40, 185 f., 202, 228
Schulz, S. 92
Schumpp, M. M. 201−205
Seeberg, A. 1 f., 20, 60 f., 145
Selwyn, E. G. 61
Siegfried, K. 211 f.
Simon, M. 170 f., 177, 183
Slingerland, H. D. 73
Spicq, C. 100, 107, 113, 131
Stählin, G. 96, 115, 133
Stamm, J. J. 13
Staudinger, F. 108
Steuernagel, C. 13 f.
Strack, H. L. / Billerbeck, P. 62, 151, 205
Strecker, G. 190
Stumpff, A. 117

Tcherikover, V. 66, 171
Testuz, M. 206 ff.
Thomas, J. 80, 83, 128
Thomas, J. D. 201
Thyen, H. 81, 85
Turdeanu, É. 198
Turner, N. 195

Vaillant, A. 185 f., 191
VanderKam, J. C. 206 f.
Vermes, G. 36, 39 f., 42, 62
Vögtle, A. 61, 131, 189, 212, 214
Vokes, F. E. 16, 62 f.

Walter, N. 5 f., 9, 21, 26, 29 f., 57, 66 f., 69, 170 f., 227−231
Weiser, A. 115, 133
Wendland, P. 42 f.
Wibbing, S. 61, 145, 148, 212 ff.
Wikenhauser, A. 121
Winston, D. 211 ff., 215
Wright, A. G. 213
Wright, R. 222
Würthwein, E. 62

Young, D. 5

Ziener, G. 212
Zink, J. K. 201 f., 212
Zmijewski, J. 138, 151

Wissenschaftliche Untersuchungen zum Neuen Testament

Herausgegeben von Martin Hengel und Otfried Hofius

2. Reihe

27
Jörg Büchli
Der Poimandres –
ein paganisiertes Evangelium
1987. XI, 232 Seiten.
Fadengeheftete Broschur.

26
Wolfgang J. Bittner
Jesu Zeichen im
Johannesevangelium
1987. XI, 334 Seiten.
Fadengeheftete Broschur.

25
Günter Röhser
Metaphorik und Personifikation
der Sünde
1987. VIII, 218 Seiten.
Fadengeheftete Broschur.

24
Wolf-Dietrich Köhler
Die Rezeption des Matthäus-
evangeliums in der Zeit vor
Irenäus
1987. XVI, 605 Seiten.
Fadengeheftete Broschur.

23
Peter Marshall
Enmity in Corinth: Social
Conventions in Paul's Relations
with the Corinthians
1987. XVI, 450 Seiten.
Fadengeheftete Broschur.

22
Axel von Dobbeler
Glaube als Teilhabe
1987. XIV, 348 Seiten. Broschur.

21
Reinhard Feldmeier
Die Krisis des Gottessohnes
1987. XII, 292 Seiten.
Fadengeheftete Broschur.

20
Hans F. Bayer
Jesus' Predictions of Vindication
and Resurrection
1986. X, 289 Seiten.
Fadengeheftete Broschur.

19
Scott J. Hafemann
Suffering and the Spirit
1986. VIII, 258 Seiten.
Fadengeheftete Broschur.

18
Peter Lampe
Die stadtrömischen Christen in den
ersten beiden Jahrhunderten
1987. IX, 441 Seiten.
Fadengeheftete Broschur.

17
Gottfried Schimanowski
Weisheit und Messias
1985. XII, 410 Seiten.
Broschur.

16
Eckhard J. Schnabel
*Law and Wisdom from Ben Sira
to Paul*
1985. XVI, 428 Seiten. Broschur.

15
Terence V. Smith
*Petrine Controversies in Early
Christianity*
1985. X, 249 Seiten. Broschur.

14
Uwe Wegner
Der Hauptmann von Kafarnaum
1985. VIII, 522 Seiten. Broschur.

13
Karl Th. Kleinknecht
Der leidende Gerechtfertigte
2. Auflage 1987. Ca. 450 Seiten.
Fadengeheftete Broschur.

12
Alfred F. Zimmermann
Die urchristlichen Lehrer
2. Auflage 1987. Ca. 280 Seiten.
Fadengeheftete Broschur.

11
Marius Reiser
*Syntax und Stil des Markus-
evangeliums*
1984. XIV, 219 Seiten.
Broschur.

10
Hans-Joachim Eckstein
*Der Begriff Syneidesis
bei Paulus*
1983. VII, 340 Seiten.
Broschur.

9
Roman Heiligenthal
Werke als Zeichen
1983. XIV, 374 Seiten. Broschur.

8
Berthold Mengel
Studien zum Philipperbrief
1982. X, 343 Seiten. Broschur.

7
Rainer Riesner
Jesus als Lehrer
3. Aufl. 1987. Ca. 620 Seiten.
Fadengeheftete Broschur.

6
Helge Stadelmann
Ben Sira als Schriftgelehrter
1980. XIV, 346 Seiten. Broschur.

5
Dieter Sänger
*Antikes Judentum
und die Mysterien*
1980. VIII, 274 Seiten. Broschur.

J.C.B. Mohr (Paul Siebeck)
Tübingen